全国专业技术人才知识更新工程
现代管理公需专修教材

运营管理的革命

——理论·实务·案例

王关义 / 主编

经济管理出版社
ECONOMY & MANAGEMENT PUBLISHING HOUSE

图书在版编目（CIP）数据

运营管理的革命：理论·实务·案例/王关义主编.—北京：经济管理出版社，2012.11

ISBN 978-7-5096-2171-4

Ⅰ. ①运… Ⅱ. ①王… Ⅲ. ①企业管理－运营管理 Ⅳ. ①F273

中国版本图书馆CIP数据核字(2012)第264813号

责任编辑：申桂萍
责任印制：黄 铄
责任校对：超 凡

出版发行：经济管理出版社
（北京市海淀区北蜂窝8号中雅大厦A座11层 100038）
网 址：www.E-mp.com.cn
电 话：(010)51915602
印 刷：三河市延风印装厂
经 销：新华书店
开 本：787mm×1092mm/16
印 张：20.75
字 数：476千字
版 次：2012年12月第1版 2012年12月第1次印刷
书 号：ISBN 978-7-5096-2171-4
定 价：38.00元

全国专业技术人才知识更新工程
现代管理公需教材专家委员会名单

全国专业技术人才知识更新工程
现代管理领域教材编写委员会名单

前言

2006年3月，《中华人民共和国国民经济和社会发展第十一个五年规划纲要》中明确提出了实施“专业技术人才知识更新工程”的战略任务，国家人事部按照这一要求，以更新知识和提升能力为目的，针对全国专业技术人才在现代管理领域等重要专业技术领域，开展大规模的以知识更新为内容的继续教育活动。中国企业联合会作为牵头部门之一，负责现代管理领域专业技术人才知识更新的组织实施。

实施现代管理领域专业技术人才知识更新工程的重要一环是教材体系的建设。为此，中国企业联合会在国家人事部的指导下，组建了有代表性、权威性、专业性的由有关专家、学者、企业家组成的专家指导委员会和教材编写委员会。他们从我国专业技术和管理人员的实际需求出发，把握知识更新的特征，历时一年，完成了教材的设计、编写并形成了系列教材体系。

现代管理教材体系是由“全国现代管理领域专业技术人才知识更新工程”《教学指南》和《公需教材》、《公需专修教材》、《专修教材》、《参考教材》等四方面组成。它们之间既相对独立又相互依托，既独领一面又互为补充。《公需教材》是以企业管理理论体系为基础，将现代管理领域的前沿理论、技术、方法，按照系统要求认真筛选出24个章节科目，归纳在“新环境、新视野”、“新理论、新思维”、“新方法、新工具”三个模块之中，形成一本现代管理知识更新培训主教材。现代管理知识更新《公需专修教材》是针对跨行业的通用专业（岗位）的需求，对《现代管理公需教材》所列章节科目有选择地进行展开、细化和补充。教材内容以“新经验、新实践”为重点，理论和实践相结合，收入许多管理创新成果和国内外企业实践案例，突出实用性，对培养企业各专业管理岗位的专业技术人才有很强的针对性，为提升他们在管理方面的学习能力、创新能力和实践能力提供了方便之门和快捷通道。《公需教材》、《公需专修教材》是参加现代管理领域知识更新工程学员的必选教材。《现代管理知识更新公需专修教材》目前共有13册。

《运营管理的革命》是《公需专修教材》系列教材之一。本教材是为满足企业运营管理者学习专业管理知识的迫切需要编写的。21世纪以来，中国逐步成为“世界的工厂”，人们对于企业运营的关注和推崇，使得“运营管理”备受青睐，其相关书籍亦大量涌现。教材集成了运营管理基本理论和方法体系，反映了本学科的新进展，对供应链管理、精益生产、敏捷制造、全面质量管理、清洁生产、5S管理等管理知识进行了比较系统的介绍，探讨了相关改善措施；还收集了大量运营管理的案例和习题供学习考核参考，并能引发更多更好的思考。本教材对培养我国企业运营管理的专业技术管理人才，将起到有益的作用，能够成为他们知识更新的教材和案头常用的工具书。

《公需专修教材》在编写过程中，组织者和编写人员广泛征求了不同行业、企业的意见，经过了教材编写委员会和科研院所专家学者等多方面的评估审核。期待着本教材能够为知识更新工程实施，为建设一支宏大的、高素质的管理人才队伍起到积极的、应有的作用。

全国专业技术人才知识更新工程
现代管理领域教材编写委员会
2007年3月8日

目 录

第一章　运营管理概述

● 本章提要

如何管理生产资源关系到企业的长远发展和竞争力的培育，运营管理就是面向制造业和服务业生产资源的管理活动，生产高质量的产品并提供优质的服务是企业运营管理的精髓。运营管理是企业的一个职能领域，是经理进行产品生产和提供服务的转换过程，这个转换过程把投入（原材料、动力、劳动力、资金和信息）变成产出（商品或服务）。运营管理可定义为五种主要类型的决策职责：质量、工艺过程、资金、存货和劳动力。本章主要介绍了运营管理的定义，指出运营管理是指生产产品和提供服务的系统的决策和运作职能的决策，对运营管理的历史从劳动分工、零部件标准化、工业革命、科学的工作研究、人际关系等七个方面进行了简要的回顾和介绍。

● 章首案例

运营典范：惠普公司——财富创造者

惠普（Hewlett-Packard，HP）公司历来强调顾客满意、创新和诚信，这些原则在为员工和公司股东创造财富的过程中发挥了极其重要的作用。公司是在 Bill，Hewlett 和 David Packard 所开创的 HP 之路上走过来的，他们于 1938 年在硅谷的一间车库内创立了这家公司。HP 之路所代表的价值在 HP 员工和主管人员中一代又一代地传承下来，这些无形的价值指导公司在创造财富的过程中不断进步，并取得卓越的成就。

资料来源：Karen Bemowski，"Something Old，Something New，" Quality Progress，October 1996，pp. 27–33.

第一节 运营管理的概念与内容

一、运营管理的产生与发展

（一）运营管理的产生

人们开始生产产品和提供服务时，运营管理就随之产生。虽然运营的起源可以追溯到早期文明时期，但主要的发展线索集中在最近的200年。为了便于讨论，运营管理的历史是按照主要的贡献和学术上的推进而编排的，而不是严格按年代顺序进行阐述的。主要有七个主要方面的进展，对运营管理学科的发展作出了贡献。

1. 劳动分工

对单一任务的劳动专业化比起分配给一个工人多种任务，将具有更高的生产力和劳动效率。这种思想在公元前400年就被柏拉图所认识，在《共和国》中他说，“把一个人的工作限于一个简单狭窄的任务（例如缝鞋），那么他必然擅长于干这个工作”。古希腊人在指派一些工人不干别的活儿而专门磨石头凿子时，他们实际上也有了劳动分工的思想。

首先讨论劳动分工的经济学家是亚当·斯密。他在其经典著作《国富论》（1776）一书中指出，劳动专业化能增加产量是由于以下三个因素：①工人的灵巧性增加；②避免了因改变工作而损失的时间；③工具和机器的添加。劳动专门化不仅能够提高劳动生产率，而且使得只给所需的专门技能付工资成为可能。虽然劳动分工方法已被广泛应用，但由于它对工人士气、人员流动、工作厌烦度以及工作绩效的影响，使得人们需要对它进行重新评价。

2. 零部件标准化

零部件标准化的目的是让零部件可以互换。当亨利·福特在1913年采用汽车流动装配线时，就像需要劳动分工那样需要零部件标准化。现在零部件标准化的思想已在我们社会中根深蒂固，使得我们在考虑这个问题时不会犹豫。例如，我们不敢想象如果灯泡不能互换，世界将变成怎样。

3. 产业革命

产业革命的实质是用机器动力代替了人力。1764年，詹姆斯·瓦特发明了蒸汽机，这给产业革命带来了巨大的推动力。瓦特发明的蒸汽机是农业和工业机器动力的主要来源。在19世纪后期，随着汽油发动机和电的发明以及电学的发展，产业革命得到了进一步的推动。20世纪初，成批生产的思想得到了发展，但直到第一次世界大战，大量生产的思想才得以广泛应用，当时美国工业必须满足社会对产品的巨大需求。成批销售的时代继续要求工业自动化和大规模的生产。然而，现在我们的社会已进入后工业时代，后工业时代是以转向服务经济和更加关注自然和社会环境为特征的。

4. 工作研究

工作研究基于以下的观点：科学方法可以像用于物质和自然系统研究那样用于工作研究，主要方法为：①观察现行的工作方法；②通过科学测量和分析开发出改进的方法；③培训工人学会新方法；④持续地跟踪和管理工作过程。这些思想是泰勒在 1911 年首次提出的，后来由吉尔布雷斯在 20 世纪初进行了提炼，形成了科学管理理论。

5. 人际关系

人际关系学派强调在工作设计中激励和人的因素的重要性。梅奥等人 20 世纪 30 年代在西屋电器公司发展了这一思想，著名的霍桑试验就是在西屋电器公司进行的。这些研究指出，同自然和技术工作环境一样，工人工作的积极性是改进生产力的关键因素。

6. 决策模型

通过决策模型人们可以用数学语言来描述生产系统。我们用绩效标准、约束和决策变量来表示决策模型。这种模型的目标就是在适当的约束条件下找到能够改善系统绩效的最优或满意的决策变量的值。这些模型能够帮助进行管理决策。这种方法首次使用是在 1915 年，F.W.哈里斯为存贮管理提出了经济订货批量的公式。1931 年，谢沃特提出了应用在统计质量控制工作中的数量决策模型。在 20 世纪 50 年代，计算机仿真模型的发展为运作的研究和分析作出了很大贡献。自 20 世纪 50 年代以来，运营中开始大量使用各种决策模型。

7. 计算机

自 20 世纪 50 年代计算机被引进工商企业，计算机的使用魔术般地改变了运营管理这门学科。现在大多数制造企业的运营都使用计算机进行存货管理、生产进度安排、质量控制、计算机辅助制造和成本计算。另外，计算机还广泛地用于办公自动化，并且实际上计算机还被使用在各种类型的服务企业的运作上。

以上七个方面贡献的每一方面都推动了运营管理学科的发展。进一步说，这些贡献对现代的运营管理仍然存在，虽然有时需要进行一些修正。

（二）运营管理的发展历史线索

（1）泰罗：作业标准、时间标准；管理与操作分工。

（2）福特：作业分工、大量生产原理、标准化、通用化；流水生产线。

（3）行为科学：管理的重点由物转向人。

（4）管理科学：优化模型、运营管理的有效性。

（5）信息技术：MRP—MRPⅡ—ERP 系统，实现运营、营销、财务信息的集中管理。

（6）丰田方式：准时化（JIT）、全面质量管理（TQC）、计算机集成生产系统（CIMS）、柔性制造系统（FMS），运营管理更加关注新技术。在自动化、计算机辅助设计、办公自动化等方面正在发生着根本的变革。

（7）服务质量和生产率：高质量有价值的标准化服务（麦当劳）、全面质量保证体系（TQM）。

（8）供应链管理（SCM）：企业过程重组（BRP）。

表 1–1 运营管理的发展历史

年代	概念	工具	创始人
20 世纪 10 年代	科学管理原理	时间研究与工作研究概念的形成	泰勒（美）
			弗兰克和吉尔布雷斯（美）
	工业心理学	动作研究	亨利·福特和亨利·甘特（美）
	流水装配线	活动规划表	F.W.哈里斯（美）
	经济批量模型	订货管理的 EOQ	
20 世纪 30 年代	质量管理	抽样检验和统计表	休哈特和罗米格（美）
	霍桑实验	工作活动的抽样分析	梅奥（美）和提普特（英）
20 世纪 40 年代	复杂系统的多约束方法	线性规划的单纯形法	运筹学研究小组和丹齐克
20 世纪 50~60 年代	运筹学的进一步发展	仿真、排队理论、决策理论、数学规划、PERT 和 CPM 项目	美国和西欧的许多研究人员
20 世纪 70 年代	商业中计算机的广泛应用	车间计划、库存控制、预测、项目管理、MRP	计算机制造商领导的，尤其是 IBM 公司
	服务数量和质量	服务部门的大量生产	麦当劳餐厅
20 世纪 80 年代	制造策略图	作为竞争武器的制造	哈佛商学院教师
	JIT、TQC 和工厂自动化	看板管理、计算机集成制造、机器人等	丰田的大野内一、戴明和朱兰、美国工程师组织
	同步制造	“瓶颈”分析和约束的优化理论	格劳亚特（以色列）
20 世纪 90 年代	全面质量管理	波里奇奖、ISO9000、价值工程、并行工程和持续改进	国家标准和技术学会、美国质量控制协会和国际标准化组织
	企业过程再造	基本变化图	哈默和咨询公司
	电子企业	Internet、Intranet	美国政府、网景通信公司和微软
	供应链管理	SAP/R3、客户/服务器软件	SAP（德）和 ORACLE（美）

顾客需要高质量的产品，需要公平、可靠和一流的服务。目前，经济主体已经戏剧性地从商品生产转向服务生产。如图 1–1 所示，可以惊奇地看到，今天 70%以上的美国劳动力都受雇于服务业。尽管服务性行业在雇佣劳动力方面占有明显的优势，但是制造业仍在源源不断地提供着出口和国内消费所需的基本商品，这一重要角色始终未变。因此，服务运营和生产运营都十分重要。由于服务的运营和制造的运营具有同样的重要性，本教材将平等地对待服务的运作和制造的运作。

在当今的企业界，只完成单一任务的装配工人的时代已经过去了。当今的生产专业人员必须能够制造出高质量的产品，能够识别和解决工艺上的问题，保留统计数据，改进产品设计，维修和保养机器和工具，减少准备时间，并能很快地适应不断变化的市场需要。这种变化也要求管理层改变角色。应把精力集中在创造一个好的工作环境，并且为组织建立一个长期的战略目标，把成果的创造和日常的运营留给有技能的生产团队去做。

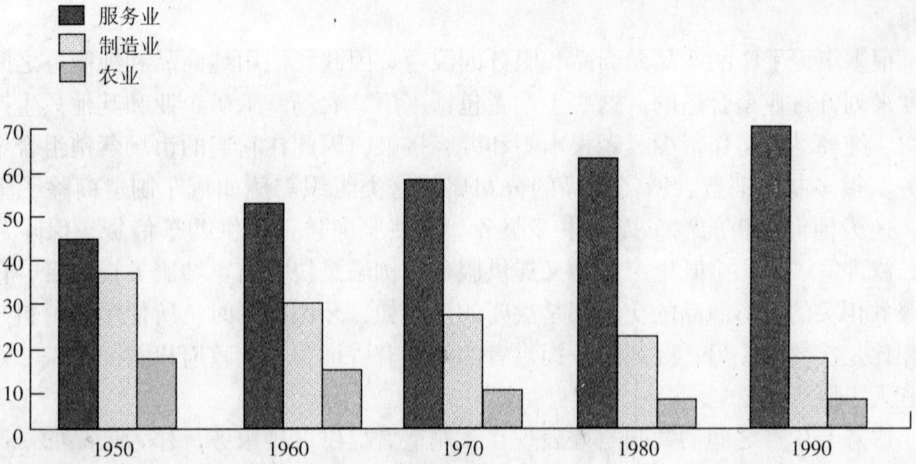

图 1-1 美国就业领域的变化

二、运营管理的概念与内容

（一）服务和生产的区别

服务和产品生产的本质区别在于：商品是一种有形的实体，是物理输出的过程，能够被储存、改变和运输。服务是无形的，是一种生产和消费或多或少同时进行的东西，是那种“掉在脚上无痛感的东西”。因为服务是无形的，它不能被库存和运输。在运营的一些重要方面，服务的提供者和商品的生产者是不同的。

服务是一种极易变质的“产品”，它不能库存以备未来使用。因此服务的交付为存贮能力和计划提出了一个特别的难题。服务的提供者需要在需求到来之前建立其能力，包括雇佣工人、建设设施、安装设备等。如果需求没有变成现实，这些能力就浪费了，这就导致了高成本。而不能像商品那样，商品的生产者可以用现在的能力生产产品进行存贮，以供将来的消费。

因为服务是无形的，所以顾客在接受服务之前不能轻易地对服务质量作出评价。在服务性行业里，对服务质量的评价很大程度上是靠顾客的嘴巴传播的，所以信誉是至关重要的。服务行业的潜在顾客不能通过观察或尝试产品来形成对产品质量的印象。

服务性组织常常分散在不同地点经营。因为服务不能存贮和运输，服务必须在消费地点提供或者把顾客带到服务组织来接受服务。这样导致了服务销路的分散。例如，零售商店、理发店、租车行、银行和医院都是按地域分散经营的。相反，对商品的生产者而言，因为他们的商品可以运输到各个经销点，他们能够集中地运营。

在服务性组织里，运作和市场营销（和销售）的职能更紧密地结合在一起。这是由于服务的提供（即生产）和消费是在同时同地进行的。服务组织是市场营销和运作的统一体。在商品生产的组织里，情况是不同的。市场营销和运作是单独的职能组织，因为商品的生产和销售是分开进行的。所以市场营销和运作的整合就成了商品生产者的一个难题。

很多组织生产的产品是商品和服务的混合，因此我们用纯商品和纯服务之间的连续程度来划分行业是合适的。这些生产者包括工厂、农场、采矿企业和其他只生产商品的组织。纯商品的运作很少或者根本不和顾客接触，因此在它们的市场营销组合中不包括服务。很多制造消费者所需商品的公司属于这类组织。例如汽车制造商除了生产汽车外，还为他们销售的汽车提供很多服务。这些服务包括提供购车信贷、保险、质量保证、修理等。另一个既生产商品又提供服务的例子是快餐店。纯服务提供者，任何与这种服务相关的有形商品的交付都是次要的。例如，牙医补牙时，所使用的材料与主要服务相比是次要的。另一些纯服务提供者的例子有咨询公司、政府机关、医院、银行、教育和人事服务。

服务与生产之间的共同之处表现在：制造者提供多种服务，作为产品的一部分，而许多服务者也提供有形的产品，分销给顾客或在提供服务的过程中消费产品。例如，麦当劳生产有形的食品，但由于它是为了与顾客接触而完成整个服务过程才设计生产产品，因此属于服务业领域。

表 1–2　商品生产者和服务的提供者

主要是生产商品的单位	主要是提供服务的单位
	交通和公用设施
农业、林业和渔业 庄稼、牲畜、农业服务、林业、渔业、打猎、服饰	铁路、本地通勤客运、货运、仓库、美国邮政服务、水运、航空客运、管线、通信、电力、加油和环境卫生
采矿业 金属开采、煤矿开采、石油和天然气开采以及非金属矿开采	**批发贸易** 耐用品和易耗品
建筑业 通用建筑承包商、重型建筑承包商、特殊业务承包商	**零售贸易** 建材、百货商店、食品店、汽车销售商和服务站、服装及其配件商店、家具及家庭装修店、餐饮业
制造业 食品、烟草、纺织品厂、服装、木材、家具、纸张、印刷、化学品、石油、煤、矿产、橡胶、塑料、皮革、石材、黏土、玻璃、金属、金属产品、设备、电子和电动设备、运输设备、工器具和其他的制造业	**财务、保险和房地产** 银行、信用机构、证券商、保险机构、房地产 **服务** 宾馆、个人服务、业务服务、汽车修理、电影、娱乐、保健、法律、教育、社会服务、博物馆、动植物园、协会组织 **公共管理**

注：所列出的行业以美国商务标准行业分类系统为基础

（二）运营管理的概念

任何一个企业必须面对两个问题：一是提供什么？二是如何提供？制造性运营是以提供有形产品为主，产品为实物；而服务性运营是以提供无形服务为主，产品为服务，服务质量评定包括礼貌、清洁、服务速度和友好气氛等。制造业运营和服务运营创造财富，它比所投入成本创造出更高的价值，因此，运营管理水平以及输出/输入比的提高是创造财富的最主要基础。运营管理者的主要职能是创造财富、提高生产率和改善人们的生活质量。

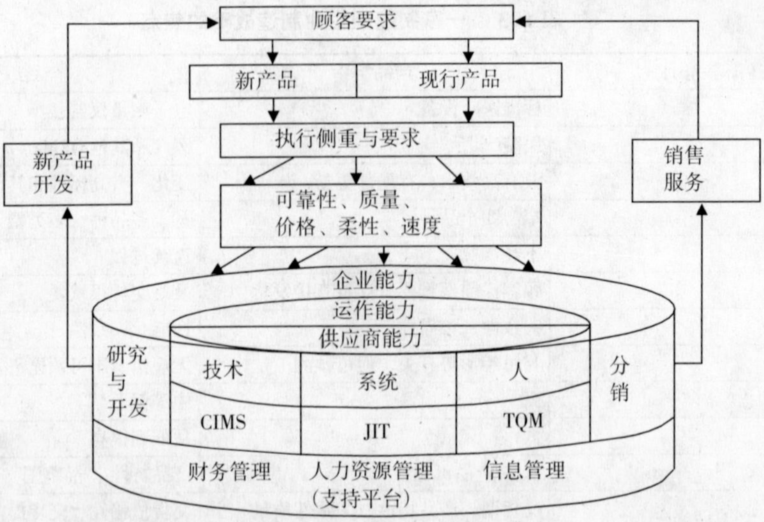

图 1-2 制造业运营策略框架（从顾客提出需求到满足顾客需求）

运营功能是每种经营的最基本内容。运营管理被定义为运营功能中的决策，以及决策与其他功能的一体化。所有的生产或运营都是一个把输入转换为输出的转换系统。

把运营看做一种转换系统是一种研究制造业和服务业的一体化方法。系统环境的改变包括全球经济中发生的变化，频繁地要求运营做出相应的变化。

生产与运营是一切社会组织将对它的输入转化为输出的过程。运营功能是每一经营的关键要素。没有它，则经营不能够继续开展。运营功能与市场营销和财务一样是企业经营的三个主要功能之一。运营管理关注的主题包括两大方面：一是产品和服务是如何生产出来的？二是如何降低资源消耗？

以一个工厂为例，运营管理者有主管工厂的经理以及所有在这家工厂里工作的其他管理者，包括生产和存贮控制经理、质量经理和生产线上的督导。所有这些管理者都要对产品的生产负责。进一步说，所有公司一级的或者部门一级的生产管理者都是运营管理者。这些管理者应该包括一个公司级的、负责运营（或生产）的副总裁和一群进行质量、生产、存贮控制、辅助设施和设备管理的经理。

和制造企业一样，服务性行业也需要运营管理者。在私营的服务性行业里，旅馆、饭店、餐厅、航空公司、银行和零售店里均有运营经理。他们在每个组织里负责服务的供应，就像在制造企业中运营管理者负责产品的供应一样。同样在政府部门里也有运营管理者，他们工作在邮电局、福利部门、房管部门等。

从表面上看，服务的运营与制造业的运营几乎没有共同之处，然而这两个运营的一致特征是它们都可以被看成是一种转换过程。在制造业中，原材料、能源、劳动和资金的输入都最终转换到成品中；在服务运营中，同样的输入被转换到服务输出中。在任何机构中，以高效方式管理转换过程是运营管理者的任务。

多年来，由于运营管理学科主要研究制造业的生产过程，所以也被称为“生产管理”。后来运营管理也涉及服务性行业，“生产管理”也就扩充为“生产与运营管理”或

表 1–3　一家制造型企业制造战略的焦点

制造需求差别	产品组 1	产品组 2
产品	标准医疗设备	电子测量仪器
顾客	医院/诊所	医疗和其他 OEMs
产品要求	没有高技术，有局部更新	变化，有高标准和其他要求
产品范围	窄、四个品种	宽、多品种、多类型
设计变化	不经常	连续过程
交货	顾客提前期重要、存货直接发货	及时交货很重要
质量	一致性、可靠性	性能、一致性
需求变动	与每年形势有关，但可预测	无规律、不可预见
容量/水平	高	中等偏下
边际利润	低	从低到很高
订单赢得要素	价格/产品可靠性	产品特性/产品范围
订单资格要素	交货期、产品特性、一致性质量	交货依赖性、交货提前期、价格
内部主要绩效要求	成本、质量	新产品柔性、范围柔性、依赖性

表 1–4　服务业中的运营策略

阶段	特性	服务质量	新技术	劳动力	一线管理
Ⅰ坐等服务	* 顾客光顾企业是因为不得已 * 运作至多是一种反应	* 与成本相比服务处于次要位置 * 相当不同	* 只有在危及企业生存时才采用	* 消极约束	* 监督控制工人
Ⅱ上门服务	* 顾客无法追求也无法回避 * 运作的功能平庸而无激情	* 满足顾客需要，在一个或两个关键方面保持一致	* 只有当可以减少成本时才采用	* 有效资源 * 按工艺流程做事	* 控制工序
Ⅲ获得差别、赢得竞争优势	* 顾客根据满足他们要求的声誉来选择服务企业 * 运作要求企业不断地优化企业的人力资源管理和跟踪顾客要求的生产系统	* 超过顾客要求 * 在多方面保持一致	* 当承诺提高服务质量时采用	* 允许在可选择的过程中进行选择	* 倾听顾客意见，方便员工劳动
Ⅳ世界级服务公司	* 公司名字和服务优越性连在一起 *服务不仅要满足顾客要求而且要使顾客高兴，以达到竞争对手不能达到的水平 *运作是学习者和革新者，它使服务的每一方面无懈可击，并且保证提供竞争对手能力以外的服务	*提高顾客期望值 *寻求挑战 *持续改进	*是竞争对手没有的创造性、革新性的源泉	* 革新、创造新过程	*员工的意见是高层管理人员新思想的源泉，引导工人改进工作

简称"运营管理"。在这本书里，"运营管理"这一术语既包括制造业的运营管理，也包括服务性行业的运营管理。

在西方管理学界，过去把有形产品的生产称作"Production"，把提供劳务的活动（生产无形产品）称为"Operations"；现在将两者均称为"Operations"，从而把生产的概念扩大到非制造领域。在我国，有些学者将"Production"和"Operations"均译为"生产"；有的为了区分制造业生产与非制造业生产，将其分别译为"生产"和"运营"。

表 1-5 制造业和服务业的区别

制造业	服务业
产品是有形的、耐久的	产品是无形的、不耐久的
生产与消费分离	生产与消费同步
产出可储存	产出不可储存
顾客与生产系统接触少	顾客与生产系统接触频繁
质量相对易于度量	质量难于度量

运营是在一个组织中负责为某一机构或消费者提供产品和服务的活动。运营管理是研究运营职能决策的学科。运营管理者就是对运营功能及其与其他功能的关系进行决策、计划和控制生产系统、机构中各层面以及与外部环境的界面。运营管理是一个系统，也会与其内部和外部环境发生交互作用。

企业如何制造产品或提供服务？如何布置企业的设施？需要多大的生产能力？何时应增加生产运营的能力？诸如此类的问题是运营管理者必须考虑的问题。运营管理解决的基本问题：一是运营系统的设计；二是运营系统的运行；三是运营系统的维护和改进。影响企业竞争力的要素主要包括价格、质量、品种、服务、时间（速度）、环保等方面。

20 世纪 90 年代初，美国萨瑟尔等三人提出，从满足消费者需要的角度看，一项完整的服务应包含以下三个要素：一是物质设施或工具；二是显性服务（生理感受等）；三是隐性服务（包括心理感受等方面）。

在改善服务方面，要重视"服务循环"与"服务触点"两个方面，以乘坐飞机为例，要经过如下流程：询问航班信息→ 订票→ 乘班车到达机场→ 托运行李 →办理登记手续→安检→登机→ 机上服务→ 到达，领取行李→离港。"服务触点"是指顾客与服务系统发生联系的环节和接触点，服务质量 = f（∑服务触点）。服务系统的设计必须考虑便利性与可获得性、价格、速度、待遇、灵活性、有形产品质量、特殊技能等诸多方面。

广义地说，运营管理涉及产品的生产和服务的提供。每天我们都接触大量的产品和服务，所有这一切都是在运营管理者的监督下生产和提供的。如果没有高效的运营管理，一个现代工业化社会就不可能存在，运营是为企业创造财富和支撑全球经济的引擎。

生产运营管理（POM）是对制造产品或提供服务的过程中各种活动的计划、组织、分析、协调和实施，也是对公司主要产品或服务的系统进行设计、运行、评价和改进。其基本任务是对生产系统的全面了解、有效设计和经济运行。

与外部环境的交互作用发生在运营与经济、物质、社会和政治环境方面。如图 1-3 所示，企业运营被它周围的环境包围着，而且不断地与环境发生着交互作用。这些交互性关系要求企业运营必须不断地监视环境，并且在必要时使企业运营作出相应的调整。

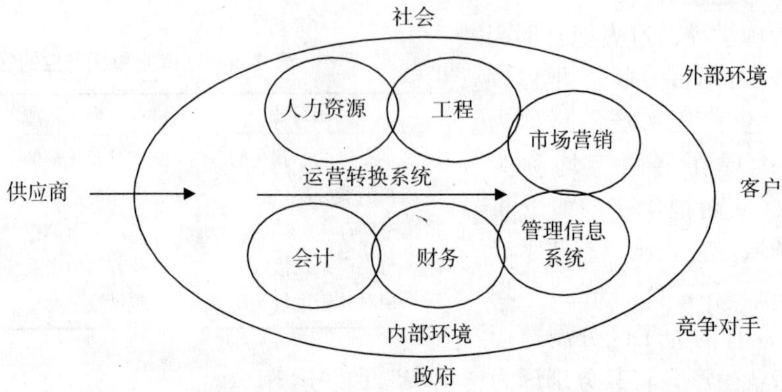

图 1–3 运营与环境的关系

案例 1–1 作一次步行：重振制造业

与你步行通过今天某一现代化制造业的工厂所见到的相比，世界博览会甚至依帕克特（Epcot）中心所提供给你的对制造业未来的展望就显得苍白了。当你看到那些把自己变成世界级的竞争强手的公司正在开发“好的产品”时，你对美国制造业前景的任何疑虑都将会减少。在一个大规模的复合焊接站喷射的火花中，或在能把草图一跃变成最终模型的神奇的 CAD 系统里，你将能看到制造业令人兴奋的前景。你会在一群一起为解决生产问题或开发新产品而奋战的工人身上找到这种感觉。新的生产技术、新的通信系统和运输安排以及无数的工商服务和金融工具，正在充实美国的工业部门。

尽管大家都在谈论美国制造业的不动产的转移，但是美国工业的核心部门仍然稳步地一年比一年生产出更多的商品。面对来自全世界的竞争，美国的制造业仍然占有日益增大的全国经济总量的 21%。一万亿美元！这是美国制造商在今后六年为购买新设备的费用，也是美国制造业为它的将来所押下的一笔赌注。并且他们还将花费超过十亿美元投资于软件和服务，以确保 21 世纪美国制造业的发展。

制造业仍然是一个令人兴奋的工作领域。尽管由于规模的缩小引起了一些企业的关闭和员工的解雇，但还有一些制造业主开设了新的企业，招聘了新的员工。我走访过的最后两个制造业的工厂有一些共同的东西。生产领域里的工人队伍是由高中毕业生、学了一年或两年大专的人、原先的学校老师和大学毕业的工程师所组成。管理人员不戴领带，这样他们就和其他人融为一体。谁是蓝领？谁是管理者？真正被混淆的同时，激动人心的是这样一种事实：每一个人都能为改进质量和提高生产率而贡献力量。

正如其中一个工厂的经理所说的那样：“人们可以为制造业作贡献。”有技能的专业人员可以在制造业找到激动人心的工作，甚至毕业于工商管理学院的一些雄心勃勃的人也被制造公司所吸引。

毕竟是制造部门给美国带来了工作质量和质量周期的概念，是制造部门首先把生产率看成是管理首先考虑的问题，是制造部门首先对低质量发起了攻击。

今天，在美国制造公司周围漫步，你能看到为什么人们被那里的管理所吸引。有些经理正洋洋得意，因为是他们的努力才使这些企业成为世界级的公司。而有些经理为能把他们的企业杀回美国而感到自豪。

下一次有人告诉你制造业前途黯然时，请你告诉他作一次步行去吧！

资料来源：Perry Pascarella（ed.），Industry Wee，June 29，1987.

理解运营管理的含义，必须把握如下三个方面：

1. 决策

决策是运营管理的重要要素。因为所有的管理者都要进行决策，应将决策作为运营的核心主题。在这里，按照主要的决策类型，可把运营管理划分成五种主要的决策职责，即流程、质量、生产能力、库存和劳动力。每种作业不可能只考虑自己的决策职责，而是要与其他作业一起来决策。许多作业在经营中都会有暗箱操作的趋势，并阻碍交叉功能决策。结果，整个经营因各作业环节特权的存在而受到影响。

2. 功能

在任何组织中，同市场营销与财务一样，运营无疑是一项重要功能。运营功能是指组织中负责为经营提供（生产）产品和服务的职能。运营经理在组织中负责管理生产产品和提供服务的部门，然而在不同的行业里这些职能部门有不同的名称。在制造公司里，运营职能部门可以被称为制造、生产或运营部门。在服务性组织中，运营职能部门可以被称为运营部门，在特殊的行业它可以有其他特殊的名称。这样把运营管理看成一种组织的职能，它就和企业其他的职能诸如营销和财务一样，有着相似的地位。在一个生产企业中，运营功能特别地被称做制造或生产部。在服务组织中，运营功能可能叫业务部或其他名称（如在保险公司中叫政策服务部）。一般而言，通常所说的“运营”一词是指生产商品或服务的功能。

在一个组织中，功能领域是决策的主要职责，市场营销功能专门负责创造需求和产生销售收入；运营功能负责生产产品或服务（即指提供服务）；财务负责提供资金支持。功能领域总是同组织部门相对应，因为各功能都要由组织来实施。

3. 系统

运营管理者计划和控制生产系统及其界面。这一系统观不仅为把服务和生产运营定义为转换系统提供了一个共同背景，而且也是进行运营设计和分析的强有力基础。按系统观点，企业中的运营管理就是一个投入转换过程的系统。

系统是由处于一定的环境中相互联系和相互作用的、若干组成部分结合而成的，为达到整体目的而存在的集合。

例如：皇宫修复工程。宋真宗大中祥符年间，由于皇城失火，宫殿被全部烧光。皇帝命一个名叫丁渭的大臣全权负责皇宫的修复工程。这样的工程怎样才能修复得又快又好呢？经过反复考虑，他提出了一套完整的施工方案：首先，把皇宫前面原有的一条大街挖成沟渠，用挖出的土烧砖，从而就地就近解决部分建筑材料问题；其次，再利用这条沟渠，同开封附近的汴水接通，形成航道，运进砂石木材等，使用了当时最经济有效的运输方式——水运，节省了大量的人力、物力和时间；最后，在皇宫修复后撤水，并用废弃物填沟，修复了原大街。他三次利用了这条沟渠，利用了废物，又节约了运输费用。这里体现出来的系统工程思想是很典型的。它从始至终把皇宫的修复工程看做一个整体，把快、好、省巧妙地结合起来，并有步骤地达到了预期的目的。

系统观点还为运营功能以外的生产系统管理提供了重要视角。例如，一个销售办公室可以看做是一个具有输入、运输和输出功能的运营系统。运营管理就是把输入转换为产品和服务输出的转换系统。对系统的输入包括能量、原材料、劳动力、资本和信息等（见图 1-4）。这个系统的输入是这些输入由工艺技术转变为产品和（或）服务，工艺技术是用于转换的特别方法。工艺技术的变化会改变各种不同输入量的比例，也会改变输出的产量。然后用流程技术把输入转换成输出，这种流程技术就是将原料或输入转换成为产品或服务的方法、程序和设备。

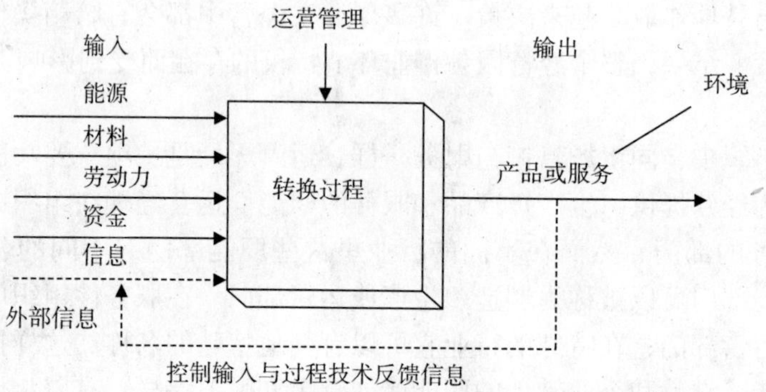

图 1-4 运营管理系统

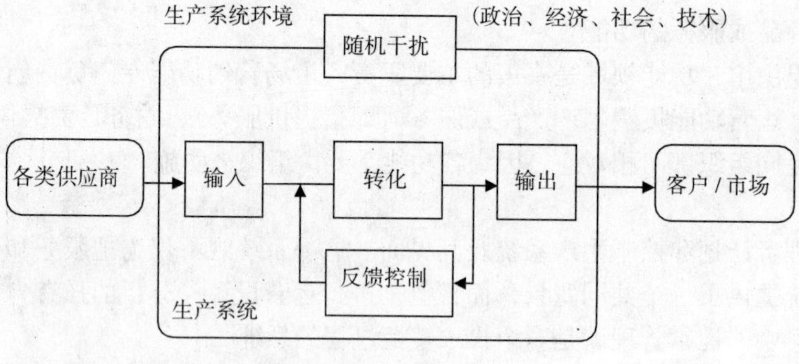

图 1-5 生产或运营系统

运营的系统观把不同行业的不同运营统一成一体。例如，制造业的转换系统是一种从原材料到产成品的材料的转换。当生产汽车时，钢材、塑料、铝材、布料和许多其他的原料被转换成各种部件，然后装配成完整的汽车。为生产完整的汽车，当然需要一定的劳动力来操作和维护设备，同时也需要能源和信息。在服务业中，转换过程还被用来将输入转换成为服务型输出。例如，航班服务要用资金输入来购买飞机和设备，要有飞行员、服务员和支持性人员的输入，生产出安全、可靠、快速和高效的运输。与制造业的公司相比较，只有很少的原材料输入。虽然航空公司也提供订旅馆房间和空运货物的服务，但它提供的基本服务是客运。

不同的行业的输入类型是不同的。如果是汽车制造业的运营，就需要输入资本、机器的动力、设备和工具。并且需要劳动力运作和维护设备，而材料的输入将构成从原材料到最终商品转变过程的基础。

使用反馈信息生产客户所需的产品是运作的实质。使用反馈信息不断地修正输入和改进技术以达到所要求的输出是运作管理者的责任。这些决策是复杂的，需要不断地进行有效的权衡。

运作转换系统不断地与环境相互作用。有两类环境值得考虑。首先，在公司内除去运作外的其他职能部门或更上层的管理层可能会改变策略、资源、预测、设想、目标或约束。作为结果，运作的转换系统必须修正以适应新的内部环境。其次，公司外部法律、政治、社会或经济环境等会发生变化。因此在运作的输入、输出或转换系统也应发生相应的变化。运作环境的不断变化是规律而不是例外。

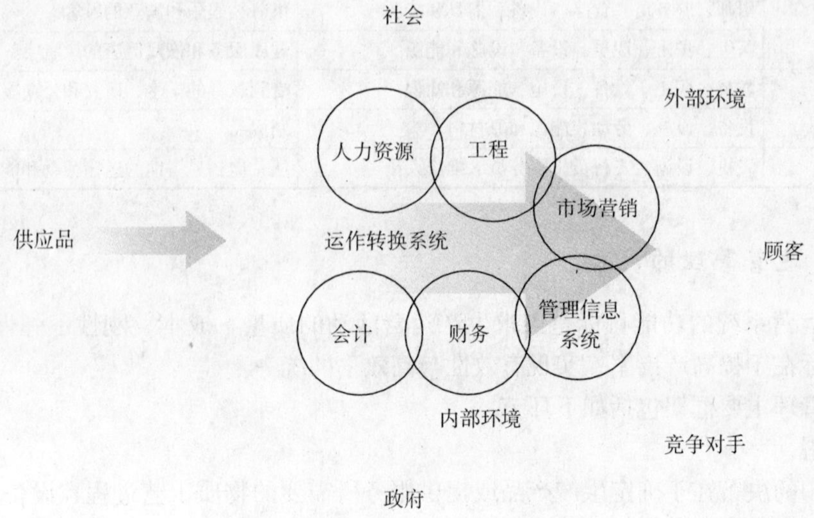

图 1–6 运营和环境的关系

对这个转换系统的管理包括对系统和环境的连续监控。环境的每一个变化可以让管理层改变输入、输出、控制系统或转换系统本身。例如，经济条件的一个变化可以引起运作管理者修订他们所作的需求预测，其结果可能是他们要雇佣更多的员工和扩大生产能力。同样，产品质量水平的降低会引起运作管理者反思他们的质量保证体系，以便使转换系统恢复正常。运作管理者的角色就是为了计划、控制和改进转换系统而不断地监控这个系统和它的环境。

运营管理者在每个公司中都有重要的地位，全面负责一个工厂的工厂经理就是一个例子。所有在该工厂任职的其他经理人员——包括生产和库存控制经理、质量经理和生产线总监，都属于运营管理者。这群工厂管理人员在制造业中负责产品生产。运营管理者在服务业中和在制造业中有同样重要的职责。在私人企业中，运营管理者的领导角色主要在宾馆、餐馆、航班、银行和零售店等行业。在这些机构中，运营管理者负责提供的是服务，正如制造业中运营管理者负责产品生产一样。在政府部门中也有运营管理者，如邮电、福利部门和房管部门等。

运营系统不仅要追求经济性，而且要克服产物对社会的损害，生产运营系统也是一个不断学习的系统。运营的系统观点对于理解生产系统中除运营职能之外的其他职能的设计和分析也会有所帮助。例如，市场营销职能中的销售办公室也可以看成是一个具有输入、转换和输出的生产系统。应付账款办公室和数据处理中心的数据录入运作也可视为这样的生产系统。就系统的观点而言，运营管理概念的适用性已超出了运作职能的范围。

表 1-6　生产运营系统示例

运营类型	输入	输出
银行	出纳、职员、计算机设备、设施和能源	金融服务（贷款、存款、保管等）
饭店或餐馆	厨师、服务员、食品、设备、器具和能源	供餐、娱乐和满意的顾客
医院	医生、护士、职员、设备、设施和能源	健康服务和恢复健康的患者
大学	教员、职工、设备、设施、能源和知识	受到教育的学生、研究和公众服务
制造厂	设备、设施、劳动、能源和原材料	制成品
航空公司	飞机、设施、飞行员、服务员、维修人员	从一地到另一地的运输劳动和能源

（三）运营管理的内容

生产运营系统的功能目标是谋求生产运营活动的质量、成本、刚性、弹性与创新，其效率目标在于提高产出率，实现有效性与高效率的统一。

运营管理主要框架包括如下环节：

1. 流程

流程中的决策在于确定生产产品或提供服务所需要的物质工艺过程和设备或所需的职工人数，决策内容包括设备和技术类型、过程流程、设备布局、职位设计和劳动政策。其中很多工艺过程决策从本质上说是有长期影响的和不可轻易逆转的，是不能轻易推翻重来的，特别当进行重大投资决策的时候更是这样。因此，根据经营的长期战略形势和职工人数来设计物理过程十分重要。流程在设计完成后还必须不断改进，这要求在劳动力和员工观念方面达成高度共识。

因为流程决策要求较大的资金投入，财务经理会关注业务过程所需的投资。人力资源经理则关心招聘、雇佣、人员供给，以及对流程中所使用人员的评价。企业运营过程所管理的人员比企业其他功能所管理的人员要多一些。

2. 质量

运营管理要对所生产的商品和提供服务的质量负责。质量是需要整个组织都支持的一个重要的运营职责。为了保证质量，最好让产品的生产者自己进行质量检查。人们正认识到生产一个更高质量的产品并不一定需要更多的成本；或者更准确地说，当错误减少时成本就会降低。在很多行业里，高质量被视为取得竞争优势的关键。质量决策必须保证完成质量设计，在作业的所有阶段把好产品质量关，如必须制定标准，进行人员培训，检查产品或服务，这些主要是对生产第一线人员的要求。运营管理一个非常重要的职责，就是保证生产满足规定规格和标准的产品。如今，持续的质量改进是所有管理者的关键职责。为了保证从源头开始抓质量，每个雇员都要对自己的工作负责。

3. 生产能力

生产能力决策的目的在于，在适当的时间、适当的地点确定合适的生产能力。长期生产能力是由建设完成的设备规模来确定的，或通过转包、加班、租赁来增加。不管怎样，能力计划不仅决定了设备的规模，也决定了进行运作需要的员工数量。为了满足市场的需求和保持劳动力的平衡，需要确定雇员的规模。在短期计划里，生产能力有时可通过分包、外移或租用空间来扩大。然而，生产能力计划不仅决定设施的规模，也决定作业中的人数。

4. 库存

运营中的库存管理决策决定订什么货，订多少货，什么时间订货。存货决策是确定要使用存货控制系统对物料进行管理，包括对原材料的采购、原材料存货、在制品和制成品的存货。存货管理者要决定在存货上花多少钱，存在什么地方，以及其他许多相关的决策，他们管理企业内部以及供应链中的物料流。为了减少存货和保证计划的兑现，一些新的方法，包括计算机化的存货管理系统和准时制存货方法得到了发展。人们开始使用这些方法以便减少完成工作所需的时间和提高运营的灵活性。

供应链管理已成为经营中的流行话题，它包括综合供应商、生产商和顾客。管理供应链要求所有的管理者考虑整个沿着供应链过程，从原材料经生产和分拨再到最终顾客的物料流。

5. 员工（劳动力）

因为没有生产产品和提供服务的员工是什么事情也干不成的，所以在运作中管理人是最重要的决策领域。员工决策包括员工选择、雇佣、解雇、培训、管理和薪金。这些决策通常在人事和人力资源办公室的协助下由基层的运作经理作出的。用各种有效的和人道的方法管理员工是当今运作中的一项重要任务。

关注这五个决策领域是运作管理成功的关键。如果这五个决策领域都能有效地发挥作用，并能很好地整合在一起，则可认为该运作职能的管理是良好的。

第二节 运营管理的职位与生产率

一、运营管理的职位

运营管理是企业的一个职能领域。市场营销、运营管理、财务管理和人事是工商管理的四个领域，这四个领域是：职能领域、方法论领域、行业领域和一体化领域。

职能领域与一个组织中一类特别的责任和决策有关。市场营销职能就是负责创造需求和产生销售收入，而运营职能是负责产品的生产或服务的提供，财务的职能是负责取得和分配资本。

运营职能中的经理从事运营管理。他们不从事行为科学、数量方法或系统分析，虽然他们应用这些学科的一些原理。就像医生不从事生物学一样，虽然他们知道怎样运用生物学的方法。熟悉决策和懂得如何改进运营是运营管理的关键。在企业管理实践中，有些职位更关注日常运营，同时另一些职位可能更关注政策和规划。特别的，高层管理职位更关注战略、政策和规划，低一级的和中层管理者更关注日常的运营。

（1）运营经理。在生产组织中，这类职位包括工厂经理、生产部主任、生产副总裁。在服务行业中，包括商店经理、办公室经理以及副总裁。这些职位与运作职能的全面协调和定位有关。具体的职责包括战略计划、政策制定、预算管理、对其他经理的管理以及运作控制。

（2）材料经理。这个职位负责管理和整合从原材料到最终产品的物流。有代表性的材料经理要配有采购经理、存货控制经理、生产控制经理等下级管理人员。

（3）采购经理。采购经理负责保证原材料的充分供应。他们同供应商联系紧密。他们负责价格谈判、选择供应商和对供应商进行评估。

（4）存货经理。存货经理负责及时定购适量的材料。他们通过计算机系统力求在可能的最低存货成本下提供最好的客户服务。

（5）生产控制和计划经理。生产控制经理负责制定生产计划并保证最有效地利用资源来实现计划。生产控制职责包括制定计划、平衡工作负荷、确保产品按时发运。在服务行业，这种职能也叫做计划。

（6）质量经理。质量经理负责计划和监控产品或服务质量。包括设计质量控制系统、为工人在产品质量方面提供帮助、确保每个人都在努力提高质量。质量经理从整体的角度看待公司的质量系统，但并不直接控制质量。工人和管理者负责生产并控制质量。

（7）设备经理。设备经理负责设计和控制运营设备及工艺。职责包括工作流程分析、技术管理、设备选择、设备布置和设备计划。

（8）生产线经理。负责劳动力和运营单位的管理。该头衔包括一线主管、生产负责人和单位的经理。生产线经理负责管理员工的工作业绩、员工发展、工作组织和奖励机制。

（9）运营计划分析员。运营计划分析员负责整体计划、预算管理和运作控制。分析员辅助运作经理工作，并为支持计划与决策设计模型和信息系统。

运营经理必须同时具备行为管理技能和定量分析技能。基层业务主管的职位更需要行为管理技能，而策划职位需要更高程度定量分析技能。

表 1-7　运营管理职位

项目	职能
运营管理者/运营经理	在制造业中，有一些诸如工厂经理、厂长和副总裁之类的头衔。服务业中的头衔有店铺经理、办公室经理和业务总监等。这些职位都是相通的，执行的都是运营功能。他们具体的职责是进行战略规划，制定政策、预算，管理其他经理，从事运营控制。
流水线经理	负责车间管理，或者制造业或服务业中作业单元的管理，头衔包括现场监理、车间主任和部门经理。他们负责工作组织、工作执行和薪酬制定。
作业计划分析员	负责综合计划、预算和作业控制，对作业经理负责，可以制定模型、信息系统来支持计划和决策。
材料经理	这一职位需要综合管理从原材料到产成品的物料流，材料经理下面一般还设有采购、库存控制和生产控制等经理。
采购经理	负责材料采购，保证企业适当的物料流和供给。采购经理与供应商关系密切，需要在制造业或服务业中选择供应商，评价供应商行为，进行价格谈判等。
库存经理	负责在适当的时间订购适量的材料，常常需要在计算机系统的帮助下以最低的库存成本为顾客提供最佳的服务。
生产控制和计划经理	负责制定生产计划，在满足计划的基础上保证资源的最有效利用。这一职位的职责包括规划工序、平衡工作量，保证产品按时送达。在服务行业，这种职能也叫做计划。
质量经理	负责计划和监督产品或服务的质量，其责任包括制定质量控制体系，协助员工生产高质量的产品或提供优质的服务，保证每一个人都能不断地为提高质量而努力。质量经理要全面监督公司的产品质量，但不直接控制质量，员工和下属经理们生产并控制产品或服务的质量。
设备经理	负责设计和控制作业设施以及流程，包括流程分析、技术管理、设备选择、设备布局和规划。

二、生产率的衡量

企业管理者的主要职责之一是力争有效地利用该企业的资源，生产率通常是指商品或劳务的产出与生产过程投入（劳动、材料能源及其他资源）之间的关系，是一个相对指标，常表示为产出与投入之比。在全球经济中，一个公司和一个国家只要有比其国内或国外竞争者更高的生产率，就都能够在长期运营中得以繁荣。

生产率的计算是分析企业生产效率的一个重要指标，可按单一投入、两种以上的投入或者全部投入来度量，与这三种度量方法相对应有三种生产率，即单要素生产率、多要素生产率和总生产率。管理实践中选用哪一种方法主要根据衡量的目的而定，在提高生产率时，适合采用劳动这一投入量比较合适。

劳动生产率=产量÷投入=产品件数÷耗费工时

生产率衡量的困难：

(1) 投入产出的数量不变的同时，质量可能变动；

(2) 外部因素可能导致生产率变动；

(3) 可能缺乏衡量的精确单位。

表 1–8 不同类型生产率度量方法举例

计算方法	举 例
单要素计算法	产出 / 劳动、产出 / 机器、产出 / 资本、产出 / 能量
多要素计算法	产出 / （劳动 + 机器）、产出 / （劳动 + 资本 + 能量）
总计算法	生产的商品或劳务 / 生产过程中的全部投入

表 1–9 单要素生产率计算方法举例

生产率	举 例
劳动生产率	①每人工小时的产出单位数 ②每轮班的产出单位数 ③每小时增值额 ④每小时的产出
机器生产率	①每机时的产出单位数 ②每机时的产值
资本生产率	①每元投入的产出单位数 ②每元投入的产值
能量生产率	①每千瓦小时的产出单位数 ②每千瓦小时的产值

例：利用下列数据求出劳动和机器投入的多要素生产率。产出为 1760 单位，投入人工 1000 元，材料 520 元，管理费 2000 元。

则

多要素生产率 = 产出/(人工 + 材料 + 管理费)

= 1760 单位/(1000 元 + 520 元 + 2000 元)

= 0.50 单位/元

从本质上讲，生产率反映出资源的有效利用程度，企业管理者关心生产率是因为它直接影响到企业的竞争力，若两家企业有同等的产出量，但其中一家由于生产率较高而投入较少，那么这家企业就能够以较低的价格销售自己的产品，从而提高其市场份额，若选择原价销售，能够获得更多的利润。

影响生产率的因素主要有生产方法、资本、质量、技术和管理。提高生产率的方法是：

(1) 测定所有生产环节的生产率，这是实现有效管理和控制的第一步。

(2) 将系统视为一个整体，确定哪个生产环节的生产率是最重要的，确定“瓶颈”

环节，重点投入资源，提高这个环节的生产率，原因在于提高任何非“瓶颈”环节的生产率不会影响到系统的生产率，只有“瓶颈”环节生产率的提高才会引起整体生产率的提高。

(3) 设计提高生产率的方法，也可学习其他企业的经验。

(4) 确定合理目标，以实现生产率增长。

(5) 管理者应扶持并鼓励生产率的提高，并要对有贡献的人员采取激励措施。

三、生产类型

生产类型，是指根据计划类型、生产方法、专业化程度、组织类型、接受生产任务方式、生产规模设备、条件等标志，对企业生产过程所进行的分类。生产类型是影响企业生产过程组织的主要因素之一。区分生产类型有利于简化和深化对企业生产过程的研究，合理地组织企业生产。

（一）生产类型的划分方法

企业生产类型划分的方法很多，可根据不同的标志分类。以下列举两种方法，可供参考。

1. 工序数目法

根据工作地所担负的工序数目，确定生产类型。参考数据为：

表 1-10　工序数目的参考数据

生产类型	工序数
大量生产	1~2
大批生产	2~10
中批生产	10~20
小批生产	20~40
单件生产	40 以上

2. 工序大数量系数法

K = T/R

其中：K：大量系数（按工序计算的）

T：工序平均单件时间（分/件）

R：零件平均出产时间的间隔（分/件）；R = Fe/N（Fe 表示计划期有效工时；N 表示计划期全部零件产量）

表 1-11　大量系数的参考数据

生产类型	大量系数
大量生产	> 0.50
大批生产	0.50~0.10
中批生产	0.10~0.05
小批生产	0.05~0.025
单件生产	< 0.025

（二）企业生产类型的分类

1. 按工艺过程的连续性划分

（1）流程式生产（连续型生产）。工艺过程连续不间断，在连续性生产过程中，物料均匀、连续地按一定工艺顺序运动，如化工（生产塑料、药品、肥皂、肥料等）、炼油、冶金等，都是连续性生产的典型例子。由于物料按一定流程连续不断地通过各个工序的生产，因此又将连续生产称为流程式生产。一般的，连续型生产的地理位置集中，生产过程自动化程度高，只要设备运转正常，工艺参数得到控制，就可以正常生产出合格产品，生产过程中的协调与协作任务少。

（2）加工装配式生产（离散型生产）。工艺过程是间断的，产品是由零散的零部件装配而成的，零部件以各自的工艺过程通过各个生产环节，物料运动呈离散状态，因此将其称为离散型生产，如汽车、柴油机、电视机、洗衣机等。离散型生产的地理位置分散，一个产品的不同零件可以在不同地区甚至不同国家生产。由于零件种类繁多，加工工艺多样化，又涉及多个单位、工人和设备，生产过程中极易出现等待、停顿、延误等现象，使得生产过程中的协作关系十分复杂，计划、组织与控制的任务相当繁重，生产管理十分复杂，因此，一直是企业界探索的重点。

表 1-12 流程式生产与加工装配式生产的比较

特 征	流程式生产	加工装配式生产
用户数量	较少	较多
产品品种	较少、标准产品	较多、反映客户要求
产品差别	有较多标准的产品	有较多用户要求的产品
营销特点	依靠产品的价格和可获性	依靠产品特色、差别化
资本/劳动力/材料密集	资本密集	劳动力、材料密集
自动化程度	较高	较低
设备布置的性质	流水式生产	批量或流水生产
设备布置的柔性	流水生产、柔性较低	柔性较高
生产能力	可明确规定	模糊的、变化
扩充能力的周期	较长	较短
对设备可靠性的要求	高	较低
维修的性质	停产维修	多数为局部维修
原材料的品种数	较少	较多
能源消耗	较高	较低
在产品库存	较低	较高
副产品	较多	较少

2. 按接受生产任务的方式（生产同需求的关系）和企业组织生产的特点划分

（1）订货生产方式（Make-to-order，MTO）。即根据企业与用户签订的订货合同或协议要求，生产品种、质量、数量、交货期都符合合同或协议约定的产品。生产过程不稳定，计划组织较难，但由于合同对数量和交货期都作了明确的规定，因而基本上可以消除库存，管理的关键是保证在交货期内按质、按量完成约定产品的生产。重点在于生产周期与交货期的确定。

（2）存货生产方式（Make-to-stock，MTS）。即企业产品的生产不是依据客户的要求，而是建立在市场调查和预测基础上的，产品有库存。在这种情况下，生产过程组织可以有较规范、稳定的计划，生产管理不但要做好产品质量管理和成本控制工作，而且要保证供、产、销之间的衔接，任一环节的中断会导致整个生产过程的中断，重点在于库存量的确定。

3. 按生产任务的重复程度和工作地专业化程度划分

（1）单件生产是指工作地经常变动地完成很不固定的工作的生产，同一产品只生产一件或数件，工作地专业化程度很低。

表 1–13　MTO 与 MTS 的区别

项　目	MTO	MTS
产品	按用户要求生产、无标准产品，大量的变型产品与新产品	标准产品
对产品的需求	难以预测	可以预测
价格	订货时确定，相对较高	事先确定，相对较低
交货期	很重要、订货时决定，订货时确定，长	不重要、由成品库随时提供库存供货，短
设备	多采用通用设备	多采用专用高效设备
人员	多种操作技能人员	专业化
生产驱动方式	订单驱动	预测驱动
能力利用	不均衡	均衡
风险	交货期长失去订单	成品积压
针对的市场	需求过剩市场	稳定需求市场

（2）成批生产是指工作地轮换地加工成批零件，一批相同的零件加工完以后，调整设备，再加工另一批零件。

（3）大量生产是指工作地固定地完成一道或几道工序，工作地专业化程度很高。

表 1–14　三种生产类型特点比较

项目＼生产类型	大量大批	成批生产	单件小批
产品品种	单一或很少	较多	很多
产品产量	很大	较大	单个或很少
组织	分工详细，操作简单，工作质量稳定	分工较细	分工较粗，工序内容不稳定
专业化程度	专业化程度高，可采用流水线	专业化程度较高，可以部分地采用专用设备	专业化程度低，多采用通用设备
工作地工序数量	1~2 道工序	较多	很多
生产重复性	不间断生产集中产品	周期性重复	不重复
设备的布置	按对象原则，采用流水线生产或自动线生产	同时有按对象原则排列又有按工艺原则排列	基本按工序原则排列
工艺装备	采用高效或自动化专用工艺装备	专用和通用工艺装备兼有	基本采用通用工艺装备
生产设备	广泛采用专用设备	专用和通用设备并存	基本采用通用设备
设备利用率	高	较高	低
应变能力	差	较好	很好
交货速度	好	一般	差
要求工人技术水平	低	较高	很高
劳动定额的制定	详细	有粗有细	粗略
劳动生产率	高	较高	低
计划管理工作	比较简单	比较复杂	复杂多变
生产控制	容易	难	很难

续表

项目 \ 生产类型	大量大批	成批生产	单件小批
产品成本	低	较高	高
经济效益	高	较高	低

（三）企业生产规模与生产类型

生产规模一般是指企业生产过程的产出总数量或资源占有量，如用产量、销售收入、生产能力、从业人员、资本总值表示企业的规模。

一般来说，生产规模与生产类型之间的关系可表述为：企业生产规模越大，则专业化程度越高，生产类型越合理，成本也就越低。

成批生产和大量生产有如下规律：在产量增加一倍时，成本可降低20%~30%，从这个意义上讲，扩大企业的生产规模是改善企业的生产经济性的有效途径。企业的生产规模受最小经济规模（Q_0）和市场容量（Q_m）的限制，不能过小，也不能过大，这就是所谓的规模限制，受此限制，有些产品根本不能实行大量生产。生产规模的选择公式为：$Q_0 \leqslant X \leqslant Q_m$（其中，$Q_0$ 表示最小经济规模，Q_m 表示市场容量）。

案例 1-2　伯明翰国际机场

除星期天以外的每天下午5点左右的30分钟里，有大约20架飞机抵达或离开Eurohub集散站。同时，飞机也在抵达或离开Eurohub旁边的主要集散站。在跑道和大片的停机坪上，在机场里，随着机场员工的到来，机场为从欧洲或是美国来的第一架飞机做好了准备，24小时航班的运营过程开始苏醒。

总部在伯明翰国际机场（BIA）的150家组织的7000名员工中，一部分人的任务就是满足顾客的需要。行李处理业务就是对包裹进行分拣和检查，并发送到众多即将起飞的飞机上。地勤人员则负责装卸飞机，往飞机上装载食物，灌满油箱，并利用飞机在空中桥梁短暂的停留时间对飞行器进行清洁。航线的票务员要处理乘客流，他们每个人都有不同的终点站。咨询台的员工要处理很多质询问题，比如，人们可能想知道他们的航班是否能够准时到达，银行或是旅馆的位置，或想弄清楚怎么通过公路或铁路抵达目的地。乘客在休息室、验照关卡、安全检测处之间穿梭往来，使用洗手间、免税商店和餐厅，这些地方都要保持整洁、便于使用。所有这些活动——可能还会更多——都是由BIA的运营主管Richard Heard来进行协调调度的。Richard这样解释他的工作：

在为机场工作的人们当中，BIA雇佣了其中的700人，而我要对大约600人进行监督。这些操作人员要对机场每天的运行负责，并要进行短期和中期的运营计划。这包括飞机场上以及集散站附近的大量事务。飞机场上的事务包括跑道的维修、航道的空位分配、安全管理系统的开发和实施、对员工进行充分培训等。这是一个被严格监管的领域，所以我们要与民用航空管理局进行紧密的合作。运营工作的另一方面就是对集散站的建筑和其他设施进行管理。这就像是经营一个购物中心，我们要以顾客服务为导向，但同时也要为确保安全作出特别安排。机场安全是我们内部的一个关键任务，为此我们雇佣了约 300 个人。我还拥有一个设施管理团队和一个工程服务团队，后者负责整个机场的维修工作。

至于长期规划的设计和开发，我们成立了团队对新的建筑工程计划——比如，新的给养出口、停车场以及迅速运送人员系统——进行监管。该计划对乘客人数进行了预测，为我们建造什么、何时建造以及如何进行支付的决策提供指导。在过去的 10 年里，我们每年的增长率大约在 10%。2000 年，机场共接待了 760 万名乘客，我们保持了同样的增长率，到 2005 年，预计会有 1000 万名乘客在旅途中经过伯明翰。这项计划需要很多资金；我们正在讨论一个未来 15 年中每年 5000 万英镑的投资计划。这些都是由运营需要决定的。对机场的运营过程进行管理和开发是巨大的挑战。

运营过程的主要任务之一不仅仅是为所有其他机场组织提供基础设施——比如，航线、处理代表、零售商、货物装卸人员——还包括对他们进行领导和协调。此外，还有一些机场外的团体，比如，社区团体，我们在监督和改善环境的时候要与他们保持联系。我个人的工作就是进行总体协调，并为每个人制定安全和客户服务标准。

各种组织中的人员都努力作为一个团体而共同工作，具有极强的集体主义感，这是多年积累建立起来的。每个人都希望做好自己的那部分工作，并希望所有的事情都能够圆满完成。我们对彼此的问题都有深入的了解，并有极佳的协作精神。

进行运营管理的真正奥秘在于，如果你想高枕无忧，那么就要首先确保一切正有条不紊地进行。我们不能让人们临时抱佛脚。每件事情都必须经过周密的思考、尝试和检验。我们花了大量的时间对各个流程进行检查和开发。我们的集散站必须有防火程序、疏散程序、防爆程序、处理乘客病患甚至死亡的程序。遗憾的是，我们确实有医疗急救系统，这不足为奇，因为在夏天，每天将有 30000 名乘客途经我们的机场。

另外一项关键任务是进行运营规划。我们每年进行一次运营规划。运营规划就是对基础设施进行最佳分配，从而使运营过程尽可能有效率。比如，我们要确定哪架飞机抵达空中桥梁，哪架飞机要停在哪一站，哪架飞机的乘客需要我们在高峰期派出公车去接载等。然而，你必须记住，运营规划只是一个规划而已，事情总是不按照规划进行——由于飞机延误或是机械故障，时间表分崩离析。所以我们必须设置集散站负责人，其职责就是处理日常的运营问题。我们的集散站管理者团队一周七天、一天 24 小时工作，每一班都由一个高级主管负责。

很多问题都是重复发生的，比如延误或是变更，你得知道你要面对的是众多等了很久、很不耐烦的乘客。集散站负责人的工作就是对所有的工作进行协调，比如，确保给养人员知道发生了什么事，确保信息服务人员知道他们应该告诉乘客什么。集散站管理者要眼观六路，耳听八方。乘客可能会报告说他们见到了一些形迹可疑的人，这时管理人员就要知道如何处理。当乘客下了飞机发现行李不见了，尽管这可能是航空公司或是代理机构的责任，但我们的员工可能不得不收拾烂摊子。当人们试图携带违禁物品通过安检处时，比如，一个带有曲刃的传家宝，我们就要耐心地解释，直至他们愿意把东西交给我们保管。

集散站管理人员还要处理重大事故——比如，炸弹威胁或是像前几年那样的事件。前几年，当西班牙长途汽车司机罢工时，许多乘客被困在了机场。集散站管理人员的工作就是要稳定局面，并确保每个人都知道发生了什么事。这涉及很多常识但是并不容易做到。比如，如果你不得不让乘客疏散，因为每名乘客都处于顾客处理流程和安全清退程序的不同阶段，所以当事故结束时，我们必须把所有的顾客都安置回原来的位置，而不能将他们混淆，或是所有人都必须从头开始。

在飞机场上，我们也有与集散站负责人类似的岗位——运营负责人。他们的工作是处理日常问题，比如，在飞机延误或是在突降大雪、需要清理积雪时更改站台安排。同样的，飞机必须各居其位，所有的事情必须都考虑周密。我们每周都要召开沟通会议，安排运营计划，并敦促负责人与运营规划部门合作。

我们的使命是成为全欧洲最棒的区域性机场。为了完成这一使命，我们就要不断地对每件事情精益求精。这听起来好像挺容易，但做起来很难。比如，我们在高峰期——每天早上七点到八点以及晚上五点到六点——几乎全负荷运转，我们要忙于处理人们在欧洲的短途旅行，所以我们就要在非高峰时间鼓励其他航空公司航行。这种安排对于长途运营商来说是很理想的，我们现在就拥有通往东南亚和美国的航班，去年还增加了通往迪拜的酋长专线。这样，我们就能够利用起每天中间的时间段，这段时间里我们的跑道和集散站处理能力都有剩余，可以尽可能地对我们所有的设备善加利用。

使一个机场动作如飞是个奇妙的、令人兴奋的挑战。没有哪两天是完全相同的。我们知道我们能够为顾客——包括乘客和航空公司——提供与众不同的服务。同时，我们也对当地的经济作出了重要贡献，吸引了投资、鼓励了出口。作为一名运营主管，我的工作就是实现上述一切。这是一个极佳的机会，而且很有意义——这是一项伟大的工作！

资料来源：[英] 罗伯特·约翰斯顿（Robert Johnston）：《运营管理案例》(第 3 版)，经济管理出版社，2005 年。

第三节 运营管理的新主题

一、运营中的重要主题

1. 服务业和制造业互相渗透

在今天的经济生活中，服务和制造有着非常密切的相互关系。诸如银行、保险、咨询、电信和运输等服务是对制造行业的重要支持，同样制造业的产品也支持了所有服务性行业。因为制造和服务是相互渗透和交叉的，因此既要探讨制造业，又要探讨服务业，这是运营的一个重要主题。

2. 顾客导向型运营

每种运营都受到外部性的导向以满足顾客需求。这种认识和市场营销课程中市场营销的观念是一致的，现在我们把这种观念整合到运营课程中。顾客导向型运营一个关键的观念是在力求满足客户需求时不会以牺牲有效需求为代价。在追求满足顾客需求时，不一定会牺牲效率。相反，顾客是减少所有过程浪费和提高所有过程效率的强有力的动力。这个思想就是每一个人都有一个或更多的顾客，即使有些顾客是属于组织内部的。请考虑一下哪些是人力资源部门的顾客，哪些是会计部门的顾客。例如，在制造业及其销售运营中，通用汽车公司分部就是一个高度顾客导向型的运营部门。它有效地响应了顾客对高质量、紧凑型且价格合理的汽车的渴望，已经做出了广泛的定点超越，以保证其作业流程为最佳。所有的员工都接受过顾客响应培训，甚至在工厂工作的职工也要接受这种培训。

3. 持续不断地改进

持续改进是在当今世界企业经营保持竞争优势的关键，但是应对什么进行持续不断的改进呢？所有的一切都要改进吗？连续改进应该朝着满足顾客需要的方向发展。顾客导向的改进为我们选择最重要的改进事项提供了基础。当顾客的需求变化或发展了更好的观念时，设计的运作不再是仅仅为满足固定的标准而忽视未来的改进。在原来的成本得到弥补之前，不再安装设备并削减投资。为了适应环境变化的需要，设备应该不断地改进。但为改进而改进是不必要的，为了适应运作环境的变化而进行创新是必不可少的。工人的培训不仅仅是初级的，而应该连续不断地进行，以满足新的需要。

在本章讨论到的质量、产品设计、流程设计和准时制（JIT）时，尤其强调持续改进。

4. 时间减少

在许多公司，运营功能戏剧性地减少了花在制造产品或服务上的时间（提前期）。例如，摩托罗拉（Motorola）公司把生产寻呼机的时间从几周减少到两小时。这是通过开发新流程和重新设计生产系统实现的。不仅提前期减少，而且成本也通过消除无价值增值的步骤和削减库存而减少。许多运营还减少了花在开发并引进新产品到市场的时间，常常可以减少到通常时间的一半。这是通过使用交叉功能设计小组和理顺新产品开发过程实现的。

5. 运营和其他功能的一体化

组织中运营决策和其他功能的一体化是另一个新主题。实践证明，最好的运营通过使用跨职能的团队、信息系统、管理协调、雇员工作的轮换和其他的跨职能整合方法追求整合程度的不断提高。整合是让所有人向同一方向努力的一种重要方法。大多数新系统或新方法在执行中遇到问题都是因为缺乏协调和整合的缘故。懂得应该进行什么改进是一码事，而在一个各部门都相对自治的组织中实施这些改进又是另一码事。因为许多运营思想都是涉及多部门的，因此必须是一个整体的组织才能实施这些思想。在过去，经营功能教学被完全孤立起来，有些组织是作为独立部门被管理的，在它们之间很少有综合。一体化是把每个人拉到同一方向的重要方法，大多数新系统、新方法方面的补充问题都可追溯到组织协作和一体化的缺乏。

6. 环境关注

社会中的每个人都必须帮助保护环境，包括运营管理人员。例如，一个公司正在测定隐藏在垃圾堆中、水中和空气中的污染量，做法是对进入工厂的所有原材料和供给品称重，然后对运出工厂大门的产成品称重。两种重量之差就是散落到环境中的污染量。公司已经制定了减少污染的目标。运营管理已经在减少环境污染方面做了大量的工作，但还有很长的路要走。大多数先进的公司已经发现，减少污染总是很合算的。开发一种减少污染的好流程还可以减少产品成本，因为废料被有效减少。

7. 运营全球化

最后，运营全球化在今天的经营中已成为普遍主题。一个人不可能买了一份报纸或商务杂志而不阅读国际化经营高速发展方面的文章。运营战略应该同全球化效应相联系，而不是仅仅考虑狭窄的国家范围的利益，应该从全球观念的意义上考虑设施布局，技术更是可以迅速地跨过国界交流与传播。运营的所有方面都受到经营国际化特性的影响。

上述七个主题对高效的运营管理都非常关键。它们应该得到全世界工商界的更大的关注，而且可能成为运营管理迅速和持续改进的基础。通过应用这些思想，运营不仅会更有效和更有竞争力，而且在满足客户需求和为公司创造财富中会更有效率。

二、运营管理理论的新发展

1. 基于时间的竞争（Time Based Competition）

小乔治·托马斯 1988 年在《哈佛商业评论》中指出：“时间：下一个竞争优势资源”，理论研究的基本线索是：

（1）泰勒的时间和动作研究：侧重于作业层面。

（2）缩短调整准备时间：侧重于车间层面。

（3）缩短产品开发周期：从新品开发入手，重视市场需求与企业生产能力的平衡，侧重于企业层面。

（4）缩短产品响应时间，从产品开发到交付客户，侧重于产品链层面，个性化客户需求的满足。

2. 业务流程重组（Business Process Reengineering，BPR）

1993 年，由哈默和钱皮在《公司重组》一书中首次提出。基本思想是：从根本上对业务流程进行再思考和再设计，使组织的关键绩效（成本、质量、服务、速度）获得戏剧性改善。通过输入相应的要素产生对顾客有价值的产出。

BPR 的关注点：从完善正在进行的过程入手，通过市场和客户分析，重新设计过程（即该做什么，如何做）。

3. 精益生产（Lean Production，JIT）

JIT 方式美国麻省理工学院国际汽车项目组对日本汽车生产方式的概括。其含义是对资源（厂房、设备、物料、人员等）占用少，利用率高，在同等资源占用和消耗下，可以提供更多高质量的产品。

4. 供应链管理（Supply Chain Management）

其基本含义是：一条从供应商、制造商、分销商直到最终用户的物流和信息网络。原因在于激烈的市场竞争，专注于核心能力与业务，非优势业务外包，优势资源的整合和互补。

5. 敏捷制造（Agile Manufacturing）

面向战略层面的竞争概念。其背景是，20 世纪 80 年代后期，迫于日本制造业的压力，1991 年，美国国会委托里海大学亚科卡研究所进行的一个研究项目："21 世纪制造企业战略"，研究了当时工业界 400 多篇优秀报告后提出的。其核心思想是：市场变幻莫测，竞争日趋激烈，单靠自己的实力已难以应对。提出了开放、柔性、共享，虚拟企业、动态联盟等概念。

● 本章案例

Frederic Gode—BonPain 的运营主管的一天

Frederic Gode 是法国最大的面包店 BonPain 的运营主管。BonPain 位于奥尔良，为整个欧洲的超市供应冷冻食品、半烘制食品、法国面包和法式蛋糕（精美的面粉糕饼，往往内含水果、坚果或是果酱）。发售之后，这些食品在店内经解冻和重新烘制，为挑剔的欧洲顾客提供香气扑鼻、口感新鲜的传统法式产品。

BonPain 销量最大的产品是各种狭长的面包（法式棍子面包），这些面包在三条产量很高的特制生产线上制作、烘烤和冷冻。但是，即使是法式棍子面包也有很多种配方和包装要求，所以这些生产线每一轮生产都要调试好几次以符合这些要求。产量较低的、更为复杂的法国面包和风味面包则一炉一炉地制作，在分批进入烤炉和冷冻间之前就要手工完成制作。产品种类达 600 个存货单位（SKUs），其中大多数都是散装的产品，保存在 BonPain 的冷冻间里，最多可达四个星期。另外还有相对较小的、弹性很强的厨房，在这里经验丰富的厨师精心研制新产品，他们对整个生产过程中所使用的材料和流程都十分了解。如果有的超市要求获得某种具有吸引力的、美味的新产品的日常供应，这一机制就能发挥作用，成为"赢得订单"的重要武器。

近来，Frederic Gode 参加了由一年前收购 BonPain 的那个大型国际食品制造集团的人力资源部组织的一个时间管理课程。根据自己日常工作的复杂性和多变性，Frederic 将学习这个课程的心得用于工作之中，决定在工作的时候带着一个录音机，记录下他每天的实际工作。他选择了十月中旬的一个周三，他觉得这是他工作生活中很典型的一天。然后，他的秘书将磁带记录的内容详细地记录如下：

7:55：抵达公司，停车，走到办公室

8:00 ~ 8:15：查看电子邮件，这些邮件包括

● 昨天产出情况的生产报告（很明显低于目标!）。

● 上周的质量报告，遗憾的是废料水平高于平均水准。

● 来自夜班工厂工程监督的报告，报告表明，当夜，生产速度最快的法式棍子面包生产线发生了长达四小时的严重故障。他提出这不是缺乏维修的缘故；很明显，这是由于当传送带被很多溢出的材料堵塞的时候，生产操作员没有尽快正确地停止机器。

● 来自仓库和派送部门的报告，报告指出，由于生产线的故障，今天将无法准时向我们最大的客户——Hypera（一个超市集团）——进行常规配送。

● 来自外部设备供应商——F-Robot 的邮件，确认了今天中午 11:30 分其技术顾问的拜访，他来自洽谈工厂最新的自动化项目。

● 来自市场主管 Charles Lamouche 的请求，他要求就一个新产品推广项目的生产试验进行一次紧急讨论。

8:15~9:00：率领早班主管和高级维修工程师，对工厂进行第一次常规巡视。

● 在巡视过程中看到，三个法国棍子面包生产线中昨晚出故障的那一个刚刚重新开始工作。昨晚午夜的时候，它由于轴承损坏出现了故障。

● 花了约 15 分钟与生产操作小组进行讨论，请他们在周末的时候运行第三条生产线，满足我们对额外人手的日常需求。尽管他们很不情愿，但他们还是被劝服了，因为我们真的很需要额外的产出来满足需求，由于我们有一份英国出口订单，所以最近我们的需求增长了近 5%。

● 注意到从 1 号生产践（这是最旧的一条生产线）制作完成的法式棍子面包在烘烤色泽上存在很大差异（但仍在控制标准内），要求查看质量控制图，但是日常工作记录并没有对这种差异做任何追究。安排 Pierre Moulin（质量主管）找到根源并作反馈报告。

● 得知我们储备的杏子再次用完，终止已经安排好的丹麦风格的法式蛋糕——这是最受欢迎的产品——的生产。提醒与采购主管谈谈这件事，这已经是本周第三次脱销了!

● 发现一条传送带驱动器上丢了一个防护装置。工厂工程师今天上午将安排更换——立即装上临时防护装置。

● 在配料房发现多余的面粉和油醋撒了出来。看起来像是那些可能缺乏培训的夜班操作员不小心造成的。这种浪费将严重损害我们的边际利润，在会议上将此事追究到底。

9:00~10:00：例行早会

与会者有：三条生产线的主管，配料部门、法式蛋糕生产线和烘制区以及冷冻仓库的主管，质量主管 Pierre Moulin，以及生产计划与控制主管 Monique Dumas。正规的议程包括前一天的生产统计回顾，以及过去一周的经营情况回顾，例如：

● 每一条主生产线的产出总量。

● 根据日程安排评价每一种产品的绩效水平。

● 利用率和效率指标，以及反映过去 12 个月上述情况的图表。

● 配送绩效记录：订货的及时配送。

● 质量统计：产品生产和包装的废料水平。

主管们对出现的问题作了解释，有时就如何解决问题和防止问题再现提出建议。同时，Kaizen（持续改善）团队所实现的微小改善也越来越多了。总的来说，这些都是一个日积月累的过程，不需要过多的监督干涉。

接下来，会议对下周以及未来三个月进行了需求预测。Monique 指出，市场预测显示每个月面包销售将有大约 2%的增长，但是对法式蛋糕的需求增长则很少。她提出，有必要就增加加班水平而做些安排，这样才能够满足增加的需求，但这可能会引起操作员的抵制，因为他们在过去的几个月里已经超负荷工作了。当然，现在也是时候考虑购买第四条法式棍子面包生产线了！

Pierre 关心的问题是产出压力会进一步导致质量绩效的下滑，这不仅会使顾客抱怨，而且还会导致废料程度和浪费的增长。我也知道 Monique 面对无法按时对一位大客户进行配送的前景，压力很大。很多超市都想降低它们的冷冻库存，只保留一天或两天的需求量，这样一来，如果我们没法及时配送，商店里的面包就会脱销，这就会给我们带来大麻烦！顾客需求模式并未使我们的工作好做一些——在超级市场，周五和周六的面包和法式蛋糕需求量是平常的两倍还多。我们必须重视这些问题，并在下次运营战略报告中作出阐述。

我将整个团队的注意力吸引到了今早在巡视时发现的材料丢散（撒到地板上）情况上面，这种浪费的程度正在上升。他们都同意应该组建一个小组寻找造成这种浪费的根本原因。

10:00~11:30

大部分时间在我自己的办公室里。我想要看看包装生产线自动化的建议书的一些细节。如果我们作出了正确的选择，这项计划将有可能用机器人来完成最后的包装工作，从而为我们的每条生产线减少两名工人。但是，最好的解决方案是为每种类型的面包量身定做，而这种设备又十分昂贵。因此，这就限制了这种设备未来的生产弹性。但是，根据我对回收期的计算，这个项目仍然很有吸引力，所以我很期待与我们选择的供应商会面。

在这段时间里，我花了点时间看了 Monique 对工厂未来生产能力需求的计算。用加班的方法提高生产能力只能维持几个月时间，仅仅这样是无法解决问题的。看起来，为了避免在即将到来的春天出现配送困难，我们最好投资引进另一条生产线，而且越早越好。我会与市场主管讨论数量和种类方面的市场预测，所以我给他的秘书打了电话，约定今天下午与他见面。

在这段时间里，我共接到了四个电话：

● 包装供应商打电话来和我讨论他们 9 月份供应的一种型号的折叠纸箱的质量问题。就赔偿/更换达成协议，并改变流程防止同样的问题再次出现。

● 集团的 IT 顾问想与生产小组安排一次全面，讨论企业资源计划（ERP）项目中新的物资需求计划（MRP）系统的实施问题。这个系统将取代库存控制和现在由计划和控制部门的两名员工担任的订单排号工作。

● 与 Charles Lamouche 讨论一个为一家大型三明治/咖啡餐吧连锁店供应一流法式

棍子面包的机会。为了争取到这张订单，就要对面包质量采取新的流程控制，因为这个客户以对质地和质量标准的异常挑剔而闻名。他希望供应商能够使用统计过程控制(SPC)来处理一些变量（重量、尺寸、湿度）和品质（色泽、外观、硬度）。这比任何其他客户的个性化要求更为苛刻。

● 销售部留言，通知我将接到Hypera的采购主管Sophie Chevalier的电话，她想直接从我这里得到关于今天的配送问题永远不会再次发生的保证。在她最开始同意和我们做生意时，我曾见过她几次；她和她的小组曾对我们的设施和质量控制系统进行了彻底的检查。我一点都不想接她的电话!

11:30~12:30

与F-Robot的技术代表会面，参加会面的还有我们的工厂工程师和方法研究工程师。我的主要意图是弄清楚计划建造的机器人打包机的弹性如何。看起来有两种类型可供我们选择：一种是高速的、特制的机器，它可以轻易实现改进后的标准棍子面包生产线将来所需要的任何产出速度；另一种是速度较慢的机器，它们能够轻易地适应不同形状、尺寸的面包甚至蛋糕的要求。技术代表还为我们展示了最先进的、专为复杂的食品，比如蛋糕，开发的弹性设备生产线。

很明显我们必须充分考虑所有这些建议的资本投资回报率。但是，我们还要考虑操作上的问题，因为这涉及生产能力、弹性、可靠性和维修的难易程度，以及仓库的空间、质地（它们是否足够柔软，是否会造成损失？——这些都需要进行试验）和操作员工及维修员工的培训问题。

12:30~13:00

在公司餐厅吃午餐。与来自蛋糕生产部的一群主管坐在一起。尽管总的来说气氛是友好和轻松的，但我能感觉到他们想把谈话引到Kaizen在他们的部门所采取的行动上来。我建议他们中的两个人在午饭后马上到我的办公室来。

13:00~13:40

继续关于Kaizen的讨论。很明显，主管们仍然认为Kaizen采取的行动破坏了他们在部门里的管理权，因为操作员自己分析问题、评价以及实施解决方案，而很少需要这些主管的参与。他们担心如果这样下去的话，操作员将不再需要主管了！我向他们保证，事情并不是他们所想的那样，但是他们的职责的确会逐渐发生变化，他们对细节的参与和关注仍然对整个部门的成功十分关键（我必须确保我与人事部站在同一立场上，共同确定主管们未来的职责以及培训需求）。他们中的一个人固执地认为Kaizen只是全面质量管理的一种新形式——我们五年前试图推行后者但并不十分顺利。

13:40~15:00

另一次工厂巡视。我花了大部分时间来看每个部门的SPC图，因为有证据表明它们并未得到正确的使用。如果我们想最大限度地实现SPC的好处，我们就必须加强在这个领域的培训。

接着花了一些时间与工厂工程师一起讨论打包机器人将安装在哪里。现在的包装区布局很糟糕，需要重新配置，所以我希望把新设备的安装和该区域的重新设计结合起来。

最后，花了一点时间巡视了冷冻室，我们必须扩充这里的生产能力。近来，产品种类和数量的增加已经使这里的空间变得紧张。另外，如果我们的大客户中有些要采取零库存（JIT）交付手段，我们就需要稍微提高存货水平来满足这一要求。现在是时候做一些关于库存的更为细致的分析了，如果我们迟迟不采取行动，我们将不得不从外部的低温冷藏库租用昂贵的库存空间。

在回办公室的路上，我们路过了一间培训室，一个 Kaizen 小组正在里面进行头脑风暴法讨论。我没有干扰他们。

15:00~15:45

事先已安排好的与市场主管 Charles Lamouche 和生产开发经理 Sara Lepont 的会面，探讨一种新的迷你蛋糕的开发问题。基本想法是供应一种只有正常尺寸 1/3 的产品，它们可以被用于宴会或是招待会。市场研究发现，这种“小吃”有很大的增长空间。但是，用我们现有的设备生产这些产品难度相当大，这就需要开发新的配方和包装技术，降低这种产品在冷冻阶段的缩水程度。尽管在试验厨房中，配方已经取得了相当的成功，已经可以在工厂进行大规模试生产，但我们还是花了很多时间来讨论这项工作的简要时间安排。我向大家汇报了这个项目的固定设备需要。

15:45~17:00

开始为这个月的董事会撰写月结报告。在报告中，我要概述上个月的生产统计数字，并对任何重大的数字下滑作出解释。要汇报的主要问题包括：低于预算水平的生产效率；用料量的变化——这表示浪费和废料水平超出了平均水平。我汇报了为改进流程控制所采取的措施。我还汇报了生产效率的下降在很大程度上是由于最后一刻改变了生产时间表，这种改变不在生产管理所能控制的范围之内。

第二部分包括未来两年里购买新设备所需要的资本情况。在主要资本预算当中已经包含了这方面的很多内容，但是生产能力的变化和预料之外的新产品开发又带来了新的问题。

最后，我汇报了我所负责的每一个新产品开发项目，包括用甘特图来表示生产流程。每一个项目下面都有一个简短的说明，注明了预期完成的时间以及有待解决的主要问题。

在这段时间里，我接到了几个电话：

● 来自质量主管的报告。报告是关于 1 号生产线所生产出的法式棍子面包在色泽上的变化，现在调查显示这是由于主炉的火口控制出现了问题。工厂的维修小组正在为更换故障部件作准备，更换将在该生产线本周安排好的停工日进行。

● 来自每个部门的生产主管的报告。报告是关于每天的产出量与目标产量的对比。这一天这一阶段的每个部分都按时完成了。很好!

● 采购提醒我，我们的主要供应商之一为我们供应的很重要的包装物的交付可能会出现问题。他们的一个工厂出现了严重的火灾，正在尽力向另一家工厂转移生产。他们向我们保证已经竭尽全力确保供应。我给 Monique 打了电话，告诉她小心这件事，并让她继续与采购保持联络。

● 等到了 Sophie Chevalier 的电话，她抱怨今天给 Hypera 的退货晚了。这不是一个令人高兴的电话，所以我不想在这里记录细节! 结论是她将派一个审计小组来看我们的计划和控制流程以及工厂的维修系统。她要求我对她保证这些部门都要优先保证 Hypera 的需要。她还想知道我们对预防性的维修作了哪些工作（尤其是在条件监督方面），所以我们必须在她到来之前作些准备！

17:00~18:00

最后一次工厂巡视。我花了大半个下午在蛋糕生产区。似乎一切都运行良好，但是仍然存在等待转入冷冻室的货物常见的累积情况。这通常表示这个部门的生产能力不均衡。现在很明显的“瓶颈”是铲车和司机不足。

在这一区域出现了一些材料溢出的问题，在增加产出量之前这个问题需要得到解决。我必须与工业工程师和生产主管开个会，讨论这个问题以及可能的解决方案。由于产品种类繁多，我们不可能将很多流程自动化，但是一些简单的解决方案仍然有助于提高生产效率。

我还注意到这一区所使用的相对来说规模较小的每一炉的数量。我们已经有两年时间没有做过关于生产蛋糕的每一炉的经济数量的统计了。既然需求有大幅增长，也许我们可以增加每炉的数量，由于这样做能够减少我们的设备数，所以能提高我们的生产能力。最近，我们也作了一些缩短安装时间的工作，这也会对每炉的经济数量产生影响。

总的来说，这个区域的专业化程度很高，很多操作员工每一天都在做同样的工作。我知道人力资源经理担心这可能会造成重复性过度疲劳伤害（RSI），所以我们应该更多地进行工作轮换，扩大工作内容。这样每个操作员工的任务就会多些变化，减少出现 RSI 的风险。这一点将作为一个重要的问题在下一次部门会议上讨论。

18:00~18:10

最后检查一下当天的生产绩效。看起来一切都运行良好！查看电子邮件——只有一条重要的来自运营主管的新信息。他想与所有下属的经理一起开个会，作年度战略回顾。看来这是我和整个生产小组要面对的一个大任务。

18:10

一天结束，谢天谢地。看到我的手表已经走到了这个时刻可真让我高兴！今天，我作了各种各样的事情。但是实际上，这就是我每一天的生活。

录音结束！

资料来源：[英] 罗伯特·约翰斯顿（Robert Johnston）:《运营管理案例》（第 3 版），经济管理出版社，2005 年。

● 思考题

1. 为什么要学习运营管理？

2. “生产管理”与“运营管理”两个概念之间有什么差别？

3. 运营管理者的功能何以不同于市场营销经理或财务经理的功能？他们的功能又有何相似之处？

4. 用劳动分工的概念描述下列机构中运营管理的特性。

（1）一个大学图书馆。

（2）一个宾馆。

（3）一家小型制造企业。

（4）学院教学。

（5）会计。

（6）建筑业。

（7）快餐厅。

5. 运用运营管理历史知识，阐述 20 世纪为提高生产率采用了什么方法？当今世界以及将来是否可用同样的方法来提高生产率呢？

6. 对于习题 4 中的组织，阐述它们生产系统的投入、转换工艺过程和产出。

7. 将服务组织和生产商品组织进行比较，用决策框架确认它们之间重要的相同之处与不同之处。

8. 写一篇将来运营管理所面临的某些挑战的短论文。到图书馆去查阅有关的报纸和商业杂志，作为该文章的主要信息来源。

9. 导致企业和大学恢复对运营管理感兴趣的主要因素是什么？

● 参考文献

1.［美］Roger G. Schroeder 著：《璀璨的管理》，清华大学出版社 2003 年 6 月。

2.［美］尼古拉斯丁·阿奎拉著，汪蓉译：《运营管理基础》，机械工业出版社。

3. 陈荣秋、马士华：《生产运作管理》（第 1 版），机械工业出版社 2004 年 8 月。

4.［美］理查德·B. 蔡斯等著，宋国防等译：《生产与运作管理》（第 1 版），机械工业出版社 1999 年 7 月。

5.［美］Roger G. Schroeder 著，张耀平等译：《运营管理新概念与案例》（第 1 版），清华大学出版社 2003 年 6 月。

6. 王关义编著：《生产管理》（第 2 版），经济管理出版社 2004 年 7 月。

7. 王关义编著：《现代生产管理》，经济管理出版社 2005 年 11 月。

8. 王关义等编著：《现代企业管理》，清华大学出版社 2004 年 9 月。

第二章 运营战略及其实施

● 本章提要

运营战略在企业长期决策中扮演着重要的角色，是企业整体战略实施的重要支撑。本章在第一节主要介绍了运营战略的内涵，从历史发展的角度看，运营战略从生产职能领域拓展到整个运营系统，涵盖了产品设计、制造、销售等各个方面；从现代经济发展的角度看，运营战略已经拓展到世界范围，运营战略的国际化是大势所趋。

运营战略的目标是吸引客户，为客户带来价值增值。对于企业运营管理来说，吸引客户的直接因素是产品，而订单又是产品吸引客户的直接结果，最终目标是使客户增值最大化。在本章第二节中主要介绍了产品模仿战略与产品创新战略下的运营战略选择、订单赢得要素与订单资格要素以及客户价值增值最大化的内容。

运营战略的结果在于构建企业的竞争优势，在激烈的市场竞争中立于不败之地。本章第三节主要介绍了竞争优势要素的内容、构建竞争优势的方法——权衡与聚焦等。

运营战略的实施途径在于进行恰当的运营安排，有效地实施运营战略。在本章第四节中主要介绍了批次安排的原则和内容、甘特图的应用以及计划和控制系统的应用。

● 章首案例

全球 PC 行业的姊妹花

1. 业绩喜人，惠普重拾全球 PC 冠军宝座

2006 年 10 月，全球专业 IT 调研机构 Gartner 和 IDC 均在其全球第三季度 PC（Personal Computer，个人电脑）销量统计报告中称，惠普当季全球 PC 出货量三年来首次超过戴尔，重新占领全球 PC 冠军的宝座。2003 年，惠普花费 190 亿美元收购康柏，但此后却陷入文化和业务整合的双重泥潭，业绩一直不佳。此后不久，惠普便被后起之秀戴尔赶超，一直位居亚军。而三年以后，惠普逐步走向正轨，并且呈现迅猛的增长势头，业绩喜人。根据 Gartner 的统计，惠普第三季度 PC 销量比去年同期增长了 15%，而戴尔销量仅仅增长了 4%。体现在销售数据上，惠普公司比戴尔多卖了 11 万台电脑，其全球市场份额为 16.3%，而戴尔公司的份额为 16.1%。在当今 IT 行业竞争激烈、企业繁多的环境中，戴尔公司和惠普公司交替占据全球 PC 市场的首位，两家公司在运营管理决策中都有独到之处。

2. 戴尔公司的成功之道

在庞大的IT企业队伍中，获得优秀业绩的戴尔公司并不是一个老前辈，1984年Michael Dell创办戴尔公司。当时，每一家计算机公司都通过建立大规模的纵向组织以生产所需的零件，这样的目标要求公司在每一个领域都成为专家，而事实上并不是每一个活动都能为顾客增加价值。戴尔作为一个小型的新入者，最佳的选择不是加入已经十分激烈的生产竞争，而是整合别人已有的资源并向顾客提供系统的解决方案，为顾客创造价值。经过多年来的发展，戴尔公司形成了优化的物流系统、有效的直销模式以及客户定制式的生产方式。

戴尔公司实施运营管理的一个重要内容是优化物流系统，以降低整体运营成本。例如，某项任务是生产一个产品组合，该产品组合由位于10个不同地点工厂生产的零件组成，生产工作完成以后，需要把该产品组合配送到10个分销中心。面对这样一个任务时，其他公司采取的一般程序是每个工厂都把自己的零件装满一个集装箱，然后把这10个集装箱运到组装中心，在那里卸下来零件组装成产品组合，分装到10个集装箱中，最后把这10个集装箱运到分销中心。而戴尔公司的做法是把一个集装箱从一个工厂运到另一个工厂，由他们依次装上1/10箱数量的零件，然后把这个集装箱直接运到各分销中心按照顾客需求进行组装。这样一来，虽然运输费用这个环节的成本可能会上升，但是整个运营系统的成本由于中间组装环节的取消而大大降低。

戴尔公司的成功还要归功于直销模式。戴尔公司把PC直接销售给顾客，省略了中间商的环节，节约了在中间商身上花费的成本。戴尔公司最初是通过邮政信箱接受PC订单，后来随着网络信息技术的引入，开始在互联网上接受订单，为客户带来便捷的服务，同时更缩短了交易时间，提高了顾客的满意度。

此外，借助于信息技术，戴尔公司可以根据顾客的需要定制PC，这样的生产方式实现了顾客个性化的需求，而且只需3~5天的时间就可以完成从接受顾客订单到将PC送到顾客手中的全部过程。

3. 惠普公司的成功之道

2003年，惠普公司收购康柏，此后经过一段时间的磨合，终于重新走上发展的快车道。惠普的成功同样在于对客户需求的重视，为客户提供全新的个性化服务。此外，经过几年来的摸索实践，惠普也形成了适合的物流系统。同时，惠普发展外包管理服务，赢得了市场的认可。

针对客户的全新个性化关注策略是惠普PC业务超越竞争对手的重要因素。以中国市场为例，目前惠普在中国销售的所有产品，其设计都是按照本地用户的需求来完成的，目前市场中销售的每10台惠普PC中，一半是由惠普中国设计中心完成的。

此外，惠普形成了适合的物流系统，如在增长快速的笔记本市场上，惠普采用了一种特殊的管理方式，即消费类笔记本采用直接管理终端店铺的方式，而商用笔记本系列的渠道则是采用分销模式，在中国，只有惠普采用这样的渠道方式。惠普的区域代理模式使其在4~6级市场拥有扎实的销售基础，而戴尔的直销模式始终无法渗透到这一领域，这也是跨国企业在运营管理过程中重视客户需求、实施本土化经营的重要表现。

近十年来，惠普已经成为百余家企业的外包管理服务供应商，为分布于30多个国家的制造、电信、银行、电子等不同行业用户提供从战略规划、系统实施到运营管理的外包服务；其具有全球领先的IT管理服务、大客户服务的经验和资源，在全球IT服务市场享有盛誉，在国内也屡次获得客户满意度大奖，名副其实地成为中国IT外包服务的No.1。在中国，惠普的外包服务客户包括百安居（中国）、联合利华（中国）、国家开发银行、诺基亚、爱立信、宝洁等。

综合来看，惠普和戴尔公司都通过优化物流系统，采取直销模式以及客户定制的生产方式来降低运营成本，提高交货速度，满足客户的个性化需求等来与同行业企业竞争，以满足客户需求，实现客户价值增值为目标获得了成功。虽然在测评的过程中公司的业绩排名有所变化，但是两者仍然都是IT行业的领军型企业，他们的成功之道将有助于我们学习运营战略，更好地为运营管理目标和企业总体目标服务。

资料来源：Andy Serwer，“Dell Does Domination”，*Fortune*，January 21，2002，pp.71-75.

Jennifer Baljko Shah，“Dell Writes The Book On Efficiency-Processes Focus On Understanding Where Supply，Demand Diverge”，*Ebn*，December 17，2001，p.32.

Das Narayandas and V. Kasturi Rangan，“Dell Computer Corporation”，*Harvard Business School case No. 9-596-058*，revised September，1996.

李维安、张亚双：《如何实现商业企业运营战略的转变》，《中国商贸》，2001年9~10月，第38~39页。

黄婕、郑迪：《全球PC座次重排》，《21世纪经济报道》，2006年10月24日。

第一节 运营战略概述

一、企业战略与运营战略

（一）竞争年代，何以制胜

时代在进步，科技在发展，信息、网络、技术等都不断地应用于企业的竞争之中，竞争变得更为激烈，那么在这样激烈竞争的年代，在拥有如此多优秀对手的行业，企业何以制胜？

案例2-1 激烈的行业竞争中如何制胜

康柏公司曾经在个人电脑市场创造出骄人的业绩，386处理器时代被称为是康柏的时代。康柏公司领先推出了16MHz的386芯片个人电脑Deskpro PC，这也成为康柏超越IBM的契机，到1994年为止，康柏终于荣升个人电脑的世界冠军；康柏从此走进了世界顶级公司的行列。而辉煌并未持续至今，2001年9月4日，惠普公司出资250亿美元收购了康柏公司。此后，新公司继续使用惠普的名称，总部设在美国加州，原惠普公司拥有新公司64%的股权，原康柏公司拥有36%的股权。

从世界顶尖企业直至消失（并入其他企业），仅用不到10年的时间，康柏并入惠普的事件成为IT行业激烈竞争的主角。

其他行业的竞争也不亚于IT行业，Barnes & Noble公司有着120多年的历史和超过1000家大型书市，曾经是书籍零售市场上的龙头企业，并预言要不断增长。但是，后来亚马逊书店（Amazon. com）通过电子商务对书籍零售进行改革，对其图书给予50%左右的折扣，获得了巨大的成功，把Barnes & Noble等传统大型书商远远地抛在了身后。而在落后于竞争对手两年后，Barnes & Noble在期望转向网络书籍市场的过程中面临着难以跨越的障碍。

竞争时代，战略制胜！

---

1. 战略

【战略】战略本来是一个军事术语，是指为了实现战争目的而对军事力量进行的全局性部署和指挥。企业竞争与军事战争之间的相似性使得“战略”一词被引入企业管理中。企业要在竞争中获得生存与发展的空间，则需要明确企业的发展目标，明确企业的价值，以及为实现目标如何分配和调整资源，这种对企业管理全局性的指导方针就用企业战略或总体战略来概括。

【企业总体战略】企业基于所处环境，为寻求持久竞争优势而作出的关于企业整体业务活动组合的谋略，以及相应的获取资源和配置资源的筹划。

案例2-2　通用电气公司的战略

通用电气公司（GE）是一家涉足不同行业、经营多种业务的多元化大型企业集团，生产的产品从白炽灯到广播电视。GE的企业总体战略为“打造一流的涉足广播和金融等服务的服务型企业”。GE公司的经营管理活动也就围绕这一总体战略展开。

资料来源：[美] 马克·M. 戴维斯（Mark M. Davis）、尼古拉斯·J. 阿奎拉诺（Nicholas J. Aquilano）、理查德·B. 蔡斯（Richard B. Chase）著，汪蓉等译：《运营管理基础》（第1版），机械工业出版社，2004年6月，第20页。

---

2. 竞争战略

【企业】《辞源》对企业的解释是以营利为目的的组织。结合市场经济中的企业实践来看，企业是在市场竞争环境中通过创造价值来营利的组织。[①]

竞争和价值是企业生存和发展的过程中不可或缺的内容。每个企业参与市场竞争的基本目标都是为了获得持续的利润增长，要实现这个目标，企业就必须形成自己独特的优势，企业独特的优势为企业创造价值，企业独特的优势使企业在竞争中获胜。企业竞争战略的划分其实是对企业竞争优势的划分。

【竞争战略】每个战略业务单元（Strategic Business Unit，SBU）如何在市场中竞争，即每个SBU应该提供哪些产品和服务，以及应该向哪些顾客提供产品和服务。哈佛商学

① 王迎军、柳茂平主编：《战略管理》，南开大学出版社，2003年12月，第1页。

院的迈克尔·波特教授认为，竞争战略是指企业采取进攻或防守性行动，在产业内建立进退有据的地位，从而为企业赢得收益，竞争战略包括三种：低成本战略、差异化战略以及聚焦战略，其中聚焦战略又可以分为两种。三种竞争战略的关系如表 2–1 所示。

表 2–1 三种竞争战略的关系

竞争优势 / 目标市场	被顾客察觉的独特性	低成本地位
全产业范围	差别化战略	低成本战略
特定细分市场	聚焦战略	
	聚焦差别化战略	聚焦低成本战略

3. 职能战略

根据企业所包括的职能领域不同，各个职能领域也有不同的职能战略。

【职能战略】在企业的职能领域（如运营、市场影响、人力资源等）内取得竞争优势，以支持和配合企业竞争战略而开发的在职能领域内实施的战略。

运营战略是职能战略中的一种。简单来说，运营战略是在运营领域获取竞争优势以实现企业发展目标和企业战略的战略。

（二）运营战略与企业总体战略的关系

运营战略是为企业总体战略服务的，运营战略与企业战略的一致性越高，对企业总体战略的支持程度越高。运营战略是对运营职能的远见，为决策提供了总体方向。在企业生命周期的不同阶段，都有相对应的企业总体战略以及运营战略，如表 2–2 所示。

表 2–2 企业生命周期各阶段的企业战略和运营战略

企业生命周期阶段	企业总体战略	运营战略
初创阶段	提高市场份额、研发	设计和变革、缩短产品运营周期
成长阶段	降低价格，或提高质量，或树立企业形象，建立企业标识	生产能力、运营改进、物流渠道
成熟阶段	成本、保护市场地位	标准化生产、长期运营、成本削减
衰退阶段	成本控制、保护市场地位	减少产量、成本最小化

（三）运营战略

1. 运营战略的重要性

在战略规划的过程中，运营管理常常被遗忘在角落里，战略规划通常是由营销、财务、管理总部等部门制定的，事后才引进运营管理来实施这些规划，很多企业已经获得了这方面的教训。企业的职能战略的确包括财务战略、营销战略、运营战略等，但很多企业在执行的过程中有所偏颇，如很多美国企业趋向于强调财务和营销，一意孤行地并购和获取，最终以牺牲运营管理为代价。在运用运营管理参与世界市场竞争方面，日本企业做得很好。运营战略的成功不是其国家文化的原因，而是他们在运作中不断追求卓越的结果。

案例 2–3 电视行业的战略选择

电视机对于人们来说是一件再熟悉不过的家用电器，电视机的普及性使其成为家电企业关注的焦点。当今，电视行业运营的核心是通过数字物理技术平台为用户提供有价交换的商品——精彩的高清电视节目，电视节目的载体则是高清电视机（High Definition Television，HDTV）。节目制作商提供的优质电视节目必不可少，但更为重要的是，这些电视节目需要通过数字物理平台的集成，再由网络运营商传输到终端用户，在这一完整的产业链条中，技术的选择是非常重要的。对于电视机生产者来说，是否要生产高清电视机，选择模拟技术还是数字技术，这样的战略性思考是必要环节。具体来说，需要考虑客户的接受成本，与传统的模拟技术相比，数字技术的采用必然提高成本；客户对于 HDTV 的需求量如何；企业的投资期如何；新技术与现有生产系统的兼容性怎样。

国外很多企业迈出了战略性的一步。如美国的数字电视发展遥遥领先，美国是世界上较早发展数字电视的国家，在技术领域不仅完成了数字电视三大标准的制订工作，而且已经率先实现了商用播出。在其忙碌的 2002 年度不景气的经济形势下，美国的数字电视业务却取得了骄人业绩，当时地面数字电视的覆盖率就已达 94%，充分显示了这项业务巨大的发展潜力。电视机制造商是高清电视推进过程中最大的潜在受益者，如果在高清电视的推进过程中，公众把老式电视机更换成高性能的高清电视机，电视机制造商将获得巨大的利润。由于高清电视机标准的竞争，会使电视机制造商按照选择的技术标准获得不同的收益。

2. 运营战略的概念

【运营战略】包含凡是利用企业资源、针对生产活动所制定的各项企业政策和计划，是企业计划职能的一部分，是将运营管理目标与企业的长期竞争战略作统一的协调。

从企业竞争优势的要求出发，对运营系统进行战略定位，明确选择系统的结构形式和运行机制的指导思想。运营战略是企业根据目标市场和产品结构特点，构造其生产系统时所遵循的指导思想，是如何开展企业运营活动的全局性的谋划，是指导运营管理活动的行动纲领。为有效实施企业战略，就运营管理而言，必须对运营系统的许多重大原则性问题作出决策，并长远指导今后的行动，如厂址、质量标准等。

3. 运营战略的分类

运营战略决策问题涉及的范围广，如：需要建造多大生产能力的设施？建在哪里？何时建造？需要哪种类型的工艺流程来生产产品？需要哪种类型的服务流程来提供服务？现有的技术水平如何？还需要增加哪些新的技术手段，达到何种技术水平？劳动力所需的技能水平如何？与供应商的合作程度如何……

根据运营战略决策所涉及的问题，运营战略可以分为两大类：

（1）结构性战略，包括了一些长期的战略决策问题，如设施选址、运营能力、纵向一体化和过程选择。

（2）基础性战略，包括了一些短期的战术决策问题，如劳动力问题（数量和技能水平）、质量问题、计划和控制以及企业的组织结构等。

在运营职能中，管理决策又可以归纳为三个层次，如表 2–3 所示。

表 2–3 运营管理决策的层次

计划的类型	时间跨度	典型决策问题
战略规划	长期	工厂/服务机构的规模、选址、运营流程类型
战术计划	中期	劳动力规模、物料需求
运营计划与控制	短期	劳动力、工作、设备的日常计划；工艺/服务流程的日常管理；库存的日常管理

其中，战略规划注重的是有效性，即“做正确的事”；战术计划注重的是效率，即“正确地做事”；运营计划与控制则是用来处理日常工作的。

（四）运营战略决策的关键点

案例 2–4 西南航空公司的低成本战略

西南航空公司的运营管理的确创造了奇迹，在绝大多数航空公司处于亏损或盈利甚微的时候，西南航空公司却取得了非凡的成功，收益相当可观。

该公司选择的战略不是差异化而是成本领先，具体采取了多种途径。

第一，人力资源成本降低。每趟航班付给飞行员的报酬比其他航空公司的低。由于飞行员市场有些供过于求，因此西南航空公司可以用比较低的工资来雇佣这些飞行员。

第二，设备维护费用降低。西南航空公司不像其他航空公司那样配置如 747、DC–10 等多种机型，他们只使用一种飞机，对于不同航线不同班次都使用同种飞机。因此，维护问题变得简单得多，无须备有多种备用零件，也无须像其他航空公司那样开办详尽周密的维护培训班。工作过程简单化，维护成本降低。

第三，控制飞行过程中的便利实施的成本。在其他航空公司提供饮品和快餐时，西南航空公司却没有这么做。

西南航空公司通过三种途径将成本降低到最低，从而为顾客提供非常低廉的票价，与乘坐其他航空公司的飞机相比，乘坐西南航空公司的航班能够节省一大笔开支。然而，仅仅是低成本还不能为西南航空公司带来竞争优势，西南航空有自己的特色，其经营方针是短期内限飞特定城市，保留区域性航空公司的特色，以使其规模保持在可以控制的水平上。这样做的结果使他们的费用非常低，从而取得了巨大的成功。可见，西南航空公司采取的是在特定细分市场上的成本领先战略，即聚焦低成本战略。

资料来源：根据四川理工学院精品课程《企业战略管理》中的“案例及思考”部分修改，见网页 http://qyzlgl.suse.edu.cn/project/5.html.

运营战略应该集中在“主要任务”，而不是胡子眉毛一起抓。很多成功的企业都作到了这一点，如案例中提到的西南航空公司。在运营战略决策的过程中需要注意一些关键点，像西南航空就注意到了飞机这一主要经营设备的技术及维护问题，公司运营规模问题——西南航空公司的飞行航线只集中于部分城市，费用问题——降低人力资源成本以及放弃非必需品（饮品和快餐）的提供……西南航空在激烈竞争的航空业稳定了地位并获得了成功，它依靠的是在制定运营战略的过程中集中于主要任务，即我们在这里所称的“关键点”，把握了关键点，运营战略的决策就能够更好地发挥作用。

运营战略决策的关键点主要包括以下几个方面：

1. 流程选择与流程再造

当确定了生产某种新产品或对某种原产品进行改良，接下来需要考虑生产该产品所需的设备、技术、方法、人员以及这些资源要素的组合方式，即进行流程的选择和设计，或对原有的业务流程重新设计，即业务流程再造。

具体来说，在运营战略决策的过程中，需要考虑企业的规模、资本、技术和费用，同时还要考虑在目标业务流程中所生产的产品是为了满足顾客的需求还是为了实现企业资源的高利用率。

2. 设施选址与能力规划

设施选址和能力规划不是孤立的决策过程，是需要在运营战略的指导下进行的。例如，某企业建设新厂时，选址是要在大城市还是低成本、低税率的其他环境呢？是选择接近供应商还是顾客呢？

3. 服务运营系统的设计

服务业在发达国家经济中居于主导地位，虽然运营管理中对服务生产的关注较少，但服务企业中的运营管理的确不容忽视，进行服务流程设计是提供更好服务的一个基本要素，很多生产型企业运营管理的概念也可以应用于服务业。当然，服务企业（包括其他行业中的服务部分）的运营战略的决策有其自身的特点，因此这也是运营战略决策的关键点之一。

4. 质量管理与改进

在顾客与生产者之间，质量一直是不变的主题。质量管理与质量改进也是运营战略决策的关键点之一。企业应该识别产品的质量标准，采取适当的质量管理方法使产品达到那种质量甚至超过标准。

5. 物流与供应链管理

一个企业可以选择一种特定的产品组类来鉴别企业的供应链，通过回顾物料流和信息流，从最终顾客（末端用户）回溯到分拨系统，到制造商，再到供应商和原材料来源。这涉及许多问题，如将要生产什么产品？需要购买什么原材料或半成品？选择长期合作的供应商还是在市场上择优选择……

6. 准时制生产方式与先进生产方式

产品从最初的设计到送达最终用户的手中，生产方式是至关重要的一环。准时制生产方式通过在适当的时间、适当的场合提供适当的部件来消除生产过程中的资源浪费，即避免不对产品或服务增加价值的活动产生。

7. 工作设计与现场管理

制定正确的运营战略决策中，还有一个重要因素就是人的因素。使员工与工作相匹配，企业需要在工作设计以及现场管理方面多加重视。在工作设计的过程中是选择工作专业化还是工作丰富化，如何测定员工的工作，怎样设计工作报酬……这些决策点都是为运营战略服务的。

怎样把握运营战略的关键点？具体内容是什么？这些构成了本书的重要内容，将在第三至九章分别阐述。

二、运营战略的历史与发展

（一）运营战略的发展历程

1. 第二次世界大战带来的影响

（1）“二战”对美国国内市场的影响。第二次世界大战以后，美国的企业通过市场营销部门和财务职能部门来开发企业总体战略。战争期间产品极为匮乏，“二战”后的美国对产品的需求急剧高涨，美国企业可以以相当高的价格出售他们的任何产品。

（2）“二战”对美国国际市场的影响。两个主要工业竞争对手——德国和日本的工业在“二战”中被摧毁，美国企业的国际竞争压力大幅降低甚至几乎没有。

2. 运营职能部门的职责

由于国内市场存在旺盛的需求，国际市场的竞争压力也几乎不存在，从 20 世纪 50~60 年代初，运营管理在企业发展中主要是降低成本的作用。

此时，运营职能部门的职责集中在以下几个方面：如何获得低成本的原材料；如何获得低成本的劳动力，而无须考虑劳动力的技能水平；如何建立高度自动化的流水装配线。

3. 运营战略的提出与发展

运营管理部门的职能单一，发展停滞，成为美国制造业发展的隐患。20 世纪 60 年代末，“运营管理之父”——哈佛商学院的教授韦克·斯金纳提出了如下建议：企业应该开发运营战略，作为已有的市场营销和财务战略的补充。①

运营战略在其不断发展的过程中，运营战略的重点也不断变化，如表 2-4 所示。

此外，波士顿大学提出了五个运作竞争的重点，包括一致性质量（按照要求生产一种产品的能力）、产品可靠性（性能和质量保证）、交货可靠性、工作质量（作业现场的管理）、低价格。其中，质量一直都是运营战略的重点，价格/成本因素的战略地位也逐渐上升。

4. 运营战略发展的新趋势

（1）基于时间的竞争。基于时间的竞争发生在两种情况下：新产品的快速引进和当前产品的更快速配送。

---

① C. W. Skinner, “Manufacturing-The Missing Link in Corporate Strategy”, *Harvard Business Review*, 47, no. 3 (May-June 1969), pp.136-145.

表 2-4 运营战略重点的变化

时 间	运营战略的重点
20 世纪 60~80 年代	成本、规模经济
20 世纪 80~90 年代	质量、持续改善
20 世纪 90 年代至 90 年代中期	交货期、快速响应
20 世纪 90 年代中期至今	柔性、范围经济、信息技术

新产品的快速引进通过使一个公司首先进入市场，或者快速地引进更多的产品，提供了一种竞争优势。这种情况使工业企业减少了时间浪费和省去新产品开发环节中不必要的活动。

基于时间的竞争还可以通过当前产品的更快速配送实现。首先需要确定生产或提供产品或服务的总周期。对于不同的行业，周期的意义不同，如表 2-5 所示。在一个生产企业中，顾客也许看不到真正的循环时间，因为在生产和分拨的不同阶段都可能有库存过程。在服务机构中，顾客总是经历真正的周期，因为服务常常是实时送达的。

表 2-5 周期在不同行业的意义

行 业	周期的范围	说 明
服务业	周期是指从顾客进入服务系统起，直到顾客退出系统并完全满意为止的时间	不仅包括提供服务的时间，而且包括顾客第一次对产品不满意时退货的等待时间
制造业	周期是指从收到原材料开始，经制造厂、分拨系统直到把产品提供给最终顾客为止的时间	在许多情况下，这种周期大约六个月或者更长时间

资料来源：[美] Roger G. Schroeder 著，张耀平等译：《运营管理新概念与案例》，清华大学出版社，2003 年 6 月，第 25 ~ 26 页，本书加以整理。

软件行业对产品和服务的开发提出了新的挑战，最近十几年更是如此。软件产品的用户需求和潜在的技术可能性两个方面都是动荡且难以预测的，用户需求不断变化，技术一旦成熟并推向市场，很容易被竞争对手模仿，因此，新产品开发的速度成为软件行业运营战略发展的新趋势。其他行业也是如此，技术发展的速度、顾客需求的速度、市场竞争的激烈程度等，这些都要求企业在运营战略中关注新产品开发的速度，速度成为新产品成功与否的关键因素。

案例 2-5 吉列新型女用剃刀占领市场

2001 年 3 月，吉列新型女用可水洗剃刀——维纳斯（Venus）进入市场，仅六个月就占领了女用水洗剃刀 45%的市场。吉列通过对维纳斯进行了一系列的创新设计，给人们一种全新的女用剃刀的概念。维纳斯的开发采用了吉列的 50 多个专利，此外还有很多自己的独特之处，如：软垫设计使皮肤在剃毛前更平滑；指示灯设计用于提示使用者润滑油已用完；长而滑的手柄，使用更方便；新刀架的设计使其便于放置在浴缸或淋浴房。

吉列采用了一些现有的流程及技术设备等使得维纳斯的开发速度加快，同时与供应商的合作关系也是新产品开发工作快速有效的重要因素，如吉列把一些供应商整合起来一起设计，并制造了适合在零售商店出售的独特包装。

一直以来，吉列公司非常擅长于把新产品导入市场，在同行业中占有很大的市场份额。吉列公司剃刀的销量是其他公司的5倍。在使用剃刀的美国女性中，大约71%使用吉列的维纳斯，而这些产品的利润率都接近40%。与其他日用品（如除臭剂的利润率仅为7%~9%）相比，吉列剃刀的利润率高得惊人。这都归功于吉列对产品和流程的研发、制造以及与供应商的合作关系，最终使新产品能够不断地、快速地投入市场并获得巨大的成功！

资料来源：Maremont，Mark，"Gillette's Venus Razor for Women to be Born Amid a Big Ad Drive"，*Wall Street Journal*，Nov.11，2000.

(2) 制造业的柔性。柔性概念下的战略能够快速地对顾客需求作出反应，即在较短周期内，运营管理能够迅速地对新产品、新订单或者订单的变化作出反应。

(3) 客户群的选择。时间柔性和客户群是紧密联系在一起的，摩托罗拉公司的实践就说明了这一点。

案例 2-6 摩托罗拉公司的客户群战略

20世纪80年代，一种高质量的日本寻呼机成本大约需100美元，而当时同等的摩托罗拉寻呼机售价为200美元。摩托罗拉无法再与日本企业在寻呼机领域展开竞争，它需要一个全新的产品和流程战略。

摩托罗拉决定实施客户群战略，包括以低成本提供高质量、多品种的新产品设计。每一新款摩托罗拉寻呼机都可以以零转换时间投入批量生产，订单进入和制造过程完全自动化，把生产周期从原来的一个月压缩到几个小时。销售员把顾客对寻呼机的特殊要求输入到笔记本电脑，然后把订单传到工厂，当天即开始生产，第二天即可把产品运送或邮寄到顾客手中。由于具有系统柔性，该工厂可以生产2900万种不同类型的寻呼机。

这一大规模的客户化系统提供给摩托罗拉公司一个保护和扩大其美国市场的具有竞争力的方法——以一种很经济的方式提供了顾客要求的多样化产品，进一步扩大了其竞争力。在这里，时间、柔性和客户群的选择很好地结合在一起。

资料来源：B. Joseph Pine，Mass Customization，Boston：Harvard Business School Press，1993 and "Motorola"，*The Economist*，December 5，1992，p.71.

（二）运营观念的发展变化

在运营管理的发展过程中，运营观念也在不断发展变化。

1. 传统的运营观

传统的运营观以降低成本和提高劳动生产率为基础，众多的动作研究就是对传统运营观最好的证明。运营决策通常以小范围的战术决策为基础，缺乏长远规划，没有很好地与企业战略结合在一起，甚至无法明确其是否支持企业总体决策，是否将实现企业目标。运营管理和运营战略主要通过生产部门实现，被认为是基础性工作，很少有人将其视为竞争优势的来源，得不到高层管理者的重视和支持。就产品本身而言，其竞争力主要体现为产品的性能、数量、价格三要素，比较片面。

2. 新时代的运营观

与传统观念相比，新的运营观更符合企业发展的实际。例如，产品的竞争力体现为产品的性能、数量、质量、价格、服务、交货期六要素，而这六要素首先取决于设计，然后形成于制造，最后实现于销售。产品的竞争优势主要来自于广义的运营管理，涵盖了运营系统的各个方面，而不仅是生产职能这一个职能领域。同时，运营战略指导下的管理是隐蔽的优势，构成了企业的核心能力。

3. 新时代运营观的特点

运营管理的概念和决策范围拓宽了，从狭义的生产职能拓展为整个运营系统，涵盖了产品设计、制造、销售等各个方面，与企业的其他管理活动更加紧密地结合在一起。运营战略成为企业总体战略的必要组成部分，是企业实现总体目标的重要内在力量。企业的成功与其说来自高质量的产品，不如说来自高效的运营管理战略。

三、运营战略的全球化

（一）全球化企业的特征

市场正走向全球化，消费需求更趋向于国际水平，许多产品和服务都是全球性的，包括软饮料、电视机、银行业、旅游、汽车、手机、农用设备、机械和各种各样的其他产品。

以市场为导向，以顾客需求为基础，经营与运营也越来越全球化。全球化企业表现出以下特征：

1. 企业资源的全球化

设施和工厂坐落在世界各地，商品和服务可以在国家之间转移。如汽车工业，零配件和服务源自全球范围，从而可在世界范围找到最佳的供应源，而不用管它来自哪个国家。

2. 组织结构的全球化

一个国际集团公司是按对全球市场营销、研发（R&D）和运作功能负责的各个部门划分组织的，这些功能不再分割到好几个内部和国际性部门中。

3. 产品设计和流程技术的全球化

很多基本的产品设计都是为了适应全球需求，当需要根据地区特点予以改变时，可以作为一个备选项处理，而不是独立的产品。流程技术在全球范围内都是标准化的，例如，麦当劳等快餐也正在成为全球产品。

4. 物流和库存控制系统的全球化

这使得产品和部件在世界范围的运输成为可能。对于服务运营，世界范围的通信系统已将世界连为一体，例如，咨询公司、快餐、银行和旅游服务等。

案例 2–7　汽车业巨头的合并

1998 年 5 月 7 日，德国汽车业的老大戴姆勒—奔驰公司和美国汽车业老三克莱斯勒公司在伦敦宣布组成新的跨国公司——戴姆勒—克莱斯勒公司。这项并购涉及市场资本 920 亿美元，是规模最大的行业内企业合并。成立后的新公司在几乎不增加任何投资的条件下，在汽车产品上全线出击。

戴姆勒—克莱斯勒公司的行业内排名：市场资本——第二名；销售额——第三名。

合并的特点：两相情愿的强强合并，而不是以强凌弱的吞并式合并；合并不完全是为了扩大规模，更多的是为了实现优势资源互补。

资料来源：陈荣秋、马士华编著：《生产运作管理》，机械工业出版社，2004 年 1 月，第 25 页。

（二）中国企业的全球化运营战略

有人总结出这样的 16 个中国企业战略关键词，如图 2–1 所示，也许并不完全精确，但至少代表了一种趋势。“客户经济”、“民营化”、“业态革命”是运营战略变革的重要背景；“供应链”和“流程再造”是运营战略变革的核心对象；“企业文化”、“学习力”是企业运营战略实施的基础；“战略创新”、“第 4 代研发与技术创新”、“市场开拓”是运营战略变革的重要手段；“核心竞争力”是实现运营战略的关键点；“企业领袖”、“人力资源”等是“以人为本”思想的重要体现；“领航”、“战略联盟”、“竞合”是处理企业间关系的重要方式。这些关键词代表了中国企业在全球化的过程中对运营战略的重视。

客户经济、供应链、流程再造、战略创新、
企业文化、领航、核心竞争力、人力资源、
学习力、市场开拓、民营化、第 4 代研发与技术创新、
战略联盟、竞合、业态革命、企业领袖

图 2–1　中国运营战略的 16 个关键词

案例 2–8　中国企业在运营战略全球化过程中的成绩

（1）2001 年，海尔集团与美国当地的家电经销商合作成立了海尔美国公司，专门在美国销售海尔冰箱、空调及其他家电，海尔还在美国南卡罗来纳州建立了制造

工厂，保证产品的零售供应。同时，海尔集团与三洋集团成立了分销与销售的合资公司，公司可以在中国销售三洋产品，在日本销售海尔产品。

（2）海信集团在南非建立厂房，购买了先进的生产设备，建成了生产流水线，大大增强了生产能力。

（3）华联集团在罗马尼亚建造了一座大型购物中心，里面包括百货商店和超市等，购物中心里销售的80%的商品都是中国制造的。

（4）中国网通2002年出资8000万美元收购了电信运营商Asia Global Crossing，通过这次收购，网通稳固了自身的电信网络和运营许可，从而为其在日本、韩国及亚洲其他国家的扩张带来了便利。

资料来源：《中国企业“走出去”的24个战略》，鼎典冠略管理顾问有限公司，网址：http://www.topstrategy.com.

第二节　运营战略对客户的影响

一、运营战略与产品

（一）与产品相关的企业战略VS运营战略

运营战略作为职能战略中的一项，其目的是支持和配合整体上的企业战略。产品是连接企业和客户的工具，从产品的角度可以把企业战略分为产品模仿和产品创新两个方面，与这两种不同的企业战略相对应，企业的运营战略也有所差异。

表2-6从两种企业战略所适用的市场差异、运营目标重点的变化以及运营战略的差异方面进行了比较。

表2-6　不同企业战略下的运营战略

企业战略	市场	运营目标重点	运营战略
产品模仿	成熟的、价格敏感的、标准化产品的市场	成　本	先进的工艺技术 低劳动费用 低库存水平 高度垂直整合 目的在于节约成本的质量保证
产品创新	新兴市场 可能增长的市场	速度、灵活性	新产品团队 柔性自动化系统 多技能的劳动力队伍 外购关键服务和原材料

在过去的几十年中，许多日本公司在很多行业领域通过实施产品模仿战略获得了成功，如电子产品、机械设备、汽车等，通过优良的制造能力，日本的产品具有更好的质量和较低的成本。现在日本公司也开始重视产品创新战略，加大对产品研发的投资并积极向市场投放新产品。

（二）运营目标与客户需求

1. 运营战略的四要素

运营战略包括四个要素：宗旨、特有能力、目标和具体的运营政策。

（1）运营宗旨。说明运营职能的目的，说明运作目标的优先顺序。

例：某保险公司的运作宗旨

我们保险公司的宗旨是通过提供服务来满足市场需求，从而获得保险及个人财务规划的市场份额，并在这些领域成为质量的领导者，这就要在合理成本下进行产品创新，以此来提供出色的服务。

（2）特有能力。企业突出的运营能力，特有能力应该支持运作宗旨，特有能力也会形成竞争优势，是运营战略的核心。

例：Delta 航空公司的特有能力

Delta 航空公司的特有能力是优良的服务，通过员工在运营管理过程中的高度参与，为客户提供优质的服务。

（3）运营目标。有四个基本的运营目标：成本、质量、灵活性和交货。

（4）运营政策。运营政策规定了怎样才能达到运营目标，一般包括五个领域：质量、工艺过程、能力、库存和劳动力。

2. 运营战略、运营目标与客户需求的关系

运营战略运营目标与客户需求的关系如图 2–2 所示，其中运营目标要素之间与客户产生联系。

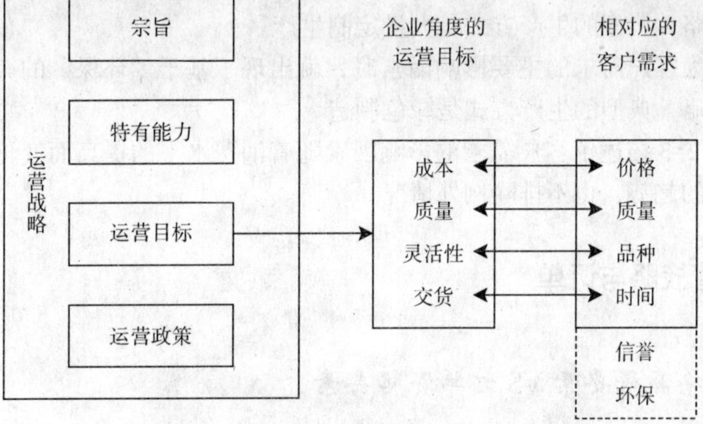

图 2–2 运营战略、运营目标与客户需求的关系

运营目标中的四个部分与客户需求中的四个部分一一对应，即成本——价格、质量——质量、灵活性——品种、交货——时间。此外，客户在购买商品或享受服务时还会考虑到“信誉”和“环保”两个有关企业整体运营状况的因素。

成本包括制造成本、库存成本以及其他在使用资源时发生的其他成本，生产产品的成本越低，最后提供给客户的价格也就越低。

质量包括两个方面，设计质量和生产质量。高设计质量会带来产品的高价格，以满足需求为目的，那么就要建立适当的产品设计质量，而不是过高的设计质量。生产质量则直接关系到产品的可靠性，要求产品的生产过程无缺陷并符合设计标准。运营管理方面的质量目标最终给客户带来的是产品质量方面的满意度。

灵活性也包括两个方面，新产品制造能力方面的灵活性以及改变产量所需时间方面的灵活性。灵活性高，新产品引进快，产量变化快，达到客户使用新产品、享受多品种产品的需要。

交货是在客户要求的时间和地点提供所需商品或服务的运营能力。快速交货为客户带来的好处是，提升运营系统输出商品和服务在顾客眼中的价值。

3. 客户需求的影响因素与消费水平的关系

随着消费水平的提高，客户需求的影响因素也呈现出一定的变化趋势，在不同的时期，企业的运营目标重点有所侧重。

当价格成为客户需求的主要影响因素时，就出现了基于“成本”的竞争，进而实施相应的运营战略，典型的生产方式是大量生产。

当质量成为客户需求的主要影响因素时，就出现了基于“质量”的竞争，进而实施相应的运营战略，典型的生产方式是精细生产。

当品种成为客户需求的主要影响因素时，就出现了基于“柔性”的竞争，进而实施相应的运营战略，典型的生产方式是计算机集成制造。

当时间（交货期或上市时间）成为客户需求的主要影响因素时，就出现了基于“时间”的竞争，进而实施相应的运营战略，典型的生产方式是敏捷制造。

当信誉成为客户需求的主要影响因素时，就出现了基于“服务”的竞争，进而实施相应的运营战略，典型的生产方式是大量定制生产。

当环境成为客户需求的主要影响因素时，就出现了基于“环保”的竞争，进而实施相应的运营战略，典型的生产方式是绿色制造。

当然，图 2-3 描述了客户需求的影响因素随着消费水平的提高而变化的情况，反映的是一种变化的趋势，也不排除例外情况。

二、运营战略与订单

（一）订单赢得要素 VS 订单资格要素

从订单与运营战略的关系上看，订单不只是一个概念，订单包括“获胜订单”与“合格订单”，与此相对应的，运营战略的重点就分为“订单赢得要素”与“订单资格

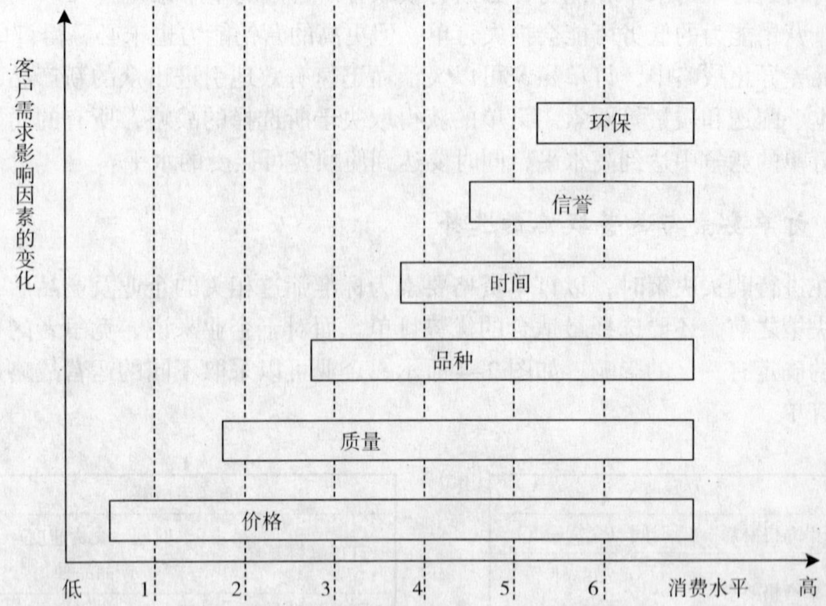

图 2–3 客户需求影响因素与消费水平的关系

资料来源：陈荣秋、马士华编著：《生产运作管理》，机械工业出版社，2004 年 1 月，第 29 页，本书加以修改。

要素”。

【订单赢得要素】企业的商品和服务区别于其他企业的评价标准。这些标准可以是产品的成本（价格）、产品的质量、交货的可靠性与速度等。

【订单资格要素】允许一家企业或其产品参与市场竞争，甚至是成为进入市场的一个潜在的最低条件或标准。

例：欧洲大多数企业都要求其供应商通过 ISO9000 质量体系认证，这一认证保证了企业所有的业务流程都具备正式归档的文件，ISO9000 认证就成为进入欧洲市场的订单资格要素。

订单赢得要素是客户购买该商品或服务的关键理由。提高订单赢得要素的水平，能够赢得更多的订单，为企业带来更多的效益。订单资格要素是客户作出购买决策的基本要求，运营水平达到一定的标准，客户才可能考虑购买商品或服务。

（二）优势订单 VS 基本订单

在对“获胜订单”、“合格订单”及其要素区分的基础上，我们可以在这里把两个名词换个说法以便于理解，那就是“优势订单”和“基本订单”。

市场营销通过选定细分市场作为目标市场，优势订单的目标就是该细分市场的顾客。在产品差异化程度不高的行业竞争中，低成本战略是主要的战略选择，优势订单就是对于顾客的价格具有优势的订单，这意味着在运营管理中对于低成本、营销和财务等要素的要求。而其他要素（柔性、质量和配送等）在这种情况下可看做是基本订单，即企业必须有得到订单的水平和能力，必须有获取客户订单的基本条件。

注意：营销能力的低劣可能会损失订单，但更高的营销能力也未必赢得订单。

在产品差异化战略中，订单赢家可以灵活而迅速有效地引进出众的新产品，订单限制在于成本、配送和质量等要素。订单的获得取决于所选择的战略，所有的功能必须争取在获得订单的竞争中达到高水平，同时要达到使顾客可接受的水平。

（三）订单要素与运营战略的选择

客户在进行购买决策时，以订单资格要素为标准筛选相关的企业及产品后，作出最终的购买决策之前，还要选择最适合的优势订单。而对于企业来说，竞争者的行为对其运营战略的确定有一定的影响。如图 2-4 所示，企业可以采取不同的运营战略来争取获得客户的订单。

初始战略	
订单赢得要素	时间（交货速度）
订单资格要素	产品品种 价格
运营战略重点	时间（速度）

竞争者战略	
订单赢得要素	时间（交货速度） 产品品种
订单资格要素	价格
运营战略重点	时间（速度）、柔性

	备选战略一	备选战略二	备选战略三
订单赢得要素	时间（交货速度） 产品品种	时间（交货速度）	价格
订单资格要素	价格	产品品种 价格	时间（交货速度） 产品品种
运营战略重点	时间（速度）	时间（速度）	成本

图 2-4　订单要素与运营战略的选择

资料来源：刘晓冰主编:《运营管理》，大连理工大学出版社，2005 年 4 月，第 11 页，本书加以整理。

三、客户增值最大化

（一）客户需求与产品价值

由于市场环境的变化（见表 2-7），企业的战略决策也受到了一定的影响，顾客需求的变换速度之快使得企业通过模仿市场领导者的行为并加以改进的传统方法不再奏效。通过了解客户需求，实施产品创新战略并为客户提供价值增值才是企业发展的关键。

表 2-7 市场环境的变化

	以 前	现 在
市场竞争的核心	生产体系	客户需求
市场竞争的周期	受制于物质设备更新的周期	受制于客户需求的转换周期

案例 2-9 了解客户需求，为客户提供价值增值

戴尔公司的核心能力：敏锐地发现顾客需求变化并通过紧密协作创造性地提供价值。

公司的认识：顾客并不过分注重优越的品质或飞快的速度，他们真正想要的是机器与组织运行的最佳结合。

企业的工作重心：提高客户的效率，即挑选并搭配最新的适用技术，而不是把工作重心放在发明新的技术上。

工作目标：使选择的技术易于操作、利于降低成本。

考核目标：公司把预测能力视为销售的关键技能，把同顾客进行关于其电脑需求的讨论设定为销售人员工作考核的重要指标。

企业运营与客户需求方面的规定：公司要求销售人员定期与顾客一道走访其公司的每一个部门，力求使顾客指出哪些需求是确定的，哪些需求是模糊的。

当顾客对于某些需求的认识比较模糊时，销售人员就会思考顾客需求发生了什么样的变化，而公司应以怎样的方法解决这些问题。

公司还鼓励通常忙于工作而很少与顾客打交道的研发、工程测试人员与顾客加强沟通，这样不仅能有效地发挥公司的咨询作用，帮助顾客更好地理解新技术变化的真正意义，还有助于公司精确地预测顾客需求的变化，从而推出新的产品。

资料来源：李维安、张亚双：《如何实现商业企业运营战略的转变》，《中国商贸》，2001 年 9~10 月，第 38~39 页。

（二）客户感知与价值增值

1. 价值增值的过程

客户总希望能够“物有所值”，甚至“物超所值”，客户希望他们的钱花得更有价值，或者说花同样的钱得到更多的价值。

客户在判定一个产品的价值时，考虑的是产品为自己带来的作用或享受程度与购买产品的全部成本之间的差异。对客户来说，当这种作用或享受程度超过成本时，那么购买的产品就是有价值的，而且超过成本越多，价值越大。

企业运营战略的目标之一就是实现企业提供的商品和服务的最大化增值。企业通过在运营管理中对投入的转换来实现价值的增值，如图 2-5 所示。

2. 价值增值的方式

在运营转换过程中为客户增值有多种形式，因客户的不同而不同，有多种方式可以

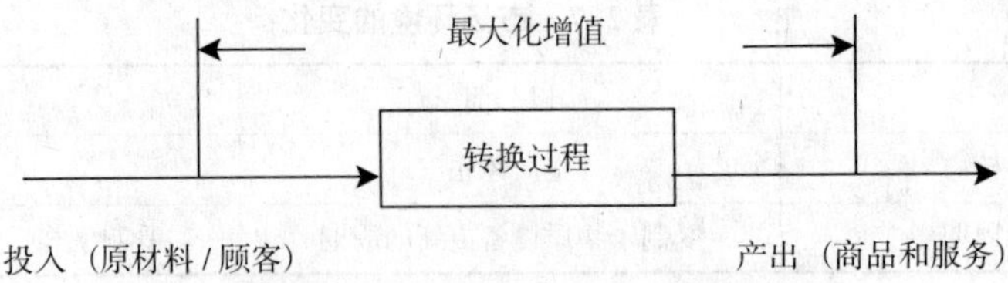

图 2-5 在运营中实现客户最大化增值

资料来源：[美] 马克·M. 戴维斯（Mark M. Davis）、尼古拉斯·J. 阿奎拉诺（Nicholas J. Aquilano）、理查德·B. 蔡斯（Richard B. Chase）著，汪蓉等译：《运营管理基础》，机械工业出版社，2004 年 6 月，第 22 页，本书略有改动。

采用。

（1）降低成本。价格的直接或间接降低可以直接让客户感知“物超所值”，因此，降价、打折、与会员卡相关的会员价、“买一赠一”、返券促销等方式是价值增值的重要方式。为使价格得到降低，企业在运营战略实施的过程中需要降低成本。例如，亚马逊公司的网上书店、当当网等网上商城，很多商品以市场价格的五折或七折出售；春节、“五一”、“十一”等节日期间，大多数商场都采取打折或返券的方式促销商品。

（2）增加购物的便利程度。企业通过设立电话销售热线提供订购服务（如报刊等），或在网上接受订单（销售化妆品等），同时为客户提供送货上门、货到付款等服务，为客户带来极大的便利。

（3）提供快速服务。快速服务为客户节省时间，如高速公路快速车道上的自动付费的服务、邮政公司的“同城速递”次日送达等业务。

（4）提供信息服务。当当网等网上商城可以告诉您，与您看中同一款商品的顾客还订购了哪些商品；哪些商品销量最高；哪些商品是最新商品；商品的市场价格，以及当当网上价格的折扣率等。

（5）提供个性化服务。在个性化成为时尚的时代，很多客户都希望获得个性化的商品和服务，一些企业看到了其中的商机，通过提供个性化服务满足客户的需求，使客户获得价值增值的体验。

例 1：日本个性化自行车的生产。松下自行车工业公司拥有 21 名员工和一个计算机辅助设计系统，公司提供了 18 种模式、199 种颜色的赛车、脚踏车以及山地车模型供您选择，客户根据自己的偏好可以设计出 800 万种车型。

例 2：一些婚纱店提供定制符合客户身材的婚纱，一些拼图制作公司根据客户提供的图画或照片设计拼图等。

（6）增加环境附加值。与购买商品或服务相关的有消费环境，环境也能成为增加客户感知价值的重要因素。

例 1：直到 20 世纪 80 年代后期，咖啡主要都是用铁罐来包装出售的，对美国人来说，喝咖啡只是一种生活习惯，咖啡是一种大众消费品，利润率很低，而星巴克（Starbucks）开创了新的零售方式——咖啡厅，这样的环境集中了场合、地位、休闲、交谈喝创造性的咖啡饮品等时尚要素。

例 2：一些房地产公司的售楼中心中设有休闲娱乐区，为客户提供纯净水、咖啡、软饮料等，还为顾客的小孩子开设了游戏区，为客户创造温馨的环境。

（7）示范专业知识。向客户展示生产流程中的各步骤和质量保证措施，提升客户的满意度，客户的价值感知也得到提高。

例 1：美国的 EMC 公司专门生产电子存储设备，是全球资讯储存的领导者。通过实施客户参观计划，每年接待客户参观达 1000 多次。通过该计划，EMC 使超过 90%的潜在客户购买了该公司的产品。

例 2：美国的绿巨人（Green Giant）公司主要生产冷冻罐装产品，其产品曾一度难以打入日本市场。在邀请日本的经销商客户参观他们的工厂并为他们展示了生产工艺和产品后，产品成功地进入了日本市场。

（8）客户培训。通过对客户进行培训，使客户很快熟悉产品的使用方法，也是使客户价值增值的方式。

例 1：联邦快递公司为其客户（包括那些每天只运送几个包裹的小客户）提供了能够直接连接到联邦快递公司系统的专用计算机，并教会每一位客户使用。

例 2：法国的 Le Grand 公司生产家用电器零部件，如插头、开关、接线盒等。该公司建立了一个很大的培训中心，为客户展示品种繁多的产品并提供产品在各种设置下安装的培训。

第三节 运营战略与竞争优势的构建

一、运营战略的角色

运营战略的主要角色是创造一种持续的竞争优势。

企业在市场竞争中希望找出竞争者未能注意的机会或空隙，调动本企业的资源，确立竞争优势。许多在东南亚投资的日本公司做得很好，它们通过创造自身的竞争优势把握住了当地的机会。

案例 2–10 日本公司在东南亚国家投资的竞争优势

日本在实施所谓的“亚洲工业化发展新计划”时，主要针对印度尼西亚、马来西亚、菲律宾、泰国、越南、印度和孟加拉国，它们不仅是初级原料（如橡胶、石油和锡）的主要供应国，还是低附加值产品的生产国。

马来西亚。日本在马来西亚的投资迅速膨胀，1990 年时就已经达到 15 亿美元。同时，已有大约 550 家日本制造商和服务商在此落地生根，如索尼公司主要在马来西亚生产 CD 播放机。

泰国。拥有 5500 万人口的泰国，仅 1989 年一年，来自日本的投资就达到了

36亿美元，而同期来自美国的投资仅为5.65亿美元。这些措施扩大了日本录像机和彩电对美国的出口，而表面上却是美国与泰国贸易的增长。

其他东南亚国家。在东南亚的其他地方，住友（Sumitomo）电子公司正将其劳动密集型的自动装配线系统转向印度尼西亚；铃木（Suzuki）已在印度开设新汽车厂；而JVC公司与越南的河内电子公司（Hanoi Electronics）合作生产JVC的电视机。

这些决策反映出日本世界级厂商的系统性战略，同时，这些决策带来的较低的劳动成本也是对其他竞争者的新的威胁。

资料来源：Joseph Romm，*The Once and Future Superpower*，New York：Morrow，1992.

Forbes，November 23，1992，pp.108-112.

二、竞争优势要素

（一）竞争优势的含义

所有的运营系统都应该有与竞争对手不同的优势能力，这种优势能力使得该企业的运营管理超越于其他任何企业，它可能基于难以模仿的独特资源（人才或资金），还可能基于不容易被复制的所有权、专利技术或任何运营管理中的创新。

竞争是为了从他人（其他企业）那里获得优势、利润或成功。优势是能够帮助企业成功或者获得预期结果的东西。那么什么是真正的优势呢？是渠道还是服务？是技术还是管理？竞争优势就是创造一种独一无二的优势。真正的优势是什么？独特性、稀缺性、持续性、价值性、非市场获得性、不可追溯性。

案例2-11　佳能公司的技术创新与优势

佳能公司作为全球500强之一的大型跨国企业集团，十分重视技术创新，每年将销售额的10%用于研发，对图像捕获、电子摄像、喷墨打印、半导体曝光和显示技术这五大引擎技术进行深入的挖掘，不断地选择战略重点，提高研发能力，形成具有高度竞争力的生产体系与技术创新体系。2005年，该公司在美国共取得了1828项专利，居美国专利商标局公布的“2005年美国专利数前十大公司排名”的第二位，至此佳能公司已经连续13年位居美国专利注册数量前三名。截至2006年3月31日前，佳能公司在中国的专利申请总量为5081件。其中，发明专利申请为4734件，占申请总量的93.17%；外观设计专利申请与实用新型分别占申请总量的6.69%与0.14%。在三种专利申请中，佳能公司发明专利所占比重较大，注重研发投入的“高科技”战略是该公司的重要发展战略之一，在专利申请领域，该公司着重申请高技术含量的相关专利，着力掌握保护时间较长的发明专利技术。

根据美国专利和商标局最新公布的数据，2002年一年的时间里，IBM公司共获得3288项专利，使其连续10年成为获得专利最多的专利技术企业，而佳能公司在2002年以1893项专利排在第二位。过去10年当中，每年研发费用高达营业额7%

的佳能在美国获取的专利数量也是仅次于IBM而雄居第二，即便从以往的100年来看，只有65年历史的佳能也足以自豪地排在第9位。

资料来源：巫晓倩：《佳能公司在中国的专利布局状况分析（上）》，《电子知识产权》，2006年7月，第55页，引自http://www.canon.com.cn.

《佳能：要与众不同，必须在技术上做到不可超越》，《IT经理世界》，引自新华网，http://news.xinhuanet.com/employment/2003-03/04/content_757358.htm.

（二）竞争优势要素的内涵

最初，竞争优势要素包括四个，即成本、质量、交货和柔性（也称灵活性），后又增加了第五种竞争优势要素——服务。随着经济社会的发展，目前又出现了两个新要素——环保和信息。因此，这里介绍的竞争优势要素包括七个。

当然，我们会发现这些竞争优势要素与运营目标有所重叠，原因就在于，在运营战略实施的过程中要充分发挥企业的竞争优势，以优势资源在激烈的市场竞争中占领一席之地。因此，这样的现象就不难理解了。

1. 成本

（1）适用范围：无差异的产品市场。在该市场，客户通常把成本作为其购买决策的首要考虑因素。

（2）措施：规模效应会有效地降低运营成本，一些大型连锁店通过大规模地采购和销售来降低成本，吸引顾客。但同时，这种零售市场的竞争也是相当激烈的，家乐福、物美、易初莲花等都是经营食品、日用品、百货商品的大型连锁超市；国美、苏宁、大中等都是经营电器的大型连锁店；此外，还有一些手机连锁店、餐饮连锁店等。

例：凯玛特的失败。只有一个企业能够成为成本最低者，而且通常它也将决定市场中产品的价格。凯玛特在2002年1月宣告破产，首要原因就是它无法与低成本的沃尔玛竞争。如果凯玛特没有破产，那么它也一定需要在低成本之外寻求新的竞争优势要素来进行竞争。

注意事项：最低生产价格并不等于最低提供价格。

2. 质量

（1）适用范围：各种细分市场。

（2）措施：对于设计质量，在产品的设计中，根据细分市场的不同，产品的质量水平不同。例如，同样是两轮自行车，童车的质量要求与国际自行车比赛的赛车的质量要求有显著的差异。质量超过标准的优质产品会因价格过高而无人问津，而质量不达标的产品同样无法获得客户的青睐。产品质量并非要求最好，而是要求适宜。对于过程质量，无瑕疵的产品目标对各种细分市场都适用，要按照设计要求进行生产并保证无瑕疵。

3. 交货

（1）交货速度：快速交货的能力能提高顾客的满意度，使企业避免支付额外赔偿的风险。

例：一个大型机器的制造企业，其生产周期可能需要半年；医院中的一个外科手术，从患者提出要求到实施手术，一般不超过几周；快餐店的一个服务循环，从顾客点餐至快餐备好送至顾客，则在3~5分钟内完成。

（2）交货可靠性：应使交货时间的波动尽可能小。

4. 柔性

柔性是企业及时为顾客提供多种类型产品的能力，基础是研制新产品的时间以及建立起相应生产流程的时间。

（1）柔性之一：企业为客户提供多种产品的能力，最大的柔性意味着为每个客户单独定制产品的能力。

例：松下自行车工业公司在日本市场引入了个性化订单系统，能够为顾客量身定制自行车，通过在18种模式、199种颜色的模型中进行选择，顾客可以获得符合自己要求的、与众不同的自行车，顾客的姓名也会用手工丝印的方式成为自行车的一部分。

（2）柔性之二：企业快速转换工艺生产新产品的能力或者快速转换服务流程提供新服务的能力。产品的生命周期缩短，这方面的柔性越来越重要，如手机制造商快速开发手机中的照相功能、mp3功能以及收音机功能方面的能力。

5. 服务

适用范围：无差异的产品市场。产品的竞争转向提供服务的竞争。

企业为获取竞争优势，开始为客户提供"增值"服务。

例：波士顿普特南投资公司（Putnam Investment）是一家为独立经纪人提供多种共有基金的公司，通过服务成功地获得了竞争优势。例如，他们制作了多种关于共有基金的小册子，并能够24小时为经纪人提供。

6. 环保

顾客对环境的保护意识越来越强，对企业及其产品涉及的环保问题越来越敏感，顾客倾向于购买对环境无害的产品。

例：豪华的装修让人欣赏，但是如果装修材料中含有过量对人有害的物质（如甲醛），这种装修服务也是不受欢迎的；漂亮的衣服人人喜欢，但是如果一些毛皮衣物是由部分珍贵动物的"牺牲"换来的，这样的衣服也受到抵制。

7. 信息

企业也在信息方面寻求竞争优势。

例：美国通用电气公司的医疗系统销售先进的信息技术产品，这些产品一旦在运行中发生问题或发现有潜在的问题，产品中内含的子系统会自动与提供商联系，这样减少了信息产品在运行过程中发生中断的现象，对已有产品的反馈信息也可以通过倾听客户的声音来收集。

案例2-12　莎拉公司

莎拉公司（ZARA）是一家从事时装专卖的西班牙服装连锁企业，在众多的服装企业中脱颖而出，依靠的是其优秀的速度和柔性。

速度之一——供货：莎拉公司每两周向各家连锁分店供货一次，有效地降低了库存，同时避免时装过时的现象出现。

速度之二——反应：应用信息技术记录客户偏好的变化，如下图所示。

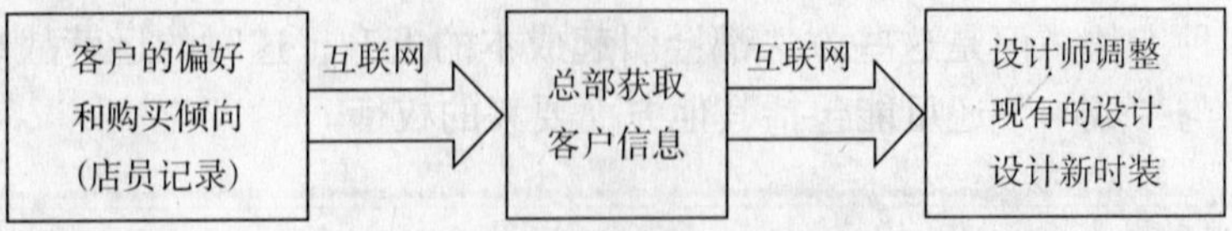

莎拉公司对顾客偏好的反应

速度之三——流程：不采取外包策略，几乎都在西班牙本地加工，在时装发布会举行后的两周内，就可以完成从服装设计、加工、运送至分店的全过程，远远超过了主要竞争对手的速度，如美国最大的服装连锁企业盖普公司（GAP）和瑞典的亨尼斯—毛里茨公司（Hennes & Mauritz，H&M）的制作流程需要5周至5个月。

与莎拉公司的速度优势相应的，莎拉公司的时装价格和质量也颇为诱人，能够紧贴瞬息万变的时装潮流，致力于提高运营柔性，天天新款，尽快满足市场的需求。

资料来源：William Echikson，"The Mark of Zara"，*Business Week*，May 29，2000，pp.98-100.

Jane M. Folpe，"Zara has a Made-to-Order Plan for Success"，*Fortune*，September 4，2000，p.80.

Stryker McGuire，"Fast Fashion; How a Secretive Spanish Tycoon has Defied the Postwar Tide of Globalization，Bringing Factory Jobs from Latin America and Asia back to Europe"，*Newsweek*，International Edition，September 17，2001，p.36.

Richard Heller，"Galician Beauty"，*Forbes*，May 28，2001，p.98.

三、构建竞争优势

（一）竞争优势与运营战略的关系

竞争优势要与运营战略相匹配，各种竞争优势要素的选择与运营战略的制定和实施相关。

当运营战略要求在开发或引入新产品时，那么高级库存管理系统方面的优势能力则变得无效。如果以成本领先作为运营战略，运营管理的重点就应该放在新产品引进和产品对市场需求变化的柔性上。

（二）权衡

在飞机的设计中，需要权衡的因素包括飞行速度、起降距离、初始成本、维护保养、燃油消耗、乘客舒适度和货物与乘客容量，飞机设计时的技术发展阶段决定了这些因素中可以实现的目标的限制条件。

在进行竞争优势构建的过程中，受到成本、时间、质量、技术约束和客户满意度等因素的限制，每一种竞争优势要素也难以同时获得。

如一家汽车快修服务中心主要向客户提供汽车零件、轮胎等快修服务，作为一家服务企业，该企业希望在服务方面建立竞争优势。具体来说，从“提供服务的范围”、“业务高峰期保持顾客等待时间较短的能力”、“服务的平均等待时间”、“服务检验的程度与数量”等一个或多个方面提高服务水平，使服务成为竞争优势要素。企业要提高服务水平有多种方法，但是这些方法都会引起成本的上升，这时的运营战略决策就需要考虑“服务”与“成本”还可能包括其他方面要素的权衡。

案例 2-13　英国航空公司的权衡

背景：三舱位与英国航空公司的发展

直到 20 世纪 80 年代中期，大多数航空公司一直经营“双舱位”的系统——头等舱和经济舱。接着又推出商务舱，其服务标准介于头等舱和经济舱之间。到了 20 世纪 90 年代中期，头等舱市场萎缩，许多航空公司完全取消了头等舱的服务，取而代之的是集中力量向商务舱提供超值服务。

英国航空公司一直向客户提供全部三种舱位的服务，其中头等舱和商务舱在长途旅行中特别受欢迎，跨太平洋航线是最大的市场。公司的口号是：世界上最受欢迎的航空公司。

战略：服务质量与空间利用率之间的权衡

1994 年上半年，英国航空公司决定改造头等舱。现有的头等舱包括 18 个座位，每个座位间有 62 英寸间隔，需要 4 名乘务员。

通过对客户的分组调查发现，头等舱旅行最重要的因素与空间有关。英国航空公司面临的主要挑战：在现有的面积范围内使旅客的空间最大，同时还要增加头等舱的营业收入。答案就是对头等舱实行新的设计——空中之床：将头等舱的座位安装在框架中，使它在需要的时候能够展成一张可以平躺的床。

借助舱内技术，所有的控制设施都安装在距离座位不到一个手臂长度的地方，如音像设备、灯光开关、呼叫按钮等。然而，比较大的座位空间意味着头等舱只能容纳 14 个座位。公司也改进了头等舱的服务水平和烹饪质量，使之与新的舱内设计相匹配。

1996 年 6 月，公司完成了对 80 架长途客机头等舱的改造任务，成功地对头等舱进行了重新定位。现在，公司拥有独特的头等舱服务，但也有固定成本高和旅客座位少的缺点，而且，改进的服务质量意味着更高的运营成本。公司必须提高座位利用率，以便从改进的服务中产生更多的收入。

英国航空公司的实际运行结果显示，通过提供这种差异化的产品，公司遏制了头等舱业务下滑的势头，增加了这个细分市场中的市场份额和经营收入。头等舱的成功使得该公司在 2000 年用同样的战略对商务舱服务进行改革。

资料来源：［美］奈杰尔·斯莱克、迈克尔·刘易斯著，刘晋、李军、向佐春译：《运营战略》，人民邮电出版社，2004 年 6 月，第 95 页。

（三）聚焦

1. 基本概念

企业不可能同时满足所有的竞争优势要素，管理者必须确定哪些是决定企业成功的关键优势要素，并集中企业资源去实现。

例：如果一个企业希望提高交货速度，那么它能够提供不同种类产品的柔性就不会很高。对于一家服装企业来说，通过大批量标准化生产能够快速交货，但是如果您想在该企业量身定做一套西装，那么交货速度就会比较慢。

2. 聚焦的类型①

（1）绩效目标聚焦。根据市场需求对产品进行分类，针对特定的细分市场，绩效目标具有一致性。

（2）产品与服务规格聚焦。限制运营机构的每个部分生产的产品的种类，这意味着每一组确定的产品都针对明确的目标市场。

（3）地理聚焦。有时，运营机构根据所服务的地区市场来划分，公司不同细分市场的特点与地理位置有很大的关系。大多数与客户密切接触的企业如快餐店就具有这样的特点。

（4）品种聚焦。一个企业可能希望根据它所介入的不同活动的数量来对其运营机构进行划分。例如，某个生产场地集中生产品种较少或个性化的产品，另一个生产场地生产品种较多或标准化的产品。

（5）产量聚焦。大批量生产强调生产的标准化和可重复性，它所要求的工艺流程技术、劳动力技能和计划与控制系统，与小批量生产相比有很大差异。产量聚焦把这种思想延伸到为不同产量的产品建立不同的运营方式。

（6）流程要求聚焦。将工艺流程要求相似的产品集中在一起生产，可以使组织集中力量推广流程的知识和专门技能。

3. 厂中厂的聚焦方式

（1）制造业“厂中厂”。对规模效应的认知使得在实践中过分关注规模经济，而在有些情况下，产品在市场上的增值已经导致不同性质的产品混杂在相同的设施中，以规模经济效率的名义，相同的运营流程为不同的使命提供服务。

解决的办法是采用“厂中厂”（Plant-within-a-Plant，PWP）的模式。

【“厂中厂”模式】在企业内的不同地方装上不同的生产线，每条生产线都有独特的竞争优势要素。在这种方式下，可以将工人按照竞争优势要素分组，避免工人因运营战略转换而导致混乱。“厂中厂”模式可能会牺牲一些规模经济，但可以更好地满足市场需求和提高利润率。

---

① [美] 奈杰尔·斯莱克、迈克尔·刘易斯著，刘晋、李军、向佐春译:《运营战略》，人民邮电出版社，2004年6月，第103~104页。

案例 2-14　电子仪器公司的决策

某电子仪器公司主要制造汽车驾驶仪和燃油计，几年来，该公司的燃油计生产一直亏损，随后管理层决定，在工厂中心建一堵墙，把燃油计生产从汽车驾驶仪生产中分离出来，分别把质量控制和原料管理职员分配到各个产品中，而且分离直接劳动、监督和设备。作为这些改革的结果，燃油计生产在四个月以后开始盈利，汽车驾驶仪生产的利润也得到提高。

以前，汽车驾驶仪生产比燃油计生产有更严格的质量、原料和技能要求。结果，燃油计成本膨胀，也难以对每样产品分别处理。当这些更严格的要求被撤销后，每种产品都能够对特殊顾客和市场要求作出反应。问题本来来自混合在运营中的两种不同的使命：一种是燃油计的低成本；另一个是汽车驾驶仪的高产品性能。

资料来源：[美] Roger G. Schroeder 著，张耀平等译：《运营管理新概念与案例》，清华大学出版社，2003年6月，第26～27页。

（2）服务业"厂中厂"

对于服务企业来说，"厂中厂"模式也同样适用，通过对市场进行细分，提供针对每个目标市场的产品，以此获取企业的竞争优势。

案例 2-15　服务企业的"厂中厂"

万豪集团（Marriott）。万豪集团下属的多家酒店分别针对不同的细分市场提供不同的产品，在不同的市场获得不同的竞争优势。

费尔菲德酒店（Fairfield）针对的是偏好经济客房的顾客；

度假酒店（Resorts）是提供会议服务和针对要求全套服务的顾客；

居家酒店（Residence）提供多种服务项目以满足不仅仅需要客房服务的顾客；

庭园酒店（Courtyards）强调为客户提供更为便捷的服务，如餐饮，同时也强调廉价。

美国的圣弗朗西斯科医院。圣弗朗西斯科医院中有一个专门科室——重病特护部，只接收长期重病患者，并独立为其进行手术，由于资源只集中在重病特护这一个方面，使得重病特护的运营成本比一般护理成本降低50%。这样的科室也称为"医院中的医院"。

波士顿银行。银行中有一个个人服务部，集中资源为贵宾提供全套的服务，是"银行中的银行"。

资料来源：[美] 马克·M. 戴维斯（Mark M. Davis）、尼古拉斯·J. 阿奎拉诺（Nicholas J. Aquilano）、理查德·B. 蔡斯（Richard B. Chase）著，汪蓉等译：《运营管理基础》（第1版），机械工业出版社，2004年6月，第27页，本书加以整理。

第四节　运营安排

运营安排包括确定工件的加工顺序，还包括确定机器加工每个工件的开始时间和完成时间，这样才能指导工人和生产活动。

运营安排决策是按时间把可用的生产能力或资源（设备、劳动力和空间）分配给工作、工序、任务或顾客。

由于目标不同，企业中的每个人都应该关注运营安排。市场营销部门总希望优先安排并满足最重要的顾客；而对销售人员来说，如果他们是按照销售额获得奖金，那么他们希望让大订单及时发运交付；财务部门希望运营安排的成本效率最高，使资源得到充分利用。运营战略的实施及运营安排需要得到各个部门的理解与配合。

一、批次安排

（一）现象：排队等待与设备空闲

【排队等待】在进行运营安排时，有时一个工件的某道工序完成以后，执行它下一道工序的机器还在加工其他工件，这时工件还要等待一段时间才能开始加工，造成在制品的积压，发生在制品库存，这种情况就是工件等待，或称排队等待。

服务行业面临的情况同样如此，在理发店里，顾客洗完头发以后，理发师还在为其他顾客理发，那么这个顾客只能排队等待。

【设备空闲】相反的，有时一台机器已经完成对某个工件的加工，但随后要加工的工件还未到达，这种情况就是设备（机器）空闲。

在一些餐饮店中，如一台咖啡机刚刚冲好一杯咖啡，由售货员交给顾客，但是下一个顾客还没有到，咖啡机处于闲置状态，这也是设备空闲。

每个单位物品或每个服务产品在流经批处理过程时有很多起点和停止点，而不是平稳的。这种不规则的流程是由于把机器和技能分配给各个工作中心的批处理过程的布置所造成的，是可以改进的。

科技的发展、顾客需求量的增大使得产品的成批或大量生产成为可能，同时，排队等待为运营管理的高质、快速生产带来了挑战，设备空闲与资源的充分利用之间存在改善的空间。作为对上述问题进行处理的批次安排决策是一个很复杂的管理问题。

（二）批次安排的内容

1. 术语

在传统制造业中，关于批次安排有这样的术语：车间、任务、工作中心等。

而在现代的各种行业中，批次安排同样适用于包括工厂、医院、办公室和学校等工作地。

在服务业中，批次安排的“任务”可由“顾客”、“病人”、“委托人”、“文秘工作”等术语来代替，或者由服务过程代替原料和任务。

“工作中心”也可由“房间”、“办公室”、“设施”、“技能专业”或者“流程中心”来代替。

2. 基本的批次安排

劳动力作业安排，主要是确定人员何时工作。

生产作业安排，主要是将不同工作安排到不同的设备上，或安排不同的人做不同的工作。

在制造业中，要加工的工件是重点，因此生产作业安排是主要的。许多绩效标准如按时交货率、库存水平、制造周期、成本与质量都直接与排序方法有关。

在服务业中，服务的及时性是影响企业竞争力的主要因素，因此，劳动力作业安排是主要的，许多绩效标准如顾客等待时间、排队长度、设备（或人员）利用情况、成本和服务质量等都与服务的及时性有关。

（三）批次安排的环境

1. 设备有限，人员无限

在实际中的相应环境就是设备与人员比较，相对不足。可利用的设备有限，但只要有空闲机器，工作不会因操作人员短缺而等待。

2. 设备无限，人员有限

在实际中的相应环境就是人员与设备比较，相对不足。在这种批次安排中，当计划人员安排下一设备时，也必须安排相应的人员。

常用的人员调度规则有：把人员优先安排到已排队等待时间最长的工作所在地；把人员优先分配到等待工作数量最多的工作地；把人员优先分配到有最大标准工作量的工作地；把人员优先分配到有最早需要完工的工作所在地。此外，在人员有限的情况下，可以通过培训等方式培养多技能员工，通过员工的技能多样化来提高作业的灵活性。

（四）批次安排的原则

生产作业计划多是采用批处理的方式编制，在同一工作中心，需要在计划期内完成一个以上的作业，在资源有限的前提下，必须判断出哪个订单比另一个订单更加重要，需要优先加工。

1. 优先原则

优先原则试图使工作完成时间、系统中工作个数以及工作延迟最小化，同时使设备利用率最大化。在实际中最受欢迎的优先原则包括：

FCFS（First Come First Served）：先到者先接受服务原则，优先选择加工的订单（或工件）是所有等待加工的订单（或工件）中最先承接的。该原则来自排队论，对工件或订单较为公平。

SPT（Shortest Processing Time）：最短加工时间原则，优先选择加工时间最短的工件或订单。该原则使工件的平均流转时间最短，从而减少在制品数量。

EDD（Earliest Due Date）：最早到期原则，优先选择加工完工期最早的工件或订单。该原则可使工件延误时间最小。

LRC（Least Regulate Cost）：最小调整成本原则，为了简化机器调整，作业应该按照一个特定的顺序进行，因此需要分析各种作业的机器调整总成本，决定批次安排。

此外，还有：

MWKR（Most Work Remaining）：余下加工时间最长原则。

LWKR（Least Work Remaining）：余下加工时间最短原则。

MOPNR（Most Operations Remaining）：余下工序最多原则。

RANDOM：随机选择原则。

特别提示：优先原则特别适用于工艺导向的工作环境，如诊所、印刷厂、制造车间等。

2. 关键比率原则

SCR（Smallest Critical Ratio）：关键比率最小原则。关键比率又称为临界比，首先选择加工关键比率最小的工件或订单。

小词典

关键比率（CR）= 期限所余时间 ÷ 剩余加工所需要的时间

= （期限 − 现在日期）÷ 剩余加工所需要的时间

关键比率 < 1.0，作业进度晚于计划；

关键比率 = 1.0，作业进度与计划同步；

关键比率 > 1.0，作业进度比计划提前。

特点：SCR 原则高效、易修改。

目标：

决定特定工作的位置；

在共同基础上确定工作之间的相对顺序；

在共同基础上描述库存和按订货制作的工作；

根据需求与工作进展的变化自动地调整优先顺序；

有效地跟踪记载工作进展和位置。

3. 评估准则

在确定哪种原则对特定的作业最为有效时，必须选定用于评估和比较这些原则的准则。

平均通过时间：在每个车间作业任务的平均滞留时间。

全部完工时间：完成一组作业任务所需的全部时间。

系统中的平均任务数：每天每个车间平均任务的数量。

平均任务延迟：作业任务实际完成时间超过承诺完成时间的平均值。

在制品库存：一个工件从一个工作地移向另一个工作地，由于一些原因被拖延加工，正在被加工或放置在零件库中，都可以看做是在制品库存。

调整成本：在一组任务中完成所有机器调整的总成本。

利用率：用一台机器或一个工人的有效生产时间占总工作时间的百分比来表示。

这些准则彼此之间并不完全独立，例如，使工件的平均通过时间最小，也就是要减少在制品库存和提高利用率。

二、甘特图

甘特图（Gantt Charting）是一种传统的运营安排方法，由亨利·甘特（Henry L. Gantt）于 1917 年提出。甘特图是运营安排的最简单形式。按照可获得资源的优先级，用来安排一定时间内的工序与工作进度。我们将用甘特图来确定每项任务、完工期、资源（机器）利用率和所有任务过程的等待时间。

（一）甘特与甘特图

亨利·甘特于 20 世纪提出了一种图表系统法，后来以他的名字来命名，即甘特图。甘特图是管理工作上的一次革命，是 20 世纪最重要的社会发明。甘特图表明，工作计划中各“事件”之间在时间上的相互关系，强调时间和成本在计划和控制中的重要性。

（1）甘特图的结构：甘特图的基本结构是一条线条图，横轴表示时间，纵轴表示活动（项目），线条表示在整个期间上计划和实际的活动完成情况。后来甘特图也产生了很多变形，但基本内涵是一致的。

（2）甘特的思想：把总的计划目标看成人们能够了解和执行的、具有相互关系的一系列计划或各项事件。

（3）甘特的贡献：体现一个既简单又基本的控制原理，从计划中选取关键内容并予以密切注视。

甘特图在实际应用中有多种形式，如甘特排程图、甘特负荷图等。

（二）甘特排程图

甘特图可用于解决排程问题，即甘特排程图（Gantt Schedule Chart）。通过甘特排程图可以查询各项任务的计划时间，检查任务的完成进度。甘特排程图表明哪项任务按期完成，哪项任务提前完成及提前多少时间，哪项任务延期完成。

例：某工厂一车间有五项任务在进行中，它们分别是加工五种工件 A、B、C、D、E。这些工作的预定计划和现在的完成情况如图 2-6 所示。

这张甘特图显示，在当前时间（即以▲标出的十月初），工件 A 的完成情况滞后

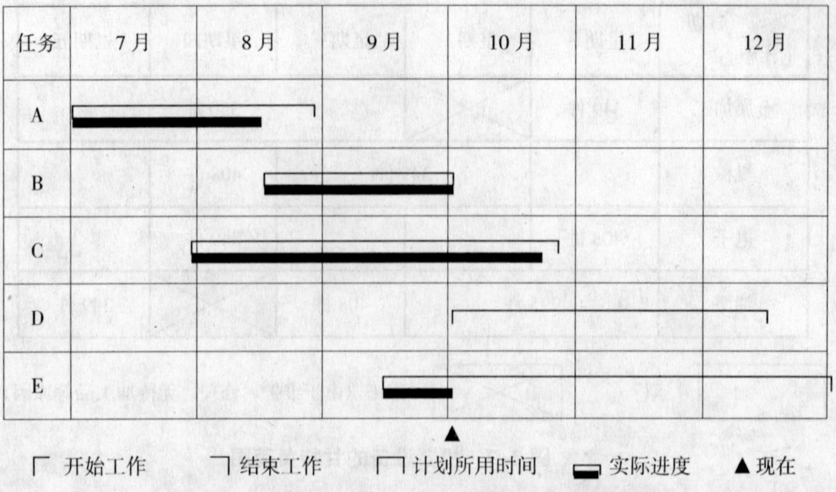

图 2–6　某工厂一车间的作业进度甘特图

于计划，工件 B 按计划完成，工件 C 比计划提前，工件 D 的生产即将开始，工件 E 正在按计划生产。根据甘特图的指示，管理人员就可以根据情况对预定的作业计划进行修订。

此外，甘特图在实际应用中非常灵活，如纵轴可以表示不同的产品，横轴表示时间，这样的甘特图显示的是不同产品的生产进度。

（三）甘特负荷图

甘特图也可用于解决负荷问题，即甘特负荷图，使管理者对生产能力进行计划和控制。

此时，甘特图表明几个部门、几台机器或设备的运转和闲置情况，表示了该系统的有关工作负荷状况，有利于管理人员对系统做出适当调整；此外，甘特图也可以表明几个员工的工作负荷情况，有利于上级主管对员工进行工作绩效的考核，或为工作任务的分配和调整提供依据。

例：新奥尔良的一家洗衣机制造商接受了一批订货，提供一些用于特殊工作环境（如潜水艇、医院和大型洗衣房）的机器。每件机器的生产需要变动有关任务和持续期间。图 2–7 表示 3 月 8 日那一周的机器负荷。

该周有四个工作中心进行几种不同的工作，图 2–7 表示金属加工车间与油漆中心在整个一周已经满负荷。而机械中心与电子工作中心在该周有一些零散的空闲时间。金属加工工作中心在周二停工，可能要进行预防性维护。

当然，甘特负荷图也有一定的局限性，它无法解释一些生产变动，如意料不到的机器故障或由于工作失误带来的返工等，遇到此类问题时，甘特图还需要及时修订以符合实际的工作情况。

日期 / 工作中心	星期一	星期二	星期三	星期四	星期五
金属加工	349 件	×		350 件	
机械		349 件		408 件	
电子	408 件			349 件	
油漆	295 件		408 件	×	349 件

□ 运行　　× 停工（由于维护、修理、无待加工品等原因）

图 2–7　机器设备的甘特负荷图

资料来源：[美] 杰伊·海泽（Jay Heizer）、巴里·雷德（Barry Render）著，潘洁夫等译：《生产与作业管理教程》（第 4 版），华夏出版社，1999 年 1 月，第 368 页。

三、计划和控制系统

计划和控制系统不仅便于开发出好的运营安排（计划），而且可以保证计划的实施和根据需要做出调整（控制）。如果离开了计划和控制系统，前面的批次安排和甘特图等方法也就达不到相应的效果了。

（一）计划和控制系统的目标

每个计划和控制系统都应该回答下面的问题：

（1）应该承诺的交货日期是什么？承诺的交货日期应该基于对营销与运营的考虑，考虑因素包括可行的生产能力、顾客的工作要求和运营效率。同时，应保证各职能部门的配合，从而使顾客得到最大利益，以及使经营成本降到最低。

（2）应该需要多少生产能力？通过预测和对单项活动确立负荷，一个运营安排系统就能回答这一问题。

（3）每个具体的活动或任务何时开始？这个问题通过使用甘特图来回答。

（4）怎样才能保证工作按时完成？优先原则等有助于部分地回答这个问题，但是要解决这个问题就需要对工作的反馈以及对活动不断地监督。如果我们对进展情况不断地或定期地评估，必要时就可以采取一定的纠正措施以保证及时交货。

例：审判室的进度安排

问题——等待和空闲

审判室的工作迫切要求更多的系统化进度安排和对系统的控制。法庭日程安排经常超负荷，使得警察、证人、律师和被告花很多时间去等待。有时候，一些被告在法院里等待一天也没有被审理，使得证人当天不能回家。另外，有些法院因为案子太少，使得法官不得不等待案子，也使审判室得不到充分利用。当审理的案子提前完成或原来安排审理的案子被推延时就会出现上述情况。

纽约城市刑事法院的进度安排系统

系统的五个目标：

(1) 法官保持繁忙的概率要高。

(2) 安排审理的案子被审理的概率要高。

(3) 与一个警官相关的一些案子应该安排在同一天审理。

(4) 具有高优先级的案子要尽早安排审理。

(5) 对所有的案子都应该明确给出一个最大的等待时间期限。

系统的核心：优先原则（详见本节第一部分“批次安排”）

(1) 优先原则的决定因素：指控的严重性，被告目前是否在押，从控告开始到现在时间的长短。当案子的优先级达到了某个临界值，我们就把这个案子插入到最近的日程安排中，否则暂不安排这个案子的具体日程。

(2) 预测审理案件的时间：利用多重回归方程，其中使用一些因果关系变量，如被告的申诉、犯罪的严重程度、证人的数目以及主持审判的法官。

(3) 注意事项：需要空出一些时间段为紧急案件和以后日程表的再安排备用。

(4) 系统总结：以当前情况为基础每天都要调整案子的优先级，任何具有足够高优先级的新案子，在预测审理时间之后，安排在审理日程表上。

资料来源：［美］Roger G. Schroeder 著，张耀平等译：《运营管理新概念与案例》，清华大学出版社，2003 年 6 月，第 257 页，本书加以整理。

（二）计划和控制系统的功能要求

(1) 把订单、设备、人员分配到工作中心或者其他特定的工作地。实际是一个短期能力计划。

(2) 确定订单执行的顺序，进行作业批次安排。

(3) 将已排序的作业安排到具体的工作中心或工作地，也称为作业调度。

(4) 生产作业控制，包括不断监控和检查订单的执行过程，保证订单的如期完成；及时为滞后订单或关键订单制定相应的赶工单。具体包括：①为每个工作中心的订单指派作业优先顺序；②维护在制品数量信息；③将车间工单信息传送到办公室；④提供实际产出数据来为能力控制服务；⑤根据车间工单对机位的要求，为在制品库存管理提供数量信息；⑥测量人员和设备的效率、利用率和产量。

(5) 不断修订作业计划，以反映最新的订单状态的变化。

(6) 确保达到质量控制标准。

（三）计划和控制系统的工具

(1) 调度单。一般每天都要生成，调度单告诉主管当天哪些作业需要完工，如表 2-8a 所示。

(2) 异常报告。通常每周提供一两次，作业计划负责人检查是否有严重的、会影响主生产计划的延期，告诉主管需要处理的特殊状况和问题，如表 2-8b 所示的预计延期

表 2-8 车间控制的文书工具

a 调度单

（工作中心：1502；日期：11 月 3 日）

开始日期	工件号	描 述	运行时间
11 月 1 日	15131	轴	11.4
11 月 2 日	15143	铆钉	20.6
11 月 3 日	15145	锭子	4.3
11 月 4 日	15712	锭子	8.6
11 月 5 日	15340	测量杆	6.5

b 预计延期报告

（部门：24；日期：10 月 25 日）

部件号	计划日期	新日期	延期原因	措 施
17125	10 月 30 日	11 月 10 日	夹具损坏	工具室于 11 月 10 日返还
13044	10 月 31 日	11 月 15 日	送去镀金，镀金工罢工	新批量开始生产
17653	10 月 30 日	11 月 10 日	新孔未成直线	工程部重新安装钻模

c 输入/输出控制报告

（工作中心：0162）

本周完工日期	10 月 5 日	10 月 12 日	10 月 19 日	10 月 26 日
计划输入	210	210	210	210
实际输入	110	150	140	130
累积偏差	–100	–160	–230	–310
计划输出	210	210	210	210
实际输出	140	120	160	120
累积偏差	–70	–160	–210	–300

注：所有的数值都是以标准小时计算。

资料来源：［美］马克· M. 戴维斯（Mark M. Davis）、尼古拉斯 ·J. 阿奎拉诺（Nicholas J. Aquilano）、理查德 ·B. 蔡斯（Richard B. Chase）著，汪蓉等译：《运营管理基础》（第 1 版），机械工业出版社，2004 年 6 月，第 350 ~ 351 页，本书加以修改。

报告。

（3）输入/输出控制报告。主管用来监控每个工作中心的工作负荷与其最大负荷间的关系，如果出现极度不平衡，主管应立即识别哪些需要进行调整。输入/输出控制报告如表 2-8c 所示。

输入/输出控制（input/output control，I/O）的主要原则：工作中心的输入永远不能超过工作中心的输出。

当输入>输出时，将会拖欠订单，结果是作业推迟、客户不满、下游作业或相关作业不得不延期；同时，工作中心产生作业积压，形成阻塞，作业缺乏效率，到下游工作中心的工作将时断时续。

（4）状态报告。报告内容是对工作的运营状况总结，包括按期完工的作业数量和比例、延期并未完成的作业、产出量等。

此外，甘特图是一种简单易行的计划控制方法，详见本节的第二部分“甘特图”。

● 本章案例

Burger King 公司的运营战略决策

虽然 Burger King 公司 92%的餐馆是由独立的特许经营者拥有和经营的，但它必须确保自己拥有的资源及其特许经营者拥有的资源被有效地利用。在位于佛罗里达州南部城市迈阿密的全球总部，该公司制定了影响 10000 多家餐馆和几百个供应商的运营战略决策。

1. 能力

分店的数量和位置对 Burger King 的销量和成本有非常重要的影响。对于该公司来说，重要的是恰当地选择分店位置，既能方便潜在客户，又不会因彼此相隔太近而产生业务上的冲突。同许多其他公司一样，Burger King 在便利店、加油站和其他地点以“共有品牌”方式进行扩张。Burger King 还快速地进行了国际范围的扩张，因为这是具有最大增长潜力的领域。

2. 供应网络

对于 Burger King 来说，与特许经营者和供应商建立密切的、相互信任的关系是非常重要的，与特许经营者之间的关键问题是公司自营商店和特许经营店之间的平衡。公司自营商店可以使 Burger King 获得第一手经验，这会使人们直接了解顾客和运营；而特许经营店允许公司在减少资本支出的同时扩展公司业务，与供应商的关系同样很重要。Burger King 已经与几家供应商建立了长期关系，例如，与 Burger King 有长期关系的可口可乐公司投资约 3000 万美元在 Burger King 的餐馆里安装设备，以促销其新开发的冰冻糖浆饮料。

3. 流程技术

Burger King 大量投资引进新的厨房设备，如新型明火烤肉架等。计算机化的技术就是用计算机技术监控烹饪过程，以保证一贯的高质量，还能使一位厨师为同一客户同时烹饪多种食物。计算机化的订单确认系统配以能显示图像的订单选择按钮，供驾车通过的客户使用，该系统能改善订单的准确性。

4. 开发与组织

Burger King 经常在位于美国奥兰多和里诺的 43 家公司自营店里试用新设备，采用新的操作规程，它们在对其运营方式作出最好的改变的同时而不影响特许经营者。在向所有的联营店推出新规程以前，公司都要对销售数据、客户的反应以及运营中的问题进行分析。公司用这种方式向谨慎的特许经营者证明：新的规程的确是有效的。公司还拥有一套面向整个连锁网络的改进和培训体系，这可以令所有使用其商标的商店保持高标准，同时确保小型特许经营店彼此有机会相互学习。

资料来源：Cebrzynski，G. & B. Tong，“B. K.'s President”，*Nation's Restaurant News*，September 13，1999.

● 思考题

1. 某公司 5 年前在 A 地区创建了一个面店，它有独特的抻面技术，并提出了“让顾客感受家的温暖”的服务宗旨。该公司服务细致、周到，在过去的两年里，经营状况很好。但是现在由于顾客很多，人们用餐前必须排队等候至少 15 分钟，许多顾客对此颇为不满。公司决定在临近的 B 地区再开一个相同的面店，请问：①对于该公司来说，战略重点应该放在何处？②该公司应该通过哪些措施实现其服务宗旨？③A 地区和 B 地区的店在运营战略上是否应有所不同？

2. 对于以下的产品和服务来说，你认为怎样才可以为客户增值：①二手电脑；②坐落在异国城市的宾馆；③大学；④装修用的木地板。

3. 请分析在下列运营系统中，它们的竞争优势要素应该是什么？①进行大批量生产的汽车制造商；②美容美发店；③邮包快递公司。

4. 对比医院诊所和工厂，它们的批次安排有什么差异？

● 参考文献

1. ［美］奈杰尔·斯莱克、迈克尔·刘易斯著，刘晋、李军、向佐春译：《运营战略》，人民邮电出版社，2004 年 6 月。

2. ［美］杰伊·海泽（Jay Heizer）、巴里·雷德（Barry Render）著，潘洁夫等译：《生产与作业管理教程》（第 4 版），华夏出版社，1999 年 1 月。

3. ［美］罗杰·施罗德（Roger G. Schroeder）著，韩伯棠等译：《运作管理》，中国劳动社会保障出版社，2004 年 10 月。

4. ［美］Roger G. Schroeder 著，张耀平等译：《运营管理新概念与案例》，清华大学出版社，2003 年 6 月。

第三章　流程选择和流程再造

● 本章提要

企业的成功依赖于其卓越的运营能力，而运营能力的基础是公司的流程管理。自从1990年美国 Michael Hammer 博士提出了业务流程再造（Business Process Reengineering, BPR）的观点，并在1993年和 James Chamby 一起出版的经典之作《企业再造》中对业务流程再造进行了全面论述后，流程管理理论在西方得到了深入的研究，并在企业中得到广泛的应用。有相当多的企业通过流程再造获得了自己的竞争优势，建立流程型组织也成为众多企业努力的目标。本章介绍了流程、业务流程的基本概念，流程分析和选择方法；分别探讨了制造型企业和服务型企业流程选择的方法；解释了流程性组织绩效衡量方法；阐述了流程再造的背景、方法、过程等。

● 章首案例

宏基集团的核心流程改进①

宏碁集团是1976年创立于中国台湾的电脑高科技企业，从事关于电脑零配件的开发、生产和组装业务，目前是中国台湾最大的电脑自创品牌厂商及全球第七大个人电脑公司。美国《商业周刊》（Business Week）将宏碁集团评为"能够持续企业开创精神的亚洲新巨人"；《时代》（Time）与《亚洲商业》（Asia Business）等杂志分别将其评为"台湾最具国际知名度的企业"、"最受赞赏的亚洲高科技公司"。宏碁集团所拥有的"Acer"品牌也多次蝉联"国际知名度最高的台湾品牌"。

公司的核心业务之一是自有品牌电脑的销售，其相关流程历经三次再造。《世界经理人文摘》（World Executive's Digest）称宏碁集团在国际化进程中的再造策略为"第四种国际化模式"。哈佛大学也将宏碁列入"企业国际化的杰出个案"。

最初，宏碁公司在中国台湾本土生产整机电脑，然后采用 FOB 贸易条件，把电脑出口到海外，由国外经销商销售。宏碁公司的利润来源于制造利润，销售利润则归国外经销商。流程如图1所示。

为了增加公司的利润，1988年以后，宏碁公司采用国际化营销方式，将生产和海

① 梅绍祖和［美］James T.C.Teng 著：《流程再造——理论、方法和技术》［M］，清华大学出版社，2004年2月，第53页。

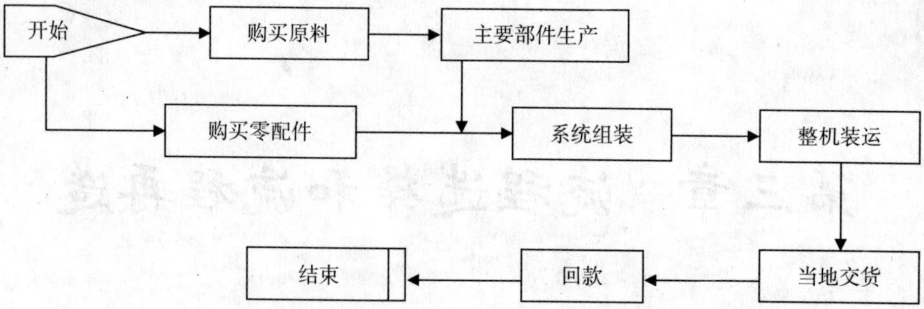

图 1　采用 FOB 的运作流程图

外销售一体化运作。随着业务的变化，流程也相应改变，利润有了很大增长，但是资金周转时间也随之上升。原来用 FOB 交货方式，回款周期为 45~60 天。现在，库存时间为 2~3 个月，销售的回款时间为 2 个月，使资金周转实际天数是原来的 3~4 倍。库存占用大量资金，增加了经营风险。第二次改进后的流程如图 2 所示。

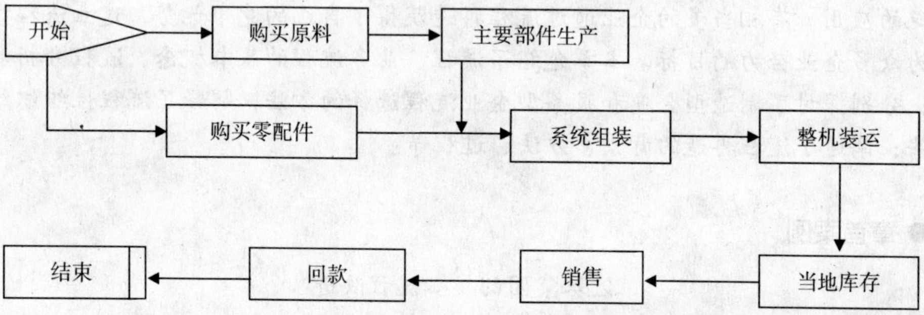

图 2　采用国际化营销的运作流程图

宏碁集团董事长施振荣曾用餐饮业来形容计算机市场。他认为，中国餐馆遍布全球，中国菜也经济实惠，但是缺乏企业化经营，品质良莠不齐，因此，缺乏高水准的形象。这就如同采用中国台湾主机板的兼容计算机厂商，也是全世界到处林立，但是产品品质参差不齐，没有品牌形象可言。而麦当劳以简单的菜单、企业化经营、统一的品牌，成为全球性连锁速食店。因此，宏碁要取全球各地兼容计算机厂商之长，并以麦当劳的运作模式避免其缺点。

于是宏碁公司改变了经营策略，把组装厂从中国台湾移到海外，各地根据当地顾客需求情况进行组装，中国台湾本土转而提供主板、外壳、监视器等主件。这样一来，库存时间从 100 天降到 50 天，资金周转速度提高了 1 倍，新产品上市期提前了 1 个月。第三次改进后的流程如图 3 所示。

从宏碁公司的例子中可见，流程是一个不断优化的过程，它随着组织在不同阶段的发展而改变。另外，流程的改变势必会带来组织结构的变化。在图 1 所示的情况下，宏碁公司无海外事业部；在图 2 所示的情况下，宏碁公司增加了海外事业部，其职责是负责成品的库存和销售；在图 3 所示的情况下，宏碁公司的海外事业部增加了组装计算机

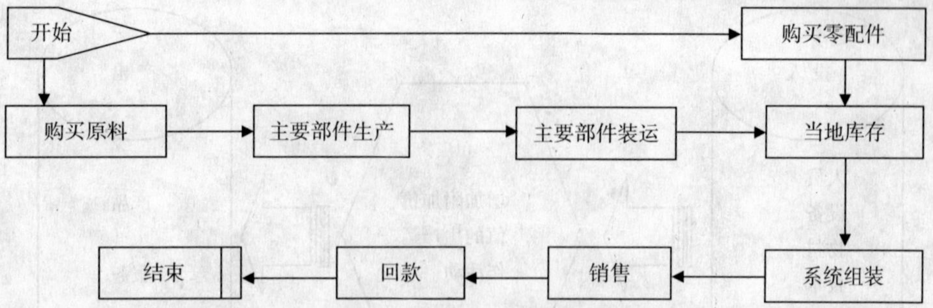

图 3　采用"速食店"的运作流程图

的业务，承担了原来由中国台湾生产厂商负责的部分职责。由此可知，流程变化对组织结构的影响。

当然，流程型组织的建立也不是一蹴而就的。宏基的海外事业单位在最初实施"速食店模式"时，无法适应新的筹运管理方式。后来，宏基派了一个小组到海外协助建立制度，海外事业单位在渡过适应和学习期后，速度与成本的优势渐渐显现。宏基的库存周转速度加快了 1 倍，不但降低了经营风险，而且也为新产品上市创造了有利条件；新产品的上市时间提前了 1 个月；由于库存降低，出清存货的时间也随之缩短，推出新产品就更具时效优势。更为重要的是，在模式改变之后，宏基的产品能够紧随消费者需求的变化而变化。以往在中国台湾组装整机时，由于抓不准市场趋势，使得畅销的产品总是缺货，不畅销的产品又堆满仓库。现在，宏基在全球 28 个国家和地区建立了 34 个装配基地，随时视市场需要，弹性装配交货，可及时适应市场的变化。

第一节　流程和流程选择

一、流程的概念

（一）流程的定义

【流程】Prrcess 是为了达成某一特定的结果所必需的一系列作业活动的串联，而这些作业活动集合了所需的人员、设备、材料，并运用特定的作业方法，已达成为顾客创造更多价值的结果。Michael Hammer 认为，流程是一系列能为顾客创造价值的工作任务。一般流程的特征有：①可衡量的投入；②增加附加价值的作业活动；③可衡量的产出；④可重复的过程。

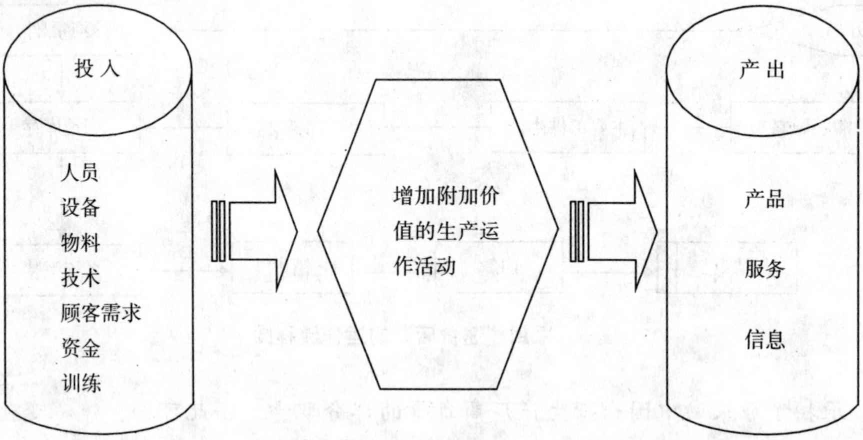

图 3-1 流程示意图

（二）流程分析常用术语

1. 混合式流程

我们所接触到的生产产品以及提供服务的流程一般都包括一个以上的步骤（Step）或环节（Stage），这类流程一般被称为多步流程（Multistage Process）。在多步流程中，对于每一步骤所采用的具体流程的类型都可能不同，这样的流程我们也称之为混合式流程（Hybrid Process）。例如，对于生产薯片的公司在薯片制造流程中，清洗土豆是一个连续流程，炸制是成批进行的，而包装则在一个流水线上进行。

对于同一行业来说，不同的企业可能会采用不同的流程来生产相同或相似的产品。就像有些薯片生产商在炸阶段采用的是连续流程而非成批方式。再比如，麦当劳汉堡包的烹饪和包装采用的都是成批方式，这种方法能够生产出高度标准化的产品；而汉堡王则是通过连续移动的“移动烘烤师”来烹饪汉堡包肉饼，然后再随时根据顾客订单完成后续的组合包装并交付给顾客。

2. 备货型与订货型流程

每一阶段（或步骤）所采用的流程类型取决于企业的运营战略以及所生产的产品类型。备货型系统（Make-to-stock System）对应的是高度标准化的产品，可将其存储在库存中以快速地将产品交付给顾客。这种产品的未来需求通常是可预料的。然而，相较之下，订货型系统（Make-to-order System）关注的则是顾客定制的差异化产品。注意，订货型系统比备货型系统需要更高的柔性。因此，订货型系统的交货速度较快，效率较高，价格也比较昂贵，而备货型系统交货速度较慢，效率较低，价格也比较便宜。尽管如此，备货型系统所能提供的是品种较少的高度标准化产品，产品多样性差，为了在获得大规模生产的成本和速度的同时提高产品的多样性，很多企业开始采用延时细分策略，即尽可能推迟客户定制阶段的到来。例如，瑞典家居连锁店宜家在最后喷漆阶段允许让等候在其“居室美化中心”的顾客自行调配出喜好的颜色。

3. 模块化

模块化（Modularization）是实现大规模定制的最好方式，即在获得大规模生产的快速和低成本的同时，尽量考虑顾客定制化要求。采用“模块化”方式，最终产品可以是由多个独立生产的标准化构件组装起来的。“模块化”方式在计算机行业运用非常广泛，举例来说，假设一家电脑公司生产 4 种不同类型的中央处理器、3 种同类型的输入/输出装置，以及 2 种不同类型的打印机。对顾客来说，虽然这家电脑公司只生产 9 种（4 + 3 + 2）标准化构件，却有 24 种（4 × 3 × 2）不同的电脑组装方案。汽车流水装配线也是“模块化”的很好实例：各家供应商的汽车标准零部件送到装配线，再按顾客要求选择相应的标准零部件，组装成一辆顾客定制的汽车。采用“模块化”方式也能够应用于服务业，例如，印度餐馆能通过组合 4 种不同类型的面食、3 种沙司以及 5 种不同的肉类制作出 60 种不同的佳肴（4 × 3 × 5）。

4. 流程的紧密度和相关性

一个流程各个阶段之间的关系通常用流程的紧密度（Tightness）来表示。像流水线一般被认为是流程的紧密度非常高，因为各个流程阶段之间的相关性（Dependence）比较大。换言之，如果在流水线的前几个阶段发生机器故障，那么接下去的所有后续步骤都会马上停下来，这种各阶段之间的高度相关性是相邻环节之间缺乏缓冲库存引起的。缓冲库存越大，环节之间的相关性就越弱，独立性就越强，整个流程就越“松弛”。成批生产流程就是一个非常典型的独立性较强的例子，它的缓冲库存以在制品（Work-in-Process，WIP）的形式存在。在这种流程中，某一环节的失败不会影响到其他环节，除非之间的在制品库存已经告罄。

5. 流程“瓶颈”

在多步流程中，每一步骤（环节）的能力各不相同，原因也包括整个流程的各个步骤所使用的不同设备的产出率各不相同。在这种情况下，能力最低的那一个环节称为该流程的“瓶颈”，流程中存在的“瓶颈”不仅限制了整个流程的产出率，而且还限制了其他环节生产能力的发挥。如果提高了该环节的生产能力来缓解“瓶颈”负荷，就有可能使“瓶颈”“漂移”到另一个环节上。这样一来，其他设备的潜能也就不能完全地发挥出来了。

二、业务流程和业务流程分析

（一）业务流程的概念

【业务流程】（Business Process）一组跨职能部门的、与其他流程或业务流程相辅相成的任务或活动的逻辑序列。

换言之，业务流程就是把不同的职能部门联系起来以完成共同的任务和目标，业务流程最大的特点之一就是以跨组织为特征，如图 3-2 所示，流程 XX 跨越了职能部门YY。

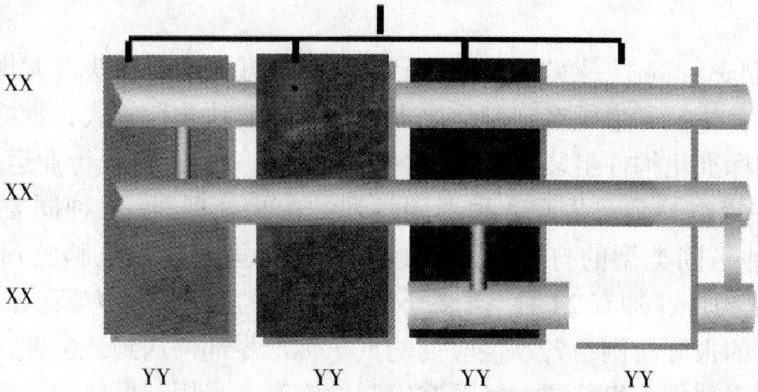

图 3-2　业务流程的特征

（二）业务流程图

业务流程图（Business Process Flowcharts）是流程分析中最基本、最常用的工具，借助于流程图，管理者可以一步步地了解整个流程。图 3-3 给出了绘制流程图时的常用符号及其含义。

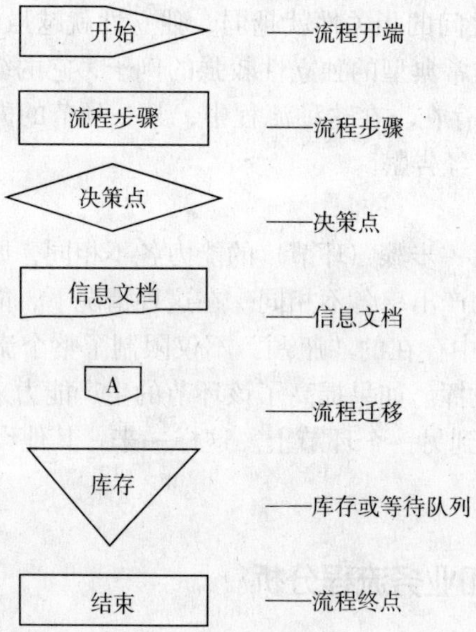

图 3-3　绘制流程图时的常用符号及其含义

如图 3-4 所示，为某公司财务部处理应付账款流程业务流程图样板。

（三）业务流程分析

每个业务流程的分析者需要认识到对自身业务流程的分析是依赖于其他业务流程（或流程）的输出的；同样的，其他业务流程（或流程）也依赖于其业务流程的输出。业务流程再造是业务流程的分析内容之一，我们将在接下来的部分中详细介绍。同样，

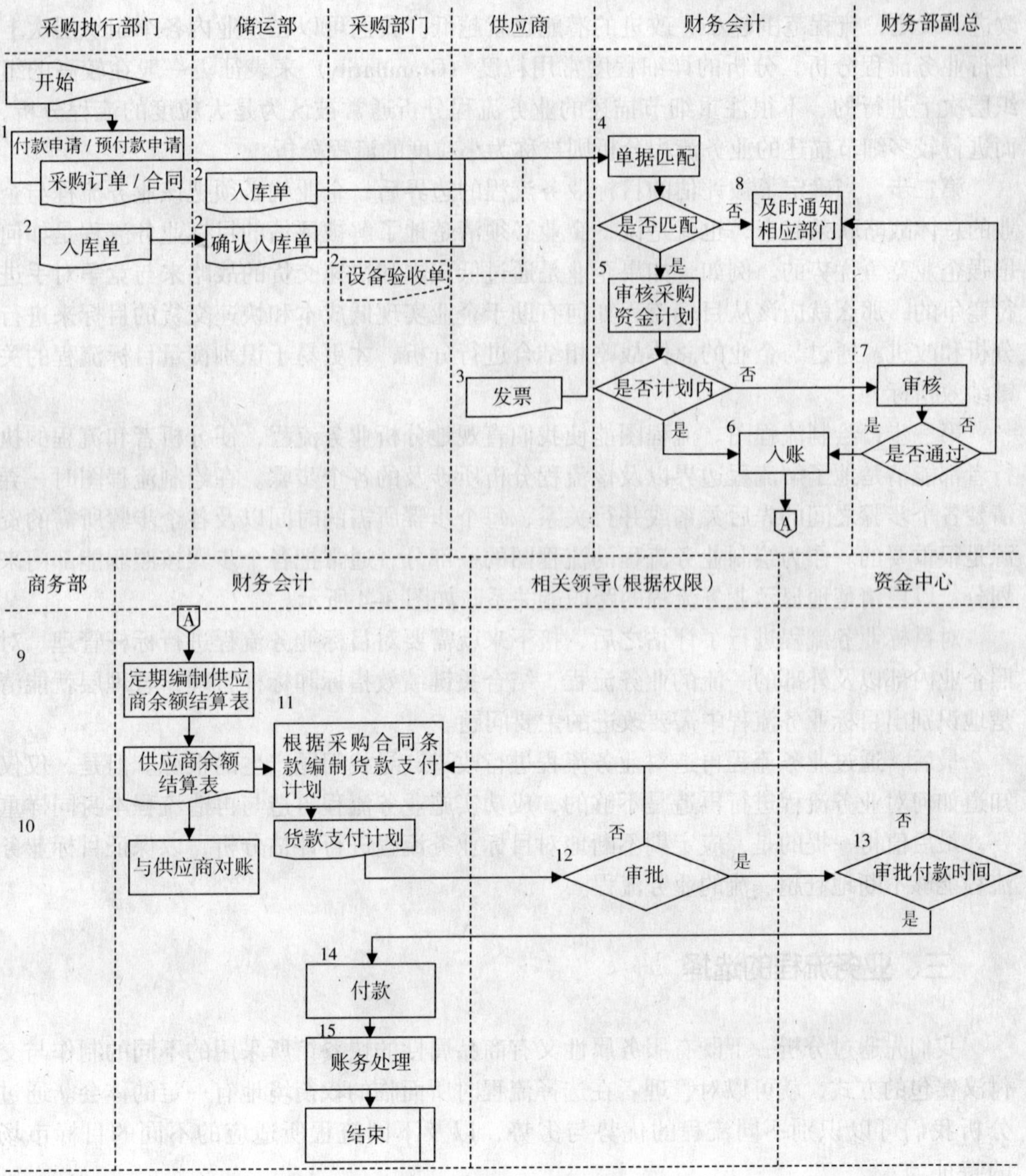

图 3–4　业务流程样板

衡量业务流程的绩效也是业务流程分析的内容之一，我们也将在接下来的部分中详细介绍。

分析业务流程的第一步是定义流程的边界。一开始，我们就要弄清楚：①流程从哪里开始，到哪里结束；②流程的输入和输出分别是什么；③企业内还有哪些其他流程影响到被评估的目标业务流程，或者受到目标流程的影响。在定义流程边界的同时，我们也就定义了流程的范围，这是很关键的。范围过大会导致流程的分析过于复杂，从而也就很难进行管理。在这种情况下，分析结果通常很难理解、衡量并进行最终有针对性的改进。反之，流程范围越小，改进的潜能也就越低。我们可以在企业内各个组织层次上进行业务流程分析，分析的详细程度常用粒度（Granularity）来表征。一般在较高的组织层次上进行的、不很注重细节描述的业务流程分析通常被认为是大粒度的流程分析，而进行较多细节描述的业务流程分析则被称为小粒度的流程分析。

第二步，当确定了被评估的目标业务流程的边界后，企业就必须把该业务流程与企业的总体战略联系起来，也就是说，企业必须清楚地了解被评估的目标业务流程是如何增强企业竞争优势的。例如，如果企业是通过低成本和快速交货的战略来与竞争对手进行竞争的，那么就应该从目标流程如何有助于企业实现低成本和快速交货的目标来进行分析和改进。通过与企业的总体战略相结合进行分析，才更易于识别衡量目标流程的关键绩效指标。

第三步，绘制流程图。流程图能使我们直观地分析业务流程，使分析者和流程的执行者都能清楚地了解流程边界以及该流程分析所涉及的各个步骤。在绘制流程图时，弄清楚各个步骤之间的先后关系或并行关系、每个步骤所需的时间以及各个步骤所需的资源是很重要的。作为绘制业务流程的流程图的一部分，通常把各个步骤按照职能部门来划分，以更清楚地显示业务流程的跨职能关系，如图 3-4 所示。

对目标业务流程进行了评估之后，接下来就需要对目标业务流程进行标杆管理。对照企业内部以及外部的一流的业务流程，结合关键绩效指标和标杆管理，管理层就能清楚地识别出目标业务流程中需要改进的主要问题。

最后，通过业务流程再造对业务流程进行改进，寻找问题产生的根源。但是，仅仅知道如何对业务流程进行再造是不够的，成功实施业务流程再造与再造流程本身同样重要。最后值得一提的是，应定期不断地对目标业务流程进行评估分析，以保证目标业务流程能够不断地赶超一流的业务流程。

三、业务流程的选择

我们先通过分析一下既有服务属性又有商品属性的快餐馆所采用的不同的制作与交付汉堡包的方式，就可以对管理者在选择流程时所面临的权衡境地有一定的体会。通过分析我们可以识别不同流程的优势与劣势，以及不同流程所适应的不同的目标市场的特征。

在本例中，我们先介绍了传统的餐馆根据顾客订单来制作汉堡包的方式（见图 3-5），这种流程一般称之为订货型。接着我们将介绍美国三大快餐连锁店麦当劳、汉堡王以及温迪提供汉堡包的方式。

麦当劳是成批地将汉堡包肉饼放在烤架上，每批有 12 块汉堡包肉饼。面包片同样也是以 12 片为一批进行烘烤。之后进行“组装”（就是把干酪、生菜、洋葱、番茄酱等调味品和作料加入汉堡包）和包装。当然，这也是以 12 个为一批进行的。接着，将这些成品放到成品架（即成品库存区），可以随时送到顾客手中。这种低成本、高效率的流程一般称为备货型，即根据库存进行生产，可以预先生产出标准化的产品，然后再随时根据顾客需求可以快速地送到顾客的手中（见图 3-6）。因此，麦当劳的主要目标市场定位在有儿童的家庭上，对他们而言，交货速度很重要。因此，麦当劳的很多广告都强调快速服务。

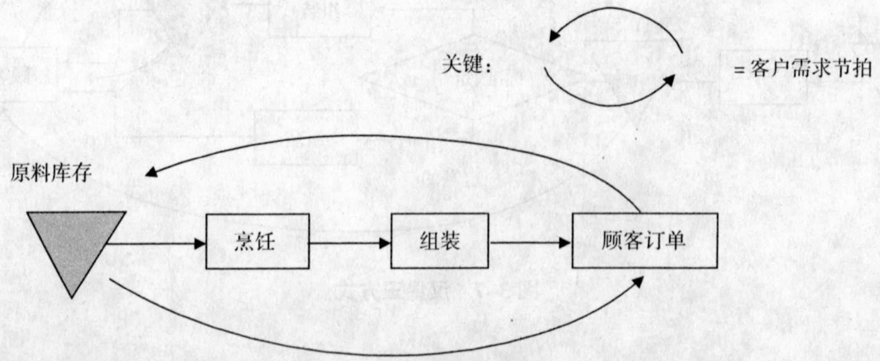

图 3–5 传统方式

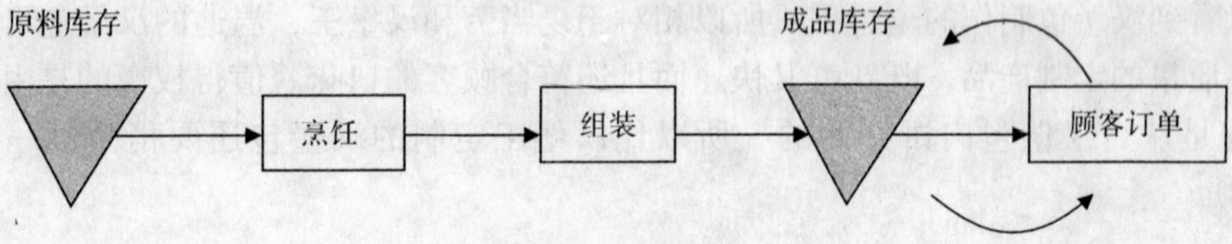

图 3–6 麦当劳方式

汉堡王利用高度专业化的移动烘烤师来烹饪汉堡包。他们把生的汉堡包肉饼放在一个在灼热的烘烤炉上不断移动的装置上，利用这种装置可以同时烘烤汉堡包肉片上下两面。90 秒后，当汉堡包肉片移动至烘烤炉的另外一端时，已经被烤得恰到好处。面包片同样也是这样在烘烤炉上烘烤的。由于移动烘烤师的移动速度是均匀的并且加热时间是固定的，因此，这套系统烹饪出的是质量高度一致的食品，能够最大程度地摆脱对厨师技术的依赖。但是，这种流程的柔性却非常有限。由于汉堡包肉饼在移动烘烤箱上加热的时间都是 90 秒，故汉堡包肉饼的厚度必须保持一致，从而导致汉堡王在制作巨无霸汉堡包时，唯一的方法就是将汉堡包肉饼作得更大，因为其厚度必须与常规的汉堡包保持一致。

烤好的汉堡包肉饼放在面包片上储存在保温的储藏箱中，这就是一种在制品库存，是对标准化的成品库存的一种补充。然后，再随时根据顾客订单完成后续的制作，这种流程一般称为按照订单装配型。汉堡包肉饼的 WIP 库存使得汉堡王能够在相对较短的时间内按顾客要求制作汉堡包，与传统方式相比，同时由于这种方法的补货时间相对较短（见图 3–7），也能够减少成品架上的成品库存水平。与麦当劳相比，汉堡王的流程的优势在于能够快速地按照顾客订单组装汉堡包并交付给顾客。所以，汉堡王有一句口号："用您自己的方式去拥有"。

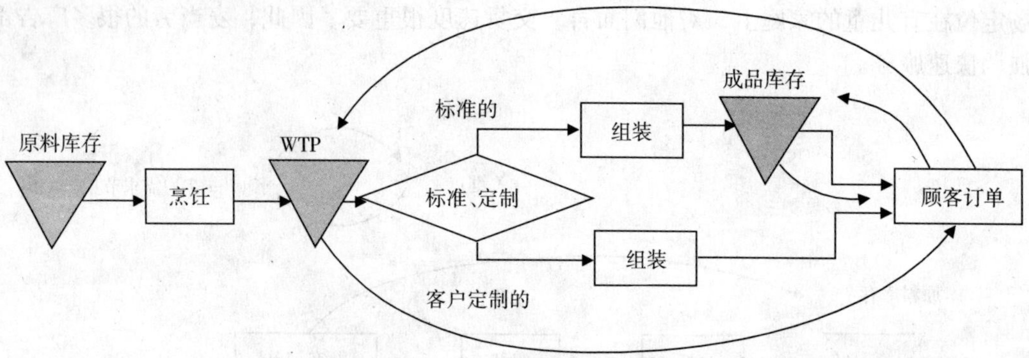

图 3–7　汉堡王方式

温迪采用的是另外一种不同的方式。在顾客高峰期，厨师预计到顾客的到来而稍微提前将汉堡包肉饼放在烤架上进行烤烘，随时等候顾客的订单。一旦顾客惠顾并下订单后，员工就把汉堡包肉饼从烤架上拿下来并根据顾客的特定要求加入不同配料，顾客甚至可以看到汉堡包制作的全过程。所以相对于麦当劳和汉堡王，温迪的汉堡包可以说是一个高质量的定制产品，既新鲜又快速而且还符合顾客的口味。值得权衡的是由于温迪的流程是从烤汉堡包肉饼开始的，所以比汉堡王定制的汉堡包还要稍微慢一些（见图 3–8）。

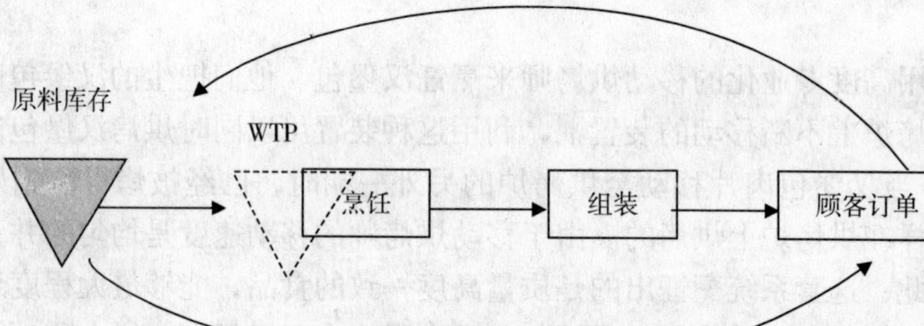

图 3–8　温迪方式

综上所述，以上不同公司制作汉堡包的流程都各有其优劣。值得一提的是，无论是麦当劳、汉堡王，还是温迪，这三大快餐连锁店的成功之道，就是需要通过广告和促销手段来吸引各家的流程所适合的国际市场的消费群体。

第二节 制造型企业的流程

一、生产流程的形式与典型的生产流程

生产流程是企业安排生产活动的依据，企业战略是企业为求得生存与发展，对较长时间内生产经营活动的发展方向和关系全局问题的重大谋划。生产战略是在企业战略指导下制定的职能性战略，它是企业总体战略成功的保证。

随着企业生存外部环境的变化和内部条件的发展，客观上要求企业必须调整自身的生产战略，只有这样企业才能在激烈的市场竞争中赢得竞争优势。

（一）生产流程的形式

生产流程应力求连续化，使原料经过制造加工的各阶段、各环节在空间上紧密衔接，时间上先后继起，以减少生产过程的时间，降低成本，使物料流程和生产流程趋于同步。因此，必须根据生产方式及方法来设计生产流程，其形式可以分为以下五种：

（1）直线式（Straight Line）生产流程。该流程又可以细分为单直线式生产流程和双直线式生产流程。

1）单直线式（Simplest Form）生产流程。如图 3-9 所示：

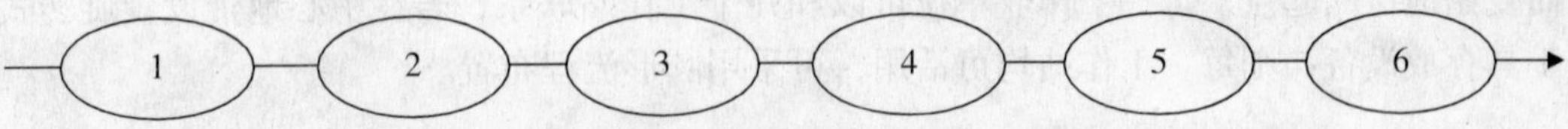

图 3-9 单直线式生产流程

2）双直线式（Duplicate Line）生产流程。由于生产流程速度快、产量大，厂房预定空间能够容纳，可设计双直线式生产线，有时也可采用多线式生产线，这主要视预期产量和制造速率而定。

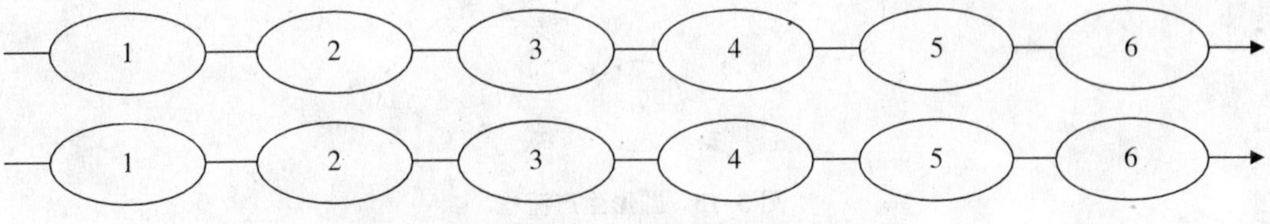

图 3-10 双直线式生产流程

（2）蜿蜒式或锯齿形（Serpentine or Zig-Zag）生产流程。主要因厂房空间长度达不到要求，而宽度较为充裕时，是一种缩短纵深路线的方法，以达到经济使用空间的目的。

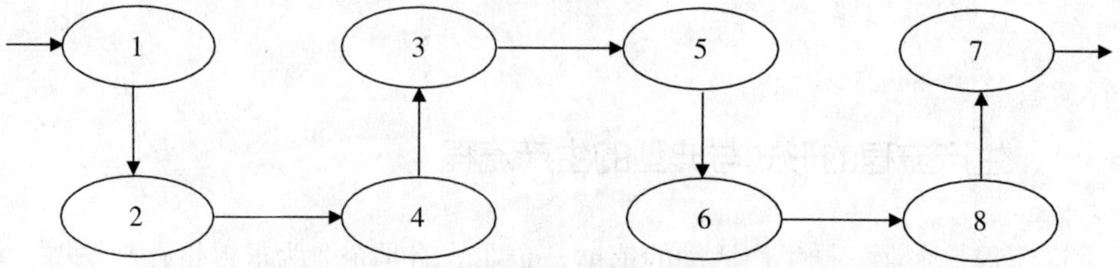

图 3-11　蜿蜒式或锯齿形生产流程

（3）U 形（U-Shaped）生产流程。在场地受到限制，进出料在同一侧道上，且各部分作业较为集中，产品接续运输路线与原料进口处于同一侧，可运用 U 形方式排列，能够密集使用厂房面积，便于监管，中间空地可作为暂存区域或工具存放等。

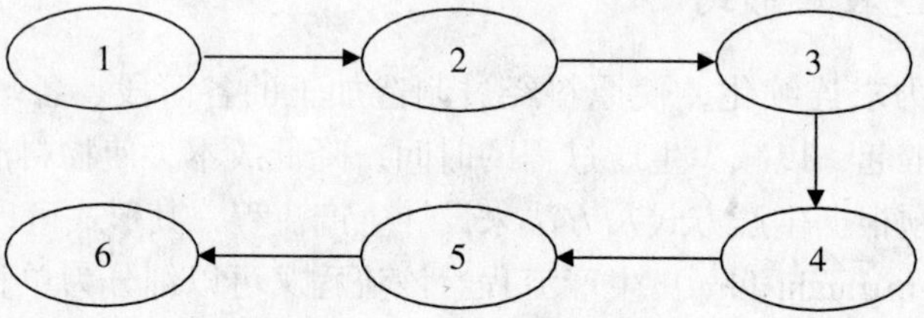

图 3-12　U 形生产流程

（4）圆形（Circular）生产流程。工作所用的机具、钳具或容器、运输机具，必须周而复始地送回起点，每一个作业单位可以和几个工作站联系，若在中心地带设置旋转式工具存放设备，则每一工作站均可活用，可采用圆形流程布置。

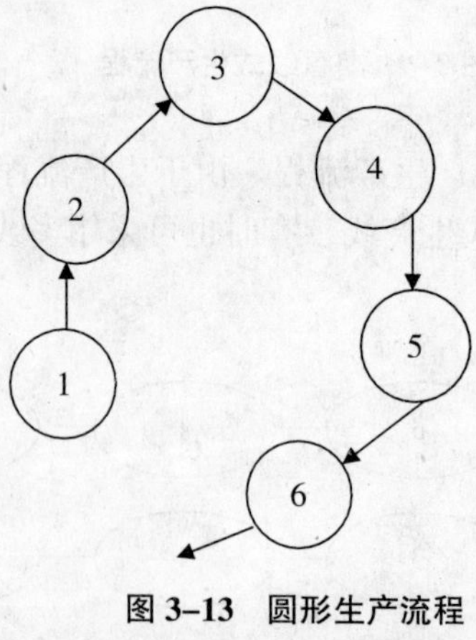

图 3-13　圆形生产流程

（5）奇角形（Odd-Angle）生产流程。当空间狭窄受到限制，各操作单位关系复杂，各机具使用次数繁杂，且作业单位距离较短，待制品的输送须平稳不宜摇晃震动时，制作件体积较小，可采用这种不规则的布置。

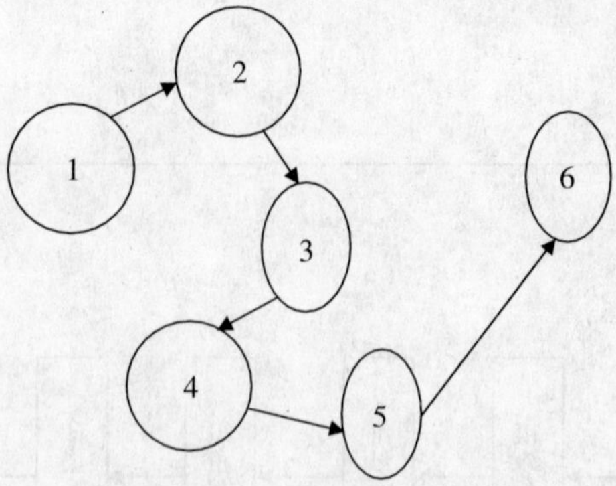

图 3–14　奇角形生产流程

（二）典型的生产流程

1. 卷烟厂的生产流程

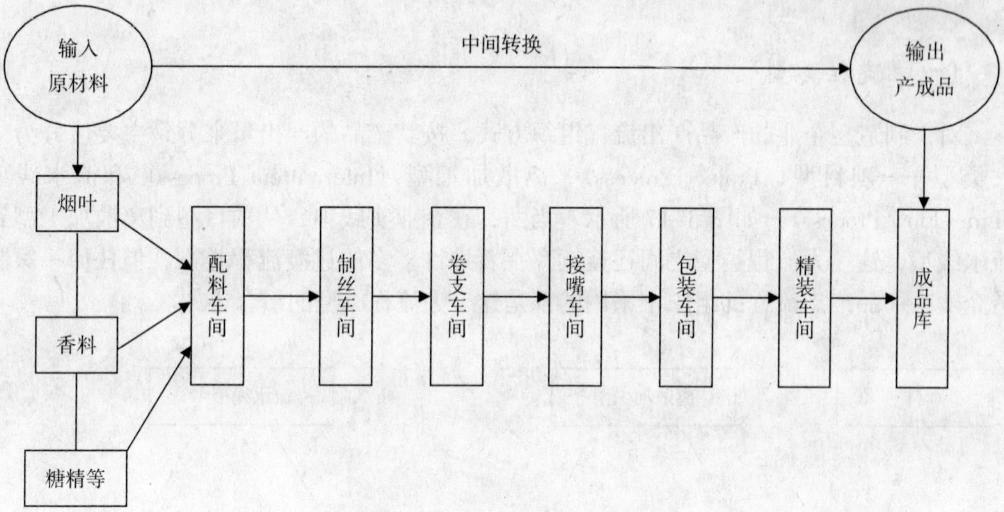

图 3–15　卷烟厂的生产流程

2. 棉纺厂的生产流程

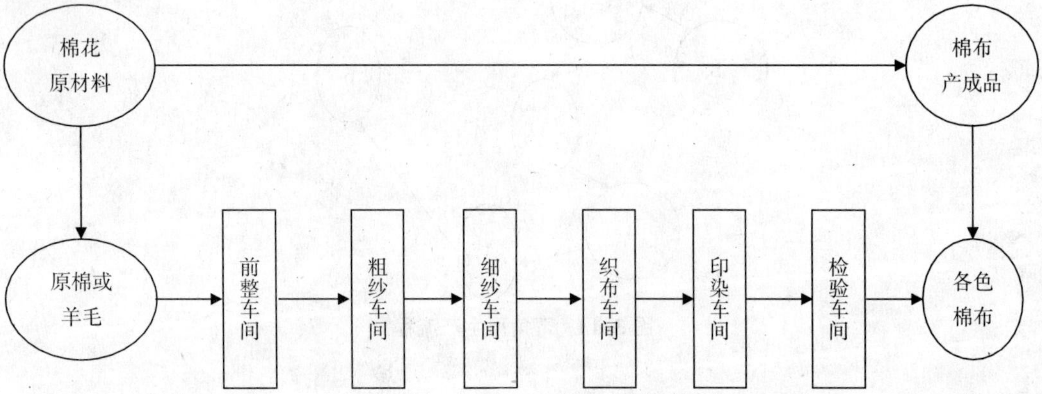

图 3-16　棉纺厂的生产流程

二、制造型企业的流程选择

（一）流程类型

对于制造型企业的产品产出流程组织方式，按其产品的产出量来分，主要可分为三大类型——项目型（Project Process）、离散加工型（Intermittent Process）和流水线型（Line-Flow Process），如图 3-17 所示。当然，在企业实践中，从项目型到离散加工型到流水线型，这三大流程类型之间还连续存在着许许多多的过渡流程类型，但任何一家制造企业在产品产出流程的组织中采用的都是这三大流程类型的组合方式。

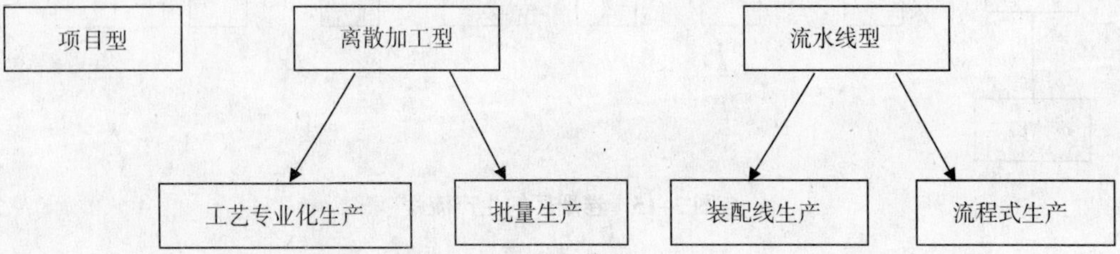

图 3-17　制造业企业生产流程类型

1. 项目型

项目型通常是指单件产品的生产组织过程，如电影的制作或摩天大楼的建造。项目型的优势是以其强大的柔性能充分满足顾客定制化的需求。项目型通常运用互联网解决问题的方式进行分析。

项目型的可变成本相对而言非常高；反过来说，固定成本可以忽略甚至不存在（极端的例子是若只生产一件产品，所有的成本被摊销，因而也不存在固定成本）。

项目型需要技能熟练的员工，因为他们必须在最少的引导和监督下独立工作。此外，针对不同的定制化工作员工需要接受专门的培训。

2. 离散加工型

如图 3–17 所示，离散加工型还可以进一步细分为工艺专业化生产与批量生产。工艺专业化生产是指多品种、小批量产品的生产组织过程。一幅画的限量仿制、音乐会的组织、特别纪念 T 恤衫的发行等都是工艺专业化生产方式的好例子。

批量生产是指重复生产同一品种产品，通常批量比较大，其实质上是标准的工艺专业化生产。麦当劳就是批量生产方式的典范，一天 24 小时在重复生产汉堡包，一批 12 个。制鞋业采用的也是批量生产，其中一批是指同一款式、统一尺寸的鞋（有的制造设施如加工车间就是工艺专业化生产方式与批量生产方式的融合）。

离散加工型的可变成本比较高，尽管与项目型相比，通常略低于项目型的可变成本，然而离散加工型的固定成本同样高，虽然与项目型相比，对员工技能的要求相对低一些，但离散加工型对员工技能的要求仍比较高。

3. 流水线型

与离散加工型一样，流水线也可进一步细分为两种：装配线生产与流程式生产。装配线生产方式是指按一定速率，零部件按装配顺序从一个工作地到另一个工作地进行装配生产。例如，录像机和 CD 播放器等电子产品、汽车、厨房用品等。顾名思义，流程式生产是按照预先确定的步骤连续进行产品的生产。石油精炼与化工企业正是采用了流程式生产。

流水线型的特征是高固定成本与低可变成本，而且是三大类运营组织过程中效率最高的。尤其在装配生产方式中，对员工技能的要求很低。员工只需学习一些标准的操作。流水线一般用来生产产量很大的产品，并且专业化程度非常高，因而是三大类运营组织过程中最不具有柔性的一种。

（二）产品——流程选择矩阵

产品产出流程的组织方式与产品结构性质之间的匹配关系广泛采用海斯（Hages）和惠尔莱特（Wheel Wright）提出的产品——流程矩阵（Product Process Matrix，PPM）来表示，如图 3–18 所示。矩阵中的横坐标表示产品结构与产品生命周期。随着产品生命周期的演变（由导入期、成长期、成熟期到衰退期），市场需求特性渐趋同一化，产品的产出量增加而产品结构（水平方向）变窄。纵坐标表示流程结构与流程生命周期。随着流程生命周期的发展（由导入期、成长期、成熟期到衰退期），生产运营流程的规模效应与学习效应逐渐凸现，自动化程度很高的专用设备与标准物流（垂直方向）变得经济可行。

在矩阵中的对角线上列出了四种代表性的行业，都分别能够在矩阵中找出匹配其产品结构性质的流程组织方式，从而达到最好的技术经济性。然而，随着行业的技术发展，让企业也可能恰当地利用偏离对角线的匹配策略，提升自身的竞争优势，以出奇制胜。例如，沃尔沃公司在其汽车装配线上可以生产出任何车型的汽车。因此，在产品—流程矩阵中，沃尔沃的汽车装配线应位于流程结构第Ⅱ阶段与产品结构第Ⅲ阶段的交界

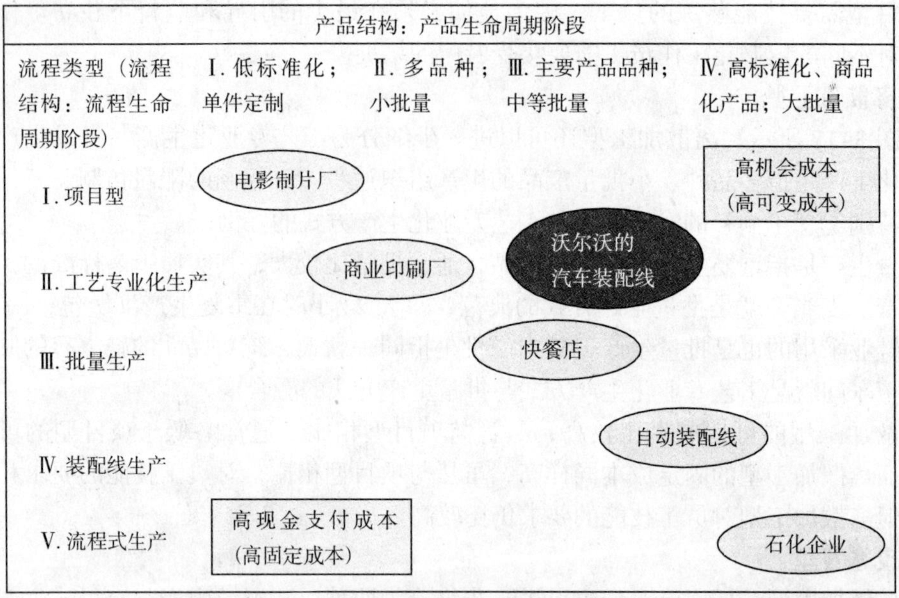

图 3-18　产品—流程选择矩阵①

处。因为沃尔沃不能像福特汽车公司和通用汽车公司等竞争对手那样进行大批量生产，所以牺牲了传统的装配线的高效性。而另外，沃尔沃的汽车装配线却更加具有柔性，并能够进行更好的质量控制。矩阵中的其他类型的产品—流程的匹配也可以进行类似的分析。

由图 3-18 中的产品—流程矩阵可见，当产品产出流程组织方式从矩阵的左上角演变到右下角时，其效率与成本优势逐渐凸现，但同时也逐渐损失了企业的定制能力与市场反应的柔性，因此，由矩阵的右上角演变到左下角往往是企业匹配策略的“禁区”。因为处于右上角的企业对市场的变化反应很慢，然而企业又想要在需要高产量、低成本的行业中竞争，但运用的却是高可变成本、定制化的项目型组织方式，从而使得企业损失市场的机会成本相当高，因为在项目型组织方式下的高价会让顾客流失。

处于左下角的企业能够生产出比实际需求还要多的产品，然而企业的现金支付成本很高，因为固定成本过高，这与流程式生产需要投入大型的资本密集型设备密切相关。

如果把产品—流程矩阵拆分开来，如图 3-19、图 3-20、图 3-21 所示，就比较容易理解其逻辑原理。

其中，图 3-19 显示的是传统的产品生命周期曲线，从产品创意（产品概念的产生）阶段到产品衰退期。图 3-20 显示的是产品生命周期的不同阶段的产品变化频率。从逻辑上说，大多数产品的变化产生于正式投产开始前的那段产品生命初期，也就是说项目型比较适合这一阶段。产品可能会有很多变化，如设计简化、增加特征、更新材料等，

---

① Robert Hayes and Steven Wheelwright, Restoring Our Competitive Edge: Competing through Manufacturing (New York: John Wiley & Sons, 1984).

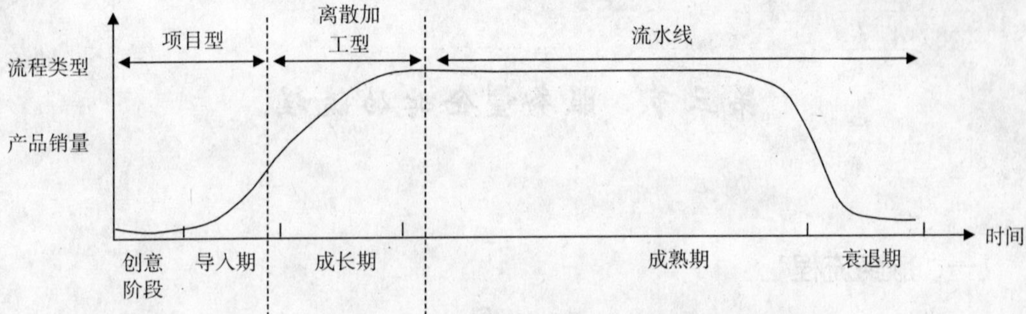

图 3-19 传统产品生命周期曲线

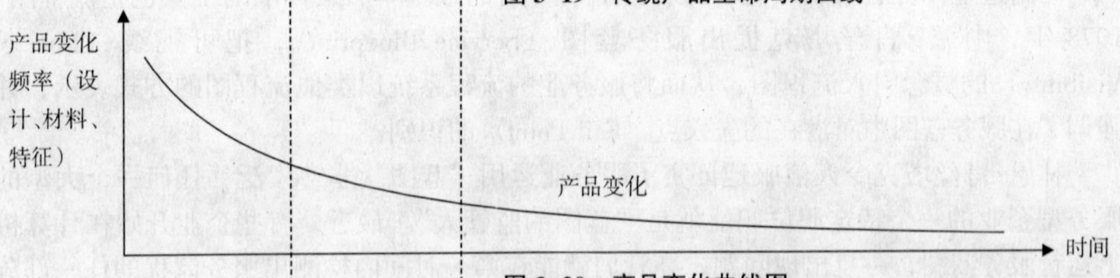

图 3-20 产品变化曲线图

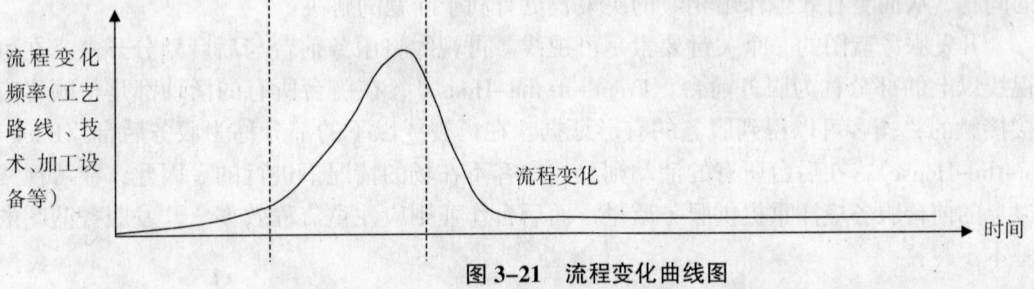

图 3-21 流程变化曲线图

产品变化都是为了进一步完善产品或者进一步扩大市场，而离散加工型的柔性可以适应进行这些产品变化。进入产品的成熟期，产品几乎很少进行改动，而管理的重点主要在于如何降低成本，这一阶段恰恰可以充分利用流水线的高效率与低成本优势。

图 3-21 所示的产出流程的变化在正式投产初期频繁发生，因为这一阶段需作出许多有关生产布局、设备和工具等方面的调整改进，目的在于增加生产过程的适应性并降低生产成本，因此产品设计师与工艺工程师一起努力工作，以提高产品性能并降低成本。进入成熟期后，即开始全面生产时，产品产出流程就几乎很少进行改动，而且产量也保持稳定。但到了衰退期又要进行一些改动，主要是为了适应产量的减少而采用不同的设施设备。

在产品生命周期的初期，当产出量较小时（当然是在产品开发阶段），通常采用离散加工型，将所有的相同类型或功能相同的设备集中放在一起工作，以生产出不同的产品。随着产出量的增加，将根据完成产品的加工过程的流水线来布置设备或工作流程，以提高产品的生产率。

第三节　服务型企业的流程

一、服务流程

与制造业的流程分析一样，服务业流程分析的最基本、最标准的工具也是流程图。1978 年，林恩·肖丝塔克提出服务蓝图（Service Blueprint），把可视线（Line of Visibility）的概念引入流程图，从而将服务业的流程系统以类似流程图的方式表示，并强调了在服务蓝图中对潜在的失误点（Fail Point）的识别。

林恩·肖丝塔克令人信服地证实了服务业运用"蓝图"非常广泛，任何一个大型的服务型企业的一个特定职位职能就是"蓝图的监管人"。最近，有些企业开始在计算机上运行服务蓝图，一旦出现问题，高管们就能在第一时间内检测出服务流程的任一部分的问题，从而更有效地作出相应的决策，更有利于问题的解决。

开发服务蓝图的一个关键要素是可视线。可视线将服务前台与后台划分开来：在可视线以上的部分称为服务前台（Front-of-the-House），在前台所有的活动都是与顾客直接接触的，顾客可以得到服务的有形证据。在可视线以下的部分称为服务后台（Back-of-the-House），在后台所有的活动则是在顾客不在场的情况下进行的。因此，在可视线以上的前台服务应注重提供服务质量，而后台作业则应注重流程效率。开发服务蓝图的基本步骤：

（一）识别流程

开发服务蓝图的第一步是绘制整个服务流程的流程图。

（二）识别失误点

绘制整个服务流程的流程图后，服务蓝图的开发设计者就需要识别潜在的失误点，失误点的识别和自动故障预防装置或程序的设计是服务蓝图开发的关键步骤，在设计阶段识别出潜在的失误点可以大大降低服务失误串，提高顾客对服务的感知能力。

（三）建立标准执行时间

由于所有的服务都依赖于时间，而时间通常也是一个主要的成本决定要素。

（四）赢利分析

对于某项服务而言，如果整个服务流程的标准执行时间为 2 分钟。如果在服务过程中出现了失误，顾客在标准执行时间的基础上最长可以接受的等待时间为 3 分钟。因此，无论服务的延迟是源于什么原因，都将因顾客的离去而大大影响利润水平。因此，服务蓝图的开发设计者必须要建立一个服务执行时间的标准来确保赢利能力。

二、服务的分类

服务在许多方面与有形产品不同，并且服务更为复杂，因为不仅涉及最终“服务”的交付，还包括服务过程本身。因此，对新服务的分类需要考虑这两个维度；换言之，即对新服务进行分类时，既需要根据最终“服务”（提供的服务内容）的变化来分类，还需要根据服务的传递过程的变化来分类。如图 3-22 所示的两维矩阵，就是根据影响服务的这两个维度把服务分成了四大类：①粉饰型服务；②多样化服务；③创新型服务；④渠道开发型服务。

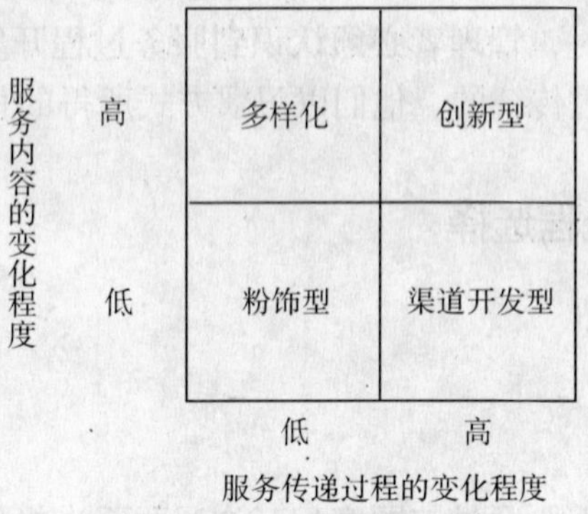

图 3-22 服务分类矩阵

（一）粉饰型服务

粉饰型服务（Window Dressing），如图 3-22 中两维矩阵的左下角所示，其影响服务的两个维度的变化都很小，也就是说，需要提供的服务内容以及服务的传递方式都没有多大变化，只是“锦上添花”。粉饰型服务的例子有餐馆餐单新增的菜目、航空公司新增的空中航线及大学新增的课程等。粉饰型服务通常对企业现有服务的运营影响很小，并能在相对较短的时间内进入市场。

（二）多样化服务

多样化服务（Breadth-of-Offering），如图 3-22 中两维矩阵的左上角所示，是指需要提供全新的服务内容，而服务的传递方式需要保持原来不变。例如，美国著名的连锁酒店管理集团万豪从最初的单一餐饮理念发展到服务多个特定的细分市场，实现了多样化服务，如费尔菲德酒店、居家酒店、庭园酒店和万豪旅馆。每一类酒店都专注于不同的市场细分，每一类酒店的特定“服务内容”都不一样，如提供的房间的大小、娱乐休闲和附加服务（如送餐服务、健康中心、商务支持服务等）都有所区别，但提供这些服务的基本传递方式并没有多大区别。

（三）创新型服务

创新型服务（Revolutionary），如图 3-22 中两维矩阵的右上角所示，需要提供的是全新的服务内容及全新的传递方式。相对于其他类型的服务，创新型服务进入市场的时间一般比较长，需要较高的资金投入。例如，联邦快递开创了隔夜速递服务，运用了飞机而不是传统的地面交通工具。

（四）渠道开发型服务

渠道开发型服务（Channel Development），如图 3-22 中两维矩阵的右下角所示，需要提供的服务内容没有多大变化，但需要采用全新的传递方式。自动取款机就是一个好例子。传统的零售商（Brick-and-Mortar）现在通过互联网在其网页上出售商品也是一例。在开发渠道开发型服务时，管理者必须认识到服务过程开发的重要性，因为顾客希望通过新渠道获取与原来通过传统的、他们以习惯方式所得的相同质量的服务。

三、服务型企业的流程选择

（一）服务组织类型

1. 服务型企业

这是指那些主要业务是需要通过与顾客相互沟通联系来提供服务的企业，包括人们最熟悉的银行、航空公司、医院、律师事务所、零售商店、餐馆等。这类服务组织又可以进一步细分为：基于设施的服务（Facilities-based Service），也就是顾客必须到服务设施现场才能接受服务；上门服务（Field-based Service），即服务的提供和享用发生在顾客的环境中（例如家庭清洁与维修服务）。通过一定的技术可以将许多基于设施的服务转变为上门服务。像牙科救护车把牙医带进您家；某些汽车维修服务有流动维修业务；电视直销把购物中心送到您的电视荧屏上。

2. 客户支持服务机构

这是指为企业外部已经购买企业的产品或服务的客户提供支持服务。比如接待并解决 800 电话投诉客户的投诉问题，以及产品维护与维修服务等。

3. 对内服务

这是指一种支持大型企业活动的服务。这些服务包括诸如数据处理、会计、工程设计以及维修等。服务的顾客是大型企业中需要这种服务的各个职能部门。一个内部服务组织常常会跨出只为总公司服务的范围，并向总公司以外的企业提供服务，从而成为一个专业服务组织。

（二）服务流程方式

三种常用的现场服务方式是生产线方式（以麦当劳为例）、自助服务方式（以自动取款机和加油站为例）和个体维护方式（以百货公司为例）。

1. 生产线方式

以麦当劳为先锋的生产线方式涉及的不仅仅是生产一个“巨无霸”所需要的步骤，而且应将快餐服务作为一个制造过程而不是一个服务过程。这种理念的价值在于它克服了服务概念本身固有的许多问题；也就是说，服务隐含着服务员对服务对象的辅助或征服，而制造则避免了这层含义，因为制造的核心在于物而不是人。因此在麦当劳，将服务内容定位于有效的生产而不是参加者或其他。除了麦当劳市场营销技巧和财务技巧外，企业认真地控制着每个输出口核心功能的实施——在一个相当清洁、秩序井然和令人愉快、彬彬有礼的服务环境中，快速地提供统一的稳定质量的食物。系统地用设备替代人并有计划地使用技术，使麦当劳独具魅力，获得了其他任何企业也不能比拟的为顾客所钟爱的地位。

麦当劳的生产线方式表现如下：

(1) 麦当劳的油锅可一次油炸最佳数量的食物。

(2) 用一把宽口铲子定量摄取每一种大小不同的油炸食物（雇员从不接触产品）。

(3) 储藏空间根据预先规定的已包装和已测量产品的组合来设计。

(4) 每个设施的周围提供充足的垃圾箱，以保持清洁（大出口处为停车区提供自动清扫器）。

(5) 汉堡包用彩色编码纸包裹。

(6) 整体设计和设施规划相当严谨，全都落实到麦当劳设备和系统的技术之中。服务员唯一可能的选择就是规范地按设计者的意图去操作。

2. 自助服务方式

与生产线方式不同，自助服务方式通过让顾客在服务过程中发挥较大作用来改善服务过程。自动取款机、自助服务加油站、沙拉酒吧以及汽车旅馆的室内咖啡机都提高了对顾客的服务水准，因为提供服务的一部分负担被转移至客户。显然，这种理论需要服务公司在销售中使顾客相信自助服务能帮助他们。实际上，自助服务将顾客转化为“部分雇员”，他们必须观察在其之前进行自助服务的人的操作，来学习如何去做，并靠低价的服务来获得补偿。

3. 个体维护方式

个体维护方式主要是将大众定制的理念应用于服务。通过此法，区别对待每个顾客，提供服务的企业拥有一个数据库记录下顾客的喜恶偏好。在某些百货公司中，这些信息通过“个人手册”手工记录，而在另一些百货公司中则通过电子手段正规地记录下来。

三、流程选择的标准

不论采用哪种方法，设计良好的服务流程的七大标准是：

(1) 服务流程的每一个要素都与企业运营的核心相一致。例如，当运营核心为实现快速交货时，运营过程中的每一步都应有助于加快交货速度。

(2) 流程对于用户是友好的。这意味着顾客可以很容易地与流程进行交流，也就是说流程有明确的标志、可理解的形式、逻辑化的服务过程以及能够解答顾客疑问的服务人员。

(3) 流程具有稳定性。这就是说，它能够有效地应付需求和可用资源的变化。例如，如果计算机出现故障，有效的备用流程会立即到位，以保证服务继续进行。

(4) 流程具有结构化特点，保证服务人员和服务流程提供一致性服务。这意味着需要由人员完成的任务有可操作性，而技术支持则是有益的和可靠的。

(5) 流程为后台和前台之间提供有效的联系方式，以确保其间没有遗漏的机会。换句话说，降低或减少不同职能部门之间的阻碍。

(6) 流程对有关服务质量的证据加以管理，以使顾客了解流程所提供服务的价值。许多服务都在现场之外做了很多工作，但却没能让顾客知晓，这尤其体现在对服务进行改善的工作中。如果不能通过明确的交流使顾客意识到服务已经得到改善，那么这一改善工作就不能起到最大的作用。

(7) 流程所耗费的都是有效成本。在提供服务的过程中，流程对时间和资源的浪费应达到最小。

第四节 流程型组织绩效衡量

流程型组织绩效衡量考评体系特点

完善的绩效考评制度是对组织成员进行奖惩的依据，是引导和指示员工行为的标尺。例如，我国改革开放以来，打破“铁饭碗”、“多劳多得、少劳少得、不劳不得”的分配体制的确立，为再现企业活力起到了关键作用。

尤其在组织从一种形态向另一种形态转变的过程中，许多组织成员都持怀疑和观望的态度，考评体系的重要作用就更加明显。对于符合新组织文化和结构功能要求的行为，考评体系是一种正激励，有助于巩固正确行为；反之，它可以惩戒和纠正错误行为。

流程型组织里的考评体系的主要特点如下：

(一) 以流程的结果来衡量成员的工作业绩

把成员的工作业绩同整个流程的产出挂钩，可以促使成员对整个流程的关心，而不是像以前一样只注意自己的工作，忽视与他人的协调。这将有助于成员的全局意识的提高，对于成员间的协作行为是一种鼓励。

这种绩效考核方法从理论上是可行的，但是实际操作难度比较大。流程结果的好坏取决于每一个参与者。某些成员工作出色，但是由于意外因素或者其他成员的连累导致最终结果不佳，原本应该取得的收入却没有获得最终的承认。长此以往，会产生紧张的人际关系，甚至干脆从尽职尽责转变为不负责任。如果没有一个科学的绩效考核体系，这样的矛盾难以避免。

（二）鼓励以顾客为中心

建立面向流程的组织形态，最终目标是提高顾客满意度，从而提高组织的收益。因此，流程型组织里的考评体系鼓励成员以顾客为中心，在其能力范围内作一切事使顾客感到满意。必要时可以动用一定的时间或者金钱。

组织的考评体系要采用发放奖金、通报表扬、授予荣誉称号等方式来对员工的这种行为进行鼓励。这样一方面可以强化员工为顾客服务的意识，另一方面向整个组织表明了组织对成员的期望方向。

比如，美国思科公司是世界上最大的通信设备提供商之一，它的设备调试部门的经理拥有 500 美元以下的奖励签字权。如果一个员工为了客户的利益而守在现场、日夜加班、迅速排除故障，博得了顾客的高度赞赏，那么其经理可以不经过上司的批准，直接给该员工 500 美元以内的现金奖励。思科公司的人力资源经理称之为随时随地的激励。

（三）倡导协作文化

为了适应现代社会的竞争要求，优化组织结构势在必行。在组织上移经营重心，减少中间管理层次，提高经营管理效率的同时，要不断提高组织运行的质量和效率。通过合理界定组织机构的职能边界，来形成和不断规范、优化组织机构的运作机制和内部机构之间的协作机制，培养团队意识，提高组织的整体合力；还要充分运用信息科技的观念和手段，在经营管理方式、工作流程等各个方面不断调整和优化，提高效率，注重从内涵上提高组织机构运作效率和经营管控能力。

研究表明，变革中最先改变的是组织的业务，其次是组织的结构，最后才是组织的文化。企业文化是企业内部成员的共同价值观体系。它表现为企业的风格，以企业宗旨、企业理念的形式得到精炼和概括。企业文化是企业的灵魂，良好的企业文化是企业生存和发展的原动力。

组织文化观认为，企业文化与组织结构两者是一种错综复杂的互动关系，即结构的变化要求文化作出相应的变动，同时文化的变化也要求结构做出相应的调整。结构与文化之间的匹配，是企业组织有效运作的前提条件。企业文化是企业组织的保护带，没有企业文化的相应保证，企业组织的改革难以实现。作为一种保护带，原有的企业文化会以其固有的稳定性紧紧地保护原有的组织结构，抵制任何变化的发生，使新的组织结构难以获得。因此，我们必须在新的组织结构建立之际，完成企业组织的文化转型，使企业文化不会成为组织变革的阻碍，而成为组织变革的强大推动力。

组织文化确实很难改变，但是又必须改变。没有新组织文化支持的变革，组织转型的努力最终只能以失败告终。

企业组织文化转型是一个打破原有企业组织文化保护带，并建立一个新文化保护带的过程。这是一个动态的过程，它要打破现有企业文化的结构，剔除那些不适应新组织结构要求的内容，通过一定的途径建立与组织结构相适应的新结构，赋予企业组织文化新内容，通过一定的方式将其固定下来，形成一种新的、稳定的企业组织文化。

结合企业再造理论建设企业文化时，要注意以下几个方面：

1. 以人为本

良好的新型企业文化应该是基于人的充分解放和全面发展的、以知识的生产和使用为主要内容的精神文化，从而形成以人为中心的管理体系和以人为本的企业价值观。领导的任务相应地变成了协助每个员工实现个人和组织目标的教练、导师及资源协调人。管理的境界在于创造一种促进员工不断学习的组织氛围，形成组织不断创新的核心能力。因此，员工创造性和个性的发挥也就成了新企业生存和竞争的核心动力。

2. 学习创新

组织要取得持久的竞争优势，必须展开学习革命，把企业建成学习型组织。流程再造后，严格的分工界限被打破。由于工作层面的增加，员工需要不断地完善学习，才能在多元化经营中，增加个人知识和能力的深度和广度。

3. 团结协作

企业再造后，新流程更加强调团队间的协作，因此新公司的企业文化要提倡团队精神。团队的力量体现在行为过程中的互相配合，体现在企业经营过程中的团队精神中。比如电信公司为了树立电信企业的良好形象，全面推行电信服务标准化，让服务意识深入企业每一个人的心中，从总经理到一线职工都形成一种普遍的服务观，直接与用户接触的为用户服务，不直接与用户接触的按业务流程为下道工序服务。

第五节　业务流程再造

我们通常见到的企业组织是建立在传统管理模式下的，主要以劳动分工和职能专业化为基础，组织内的部门划分非常细，各部门的专业化程度较高。这种组织形式及与其相伴的业务流程适合于市场相对稳定的环境，而在当今市场需求突变、经营模式发生变化的情况下，则显现出不适应性。因而,有人提出要建立适应供应链管理的企业组织结构和对业务流程进行重构。本节介绍企业流程再造的基本含义，并结合流程再造，研究企业组织系统和业务流程的重新设计和构造等问题。

一、BPR 的提出

（一）BPR 的背景

美国麻省理工学院 M. 哈默（Micheal Hammer）教授于 1990 年在《哈佛商业评论》上首先提出企业业务流程再造（Business Process Reengineering，BPR）的概念。因为他已发现对传统的企业工作流程计算机化后，并没有给企业带来预期效益，其中主要原因之一是没有触及传统管理模式。因此，要想取得实效，首先必须分析企业的业务流程，剔除无效活动，对其进行彻底重新设计，计算机只是新业务流程的使能器。三年后，哈默与J.钱贝（James Chamby）教授合著，出版了《重组企业》（Reengineering the Corporation）一书。该书的问世引起世界学术界和企业界的广泛重视，并使BPR成为近十年企业管理研究和实践的热点。

BPR之所以能引起广泛的重视，与企业面临的竞争环境分不开。当前各国企业都处在一个科学技术飞速发展、产品生命周期越来越短、用户需求越来越趋于多样化的时期，都面临着竞争激烈、瞬息万变的市场环境。要想在这样的环境中生存和发展，企业就必须不断地采取各种管理措施来增强自身竞争能力。不少企业耗巨资引入计算机技术和信息技术，希望利用先进的信息技术来提高企业对外界变化的反应速度就是其中最具代表性的一例。在国外，有些企业把建立计算机化的管理信息系统称为企业业务流程工程化（Business Process Engineering，BPE）。BPE实际上就是按照工程化的方法，在企业建立计算机管理信息系统，以提高企业的业务处理流程的效率。然而，长期的实践活动并没有使企业得到或没有完全得到采用新的信息处理技术所期望的结果。起初，人们认为产生这种现象的原因是计算机系统不够先进，因而，总在计算机硬件、软件上找原因，结果是促进了计算机、数据库、局域网等技术的飞速发展。但企业组织结构和业务流程仍旧未发生大的变化。因此，一方面，信息技术越来越先进；另一方面，组织结构上的问题对企业提高应变能力的阻力越来越大。这对矛盾的加剧才使人们逐渐认识到，企业可否用信息技术来提高自身的竞争能力,在很大程度上取决于由谁来应用和如何应用这些技术。过去开发MIS没有取得成功的企业都处在原有的组织结构和管理方式之下，所改变的只是用计算机模仿手工劳动的业务流程，造成了先进的信息技术迁就于落后的管理模式的结果。这样实施MIS，当然难以达到预期目标。所以，就需要来一个BPR，即重新构造管理的流程和与其相匹配的管理信息系统。于是，整个企业的业务流程重构思想产生了。它是“为在反映企业绩效的关键因素，如成本、质量、服务和交货速度等方面取得重大进展，而对企业整个活动过程所进行的根本性重新设计”。可见，BPR是伴随管理信息系统在企业中的应用而产生的一个新思想,是企业实现高效益、高质量、高柔性、低成本的战略措施。

BPR的核心思想是要打破企业按职能设置部门的管理方式，代之以业务流程为中心，重新设计企业管理过程，因而受到了改革中企业的欢迎，得到了企业管理学术界的重视。而企业实践和学术研究的结果，又推进了BPR研究的发展。BPR的实践对企业的管理效果产生了巨大影响。第一个是花旗银行，它在1990年年初，进行了企业再造。该公司再造的作业流程是信用分析。在原有的流程下，信贷分析师需要花大量时间处理文书作业，而花在找寻商机的时间只有9%。作业流程重新设计后，信贷分析师寻觅商机的时间增加至43%。两年之后，公司利润增加了7.5倍。另一例子是柯达公司，该公司有许多工作流程，其中最缺乏效益的就是黑白底片冲印。事实上黑白底片冲印仍有相当的市场，尤其在工业和医疗方面需求仍很大。冲印部门因效益不好，员工士气低落，因此柯达打算再造冲印流程。从顾客下订单到交货为止，旧流程平均需时42天。经过改进后，缩短为21天。在顾客满意程度方面，未再造前，每3件就有1件延误；流程再造后，每20件才有1件延误。以前该部门的员工士气是公司内最低的，现在是最高的。可见，流程再造若执行得当，其效果非常显著。

而流程再造意指："彻底分析流程，并予以重新设计，以在各项指标上有突破的进展。"其中，运营指标包括：质量、反应速度、成本、灵活性、满意度等。

自动化与流程再造有其本质上的不同。首先，流程自动化并没有质疑这些流程是否必要。而流程再造则是重新设计流程，其设计是根据其所定的目标来决定。在某些极端情况下，甚至可能将原来的流程完全推翻，采用全新的流程。其次，自动化多半着眼于某个部门内部系统的改进，而流程再造则多半牵涉不同部门间的流程，这就是横向整合。传统的信息系统研发以信息流动分析信息流向，然后就根据使用的需求设计信息系统，以支持现有的作业流程。当然，并非所有的系统研发都只局限于自动化，但大致上是比较偏向自动化方面，而不是革命性的再造。有些跨部门流程再造大家耳熟能详，譬如订货处理流程就要牵涉到许多不同部门。

（二）企业为何要进行流程改造

传统的管理方法往往在面临快速变动的环境中，无法创造更佳的竞争优势，尤其是下列流程变革的驱动因素：

图 3-23 流程再造的推动因素

1. 顾客第一（CUSTOMERS）

（1）企业不再处于上风，顾客拥有决定与支配的主导权。

（2）客户导向，预期客户的真正需求。

（3）加入顾客的参与，掌握顾客想要的是什么。

（4）提供各类产品与服务。

2. 竞争激烈（COMPETITION）

（1）重新拟定任务、目标与远景。

（2）定义产品与流程的关系，重新发展适当的作业流程。

（3）快速持续地改善，保持竞争优势。

3. 不断的改变（CHANGE）

（1）企业要生存，就要不断地求变。

（2）重新定位（Re-position）。

(3) 重新组织 (Re-organization)。
(4) 重建系统 (Re-system)。
(5) 重振活力 (Re-vitalizing)。

(三) 变革

简单地说，变革就是把现状转换成将来状况的过程。

二、流程再造的幅度、广度和深度

流程再造主要有三个方面，即幅度、广度和深度。

(一) 流程再造的幅度

幅度指流程再造手段的激烈程度。变动的幅度因组织而不同，有的采用渐进方式进行局部的流程改进、优化，有的则重新设计作业流程。采取何种方式，需视组织内部结构与各部门关系而定，因此，在评估流程再造成果时，需同时考虑整个组织环境及组织本身应变的能力。

(二) 流程再造的广度

广度是指再造的范围。其大小从部门内、部门间，到公司之间。这里要特别强调，1990 年以前运用信息技术进行流程再造多局限于某个部门之内。1990 年后扩大至部门之间，但仍在同一公司内部。譬如，福特汽车公司的例子。1995 年之后，电子商务盛行，促使流程再造的范围进一步扩展至公司之间。例如，最近知名的例子，美国三大汽车公司通用、福特、克莱斯勒本来都已经拥有自己的供应链，但现在这三家汽车公司将运用电子商务来成立一个网站合并为三家公司共有的供应链。任何一家供货商通过此网站，便有机会成为这三家公司的供货商。由于供货商数目增多，竞争力大，三大汽车厂的选择机会多，因此汽车成本也就降低了，所以现在许多公司通过电子商务进行企业间流程再造。

(三) 流程再造的深度

所谓深度有两个层面：其中之一是流程再造仅涉及技术与步骤的改变；更深一层是指企业结构与文化的改变与适应。过去的观念认为，只要引进适当的技术即能增进企业整体营运的效率。但许多个案发现，以技术为导向的流程再造不足以达到目标。业界与学界都认为若要成功地实施企业再造，两项要素必不可缺。首先，企业流程再造需要组织高层的支持。组织高层需要意识到，为了组织的生存发展，策略上有重新设计作业管理流程的必要。其次，因为作业管理流程改变，组织环境也需连带进行调整。这里组织环境除指组织架构外，也指企业文化。企业组织内的个人在思想、观念及行为上都要改变。有许多方法可以塑造有利于改变的环境，信息技术只是其中的一项。要达到企业再造的目标，除了引进信息技术外，尚需整个组织环境的配合，以使整个组织能顺利转型，例如不同的心态和价值观，以及公司的考核制度等。改革若不能触及这些深层结构，整个流程再造通常会以失败收场。所以深度也是流程再造很重要的一个方面。

三、流程再造的四个层面

我们可以将流程再造归纳为四个层面，分别为：组织结构的改革、管理系统的改革、人事管理的改革、信息技术的应用。

（一）组织结构的改革

首先讲组织结构的改革。这方面的改革可细分为三类：跨部门小组、流程处理专员和专案经理。

1. 跨部门小组

跨部门小组的做法现在非常受欢迎，许多公司都在采用。跨部门小组就是横向管理概念的体现。传统组织架构下，员工有事直接向上级报告，但永远局限在同一个部门之内。跨部门小组则是由不同业务部门的成员组成。小组成员目标是完成某一个作业流程。该小组有很大的自主权和决定权，不必事事向上级请示。柯达公司黑白冲印流程即是一例。该公司组成“斑马小组”（取其黑白之意）以处理冲印流程事宜，结果成绩斐然。跨部门小组和一般的项目小组不同，项目小组在项目完成后就解散了，而跨部门小组是永久性的，只要公司流程存在，它就存在。跨部门小组既是永久性的，其成员心态便有很大的不同。以前小组成员视自己为专业人员，且因各有所属的单位，因此彼此之间合作心态不高。现在所有成员均属于小组本身，所认同的是小组，而非各个部门。在这样的组织形态下，小组成员较能彼此合作协调。

2. 流程处理专员

流程处理专员对组织结构有很大的冲击。这一职位的设计是将数个专业的工作合并成一个，由一人负责。可以想象的是，担任此职位的员工要有更强的能力，因为涉及不同专业。这种设计在以前是不可能的，但现在因为信息技术的发展已经成为可能。借着专家系统、数据库、经理人员信息系统等技术的协助，一个流程处理员即可处理过去数个专业人员协同工作才能完成的作业。

3. 专案经理

第三个方法是专案经理，专案经理也需要借助于信息技术的支持。专案经理的设置，大大提升了客户服务的效率。以前顾客若有问题，没有一人可以提供整套服务。如账单有问题，就转到会计部门；如牵扯到无法处理的问题，需经过查询过程才能解决或回答。通常这样的过程旷日持久，使顾客感到极不方便。由于专案经理的设立，所有顾客的问题可在一天内解决。专案经理整合不同的工作，缩短了工作流程周期。

由于专案经理是额外的编制，不影响整个组织结构，属温和式改革。这种方式在亚洲极受欢迎，亚洲不喜激进式改革。专案经理的另一个特色是以作业流程为导向的。这类似于以前的矩阵式管理，但不同的是，矩阵式管理是以产品为导向的，而设置专案经理的出发点是顾客，由专案经理负责处理顾客个案，每个专案经理接待一个顾客。

（二）管理系统的改革

管理系统的改革包括评价与诱因及角色与职责的改革，以下分别介绍。

1. 评价与诱因

不恰当的评价标准常常是组织的万病之源。西尔斯百货公司（Sears）的汽车修理部即为一例。20 世纪 80 年代末，西尔斯汽车修理部业绩不佳，管理高层只一味追求提高业绩指标，下面的员工为达到上级所订的目标，最后竟至不择手段，以欺骗顾客来提高业绩。最后被人识破揭穿，告上法庭。结果，西尔斯不但需付数百万美元的赔偿金，同时也赔上了其百年老店的信誉。中国历史上也有类似例子。王安石青苗法立意甚佳，但下面执行的人，为完成上级的要求，竟强迫老百姓贷款，以至于人民怨声载道，甚至有人不胜利息重负而上吊自杀。良法美意，因不当的评价指标而落得全盘失败的下场。

所以在进行流程再造时，须细心设计。首先要区分外在评价指标及内在评价指标。某些情况下，必须要有外在的考核标准，如顾客满意程度、产品合格率、新产品研发周期等最为重要。这几种评价方式的结果可由公司的市场表现看出。例如，顾客若对产品或服务满意，就会再度惠顾，回头客多了，公司的业绩也自然会提高。若顾客不满意，则有必要继续进行流程再造以改变市场的表现。若某个作业流程与外在顾客无关，或没有外在的顾客，就需先判定内在的顾客，然后制定内在的考核标准。譬如，要评价企业内部咨询部门或辅导部门的绩效，则要询问企业员工是否从该部门获得协助。又如改革产品研发的流程，设计部门的业绩要根据生产部门是否满意其设计来决定。以 AT&T 网络系统部为例，其财务预算是根据流程而定的，而并不是根据部门而定，奖金则依据顾客满意度而定。又如，美国一家电子设备制造商，第一次尝试流程再造时，没有注意到评价与诱因的改革，结果成效不好。第二次他们把考核的标准从原来的以销售额为基础，修改成以利润为基础，结果业绩大幅增长。

2. 角色与职责的改革

在传统金字塔的分层组织架构下，员工事无大小，都向上级请示，而作业流程再造需有的新观念就是授权基层，让下面的人有方便行事的权力。可以立刻为顾客解决的问题，就立即解决，不必向上级请示。企业愿将权力下放，主要是因为信息技术的发展。例如，一家化妆品公司，工厂的生产计划以前是由经理决定的。现在一线生产的工人，根据厂里计算机提供的有关销售与库存的数据，可以自行决定生产量的大小。这些信息以前只有上级才看得到，所以上级决定，现在工人通过计算机也可看到这些信息，因此生产线上的工人便可决定生产量。

（三）人事管理的改革

人事管理的改革，可分为技能与员工考核和企业文化两个方面，以下分别简述之。

1. 技能与员工考核

过去常用的工龄考核方式早已不能满足现代企业的需要。由于外界竞争日趋激烈，员工的价值不再仅仅是年资的长短，而需视员工的技能是否能增加企业的营运绩效。例如，通用电气公司以及摩托罗拉公司的每一员工，均接受 360 度的考评。该员工的上司、同事、下级均可评价其工作绩效。

过去的传统组织只着重个人的表现，结果员工之间相互竞争，钩心斗角。现在，许多企业已将个人表现与团队成就并重。换言之，若团队成绩不佳，个人的考绩也要打折扣。这种改变极重要，可促进员工之间的合作。而合作则是企业增加竞争力的要素之一。最后，绩效考核除考查员工当年的成绩外，亦需兼重员工技能的增长。这种考核改变影响也很大，会刺激员工不断地进修、充电，公司同时也受益。

2. 公司文化的改革

文化是共同的价值观。员工的行为是根据其价值观而来的，行为只是表象，底层是价值判断。企业流程再造若要成功，就要培养新的公司文化。前已提及，今后企业的趋势是以跨部门组织横向地整合作业流程。这种组织形态需要的是团队合作、协调互助的精神。当然，说起来容易，做起来难。传统的组织习惯于各人自扫门前雪，很少互相合作。那么，如何让员工互相合作呢？就是要一切以顾客为主，而不是只作好自己分内的工作。同时，也需要防范旧文化死灰复燃，否则员工只想到自己的部门，不顾公司整体的利益。

美国南卡罗来纳州有一家生产床单的公司。老板初到之时，问每一员工的职责是什么，员工回答：会计、计算机、设计等。老板告诉员工，他们的答案都不对。正确答案是："每个人都在生产床单，为顾客生产最好的床单。"这位企业负责人向其员工灌输的观念是：具体的角色是次要的，生产床单满足顾客的需求，才是全体员工共同的目标。因此，想要跨功能组织成功，就必须改变传统组织的本位主义，以顾客为导向。这是横向管理最基本的观念。改变企业文化是企业流程再造成功的钥匙。

（四）应用信息技术

应用信息技术可减少作业流程的步骤并增进不同部门的协调。应用计算机科技可减少流程步骤，将"前后顺序"的运作模式，改成"左右平行"的运作模式。案例如福特汽车的图像界面，联邦快递的专家系统等。信息技术的应用则可增进流程内不同部门的协调，如电子邮件、局域网、群件、知识管理软件、数据库等技术。若能一并应用共同的计算机资源共享与通信科技，则相得益彰。

四、流程再造的原理、工具和步骤

（一）业务流程再造的原理

不是这样……（如图 3-25 所示）

而是这样！……（如图 3-26 所示）

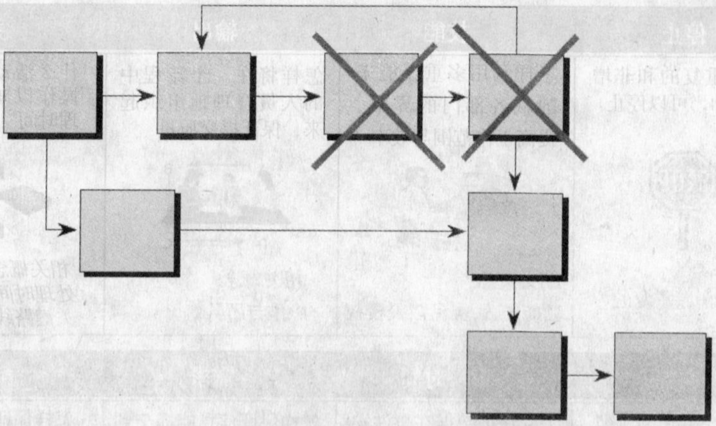

图 3-24　业务流程改进的原理——消除非增值部分

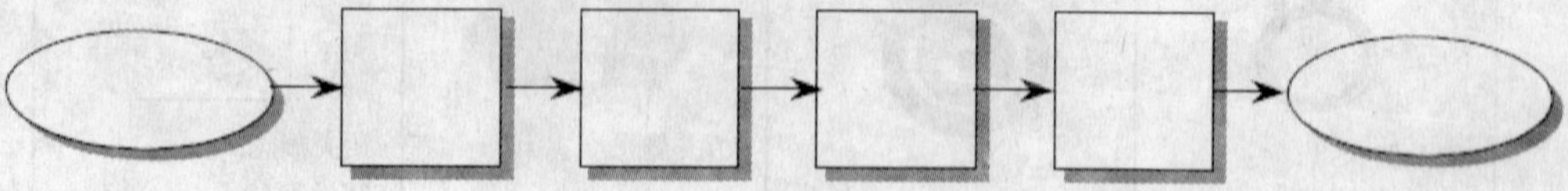

图 3-25　串行工程

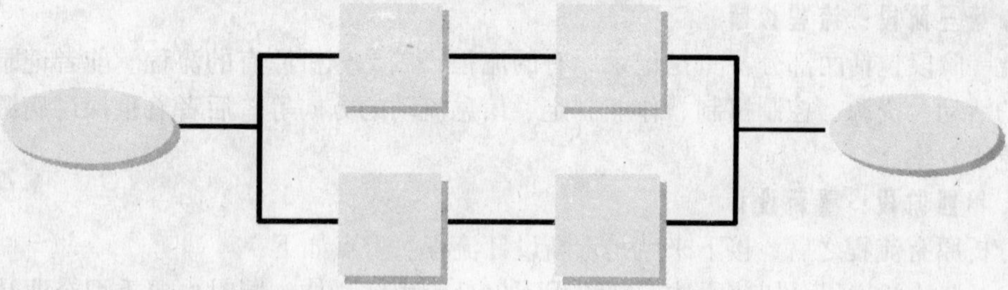

图 3-26　业务流程改进的原理——并行处理

（二）流程优化的工具清单

（三）流程再造可以归纳出的六个阶段

1. 第一阶段：战略决策

此一阶段的流程再造包括争取公司高层的支持，寻找发现流程再造的机会，评估信息技术的需要，以决定要再造的流程。

2. 第二阶段：再造计划

这一阶段主要是让组织成员心理有所准备，了解即将进行的改变。为让企业成员心理有所准备，负责再造的单位需与受影响的相关人员沟通，使其了解并认同改变的必要性。

停止	技能	输出	并行
哪些是重复的和非增值的活动，可以停止	怎样利用多重技能来削减各部门的界限，提高工作范围与效率	怎样将在一个流程中的人员合理地组织起来，保证提交质量	什么活动能够并行操作以减少流程处理时间

相关概念： *简化、消除重复的活动*	*相关概念：* *职能扩大，灵活以及授权*	*相关概念：* *协作与团队*	*相关概念：* *处理时间* *关键路线处理时间*
准备	**第一时间**	**需求**	**可视性**
怎样减少数据的流动与加工	怎样保证数据在事件发生的源头录入，并保证其质量	怎样保证信息能提交到需要者处	怎样保证流程的绩效可衡量
			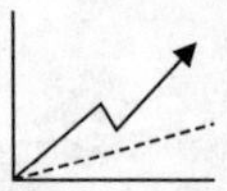
相关概念： *分点处理*	*相关概念：* *重复工作，校验，检查* *全面质量管理*	*相关概念：* *无纸化作业* *信息需求*	*相关概念：* *绩效评估* *流程绩效评估的文化*

3. 第三阶段：流程诊断

此一阶段包括两部分：一是记录原有的流程；二是分析原有的流程。前者记录流程涉及的活动、资源、控制机制、作业制定、信息流动的方向等。后者着重探讨病源，以改进流程效率。

4. 第四阶段：重新设计

分析原有流程之后，接下来就是重新设计流程。重点如下：

（1）设计新流程。如前所述，新流程不仅是应用新科技，同时也要重视企业社会面的改革。

（2）设计新的人事结构和组织机构。新流程可能会对原有的组织结构造成冲击，原本讲求分层负责、部门壁垒分明的传统组织结构被横向整合的新组织形态所取代。

（3）设计新的信息系统。新的信息系统的设计以具弹性及经济为主。例如以局域网取代封闭式的主机/终端模式的电脑系统。

（4）推出新流程原型。此过程颇像发表新的信息系统原型。

5. 第五阶段：重新构建

此一阶段主要有两方面：一是发展及建构新信息系统以有效完成新流程的目标；二是重建人事与组织，该阶段的重点在于如何顺利推崭新的组织架构。

6. 第六阶段：评估成效

在实施新流程后，评估得失与效率亦是十分重要的课题，因为流程再造是一个持续不断的过程。评估项目包括新流程的表现、信息系统表现以及生产效率等。

● 本章案例

海尔集团的绩效考评①

海尔现有 10800 多个产品品种，平均每天开发 1.3 种新产品，每天有 5 万台产品出库。海尔一年的资金运作进出达 996 亿元，平均每天需做 2.76 亿元结算，1800 多笔账。随着业务的全球化扩展，海尔集团在全球有近 1000 家分销和供应方（其中世界500 强企业 4 家），营销网络 5.3 万多个，海尔还拥有 15 个设计中心和 3000 多名海外经理人，如此庞大的业务体系，依靠传统的金字塔式管理架构或者矩阵式模式，很难维持正常运转，业务流程重组势在必行。

通过总结多年的管理经验，海尔探索出一套市场链管理模式。海尔认为，在新经济条件下，企业不能再把利润最大化当做目标，而应该以用户满意度的最大化、获取用户的忠诚度为目标。这就要求企业更多地贴近市场和用户。海尔因此提出了“市场链”的概念。

市场链简单地说就是把外部市场效益内部化。过去，企业和市场之间有条鸿沟，在企业内部，人员相互之间的关系也只是上下级或是同事。如果产品被市场投诉了，或者滞销了，最着急的是企业领导人。下面的员工可能也很着急，但是使不上劲。所以海尔不仅让整个企业面对市场，而且让企业里的每一个员工都去面对市场。由此，海尔也把市场机制成功地导入企业的内部管理，把员工相互之间的同事和上下级关系转变为市场关系，形成内部的市场链机制。员工之间实施 SST，即索赔、索酬、跳闸。如果你的产品和服务好，下道厂序给你报酬，否则会向你索赔或者“亮红牌”。

结合市场链模式，海尔集团对组织机构和业务流程进行了调整，把原来各事业部的财务、采购、销售业务全部分离出来，整合成商流推进本部、物流推进本部、资金流推进本部，实行全集团统一营销、采购、结算；把原来的职能管理资源整合成创新订单支持流程 3R（研发、人力资源、客户管理）和基础支持流程 3T（全面预算、全面设备管理、全面质量管理），3R 和 3T 流程相应成立独立经营的服务公司。

整合后，海尔集团商流本部和海外推进本部负责搭建全球的营销网络，从全球的用户资源中获取订单；产品本部在 3R 支持流程的支持下不断创造新的产品满足用户需求；产品事业部将商流获取的订单和产品本部创造的订单执行实施；物流本部利用全球供应链资源搭建全球采购配送网络，实现 JIT 订单加速流；资金流搭建全面预算系统。这样就形成了直接面对市场的、完整的核心流程体系和 3R、3T 等支持体系。商流本部、海外推进本部从全球营销网络获得的订单形成订单信息流，传递到产品本部、产品事业部和物流本部，物流本部按照订单安排采购配送，产品事业部组织安排生产；生产的产品通过物流的配送系统送到用户手中，而用户的货款也通过资金流依次传递到商流、产品本部、物流和分供方手中。这样就形成横向网络化的同步的业务流程。

海尔集团在向流程型组织转变的过程中，建立了基于流程的价值分配体系和基于流

① 根据有关资料整理而成。

程的部门职责划分。

1. 基于流程的价值分配体系

海尔集团进行流程化改造以后，为了使企业成员对市场和顾客的重要性有深刻的认识，将个人的收益与整个市场效果联系起来，建立了基于流程的价值分配体系。比如，假设完成100万元订单的流程涉及市场经理、备货经理、商务经理三个节点，分别占工作量的50%、30%、20%。假定市场经理从市场上拿到了100万元的订单，备货经理根据订单完成了相应的备货，但是商务经理却因为自身原因只完成了85万元订单的出运。有三种计算报酬的方法，如表1所示。

表1　三种计算报酬的方法

单位：万元

次序	计算报酬的方法	市场经理 50%	备货经理 30%	商务经理 20%	总工资成本
1	统一按85万元的工作量来计算	42.5	25.5	17	85
2	市场经理和备货经理按100万元工作量结算工资，商务经理按85万元工作量结算工资	50	30	17	97
3	把外部与内部均看成市场，按照市场付酬的原则结算	50	30	5	85

显然，第一种方法不符合奖惩分明的原则，因为市场经理和备货经理并无过错。后两种方法的主要差异在于：第三种方法使商务经理的所得锐减，即企业在保证无过错者利益的同时，惩罚了过错人，支付的总工资成本下降。海尔集团采用第三种方法，称之为市场索酬、索赔、跳闸法（见图1）。

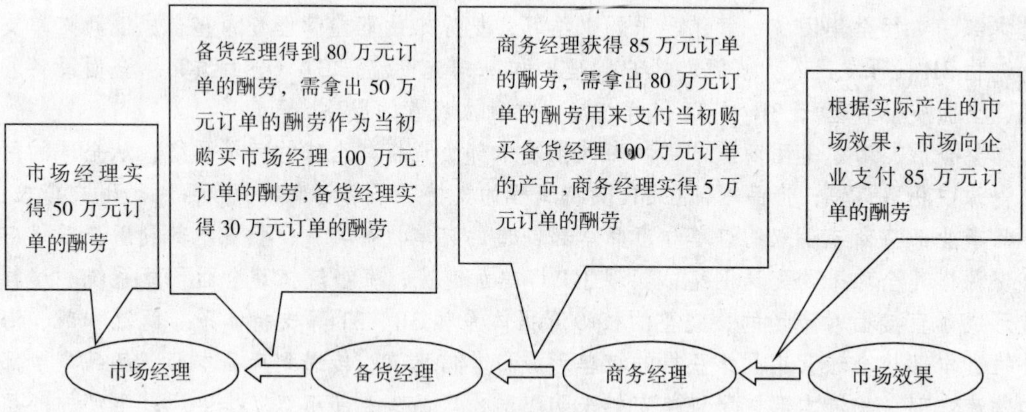

图1　基于流程的价值分配体系

2. 基于流程的部门职责划分

在传统的组织结构下，一个部门对与其他部门的配合方面重视得不够。海尔集团把每个部门放到一定的流程上，重新界定作为流程节点的部门的职责，使各部门的整体意识有了很大提高，组织对外界市场的应变速度也有了加强。以研究和开发部门为例（见表2）。

表2　研究和开发部门组织结构变化前后的职责对比

对比内容	再造以前	再造以后
职能	对产品事业部进行技术指导、监控、考核	为产品事业部提供满足市场需求的新产品
职责	根据产品事业部提出的要求，设计开发新产品	根据市场上的用户需求，向产品事业部提供适用的新产品
员工心态	关心产品的产量，而对产品的市场效果、成本、质量状况以及长远性不关心。因为设计的产品只要符合产品事业部的要求，设计人员的酬劳与产量挂钩。新产品达到一定产量后支付一半酬劳，再达到一定的产量后支付另一半酬劳	关心产品的市场效果和质量状况，市场意识和抢订单的意识大为增强。因为新产品只有具备相当的竞争实力，设计人员的收入才有保障。酬劳的支付分为四个阶段，各阶段分别考核产品实际销售率、毛利率、质量损失率、社会返修率等

研发流程整合以后，新产品的开发速度大幅度提高。以开发“美高美”彩电为例，传统的职能管理下需要经过20个过程，8~10个月的时间，整合后只需要2~3个月的时间。

海尔集团的成功说明，建立适应流程的考核体系是确保组织转型的重要保证。

● 思考题

1. 何谓流程和业务流程？各有何特点？
2. 可供制造型企业选择的流程有哪些？如何进行选择？
3. 可供服务型企业选择的流程有哪些？如何进行选择？
4. 简述流程型组织绩效衡量考评体系特点。
5. 推动流程再造的因素有哪些？如何进行流程再造？

● 参考文献

1. 梅绍祖和［美］James T.C.Teng 著：《流程再造——理论、方法和技术》[M]，清华大学出版社，2004年2月。

2. 李国良编著：《流程制胜——业务流程优化与再造》[M]，中国发展出版社，2005年12月。

3. 王璞、曹叠峰编：《流程再造——北大纵横管理咨询系列》[M]，中信出版社，2005年12月。

4. 石惠波编著：《如何进行流程设计与再造》[M]，北京大学出版社，2004年4月。

第四章 设施选址与能力规划

● 本章提要

麦当劳华东地区总裁曾这样表述：麦当劳之所以开一家火一家，第一是地点，第二是地点，第三还是地点。由此可见，选址决策对于一个企业而言确实是一个非常重要的决策。如果选择不当，可能造成巨大的损失。

不管是服务型企业还是制造型企业，在哪里建造、何时建造设施以及设施规模有多大之类的决策对企业的成功都至关重要。因而，为了确保备选地址能够支持企业的长期战略和经营目标；选址分析和能力规划是必不可少的。市场国际化进程的加剧也极大地影响了选址决策，因为必须要考虑到外国提供的廉价劳动力和其他激励政策对选址的影响。

本章主要分析了制造型企业选址决策的重要性；解释了制造型企业选址的影响因素；介绍了制造型企业选址的方法；分析了影响服务机构选址的因素和服务机构选址的方法；阐述了企业生产运营能力的概念；分析了生产运营能力决策的重要性以及生产能力有效决定因素。

● 章首案例

变革中的MCI公司在科罗拉多州斯普林斯遇到文化冲击

Richard Liebhaber 深信这座城市引人注目的风景会激发员工的热情，设想“建设它，然后他们就会来”。

在1991年，MCI通信有限公司的首席技术官决定把MCI的智囊团——这个有4000名雇员、创造了无数有重大突破意义的产品的系统工程部门——从华盛顿的MCI总部搬到科罗拉多州斯普林斯。作为一名滑雪爱好者，他相信山峰、低犯罪率、宜人的气候和最低水平的房地产价格会是“一块吸铁石，吸引到最好和最聪明的”电脑软件工程师。

不少于六名的高级主管警告Richard Liebhaber说，斯普林斯的偏远和政治上保守的环境实际上会排斥MCI公司所希望吸引的持中庸之道的不同种族的工程师，但Liebhaber先生拒绝了他们的警告。他辩称新雇员会为有机会居住在可以滑雪的乡村而欢呼雀跃，而老雇员会留得长久一些，会减少MCI公司在华盛顿的15%以上的年周转率。他指出，这种搬迁能够通过削减MCI的设施、劳力和吸收新成员的成本而节约开支。此外，另外四家高科技公司，包括数字设备有限公司和苹果电脑公司最近都已经搬到那里。“使我感到欣慰的是，其他人也选择了斯普林斯。”Liebhaber 先生如是说。

但他想错了。

当 MCI 各个级别的众多雇员被慷慨的重建报酬所鼓舞而搬迁时，仍有大量的高级主管、工程师和数以百计的占公司少数民族雇员 51%的人或者不去，或者去了以后很快又离开了斯普林斯。

“就像住在一片奇特的面包上。”James Finucane 说。他是一名日本后裔，妻子来自阿根廷。他是一名资深工程师，在 1994 年他为竞争对手工作而回到日本以前，一直被认为是 MCI 公司的首席工程师。“那儿没有文化，没有差异，没有研究性的大学，没有活力或就业市场的弹力。”

这次搬迁使 MCI 公司的工程师们同总部的高层管理者和市场营销的同仁间彼此孤立，并渐渐破坏了他们之间自发的合作精神，而正是这种合作精神曾经使公司制造出许多创新性的产品。同时，Liebhaber 先生希望从外部招聘专业人员的计划被证明难以实行，而且太过昂贵，导致这次搬迁花费的总额达到两亿美元，远远超出了 MCI 官员的预计。“许多我们预想的节省根本没有实现。”一位负责监督搬迁工作的高级主管 Leroy Pingho 说。

随着很多公司考虑搬到小一点的城镇去，MCI 公司的搬迁反映出从大都市专业化操作转到内陆城和隔离式关键性操作所冒的风险。许多以前和现任的雇员说，当电子通信的竞争比过去更激烈时，系统工程已经丧失了它的创新性和生产性的界限。

资料来源："Innovative MCI Unit Finds Culture Shock in Colorado Springs，" Alex Markels，The Wall Street Journal@1996 Dow Jones & Company，Inc.Used with permission.

第一节 制造设施选址

一、制造型企业选址的重要性

设施选址即在何处构建企业生产设施。对于企业来说，其重要性是不言而喻的。首先，设施约束企业生产运营能力、影响生产运营能力决策，同时生产运营能力最后必然落实到设施选址、设施布置、机器设备、劳动力等，对生产运营效率有关键性影响。其次，设施选址对企业竞争能力有着长期的深远的影响，比如，投资需求、成本、税收、资源与技术的获取……对于某些企业来说，设施选址甚至是关乎成败的最重要的因素。再次，设施选址往往涉及巨大的投资，具有周期长、调整困难的特点。最后，设施选址所涉及的因素众多，而且这些因素往往都有这样一些特点——重要性难以把握、度量困难、不可预见性因素多、互有冲突与矛盾。因此，合理的设施选址决策既困难又重要。

选址决策之所以重要，还有其他方面的原因。第一，它是一个长期责任范畴，这样一旦出错，就很难补救。第二，选址决策经常会影响投资需要、运营成本、税收及运营。不好的选址将会导致运输成本过高、劳动力缺乏、丧失竞争优势、原材料供应不足，以及与此类似的、不利于运营的其他情况。选址对竞争优势将产生重要影响。第三，在选址决策时，一个企业的供应链在战略上具有重要意义。

二、制造型企业选址的影响因素

制造型企业选址的影响因素很多（见图 4-1），我们把这些因素分为主要因素和次要因素：

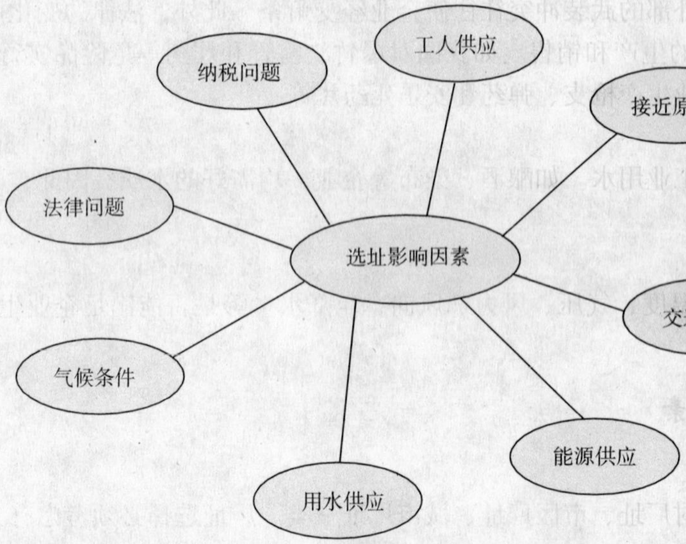

图 4-1 制造型企业选址的影响因素

（一）主要因素

1. 工人供应

高等技术工人对厂址一般无影响，平常工人报酬少，流动性小的工业，则应建于人口稠密的地区；技术工人，以接近人口多的城市为宜。

2. 接近原料

必须考虑原材料的产地及运输费用、市场供应条件等，要考虑是竞争性市场还是垄断性市场，有无替代品等。

3. 市场接近及交通运输

工厂接近市场，有信息灵通、便于推销以及运费低等优势，货物运输的能力也比较重要。如珠宝、贵重衣料、精美家具、化妆品等，重量较轻而负担运费较高，可以运到较远市场的，厂址不必接近市场。地理条件，例如，土地是否平整、地质条件是否允许。在交通运输条件方面，原材料和产品外运量大的企业应特别予以考虑。

4. 燃料及能源供应条件

对于生产流程上对燃料及能源耗费量大的企业，厂址选择应尽可能接近燃料及能源供应地。

（二）次要因素

1. 纳税问题

有些国家或地区为了促进当地经济的繁荣，出台了一些税收的优惠政策。所以，在企业选址时也应该考虑到纳税问题。

2. 政治法律环境

一个国家或地区政治与社会稳定是大多数企业顺利进行营销活动的基本前提，而内战、频繁的罢工或外部的武装冲突往往使企业经受萧条。此外，法律的变化可能直接鼓励和限制某些商品的生产和销售。如我国对爆竹、雷管和炸药等危险品实行定点生产，同时，禁止多数企业生产枪支、弹药和安乐死药片等。

3. 用水供应

包括饮用水和工业用水。如酿酒、染布等企业，均需好的水质，因此，必须考虑用水条件。

4. 气候条件

例如，湿度、温度、气压、风力、风向、年降水量等是否能满足企业生产的要求，职工能否适应。

（三）其他因素

1. 地区问题

厂址可分为乡村厂址、市区厂址、城市厂址三类。厂址选择必须考虑有无空地，能否满足扩张的要求等方面厂址四周应有适当的扩展余地。

2. 环境设备

如下水道、电力电线、自来水、煤气供给、街道铺设、运输条件等。

3. 地价负担

大规模工厂土地用量较大，在城市建厂地价负担就会很大，故大规模工厂不宜建在城市。

4. 地势与地质状况

地面是否平整，地势高低平坡关系到工厂的建设成本，地质是否能满足未来设施的载重等方面的要求。

5. 环境保护要求

6. 职工的生活、医疗条件

7. 开展教育、科研和生产协作的条件

8. 劳动力来源

9. 建厂的投资费用

10. 可扩展性

影响厂址选择的因素很多，必须系统考虑，具体考虑因素如表 4-1 所示。

表 4-1　影响选址决策的一些考虑和因素

选择国家	1. 政府政策、态度、稳定性及鼓励措施 2. 文化和经济问题 3. 市场位置 4. 劳动力供给、态度、生产力、成本 5. 生产供应能力、通信、能源情况 6. 汇率
选择地区	1. 企业目标 2. 地区吸引力（文化、气候、税收等） 3. 劳动力供应、成本等 4. 公用设施的成本和供应 5. 所选地区的环境管理措施 6. 政府优惠鼓励性措施 7. 距离原材料产地及消费者的距离远近 8. 土地/建筑成本
具体位置决策	1. 场所的大小和成本 2. 空运、铁路、高速公路、水路系统 3. 分布格局约束条件 4. 距离所需服务/供应设施的远近 5. 环境影响因素

三、不同地区建厂的优劣势分析

1. 建于乡镇的工厂

其优势表现在：工资较低，工人容易管理；地价低廉，容易获得建设用地；限制条件少；税负较轻。

缺点是：交通运输不便；资金周转调度不便；需要自行建设社区，费用较高，如宿舍、学校、医院、娱乐场所等；远离销售市场，信息比较闭塞。

对于大规模占用场地、发展较快、独立性强的企业宜建在乡村。

2. 建于都市的工厂

其优势表现在：城市人口集中，剩余劳动力多，便于工厂对劳动力的选择；可利用城市的水陆交通，原材料和产成品的运销较乡镇方便；公路、煤气、电力、排水、火灾防范等设施较为完善；便于融通资金。

缺点是：污染严重的企业不宜建在城市；工人的工资普遍较高；地价昂贵，不易扩大发展。造纸厂、占地较大的工厂不宜建在都市。

3. 建于郊区的工厂

郊区是指大都市之外围区域，通常地价较都市低，交通较乡村便利，故可兼具都市与乡村之优点而无都市与乡村的缺点，它享受到大城市的优点是劳动力供应充足并接近消费市场，享受到乡镇的优点是地价便宜和税负低。对企业来讲，可获得多种便利并减轻若干负担；对员工来说，可享受到较好的生活环境，孩子上学及娱乐均无影响。因此，工厂厂址的选择通常以郊区为宜。

四、制造型企业的选址方案

管理者在选址规划时通常会考虑四种选择方案。

第一种选择是扩展现有的工厂。如果原有厂址有足够的空间可供扩展，特别是这个地点有着其他地点少有的诱人的优点时，这种选择是有吸引力的。其扩展费用常常少于其他几种选择。

第二种选择是保持现有的地点并增加新地点。这种方案也被广泛采用。如娃哈哈集团在江苏省宿迁市建立了新的生产基地等。

第三种选择是放弃现有地点而迁至新地点。一个组织必须对迁移成本及由此获得的利润与留在原地所得到的成本和利润进行衡量比较。市场的转移、原材料的消耗及运营成本迫使公司慎重地考虑这一选择。

第四种选择是组织也可以选择什么都不做。如果通过对备选地点的细致分析不能确定上述三种选择中的哪一种更具吸引力，那么这个公司可能会决定至少在目前仍保持原有的状态不变。

以上四种选址方案可以用决策树等方法权衡利弊后作出慎重选择。

五、制造设施选址方法

在几个备选厂址中，怎样选择较为合理的厂址，应该运用科学的方法。本书中将为大家介绍三种常用的厂址选择方法。

（一）损益平衡点分析法

这是一种财务方法。它通过计算不同厂址在相同计划年产量下，损益平衡点产量的大小来选择厂址。损益平衡点产量最小的方案是最优方案。

例：某企业投资生产某种产品，计划年产量 20000 件，有甲、乙两个厂址可供选择，有关资料如表 4-2 所示。

表 4-2 厂址选择（盈亏平衡点分析法）

项目	单位	备选厂址	
		甲	乙
总成本	元	380000	420000
可变成本总额	元	228000	294000
固定成本总额	元	152000	126000
计划年产量	件	20000	20000
单价	元/件	20	20
单位产品可变费用	元/件	12	14
盈亏平衡点产量	件	19000	21000

由计算结果可知，虽然在乙地办厂，年固定成本可节约 26000 元，但是，由于单位产品变动成本比甲地高出 2 元，造成乙地建厂的损益平衡点产量比甲地高 2000 件。这表明，如在乙地建厂，较甲地更难实现盈利。事实上，若按计划年产量 20000 件组织生产，则在甲地建厂每年可获利 20000 元，而在乙地建厂每年亏损 20000 元。因而，应选择在甲地建厂。

（二）分等加权法

这种方法是列出管理者认为应该考虑的影响厂址选择的因素，并视其重要程度给予相应的权数。常用的确定权数的办法有两种：①百分制法，即先令所有影响因素的权数之和为 100，然后根据各因素的重要程度分解分配，给定各因素的权数。②定 1 法，即先令影响因素中最不重要的一种权数为 1，其他影响因素和该种影响因素作比较，根据其相对重要程度给定权数。确定了各因素的权数以后，对不同的厂址选择方案分别就各因素打分，最后计算各方案的权分和，权分和最高的方案就是最优方案。

分等加权法的工作步骤为：①列出影响因素，根据影响力强弱为其规定权数。②规定评价标尺，并为各因素定级。③计算得分。④汇总选优。

例：有甲、乙、丙、丁四个可供选择的厂址方案，其考虑因素的权数和各方案的分值资料如表 4-3 所示。

表 4-3 分等加权法

影响因素	权数	可供选择的方案							
		甲		乙		丙		丁	
地理条件	7	2	14	3	21	4	28	1	7
气候	3	3	9	2	6	3	9	1	3
交通运输	6	2	12	1	6	3	18	2	12
资源	7	1	7	2	14	4	28	3	21
能源供应	8	2	16	3	24	4	32	2	16
水源	5	2	10	2	10	4	20	3	15
排水	5	2	10	3	15	4	20	1	5
扩展余地	2	1	2	3	6	2	4	4	8
环境保护	4	1	4	2	8	3	12	4	16
安全	3	3	9	3	9	4	12	4	12
生活条件	6	2	12	3	18	4	24	1	6
协作	4	2	8	3	12	4	16	1	4
劳动力来源	5	1	5	2	10	3	15	2	10
产品销售	3	3	9	3	9	4	12	1	3
料场	1	3	3	4	4	3	3	4	4
投资费用	6	2	12	3	18	4	24	1	6
总计			142		190		277		148

在本例中，我们用定 1 法给定权数，先确定料场的权数为 1，再根据相对重要程度给定其他因素的权数，由分值和权数的乘积计算得出各方案的权分和。其中，丙方案的

权分和最高，因而是最优方案。

（三）重心法

重心法是一种选择分销中心的位置，从而使分销成本降至最低的方法。它把分销成本看做距离和运输数量的线性函数。运输到每个目的地的商品数量被假设成固定的（即不会随时间而改变）。可以接受的变化是商品的数量，只要他们的相对数目保持不变(如季节性变化)。

这种方法要利用地图显示目的地的位置。地图必须精确并且满足比例尺。将一个坐标系重叠在地图上确定各点的相应位置。这个坐标系的（0，0）点位置及其刻度并不重要。一旦坐标系确定，你就能看出每个目的地的坐标点（见图 4-2 和图 4-3）。

1. 显示目的地的地图

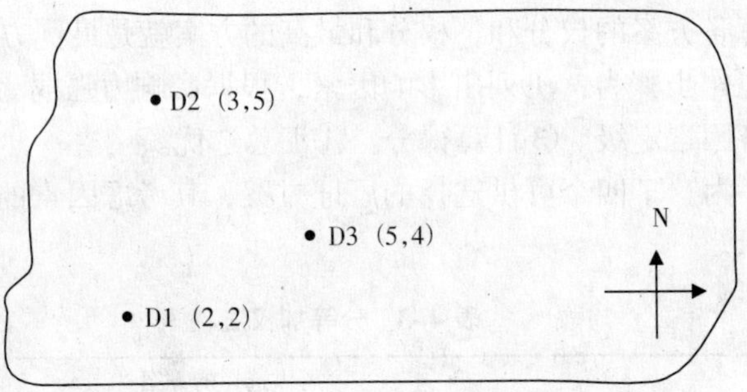

图 4-2 目的地地图

2. 加上坐标系的地图

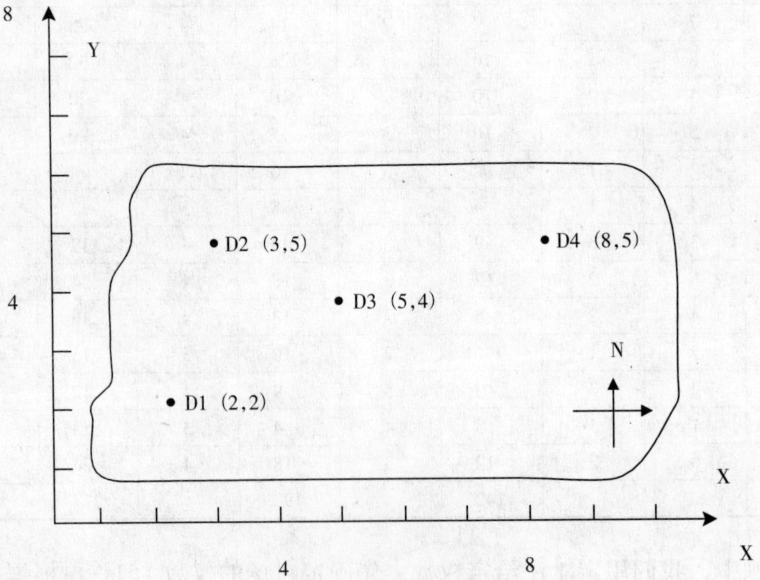

图 4-3 加上坐标系地图

3. 寻找重心

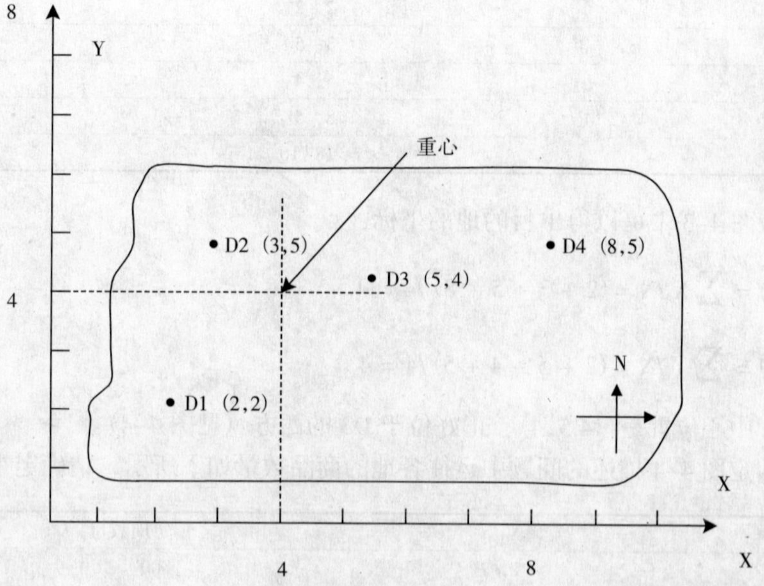

图 4-4 重心法

如果运往各地的产品数量是一样的，你就能通过计算 X 轴与 Y 轴的平均值得到重心（即工厂的位置）的坐标值（见图 4-4）（本方法也适用于分销中心的选址）。这个平均值可以通过以下公式轻易求得：

$$X_{平均} = \sum X_i/N \quad (4\text{-}1)$$

$$Y_{平均} = \sum X_i/N \quad (4\text{-}2)$$

式中，X_i 目的地 i 在 X 轴上的位置；Y_i 目的地 i 在 Y 轴上的位置；Y 目的地的数目。

当运往各地的商品数量不一致时（这是常有的情况），必须以运往各地的商品数量作为权重，用加权平均法来求重心。

它的近似公式是：

$$Cx = \sum X_iV_i / \sum V_i \quad (4\text{-}3)$$

$$Cy = \sum Y_iV_i / \sum V_i \quad (4\text{-}4)$$

式中，V_i 为运往第 i 个零售点的商品数量；X_i 为 i 个零售点的 X 坐标；Y_i 为 i 个零售点的 Y 坐标；Cx 为重心的 X 坐标；Cy 为重心的 Y 坐标。

例：求图 4-3 描述的问题的重心坐标位置。假定从重心运往四个目标的商品数量都是一样的。

目的地	X，y
D1	2，2
D2	3，5
D3	5，4
D4	8，5
	18 16

解：从图 4–3 中可以得出目的地的坐标：

$X\text{平均} = \sum X_i/N = (2+3+5+8)/4 = 4.5$

$Y\text{平均} = \sum Y_i/N = (2+5+4+5)/4 = 4$

因此，中心位置是（4.5,4），正好位于 D3 的西方（见图 4–4）。

例：假定图 4–4 描述的问题中运往各地的商品数量如下所示，请确定重心位置：

地点	X，y	每周数量
D1	2，2	800
D2	3，5	900
D3	5，4	200
D4	8，5	100
		2000

解：因为运往各目的地的商品数量不同，所以必须使用加权平均公式：

$Cx = \sum X_iV_i / \sum V_i = (2\times800 + 3\times900 + 5\times200 + 8\times100)/2000 = 6100/2000$

$= 3.05 \approx 3$

$Cy = \sum Y_iV_i / \sum V_i = (2\times800 + 5\times900 + 4\times200 + 5\times100)/2000 = 7400/2000 = 3.7$

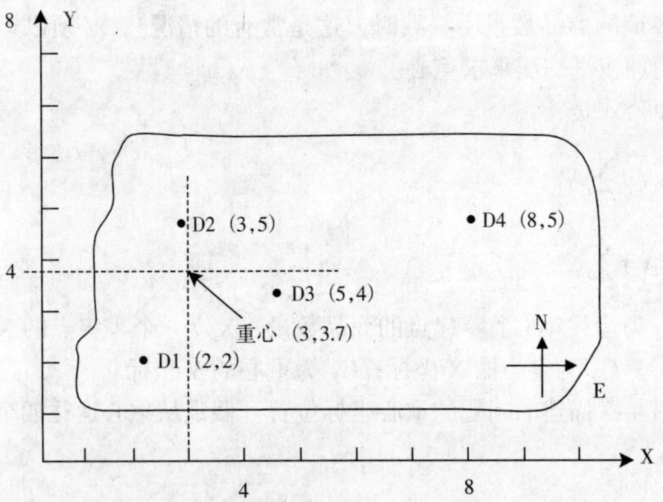

图 4–5　运往各地商品数量不一致时的重心法

第二节　服务机构选址

一、影响服务机构选址的因素

在进行选址决策时，服务业和零售业与制造业相比，很明显它们的考虑重点不同。对前两个行业来说，与原材料的邻近程度通常不是考虑因素，也不考虑加工要求，但方便顾客却通常是其首要考虑因素。制造业更多地考虑成本，所以比较关心劳动力、能源和原料的成本及其可获得性，同时也关心分销成本。服务和零售业则更多地考虑营业收入，所以比较关心诸如年龄、收入、教育、人口/规划区域、竞争性、交通的便利性/方式等人口统计数据，也关心如何才能更加方便顾客群。

案例 4–1　麦当劳确保盈利的店铺选址

2004 年 1 月，麦当劳在杭州天阳·明珠商业中心开了一家新店，让人难以理解的是，麦当劳把新店放在了地下层。于是很多人都有这样的疑问：麦当劳在这个地方能盈利吗？

很快这家店面门庭若市的盛况打消了人们的疑虑，麦当劳在选址方面的精明也又一次让人刮目相看。

经常吃麦当劳的人会有印象：几乎每一个麦当劳店生意都是很兴隆的。

麦当劳生意兴隆的原因除了品牌的因素外，店址的选择也是其中至关重要的条件。选到了合适的地点，等于生意成功了一半。

在选址问题上，麦当劳有一本厚达千页的规范手册作为指导，一切都程序化。广泛而详尽的店址决策系统，包括人口统计数据库和以人口统计为基础的专业行销研究机构的决策支持。麦当劳借助此系统能将目标店址方圆五至七里范围内的消费群和竞争态势作出透彻分析。可以充分保证麦当劳商铺选址上的万无一失。

1. 麦当劳老板坐飞机选址

在麦当劳开连锁店的初期，分店选择店址十分谨慎和挑剔，克罗克往往会亲自出马，从方便顾客就餐的角度思考问题。

克罗克通过乘坐租借的飞机来选址。他往往飞越一个社区寻找学校和教堂的尖顶，然后勘定建店的地址。那时，他喜欢选择靠近购物中心的人均收入高于平均水平的住宅区。研究显示，3/4 的顾客是在办别的事时顺便来麦当劳就餐，于是选址方式又按照顾客活动和车辆行人往来的规律来进行。

2. 麦当劳选址的原则

（1）方便顾客

麦当劳选址的基本原则是尽可能方便顾客的光临。麦当劳的选址精确到“米”，方法有“数灯泡”、“步量”等，尽量让人们最需要时容易找到它们。

麦当劳的研究表明，顾客来麦当劳就餐的决定，其中70%是一时冲动，所以麦当劳选择的餐厅地点尽可能方便顾客的光临。

在美国，麦当劳公司除了在传统的区域和郊区建立餐厅之外，还在食品商场、医院、大学、大型的购物中心（沃尔玛、家庭仓储）建立分店；在美国之外，麦当劳首先在中心城市建立麦当劳餐厅，然后再在中心城市之外辐射出网点。

因此，选择一个成熟的地区、成熟的市场、成熟的商圈进行成熟的商铺营销，是麦当劳成功的基本法则。

（2）麦当劳选址法则

1）针对目标消费群。麦当劳经营定位于年轻人、儿童和家庭成员，所以选点必须在这些人出没的地方或繁华闹市人潮涌动之所。

2）着眼于今天和明天。麦当劳选点，要求20年不变。

3）讲究醒目。点一定要在一楼或二楼的临街店堂，要有透明落地玻璃窗，让路上行人感到麦当劳的文化氛围。

4）不急于求成。黄金地段的房价往往过高，当房主要价超过投资心理价位时，麦当劳一般不急于求成。

5）优势互动。麦当劳往往选择品牌知名度和信誉度较高的“家乐福”、“沃尔玛”等知名百货企业来开店中店，这样既可为百货企业带来客源，又吸引逛商场的顾客到麦当劳就餐。

6）谨慎。麦当劳选址从不片面追求网点数量的扩张，而是经过严格的调查与店址评估。

麦当劳选址建新店都是慎之又慎，前期都要经过很长时间的市场调查。通常一个店是否开都要经过三到六个月的考察，考察的问题极为细致，甚至涉及店址是否与城市规划发展相符合，是否会出现市政动迁和周边动迁，是否会进入城市规划红线。进入红线坚决不碰，老化商圈内坚决不设点。

正因为麦当劳选址的眼光之敏锐，所以他的失败率很低，这不仅保证了生意兴隆，而且使得别的商家对他们产生了信心。

资料来源：http://book.qq.com.

零售和服务组织一般把交通流量和便利性作为最先考虑的因素。特别类型的零售或服务公司可能会更注重由公司或顾客的性质所决定的特定因素。如果公司是独一无二的，并且有自己的吸引力，那么即使邻近竞争对手也无所谓。但是，零售公司常会为了更大的交通流量和方便顾客宁愿与别的零售商毗邻而居（虽然不一定是对手）。

医疗服务机构为方便病人常位于医院附近。医生的诊所可能在医院附近，也可能与其他医生的诊所集中在某个区域。便利的公共交通是经常考虑的因素。

便利的交通或停车场所对零售公司而言是至关重要的。因为这一点，路边商店就比市中心更能吸引顾客，因为它较易免费停车并靠近居民区。

对需要顾客前往服务地的公共服务行业（与诸如家庭维修和清洁之类的家庭服务相对）而言，顾客的安全和保障是关键因素，尤其是在城镇居民点。

竞争对手的位置也很重要。在某些情况下，公司愿意与竞争对手毗邻而居，以便从潜在顾客的聚集中受益。路边商店和汽车行是很好的例子。在另一些情况下，邻近同类的公司并不重要，因为它们不是竞争对手。而在一些情况下，远离竞争对手却很重要（如同一家快餐店的连锁店）。

案例 4-2　争夺病人：医院寻找位置，位置！

第一流的高级东方诊所（Upper East Side）挤在卡尔文·克雷恩诊所、卡尔夫·洛恩诊所和纽约巴恩斯诊所之间。在那里，心情被认为与医药一样珍贵。

木兰花开放在宽敞的门厅里，抽象画挂在洁白的点缀着玫瑰的走廊里，哥伦比亚长老会医疗中心（Columbia Presbyterian Medical Center）在东街 60 号和马迪木街新开张了附近的医疗诊所。

诊所是哥伦比亚长老会医疗中心吸引新病人的许多举措之一。这些病人既接受常规服务，又在华盛顿的主医院接受更为复杂的治疗。由普通渡船免费接送诊所西北的病人，沿着哈得逊河，绕着哈勒姆向医院曲折而行。这里的临近地区不是最好的昂贵时装店，而是自动洗衣机店和 EI 自助餐馆。

由于在其他地方非常流行的医疗管理制度开始在纽约实施，因而在该地区竞争激烈的医疗市场上，医院的位置变得非常重要了。在固定付款的新形势下，医院存活的时间越来越短，高专业化服务的配给也越来越紧张，医院必须从病人数量而不是从服务费中挣钱。

这样的结果是：为争夺市场份额或者新病人的竞争不是靠手术刀和听诊器，而是靠潜在客户居住的临近地区开设新诊所。

“在管理医疗保健方面，纽约已经相对落后于这个国家的其他城市，因为它太规矩了。”纽约医疗协会主席 Kenneth E. Raske 说，“但新的医疗管理制度已经颁布，他们将会对重新绘制纽约的医疗地图产生深远影响。”

正在出现的最有可能为医院提供新病人的是像哥伦比亚长老会一样的诊所，这些诊所在医疗行话中被称为“中心”，以免潜在病人把这些前卫诊所与给穷人和未保险的人提供医护的传统诊所相混淆。为了吸引不愿离开他们受保护的街区的中产阶级，城市里的大医院开始在种族居住区、规模较大的纽约邻区、近郊的富人社区，甚至远在东欧的美国侨民社区开设分支机构。

四个月以前，哥伦比亚长老会医疗中心在墨西哥设立分所，并打算在华沙、布拉格、圣彼得堡、布达佩斯，或许还有北京设立分所。

“我们觉得将来不会再有医院，”哥伦比亚长老会医疗中心的总裁 William T. Speck 博士说，“而且在 10 年或者 20 年之内，许多活动可能会发生在某个中心甚至在家里。”

医院的主管喜欢这种分站，典型的分站没有床位并且不提供全天医疗服务，因而比提供全日制医疗服务的高级专门医院的运营成本低。Speck 博士说，孕妇在这种场所中分娩的费用要比在医院中所花的 9000 美元少一半。

毫不奇怪的是，哥伦比亚长老会医疗中心正计划在距其马迪森大街医疗点仅一个街区远的地方建立一个生育中心。

资料来源："Vying for patients，Hospitals Think Location，" Doreen Carvajal ,The New York Times Company Copyright @1995 The New York Times Company，Inc. Used permission.

在服务业和零售业选址规划时必须考虑以下问题：

(1) 在选址时如何才能实现销售额、市场份额和利润的最优化？

应该把提升现有设施的水平、扩充一些新厂址、增加新的商店、关闭或改变某些厂址的布局等结合起来考虑。

(2) 可能的措施中，哪些是可为公司带来实际利益的措施？

(3) 为使市场份额、销售额和利润最大化，而不对其他商店造成不利影响，应把店址选在哪里？

(4) 如果附近有竞争对手，将会对商店的市场份额、销售额和利润造成什么影响？

表 4-4　服务/零售业与制造业选址要考虑的因素比较

制造业/批发商	服务业/零售业
关注成本	关注收入
运输模式/成本	人口统计数据：年龄、收入、教育
能源的可得性/成本	人口/规划区域
劳动力成本/可得性/技能	竞争性
建筑/租赁成本	交通的便利性/方式 接近顾客的程度/车位

二、服务机构的选址方法

（一）成本分析法

成本分析法就是根据预期计算出固定成本和变动成本之和，取总成本最低的选址方案。

例：一个农用工具商正在寻找第四个商店的位置，以补充已有的三个商店。现有三个地点可供选择：夏洛特（Charlotte）、亚特兰大（Atlanta）、哥伦比亚（Columbia）。夏洛特的固定成本为每月 4000 美元，可变成本为每单位 4 美元；亚特兰大的固定成本为每月 3500 美元，可变成本为每单位 5 美元；哥伦比亚的固定成本为每月 5000 美元，可变成本为每单位 6 美元。选择夏洛特会使系统运输成本每月增加 19000 美元，选择亚特兰大则为 22000 美元，哥伦比亚为每月 18000 美元。哪个地点会使每月能出售 800 单位而总成本最低？

解：已知总量是每月 800 单位：

每月成本总额 = 固定成本 + 流动成本 + 运输成本

	固定成本/(美元/月)	可变成本（美元/单位）	每月运输成本/美元
夏洛特	4000	4	19000
亚特兰大	3500	5	22000
哥伦比亚	5000	6	18000

夏洛特：　$4000 + 4 \times 800 + 19000 = 26200$ 美元

亚特兰大：$3500 + 5 \times 800 + 22000 = 29500$ 美元

哥伦比亚：$5000 + 6 \times 800 + 18000 = 27800$ 美元

因此，按照这种销售量，选择哥伦比亚每月总成本最低。

（二）利润分析法

利润分析法就是根据预期收入和预期成本，计算出预期的利润，取预期利润最高的地址。

例：一个产品批发商想退掉原来的租赁场地，搬到一个新的地方去。现有两处新地点可供选择。A 地固定成本为每月 8000 美元，可变成本为每单位 5 美元；B 地固定成本为每月 9400 美元，可变成本为每单位 4 美元。在过去几年内，每月的需求量稳定在 8800 单位，在可以预见的将来不会偏离这个数目。假设每单位卖价是 6 美元，则在上述条件下哪一个地点的利润最高？

解：

利润 = 收入 − 成本 = 销售量 × 销售单价 − 固定成本 − 变动成本

地点	收入/美元	固定成本/(美元/月)	变动成本/(美元/单位)	利润（美元）
A	52800	8000	44000	800
B	52800	9400	35200	8200

由此看出，B 地可望取得更高的利润。

（三）市场需求与供应密度分析法

这种选址方法是通过对一个区域市场的零售潜力（需求密度）状况，结合当地已有的零售商店情况和可供选择的店址（供应密度）进行综合分析，最后在合适的商圈确定可选用的合适店址的一种选址方法。该方法相对简化了商圈分析内容，对大型商店的选址较为适用。

1. 需求密度

一定的户口区或一部分地区对零售商提供的商品和商业性服务的潜在需要，称之为需求密度。对于不同业态的零售商而言，其需求潜力的影响因素是不同的，例如一个地区对超级市场和儿童玩具店的需求潜力是不一样的。因此，要确定需求密度，首先必须根据企业特点弄清楚什么是影响潜在需要的主要因素。下面我们来举一个例子：

例如，某个连锁百货公司正在对某个地区开设商店的可能性进行评估。这家百货公司确定的影响潜在需要的最主要因素有三个，分别是：中等家庭收入超过 40000 元；每平方里的住户数超过 2000 户；最近三年每年人口平均增长率至少 2%。

该百货公司拿到的这个地区地理图如图 4–6 所示。它是由 23 个户口区组成的。这个地区的西部边界是山区，北部和南部有主要的公路，东部是铁路区。在图 4–6 中，我们可以绘制需求密度的范围，上述三个条件对正在进行评估的这 23 个户口区中的每个户口区都是适用的，这样就可以不费力地想象每个区的潜在需要密度。根据调查分析得出结论：有 3 个区（6，10，17）符合所有三个条件；有四个区（1，5，11，16）符合三个条件中的两个；有 5 个区（8，9，14，15，18）只符合其中的一个条件；另外 11 个区（2，3，4，7，12，13，19，20，21，22，23）一个条件也不符合。

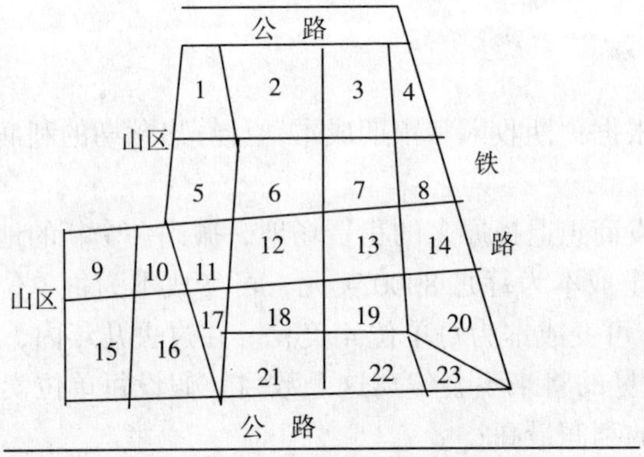

图 4–6 需求密度图

2. 供应密度

需求密度图清楚地反映了整个地区中潜在需要最大的那一部分地区。接下来，我们分析供应密度，即零售商在不同户口区的集聚程度，我们把现有竞争对手的开设地点和可供开店的地址也绘成图（见图 4–7）。

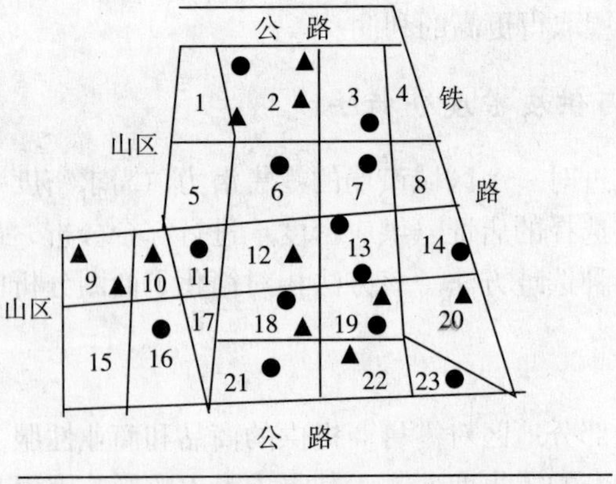

图解：●表示现有商店
▲表示可供选择的地点

图 4–7 商店密度和可供选择的开店地点图

图 4-7 中所示的是整个地区的商店密度和可供选择的开店地点。从中我们可以发现，两个户口区（10 和 17）最具有立地建设的潜力，这两个区需求密度大而无竞争商店。此外，有的户口区的需求密度是相当有吸引力的，在那里现今还无竞争商店进入(如 1 区、5 区)。

当然，在某些户口区需求超过供应，并不意味着马上就可以在这些户口区开设商店。要开设商店，一定要有可用的场所。从图中我们也可以看到在条件最好的 7 个户口区（按需求密度划分，有第 6、10、17、1、5、11、16 区）中，仅第 10 户口区有可用的场所；在第 1、5 和 17 户口区，现在没有零售商店，也没有开设商店的可用场所，这可以说明现在这些地区没有商店，或许是因为这些地区全部供应居住使用。

在图 4-7 中，除了图中表示的唯一一个好的潜在的可用场所之外，我们也可以考虑一下其他区。第 9 户口区临近需求密度高的 10 户口区，这个区现在没有商店，却有两个场所是可用来开设新商店的。另外，第 12 区邻接 11 区和 17 区，后两个区均有吸引力，但是缺少可用场所，而 12 区却有一个可用场所。因此，我们不妨将第 9 区和第 12 区作为备选的立地店址。

（四）多因素组合分析法

这种方法是先确定影响商店位置的各种因素及其重要程度，然后对各个备选店址进行评分，最后确定最佳店址的方法。其步骤如下：

(1) 图上作业。找出商店设置的可行店址。通过商圈分析，可为商店确定未来发展的商圈。在商圈图上标示出该地区现有的各类网点：标示出该商圈内可能产生竞争和可能与之共同形成商业聚集地的网点；标示出该区域内的交通线路和公交站的分布，特别要标示出可能产生较强购买力的人口密集区。在考虑市政规划的基础上，综合评价上述因素，选择若干可行地点作为商店的备选店址，在各备选店址中选择。

(2) 零售商根据各种因素影响商店的重要程度确定权重，并对各备选选址进行因素评分，然后计算出各店址评价结果的总数。例如影响商店位置的因素主要有 14 项，每个备选店址各因素的评分及计算结果如表 4-5 所示。

表 4-5 商店选址的多因素分析

选址因素	权重	预选店址得分			权重 × 预选店址得分		
		店址 1	店址 2	店址 3	店址 1	店址 2	店址 3
商圈内人口多	5	8	7	9	40	35	45
商圈内收入高	5	5	7	6	25	35	30
接近目标顾客	5	6	5	6	30	25	30
商圈内人口多	5	8	7	9	40	35	45
商圈内收入高	5	5	7	6	25	35	30
接近目标顾客	5	6	5	6	30	25	30
机动车流量大	3	7	5	7	21	24	21
非机动车流量大	3	5	5	6	15	15	18

续表

选址因素	权重	预选店址得分			权重×预选店址得分		
		店址 1	店址 2	店址 3	店址 1	店址 2	店址 3
行人流量大	5	5	6	6	25	30	30
与邻店关系融洽	2	-4	3	4	-8	6	8
物业费低	4	6	5	-3	24	20	-12
广告费低	2	5	6	3	10	12	6
商店能见度高	3	3	5	5	9	15	15
营业面积合适	3	4	-2	6	12	-6	18
店面可扩充	2	-6	-2	-2	-12	-4	-4
停车位充足	3	-5	3	6	-15	9	18
与开发商关系融洽	2	7	5	4	14	10	8
合计					190	226	231

注：权重按照每一因素的重要程度分为 5 个等级，每个地址各因素评分在 -10～10。

从计算结果看，被选店址 3 最佳，店址 2 次之，店址 1 最次，但这并非意味店址 3 是事实上的最佳选择，还需要作进一步分析。

(3) 就店址作进一步相关分析。分析主要内容有：地址条件与新开商店的相符程度；销售前景分析；竞争地位分析；与周围其他类型商店的相容能力分析。在相关分析后，零售商可以找到预期获利最佳的店址，这实际上是一个优化决策问题。

从备选店址的参数得分中可知：①店址 1 竞争激烈，进入这一市场可能会因竞争过度而无利可图，甚至可能会拖垮企业；②店址 2 位于流动人口多、居住人口少的商业区，如果新开商店是便利店的话，则与该业态接近居民区的要求相差较远；③店址 3 的流动人口大，人口分布集中，竞争者少，交通运输和场地条件较好。相比之下，店址 3 是最优店址。

第三节　能力规划

一、生产运营能力的概念

生产运营能力是指生产运营设施在一定时期内，在合理的生产组织条件下，所能生产运营的一定种类的产品/服务的最大值。理解该概念，需注意下列几个方面：

◆固定资产数量
◆技术组织条件
◆生产运营时间

◆生产运营设施单元
◆综合生产运营能力
◆管理人员的位置

（1）固定资产数量。直接参加生产运营的固定资产数量对企业生产运营能力具有很大影响，尤其对于采用大规模机器体系进行生产的制造业，更是如此。

（2）技术组织条件。企业生产运营活动总是在一定条件下进行的，如产品、流程、特定空间、人员、组织方法、采购供应、维护……这些对固定资产的利用率会产生很大的影响。

（3）生产运营时间。生产运营能力通常指生产运营设施在一定时期内的产出，该时期有多长，也即在该时期内固定资产制度生产运营的时间。

（4）生产运营设施单元。生产运营设施可以是一个工人、一个商店、一台设备、一条生产线、一个车间、整个企业。

（5）综合生产运营能力。企业综合生产运营能力可以从两个方面来考虑：一方面，如果企业有多个产品，可用代表产品或标准产品来表示，其常用的度量的量纲可以有千瓦（kW）、千克（吨）或工时等；另一方面，企业综合生产运营能力是指经过综合平衡以后所能达到的生产运营能力，也就是说，生产运营能力的核定依循“设备→设备组/工段→车间→企业”的顺序，即由“单元→局部→系统”的顺序进行。由于各个环节的生产运营能力往往各不相同，因此，生产运营能力的决定应以综合平衡为基础。

管理人员的位置不同，对生产运营能力的管理也不相同，比如，高层领导、部门主管、生产线经理、领班/班组长等，他们对生产运营能力的管理，无论是眼界范围、管理权限，还是方法手段都有很大的差别。

二、生产运营能力决策的重要性

案例 4-3　垃圾过少使得垃圾填埋公司处于艰难境地

不久以前，人们还绝望地预测将缺少填埋垃圾的能力以处理公司和居民排放出来的垃圾。然而现在，全国上下许多垃圾填埋公司不得不依靠填埋垃圾（及垃圾处理费用）之外的业务来艰难维持生存。过去一度被认为是生产能力不足的情况，现在变成了生产能力过剩。

导致这种转变的原因是公众回收垃圾的努力，这种努力和意识超出了专家的预计。出于政府法令和成本节约的考虑，公司更努力回收垃圾了；并且，在它们的产品中采用了更多的可回收或能再次利用的部件和原料，减少了用于产品包装的物质。

但是，垃圾填埋和其他经营一样是设计在一定经营水平上的。它很难超出其设计生产能力（在有些州，这甚至是非法的），同时，若大大低于其设计生产能力，它也会失去效率。一些垃圾填埋公司所面临的困境再次强调了长期生产能力计划的风险和对未来产品需求做出准确预测的重要性。

资料来源："Riga Landfill Strains to Survive," Michael Caputo, Rochester Democrat and Chronicle, July 28, 1997, P.LA.

生产运营能力管理对企业的生产经营、生存发展具有关键的深远影响，是生产运营历程必须做出的最重要的关键决策之一。

(1) 生产运营能力决策往往意味着企业资源的长期性投入，一旦实施，调整极其困难，并且，生产运营能力（资产）专用性越高，调整成本也越大。

(2) 生产运营能力往往是初始成本的主要关键性因素，一方面生产运营能力越大，一次性投入也越高；另一方面，在理想情况下，即当生产运营能力与生产运营任务大体匹配时，生产运营能力可扩大达到规模经济能力，则单位产品成本将达到最低。另外，生产运营能力管理是基于对未来的预测，并且市场需求也会变化或波动，因而"理想情况"根本不存在或极其短暂。此时，企业还必须通过其他方法、手段来平衡需求变化与生产运营能力之间的差异，显然，该"平衡手段及其平衡成本"与生产运营能力大小密切相关。可见，生产运营能力的决策不仅影响到资本初始投入量，还影响到生产运营成本。

(3) 生产运营能力影响到竞争。生产运营能力是否具有柔性、是否在规模经济点上，企业是否拥有超额生产运营能力、能否在短期内迅速扩大生产运营能力，都会对本企业的竞争能力、对竞争对手的行为产生明显的影响。

(4) 生产运营能力会对企业的成长和发展机会产生很大的影响。生产运营能力过小，会限制产量的增长，而能满足需求的生产运营能力则会给企业带来巨大的发展机会。

三、生产运营能力计划与管理

对于企业的任何层级而言，任何一个生产运营能力管理问题的本质都是相同的，都是围绕下列几个核心问题展开的：

- ◆生产什么？
- ◆生产多少？
- ◆何时生产？
- ◆如何解决？

"生产什么？""生产多少？"是指生产运营能力计划的根本出发点是产品或服务决定生产运营能力。也就是说，产品或服务的特征、目标市场的定位从根本上决定了生产运营能力大小与结构、工厂场址选择、设施布置、生产运营流程、生产运营设施与设备、员工技能等。

"何时生产？"是指生产运营能力计划必须综合考虑"市场需求、营销安排、生产运营、财务要求”在时间上的协调性。

“如何解决?”是指形成生产运营能力的途径、方法、手段很多，企业需要全面分析、合理选择。

另外，与生产运营能力管理相关的其他因素是：一是基于新企业（生产运营系统）还是现有的企业（生产运营系统）；二是面向长期还是中期或短期。

（一）生产运营能力的利用状况

生产运营能力利用状况是进行生产运营能力计划与管理的重要环节。在实际工作中，可利用生产运营能力的效率与利用率两个指标进行度量。

生产效率 = 实际产出/有效生产能力　(4–5)

生产利用率 = 实际产出/设计生产能力　(4–6)

通常，运营部经理只会注意生产效率，但是许多情况下这种强调是误导性的，特别是当有些生产能力与设计生产能力相比很小时，在这种情况下，高的生产效率所表明的资源有效运用并不表明资源真正得到有效运用，下面给出一个例子说明了这一点。

例：已知：某工厂设计生产能力为 50 辆/天，有效生产能力为 40 辆/天，实际产出为 36 辆/天。计算汽车修理车间的生产效率和生产利用率。

解：生产效率 = 实际产出/有效生产能力 =（36 辆/天）/（40 辆/天）= 90%

生产利用率 = 实际产出/设计生产能力 =（36 辆/天）/（50 辆/天）= 72%

这样，与每天 40 辆的有效生产能力相比，每天 36 辆的产出似乎还可以。然而，当与每天 50 辆的设计生产能力相比，每天 36 辆的产出就不那么理想了，相反它给人的却是另一层含义（设计生产能力未得到充分使用）。

因为有效生产能力决定了实际产出的可能性，因此，提高生产能力利用率的关键是通过改进产品质量问题、保持设备良好运行条件、充分培训雇员和利用“瓶颈”设备以提高有效生产能力水平。因此，提高生产利用率依赖于提高有效生产能力的程度，这就需要了解什么因素限制了有效生产能力。

必须认识到的是，高生产利用率所能带来的好处，仅在于存在对产品需求的情况；当不存在产品的需求时，仅注意生产利用率的提高可能会引起相反的作用，因为过量生产所导致的不仅是可变成本的增加，而且还会产生产品存货成本的增加。另外，高生产利用率还可能导致由于生产“瓶颈”环节引起等待时间而增加运营成本。

（二）有效生产能力的决定因素

影响生产运营系统的有效能力的因素很多，主要包括：

1. 生产设施因素

生产设施的设计，包括厂房大小以及为扩大规模留有的余地是一个关键因素。厂址因素，包括运输成本、与市场的距离、劳动供应、能源和扩张空间，也是很重要的因素。同样，工作区的布局也决定着工作的平稳执行。供热、光线和通信等环境因素，无论对于职员能否有效工作，还是对必须尽力克服不利设计带来的影响，都有很重要的作用。

2. 产品和服务因素

产品和服务设计对生产能力也有巨大影响。如果生产的产品和服务相似的话，系统生产这类产品的能力要比后续产品不同的生产能力大。因此，一家提供有限菜单品种的餐馆，比菜单品种繁多的餐馆通常更能快速提供服务。一般说来，产出越一致，其生产方式和材料就越有可能实现标准化，从而能达到更大的生产能力。此外设计的特定产品或服务组合也必须加以考虑，因为不同产品有不同的产量。

3. 工艺因素

加工能力是决定生产能力的一个明显因素。另一个隐含的决定因素是产品质量的影响。例如，如果产品质量不能达到标准，产品检验和返工就会导致产量下降。

4. 人力因素

组成一项工作的任务、涉及活动的种类以及履行一项任务需要的培训、技能和经验对潜在和实际产出都有影响。另外，雇员的动机、缺勤和跳槽与生产能力也有着直接的联系。

5. 运行因素

一个组织由于不同机器设备存在设备生产能力的矛盾或工作要求的矛盾而产生的排程问题、存货储备的决策、发货的推迟、所采购的原材料部件的合意性，以及质量检查与进程控制，都对有效生产能力具有影响。

例如，当通用汽车公司首次推出前轮驱动汽车时，存货问题对其生产能力产生了不利的影响。由于汽油短缺和油价上升引起的未预料的需求，超过了其汽车的生产供应能力，公司管理人员只好叹惜由于公司不能迅速克服零部件的短缺，使得增加销售的机遇白白错失。这样由于部分生产能力不足影响到了整个生产能力。

6. 外部因素

产品标准特别是产品最低质量标准和服务标准，能够限制管理人员增加和使用生产能力的选择余地。这样，产品和设备的污染标准经常会减少有效生产能力。正如政府规章条例要求造纸业工人从事非生产性的活动，工会限制雇员工作时间和工作种类的契约也有相似的影响。

表 4–6　决定有效生产能力的因素

工厂设施	1. 设计 2. 选址 3. 布局 4. 环境
产品/服务	1. 设计 2. 产品或服务组合
工　艺	1. 产量能力 2. 质量能力
人力因素	1. 工作满足 2. 工作设计 3. 培训和经验 4. 动机

续表

人力因素	5. 报酬 6. 学习率 7. 缺勤和跳槽
运　行	1. 排程 2. 材料管理 3. 质量保证 4. 维修政策 5. 设备故障
外部因素	1. 产品标准 2. 安全条例 3. 工会 4. 污染控制标准

（三）规模经济与规模不经济

规模经济是指随着生产规模的扩大，单位产出成本随之下降。对于一个给定规模的企业来说，规模经济与最佳运行水平相关。如图 4–8 所示，规模经济并不是出现在平均成本曲线之间，而是出现在平均成本曲线上。

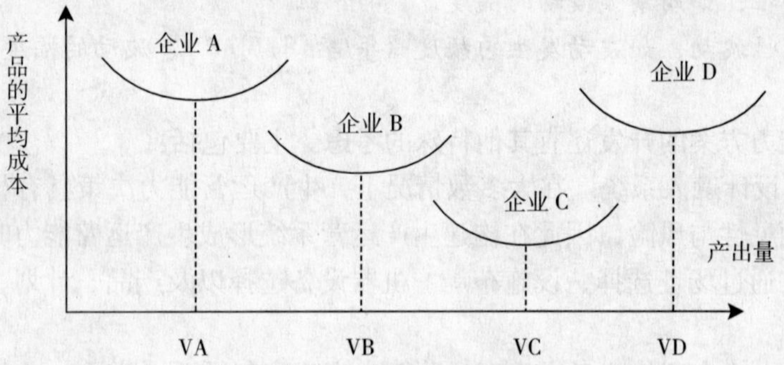

图 4–8　规模经济

图 4–8 显示了不同规模的企业 A、企业 B、企业 C、企业 D 的最佳运行水平点 VA、VB、VC、VD。产生规模经济的原因有以下几个：

（1）随着规模的扩大，产出量的提高，单位产品分摊到的固定成本下降，从而使得单位产出成本下降。

（2）随着产出量的增大，企业能够获取更大的数量折扣，从而减少了原材料成本。

（3）随着产出量的增大，企业能够利用经验效应提高劳动力和设备的专业化程度，从而降低单位产出成本。

产生规模不经济的原因有：超过最佳运行水平会增加协调成本，如加班、超产排产、因超负荷运行而缺乏预防性维护造成的故障等。规模不经济也可以发生在规模较大的企业里，因为规模过大会增加物流配合、人员协调的成本。规模过大会导致组织机构庞大，也是产生规模不经济的原因之一。企业规模过大会使得部门之间的协调困难，使得管理者与员工沟通交流会变少。调查表明，对于有工会的企业，平均每百名员工的抱怨率会随着企业规模的增大而增加。

尽管确切找到最佳规模和最佳运行水平很难，企业还是经常制定最大规模政策以寻求规模经济。因此，真正的挑战是如何预测不同规模、不同产出量的变动带来的成本变动。这就需要谨慎评估每种情况下的规模经济的不同成因。

在最近几年里，人们经常能够看到规模不经济的来临要比预期的要早些。随着市场需求的复杂多变，技术水平的不断提高，企业生产（服务）规模正在向小型化发展。像钢铁行业，大型的一体化钢铁制造厂正在逐步向小型钢铁制造厂转型。

四、生产运营能力方案的开发

生产运营能力方案的开发必须从定性与定量两个基本方面把握。即生产运营能力方案的开发必须首先预测业务（产品或服务）增长特征，如果业务变化无规律可循，则没有一般性的处理方法。如果业务变化有规律可循，则应具体分析，比如：

◆长期增长趋势及可能持续时间等
◆数量规模
◆周期性特征，如周期、波动的幅度
◆短期季节性波动，如波动发生的频度（年/季/月/周/日）、波动的幅度

生产运营能力方案的开发还有其他特殊的考虑。主要包括：

(1) 将柔性设计融入系统。在大多数情况下，生产运营能力决策具有长期性，包含有大量的不可预见性与风险，因此在构建生产运营系统形成生产运营能力时，必须考虑足够的柔性，并通过场址选择、设施布局、机器设备选择以及产品、计划、库存等进行落实。

(2) 全盘考虑能力变化。考虑生产运营能力变化应包括两个方面：首先，产品具有生命周期特征，不同生命周期对生产运营能力具有不同的要求，生命周期特征表明经常有新老产品的更替，产品更替对生产运营能力具有不同的要求。其次，生产运营能力涉及与生产运营系统相关的各个方面，涉及生产运营系统内部各个不同的环节，明确生产运营能力的结构、“瓶颈”所在，对合理开发生产运营能力具有重要意义。

(3)平抑需求。市场需求波动对生产运营能力利用会产生不利的影响，严重影响生产运营能力的合理安排。市场需求波峰使得生产运营能力明显不足，损失销售机会，市场需求波谷使得生产运营能力明显过剩，增加生产运营成本。解决需求与生产运营能力不匹配的问题，可综合利用多种方法来解决，如加班、库存、外包、各种营销手段等。

(4) 明确最优规模水平。了解当前规模与最佳规模之间的差距、单位产品生产运营成本可能的降低空间，了解当前产量与当前规模最佳产量之间的差距，以及在当前规模下单位产品生产运营成本可能的降低空间。

（5）控制扩大能力的频率。一般而言，生产运营能力的扩张在时间上具有阶段性、在数量上呈阶梯性。由于生产运营能力的扩张与市场需求不同步，因此，生产运营能力与市场需求差异的程度以及解决差异的办法、生产运营能力扩张在时间上的间隔期、每次在能力数量上增加多少显得十分关键。

企业必须根据具体情况，综合考虑，合理安排。常见的重要因素有：

◆可供合理利用的外部生产运营能力
◆核心业务与核心能力
◆附加价值
◆竞争战略状况与竞争状况
◆风险偏好
◆业务特征
◆经济实力

对生产运营能力方案进行评估的基本原则是经济合理、技术可行。常见的方法有：

◆盈亏平衡法
◆财务分析法
◆数学规划法
◆排队分析法
◆价值控制法
◆决策树法
◆计算机模拟法
◆综合评价

图 4–9 对生产运营能力方案开发与评价的基本内容与关键因素作了概括。

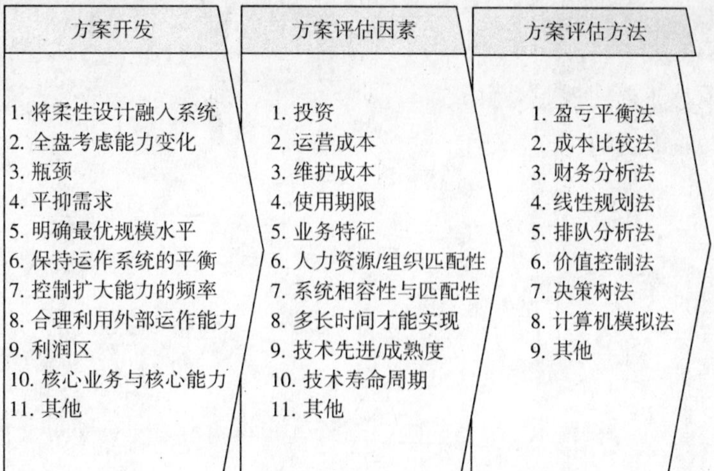

图 4–9 生产运营能力方案开发与评估

● 思考题

1. 制造型企业如果选址在郊区，会有哪些优势和不足？

2. 大型的百货商店选址应该选在什么样的位置？需要重点考虑哪些因素？

3. 高生产利用率与生产效率的区别是什么？

● 参考文献

1. ［美］罗杰·施罗德（Roger G. Schroeder）著，韩伯棠等译：《运作管理》，中国劳动社会保障出版社，2004 年 10 月。

2. ［美］Roger G. Schroeder 著，张耀平等译：《运营管理新概念与案例》，清华大学出版社，2003 年 6 月。

3. 王关义编著：《现代生产管理》，经济管理出版社，2005 年 11 月。

第五章　服务企业运营系统的设计

● 本章提要

服务业是国民经济的重要组成部分，在经济发展过程中发挥着重要的作用，也是我国实现现代化的组成部分。然而，在传统的生产与运作管理体系中，往往只讲对制造业企业生产作业的管理，对服务业管理的内容涉及不多。为此，这一章将就服务业的运作管理进行较详细的讨论，主要内容包括服务企业的特征、服务企业系统设计、服务流程设计和服务组织的设计。由于其内容比较新，并在争鸣之中，所以没有确定性的结论。希望读者学习并在实践中验证和发展。

● 章首案例

央视调查公司的服务流程①

央视调查公司是我国国内实力雄厚的一家媒体调查公司。作为服务型公司，其首要任务是为客户迅速提供调查分析报告。公司建立了庞大的数据库，并针对客户服务流程，配置了以客服人员为流程专员的长期流程专员。

客户服务流程见图 1，步骤如下：①客户要求直接传给它合作过的客户服务人员(只有在特殊情况下，比如新客户，才由经理来指派任务)。②客户服务人员将客户要求的调查内容、报表格式、交付时间等用内部网上的电子邮件传给他一贯合作的某个技术报告人员（若该技术报告人员因故不在，则传给另一技术报告人员)。③技术报告人员根据要求，编写程序指令，将数据库中获取的信息由计算机软件自动生成符合要求的报表。④报表按期交给客户服务人员，由其进行交付前的最后审核，最终交付给客户。

① 梅绍祖和［美］James T.C.Teng 著：《流程再造——理论、方法和技术》[M]，清华大学出版社，2004 年 2 月，第 32 页。

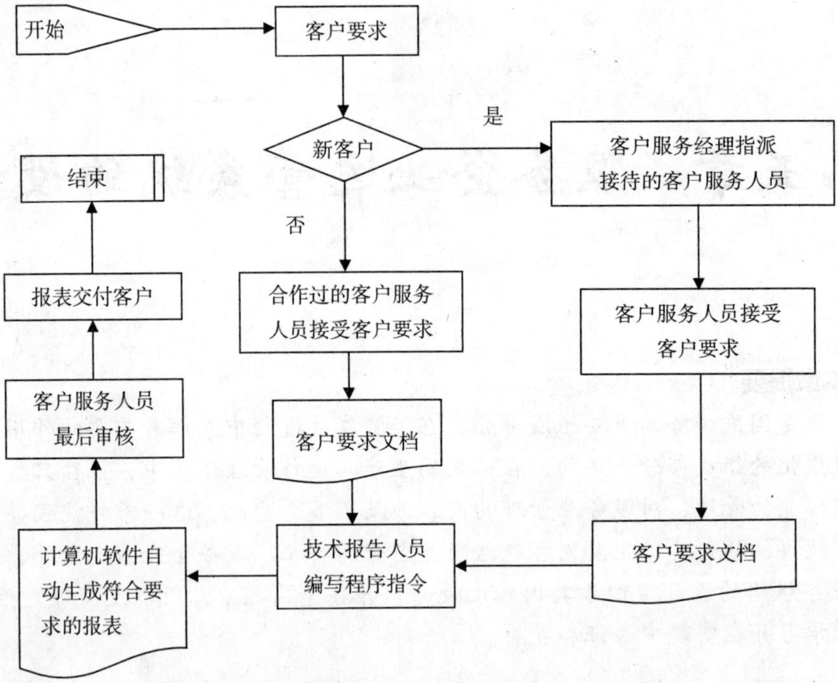

图 1　央视调查公司的客户服务流程图

该流程的优点在于：

1. 流程由客户服务人员作为全程的负责人

客户服务人员是针对某一个客户的工作流程的召集者和负责人，他自己有权挑选与之合作的技术报告人员，并对技术报告人员能否按期完成报告进行监控。所以，不会出现客服人员把客户要求上交给本部门经理，然后就不管不顾，直到客户催问时，才向部门经理询问的情况。顾客面对的就是客户服务人员这个接口，不需要知道内部流程会涉及哪些部门和人员，只需要知道他的要求会被及时有效地完成就可以了。

2. 顾客满意度的提高

流程涉及的员工为报告的质量、交付期、客户满意度承担最主要的责任。无论是客户服务人员，还是技术报告人员都更加贴近市场，能够在第一时间内获知客户对报告质量的反应。每次客户服务人员了解到客户的反馈信息后，就给合作的技术报告人员发一封电子邮件，技术报告人员也会因此而改进自己的工作。

3. 提高了管理层的管理效率

经理人员摆脱事务性工作，只处理例外事件。比如，一个大公司主动联系，成为央视调查公司的新客户，就由经理来指派与该客户进行联系的客户服务人员，并给若干相关人员发电子邮件，提醒大家要慎重对待，一定要给客户留下很好的第一印象。

在业务高峰期，会出现业务量和现有工作资源之间的矛盾，此时由经理出面进行统筹规划，按照业务的轻重缓急，而不完全是先后次序来安排工作，进行协调。

需要指出的是，流程型团队之所以得以实现，主要得益于现代信息技术即通过邮件系统来实时传递工作成果和反馈顾客信息。而且，管理层的监控也更加容易。一线员工在提交工作报告时，会将比较重要的报告同时抄送其上级领导。经理们一天可以处理上百个邮件。看标题邮件，就可以了解工作动态；对于比较重要的邮件，可以打开它详细了解内容；如果需要知道更多的信息，还可以打电话向有关责任人询问。

第一节　服务业企业的特征

一、服务业企业的特征

大多数对服务的定义都强调服务产品的无形性。服务的确是无形的，不容易量化，也不易定义，但我们认为这样的定义不完整。一个更好的定义是：服务的生产与消费同时发生。因此，服务企业有自己的一些特殊性质。就目前的研究而言，我们认为服务业较制造业有以下几个特征：

(1) 同步发生的生产和消费是服务的一个关键方面，因为它意味着当生产发生时，顾客必须在生产系统中。顾客可以对正在从事生产的生产商提出要求，并在这一过程中引进不确定性。

(2) 服务是发生在我们日常生活中的，对服务的生产并没有一定的技术性界定。相对于制造性产品而言，服务业并不像制造业那样有很强的技术性。因此，服务业的作业控制和管理过程，更多地注重人力资源管理和组织管理方面的因素，技术性因素则是次要的。

(3) 服务与服务的提供者和接受者有密切的关系，服务具有个性化的特征，同样一项服务，对不同的人而言感受相异，有的人对这项服务很满意，而另外一些人则对其不满意，服务的个性化特征决定了服务具有主观性，受被服务人当时的感受所影响。

(4) 服务的提供往往是和有形的产品结合在一起的，如对家用电器的维修服务，是为有家用电器的人们服务的。因此，大多数的服务是既提供有形产品又提供无形服务的，这种服务的特征决定了服务从准备、设计、计划和实施都有别于一般的制造业生产管理。

(5) 服务不能被储存或运输，而必须在消费地点生产。对运营来说，这意味着生产能力必须布置到接近顾客的地方，服务不能先生产出来，放入库存中以备随后消费。

(6) 服务往往具有延续性，一种服务常常要经历比较长的时间。

(7) 服务过程具有多样化的特征，没有一定的形式和规格，同样的服务也可以采取不同的形式，如面对面的服务、电话服务、邮购服务、运输服务等。

(8) 服务为社会接触活动，强调服务在生产时生产商和顾客之间的相互作用，并将此看做服务的一个关键属性。相反，制造业生产也是与顾客的相互作用，但与顾客之间有一定距离。在服务企业中，这种相互作用不仅对服务很关键，而且对服务流程设计也至关重要。

二、服务业企业的分类

为了研究服务业运作管理，必须明确服务业企业的类型。服务业企业按不同的标准分类，有多种划分，下面介绍三种分类方法。

（一）根据服务对象进行的分类

（1）对外服务。服务业企业是指以通过为消费者提供服务，并获得利润的组织。它们的主要业务是同顾客相联系，这样的服务型企业比较常见，如银行、航空公司、超级市场等。

（2）企业内部服务，又称为对内服务。这一类是在企业内部活动所需要的服务，它们已经成为企业活动的一部分，而且这部分服务并不能够直接产生价值，这些服务包括数据处理、财务会计等。当然，企业的内部服务组织也经常向公司以外的部门提供服务，成为一个服务的经营个体，从这个作用上看它与对外服务是一致的。

（二）根据服务提供的内容分类

（1）提供信息的服务。这种服务对于外部顾客而言是有偿的，内部顾客或者外部顾客可以根据获得的信息，对自己的工作进行改进，实现个人利益的优化。

（2）解决问题的服务。工厂内部出现故障是常有的事，对于外部顾客而言，有许多问题也要通过获得服务来解决，因此，解决问题就成为一种服务需求了，如公司的检修人员对工厂生产系统的维修，咨询公司解答顾客问题的服务等。

（三）根据营销中提供服务的先后顺序分类

不管对于制造业或者服务业企业而言，生产的产品或服务要通过市场营销，市场营销也属于服务的范畴，因为营销过程中提出的服务承诺，是必须通过完善的服务得以体现的，而且营销过程本身就是营销人员和顾客接触并且说服顾客的过程。此外，出售产品并不意味着服务结束，因为顾客对产品使用过程中出现的问题，都要首先找服务部门解决。对于服务性企业更是如此，如顾客购买机票后要求退票等。营销中的服务按交易的顺序可以分为交易前服务、交易中服务和交易后服务，或者称为售前服务、售中服务和售后服务，如图 5-1 所示，图中列举了一些服务要素，但不限于所列举的内容。

三、服务过程分析

服务是一种过程消费，客户对服务质量的评价很大程度上取决于他们在服务过程中的体验。因此，人们也称服务为“体验服务”。

为了进行有效的服务企业流程设计，我们有必要对服务过程作进一步的探讨，以了解影响服务企业流程设计的因素。

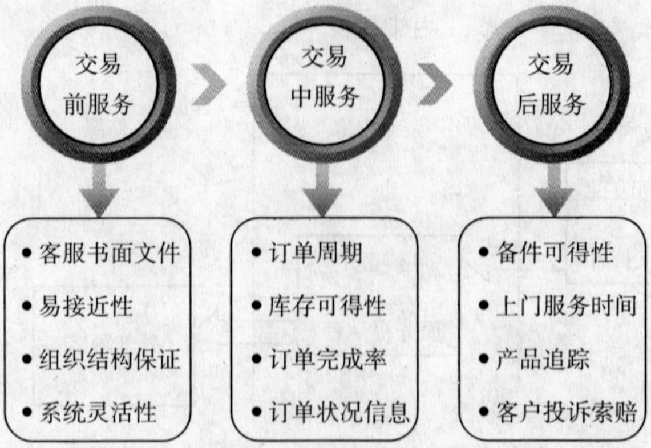

图 5-1 按服务过程划分的服务类型

服务过程是由服务企业员工与顾客的交互活动组成的，它是生产过程与消费过程的统一体，因此服务过程具有许多有别于生产过程的特殊性，概括起来表现在以下几个方面。

（一）人的因素

因为服务过程是互动的，相比有形产品的生产过程来说，人的因素显得更为重要。人的因素分为顾客与员工两类。

（1）顾客因素。顾客是服务过程的组成部分，服务过程的这一特点使得企业不仅要对员工进行培训，而且也要对服务对象——顾客进行“培训”，使顾客能够更好地扮演自己在服务过程中的角色，共同配合完成服务过程。顾客对于服务过程的要点通常是无知的，他们不知道自己什么时候该做什么。例如，顾客在办理按揭贷款时，对如何办理该项业务的步骤和需要携带的证件一般不甚清楚或者无法清晰地表达自己的要求。这就需要银行将办理该项业务的步骤和有关内容用流程图方式描绘出来，“培训”顾客，让顾客照此办理，以提高办理按揭贷款的效率。又如，病人无法清晰地描述自己的病情，医生可以设计出一系列检查方案，帮助病人客观地反映病情。

（2）员工因素。人的因素中另外一个重要的方面就是员工，服务企业中的员工可以分为两种类型：一种是直接为顾客服务的员工，我们称他们为“一线员工”；另一种就是为一线员工服务的员工，我们称他们为“幕后员工”。

顾客评价服务的质量主要取决于一线员工的服务过程，但是一线员工的服务质量离不开幕后员工的支持。简言之，如果内部服务很差，外部服务一定会受到损害。问题是幕后员工无法看到“真正的”顾客，如何才能让他们意识到自己的行为对最终服务质量的形成十分重要呢？这里有必要引入内部营销的理念，也就是按照将一线员工作为幕后员工的顾客的服务模式来管理（见图 5-2）。

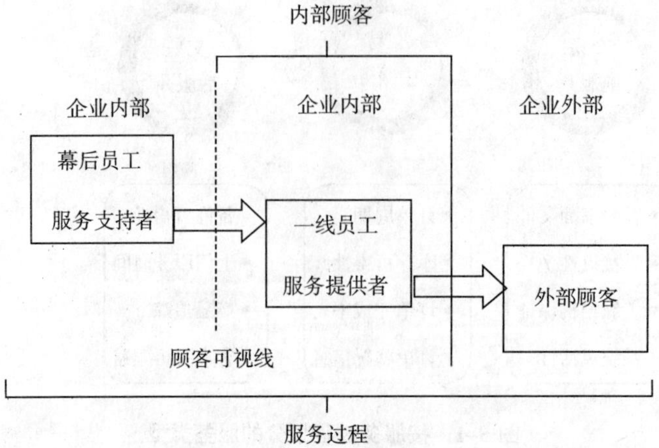

图 5-2 服务企业一线员工是企业的内部顾客

（二）物理环境因素

物理环境是指顾客能够通过视觉和触觉感知的有形实体。服务本身虽然是无形的，但是它必须依赖于一定的物理环境才能完成，物理环境因素对服务质量有重要的影响。

（1）对顾客选择服务的影响。顾客在选择服务企业时，通常依赖服务企业有形的物理环境来预测服务质量，进行消费选择。例如，顾客可以根据餐厅的装潢水准、整洁程度、内部的设施等来粗略判断餐厅的档次与服务水平。

顾客可以通过对某物流企业的地理位置、配送网络、硬件设施、物流功能、建设动态等视觉分析，以判断该物流企业的资信度。

（2）对顾客体验服务的影响。物理环境将影响顾客的服务体验。例如在理发店理发时，椅子是否舒服；在旅馆住宿时，床铺是否整洁等。有时候即使员工服务热情周到，没有任何失误，但由于物理环境大大低于顾客的期望，也会导致顾客的不满意。

（3）对企业员工行为的影响。物理环境不仅影响顾客，对员工的行为也会产生影响（见图 5-3）。从心理学角度讲，人的情绪是受环境影响的，服务环境中的灯光、音乐、设施的摆放、桌椅的舒适程度都会对长时间工作于其中的雇员的情绪产生影响，而员工的情绪又会直接影响到服务的质量。

（三）流程因素

由于服务过程是由一些交互活动组成的，这些活动按照一定的顺序排列就会形成一个流程，可见流程是服务过程的核心。制造过程虽然也研究流程，但是由于顾客并不参与产品的制造过程，因此流程设计只要关注产品质量控制、成本控制等客观因素即可。而服务流程则不同，流程设计时必须还要注意顾客的因素，充分考虑顾客对流程的反应。流程设计是简单还是复杂，是合理还是不合理都将影响到顾客对服务质量的评价。

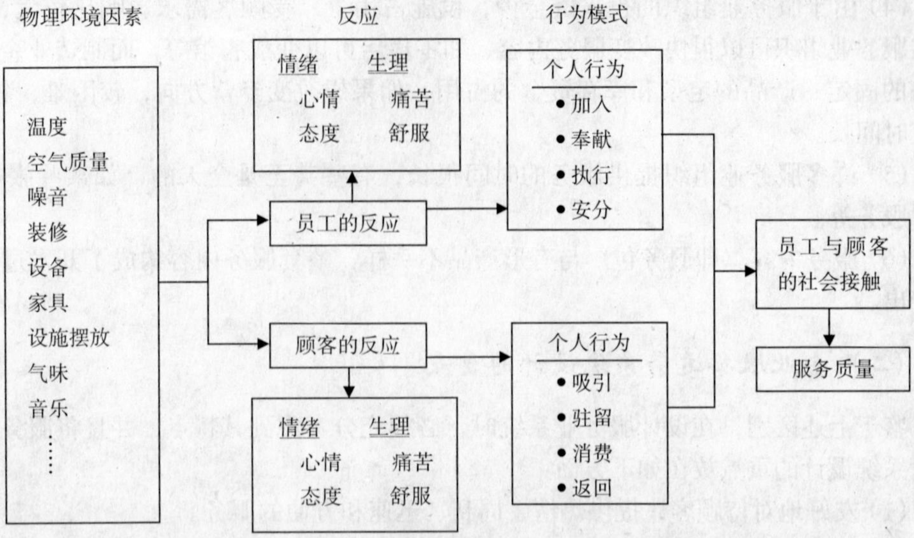

图 5-3 物理环境因素对员工与顾客的影响

第二节 服务企业运营系统设计

一、服务企业服务系统的设计

（一）服务企业服务系统设计与制造业服务系统设计的区别

服务具有的最本质的特征是服务不能够存储，接受服务是及时的。从其本质特征考虑，服务系统设计与制造业存在如下的差别：

（1）在服务系统中，服务的过程本身是作为产品出现的，而制造业并非如此。虽然制造业也提出了售后服务，但制造过程与售后服务不能同时进行（这样说是基于一般的认识，许多制造型企业正使用像“并行工程”和“面向可制造性设计”这样的概念作为设计手段，以实现产品设计与过程设计的更紧密的结合）。

（2）支持服务的设备和软件作为有形的物品，其存在的价值能够受到知识产权法保护，但服务却不能受到知识产权法保护。如某个超级市场的经营具有特色，服务受到了顾客的称赞，竞争对手完全可以仿效，并且成为自己服务的内容，这种做法是不受法律约束的。

（3）一般说来，服务必须经过一定的考试或者特殊的培训才能够获得提供某些服务的资格，如会计师考试、律师考试等，因此，这些组织的服务项目的确定，要受到取得证书的人员情况的影响。

（4）由于服务业组织的投入资金少，设施占用少，受顾客需求影响比较大，所以，很多服务业组织可以很快改变服务内容，如零售店可以变成餐馆等。而制造业企业由于设备的固定、产品的定型和库存资金的占用，如果想改变经营方向，较困难，较复杂，转变时间长。

（5）许多服务业组织提供服务的时间很长，有些甚至是全天的，如某些旅社的 24 小时服务等。

（6）服务内容（即服务包）与有形产品不一样，整套服务内容构成了开发过程的主要产出。

（二）企业服务运营系统设计的重点

鉴于上述区别，在设计服务业系统时，必须充分考虑到其特点，并且将服务业企业运营系统设计的重点放在如下方面：

（1）友好地对待顾客，提供热情、周到、迅速和方便的服务。

（2）服务的价格要合理、适当。

（3）服务内容要多样化。

（4）在服务中，使用的有形产品的质量要高。

理想的服务系统是能够给予顾客满意服务的系统，但在实际中存在两个问题：一个是如何对服务过程进行有效的监控，保证顾客满意；另一个是如何迅速改进顾客对服务过程的不满意，使整个服务系统的运行不会受到影响。为此，必须解决对服务信息的获取和服务的补救措施问题，图 5–4 表示了这样一个过程：服务营销与服务的运作是合为一体的，服务营销的承诺必须通过服务的实际运作来实现，成为顾客的实际感受。因此，服务企业的管理者更重要的是在营销的同时进行有效的服务运作，并且进行及时的监督与控制，保证使顾客能够享受到满意的服务，只有这样，整个服务系统设计才是成功的。

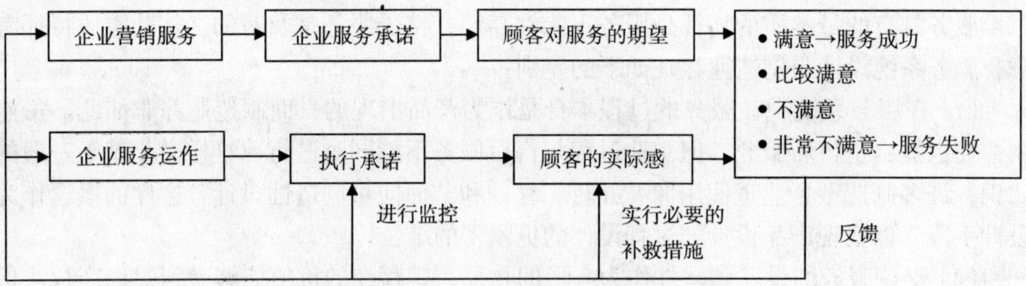

图 5–4 企业服务系统监控

（三）企业服务运营系统设计的有效方式

（1）服务设计矩阵。不同的服务有着不同的特征，顾客接触程度也各不相同。那么，针对顾客接触程度相异的服务，产生了服务设计矩阵的概念，所谓服务设计矩阵就是根据顾客接触程度不同而确定的不同服务方式、对服务运作的不同要求构成的矩阵。矩阵的横向量是固定的，即顾客的接触程度，而纵向量根据不同的研究对象来进行。图5–5就是通过一个矩阵表示了随着顾客接触程度的变化，对销售机会和生产效率造成的影响。

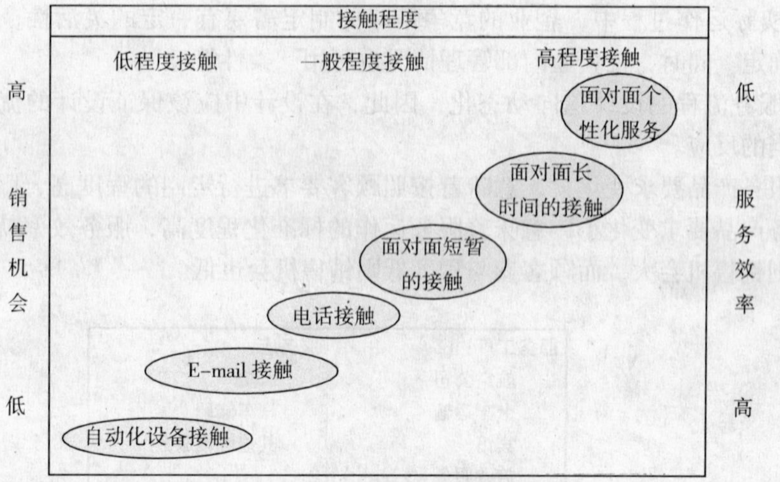

图 5–5　服务设计矩阵

从图5–5可以看出，随着接触程度的提高，服务提供的方式由通信转化为面对面的服务。然而，它们各有优点和缺点，通信方式与顾客接触比较少，工作效率比较高，与生产制造业类似，服务的营销机会比较低；反之，虽然面对面服务的工作效率低，但是工作效果比较好，销售机会比较高。作为服务型企业的管理者，更关心的是针对不同顾客接触的程度，选择一定的服务方式。同时，根据这种服务方式的需要，对整个服务流程进行设计，例如对员工的要求、对工作程序的要求、对企业的创新性的要求等。根据这些要求，构成了服务业运作中最终要求的服务设计矩阵（见表5–1），依此矩阵，企业决策者可以确定对服务设计要素的最佳安排。

表 5–1　服务设计矩阵

衡量指标	低程度接触	一般程度接触	高程度接触
人员要求	文字和语言能力	手工艺方面的能力	良好的沟通谈判能力
动作要求	文字处理的一般介绍	能够控制整个流程	侧重点在于用户
技术革新	计算机办公自动化	计算机辅助作用	用户与员工的沟通

由服务设计矩阵可知，整个服务流程的设计实际包括下面的过程：

1）确定企业本身服务的类型，形成企业的核心服务。各个企业对于服务的选择是相异的，有的企业选择了规范化服务，如麦当劳快餐店；而有的则以个性化的服务作为企业的宗旨，尤其崇尚与顾客的直接沟通，如 AVON 化妆品。

2）根据所确定服务类型接触顾客的程度，决定企业运作过程中的要素配置与组合。对于规范性强的企业而言，要以员工按规章及时、按量完成任务为主，并不需要员工有太强的沟通能力；对于接触程度高的企业而言，要求员工有良好的沟通能力。

3）依据所确定的服务，与相关的竞争对手进行比较，确定企业与竞争对手的差异，若面对的是同一市场，则要对本企业的服务要素进行更新和组合，保持一定的竞争力；若对手非常强大，企业就要考虑选择差别市场，避免和对手的正面竞争。

4）在实际运作过程中，企业的竞争策略的制定需要有一定的灵活性，并非完全像矩阵那样确定。同时，视企业内部管理情况也可用“柔性管理”。

5）对服务流程的设计趋向动态化，因此，在设计中应该保证设计的流程能根据变化作出恰当的反应。

如果服务产品要求变化大，意味着按照顾客要求进行定制的程度高，服务的效率就低；而服务产品要求变化小，意味着服务运作的标准化程度高，服务效率就高。顾客参与程度高则销售机会大，而顾客参与程度低则销售机会也低。

劳动力密集度	客户接触和定制程度：低	客户接触和定制程度：高
高	**服务工厂：** 航空公司 卡车运输 宾馆 旅游服务	**服务店：** 医院 汽车修理 其他修理服务
低	**大众服务：** 零售 批发 学校 银行服务	**职业服务：** 医生 律师 会计师 建筑设计师

图 5-6　服务分类矩阵

（2）服务分类矩阵。我们可以用图 5-6 来描述服务的分类匹配关系。

根据客户接触和资金投入关系的问题，我们用服务分类矩阵来划分不同种类的服务，如图 5-6 所示。矩阵的底部是“客户接触和定制程度维”，此维把顾客要求的交互作用和定制结合起来，反映进入服务过程的不确定性和变化。客户接触程度和定制程度低的运营一般是高度标准化和程序化的，而客户接触程度和定制程度高的运营必定是高度多样化和低标准化的。接触程度和定制维清楚地反映了顾客带入服务过程的不确定性和多样性，因此也是客户接触程度的延伸。服务矩阵的左边反映劳动密集程度，是相应的资金投入所要求的劳动量，可用年度劳动（全体员工）成本与建筑设备的账面价值之比来计算。

二、企业服务的标准化与个性化

在传统意义上，标准化概念一般运用在产品制造，而服务通常是强调个性化。但是，与任何事物都可向多元化发展一样，标准化在服务领域也正在被人们接受、应用，有着广泛发展的前景。有时候服务的标准化更能够提高顾客满意度，增强服务企业竞争优势。由于服务企业对提供服务的标准化程度和个性化程度的定位对服务流程设计会产生重要影响，因此在服务流程设计之前，我们有必要对服务的标准化与个性化问题进行探讨。

（一）标准化服务与个性化服务的优缺点

任何管理都存在正面和负面效应，标准化与个性化对于服务企业来说也同样有优点和缺点（见表 5–2）。服务企业标准化与个性化程度将会给企业带来很多矛盾，例如“个性化”可以通过员工技巧、特殊能力、差异化的服务等为企业创造销售机会，但会造成服务效率的降低；“标准化”增强了企业的服务效率，但也导致员工素质的下降、企业应变能力削弱和模仿竞争的加剧。

表 5–2 标准化与个性化服务比较

	标准化服务	个性化服务
优点	占用顾客时间少	容易相互沟通
	服务速度快	能满足顾客多样化需求
	企业可控因素增多	具有灵活性、应变能力强
	服务质量得到保障	增加销售机会
缺点	沟通效果差	服务过程较慢且复杂
	满足不了多样化需求的顾客	不可控因素增多
	顾客反馈信息数量减少	无法实现规模效应
	员工素质下降，应变能力差	服务效率低

（二）标准化与个性化的制约因素

服务企业在确定标准化或个性化程度时，一般需要考虑以下因素。

（1）顾客因素。服务的过程离不开顾客，但是顾客对参与服务过程的偏好程度不尽相同，有的顾客偏爱参与，在服务过程的互动中获取对服务的体验和享受，这一类顾客比较崇尚服务的个性化。但有的顾客偏好服务的效率，以迎合高节奏的生活需求，这类顾客更愿意接受标准化服务。服务企业在决定标准化程度与个性化程度时，必须先研究自己的目标客户群，选择合适的市场定位。

（2）服务的类型。标准化与个性化程度还受到服务类型的影响。实行标准化是有一定条件的，这个条件很大程度上受制于服务的类型。对于那些与顾客主观因素存在正强相关关系的服务类型，如咨询、委托代理、定购、定制、外科手术、特约服务等，一般都要以顾客的主观意愿为服务内容，这类服务不宜实现标准化。对于那些能够将顾客意愿划归为几个标准大类，以提供顾客作有限选择的服务，如快餐、自动存取款、电话订购、网上交易等，此类服务标准化程度可以高一些。

（3）企业的战略定位。同样类型的服务企业，由于战略定位不同，也会影响服务的标准化与个性化选择程度。例如，有的服务企业采用以速度优势为差异化竞争战略，则它可能更多追求标准化服务，麦当劳就属于此类企业；而有的服务企业采纳顾客自主参与为卖点的竞争战略，则它可能更多偏重个性化服务，如具有菜肴特色的酒店。同样属于餐饮业，由于竞争战略的不同，而导致企业对服务的标准化与个性化服务程度的选择各不相同。

（三）提高服务企业标准化程度的方法

标准化的优越性在服务企业同样能得到体现，那么如何提高和实现服务的标准化呢？

（1）设定员工与顾客接触点的杠杆。从表象上分析，在具有个性化特点的服务中，员工与顾客互动接触频繁。因此设想，如果要削弱服务的个性化，增强标准化的一个有效途径就是减少员工与顾客的接触点。

服务设计矩阵图 5-6 中的椭圆内所描述的是一些服务企业各种接触点的例子，从图 5-6 中可以看出减少个性化增加标准化的一个途径就是采用一定的机器设备充当员工与顾客的接触界面，甚至替代员工执行一定的服务程序。例如，银行所使用的 ATM（自动取款机）就是很好的一个例子，它用机器取代了一定范围的取款业务，这些业务就成了银行的一部分标准化服务业务。

（2）限制服务范围。实现标准化的另一途径就是限制服务范围，并将其具体化。服务范围具体化是指服务企业明确告知顾客所提供服务的具体范围。

限定服务范围后，就可以降低企业提供服务的不确定性，限制了顾客需求的多样性，可以预定服务程序和产品，使服务企业有条件采用自动化和流水线等组织形式提供服务。

以麦当劳为例，每一个麦当劳店提供的食品和套餐种类是有限的。由于顾客去麦当劳用餐不会对食品的种类提出过多的疑问。由于品种的减少，用餐时间缩短，大大增加了标准化用餐的客流量，扩大了单一品种食品的生产规模，从而为麦当劳采用自动化设备生产食品创造了条件，这些都是麦当劳能够保持高效的标准化服务的原因。

第三节 服务流程设计

与制造产品离不开图纸和工艺流程一样，提供服务也需要一种工具来描述，即流程图（Flowchat），或称为服务蓝图（Service Blueprint）。

（一）服务流程图的内容

服务流程图实质上就是服务过程的细化分解图，通过对服务过程的细化分解，准确地描述服务过程的各个程序，使员工、顾客以及管理者能够清楚认识自己在服务过程中承担的角色，从而顺利地完成服务过程（见图 5-7）。

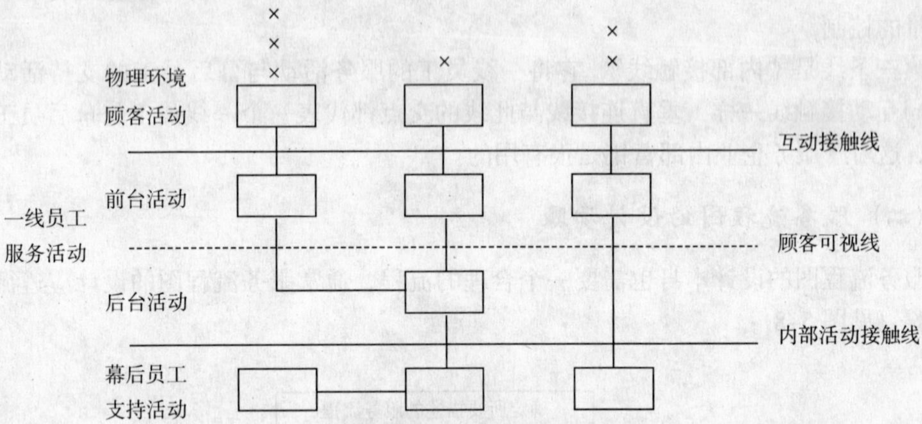

图 5-7 服务流程图的基本框架

虽然服务流程图有很多种形式，但是最基本的框架包括以下几部分内容：顾客的活动、一线员工的服务活动、幕后员工的支持活动和物理环境四部分内容。

（1）顾客活动。顾客活动包括顾客在被服务过程中所实施的一切行为过程，它按照活动程序依次排列。例如，顾客到达住宿酒店后，进行顾客登记、领钥匙入住、洗澡更衣、下楼就餐、呼叫房间服务、离店前结账等一系列的活动，都属于顾客活动。

（2）一线员工的服务活动。一线员工就是直接为顾客提供服务的员工。一线员工的活动由前台活动和后台活动两部分组成。

前台活动就是直接与顾客接触，顾客所能见到的活动。例如酒店服务中，前台服务人员为顾客提供的住宿登记、行李提放，餐厅服务人员为顾客提供餐饮服务等。

后台活动也属于一线员工为顾客提供的直接服务的活动范畴，区别于前台活动的是，这些活动是隐性的，不为顾客所见，例如酒店服务中，前台服务人员接听顾客电话，解决顾客提出问题的活动。如为顾客预订机票、为顾客提出出游咨询等。

（3）幕后员工的支持活动。幕后员工的支持活动主要是服务企业内部为一线员工提供的支持活动。这些活动不仅顾客看不到，而且很难感觉到，但是这些活动却是这个服务过程不可缺少的组成部分，因为他们将影响到一线员工的服务质量，因此一定要在服务流程图中有所反映。例如服务企业中，保洁服务系统、信息管理系统、安全防卫系统、财务支持系统等活动都属于幕后员工的支持活动。

(4) 物理环境。物理环境在服务过程中起着很重要的作用。顾客与员工的互动过程离不开物理环境的支持，而且物理环境对服务质量有重要的影响，因此服务流程图中应该列出与员工和顾客接触点相关的物理环境。仍以酒店服务为例，顾客登记时所接触的物理环境主要是酒店大堂的装潢、照明、摆设的布置状况等构成的艺术和文化氛围。

四种主要的活动之间存在着三条水平线：

第一条线是"互动接触线"，它代表顾客与企业员工在这里发生直接接触，只要有垂直连接线穿过这条线，就说明存在一个顾客与员工的接触点。

第二条线是"可视线"，它将企业一线员工提供的服务活动中顾客可视的部分与不可视的部分区割开来，这条线上下员工服务活动数量的比较可以有助于企业管理者对服务质量的控制。

第三条线是"内部接触线"，它将一线员工的服务活动与幕后员工的支持活动分离开，同互动接触线一样，垂直连接线与此线的交点都代表一个一线员工与幕后员工的接触点，这对于服务企业内部营销是很有用的。

（二）服务流程图的设计步骤

服务流程图的设计本身也需要一个合理的流程，通常服务流程图的设计应遵循下面的步骤（见图 5-8）：

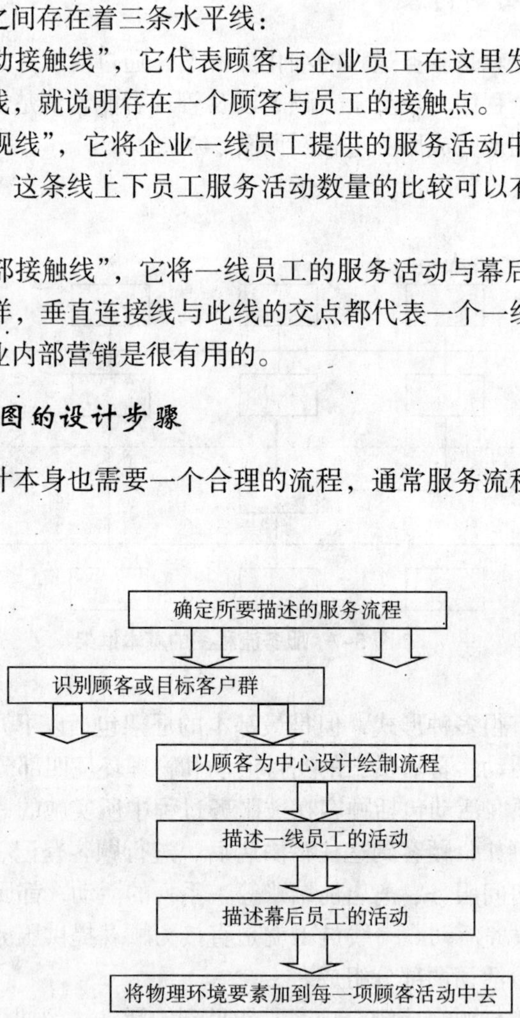

图 5-8 服务流程图设计的步骤

图 5-8 中第一、第二步中的分支表示，这两个过程将会产生不同的流程图的分支，服务流程设计每个步骤所要做的工作以及注意的问题，如下所述：

第一步，确定所要描述的服务流程。

服务流程图可以有不同的层次，可能是整个服务过程的一个总的蓝图，也可能是某一细节过程的流程图，因此设计流程图的第一步就是要确定所要描述的服务流程的起点和终点。以旅馆业务的案例来说明，如果所要描述的服务流程的起点是从顾客进入旅馆开始，终点是顾客结账离开，那么服务流程图就要涵盖这个服务过程。如果所要描述的服务流程的起点是从呼叫一种房间服务开始，例如客户要在房间内用餐，终点是客户用餐完毕后，服务员收拾餐具离开客房，则这一服务流程图仅仅涵盖提供顾客房间内就餐这一服务过程即可。不同的服务流程图，对于不同的管理者、不同的员工甚至不同的顾客所起的作用是不同的。

设计的服务流程图首先必须充分阐明该流程图的用途，它的起点与终点。这一步将会产生不同的流程图的分支。

第二步，识别顾客或目标客户群。

在确定了所要描述的服务流程以后，接下来的任务就是分析顾客。即使在同一服务流程内，不同类型的顾客有不同的需要，他们在服务过程中产生的顾客活动的顺序、数量、类型也不同。顾客的活动是服务流程图的主要驱动源，对于不同类型的顾客应该设计不同的服务流程图。例如银行理财业务，有的顾客希望与银行员工进行面对面的交流，而有的顾客则喜欢利用电话进行委托，必要的时候才与员工见面，这两种类型的顾客导致了不同的顾客活动，银行应该为他们设计不同的服务流程图。因此，在正式进行服务流程图的设计前，识别顾客与目标客户群也是一项基础工作。

第三步，以顾客为中心设计绘制流程。

服务流程图的设计应该从描述顾客活动开始。这就要求服务企业必须准确了解顾客在服务过程中的活动内容、顺序和数量。这项工作不能依靠后台管理者或流程设计者的主观判断或经验推测来完成，必须对顾客进行实际的调研工作，进行长期的观察，在听取顾客意见后才能完成。

第四步，描述一线员工的活动。

一线员工的服务活动包括前台活动和后台活动，设计服务流程可以根据它们对于顾客的可视性加以区分。需要注意的是，并不是任何一项员工活动都需要一线员工的服务活动支持，例如旅馆业务中，顾客洗澡、卧床休息等活动属于顾客的自我服务过程，无须员工活动的支持。

第五步，描述幕后员工的活动。

描述幕后员工的支持活动时，可以将一线员工视为顾客，将他们的各种服务活动视为客户活动，这样就可以参照前面的方法描述出幕后员工的支持活动。幕后员工的支持活动可能很多（例如前面我们举的包裹快递的案例），这时候可以进一步绘制出其子流程图。

第六步，将物理环境要素加到每一项顾客活动中去。

物理环境要素包括顾客所能看到的或接受到的一切有形物体。这项工作之所以最后做，是因为服务过程中的物理环境不仅是由顾客活动决定的，而且还受员工活动的影响（包括一线员工与幕后员工），只有在确定整个服务过程中所涉及的活动之后，我们才能确定各种互动活动对物理环境的需要。

（三）设计服务流程应注意的问题

设计服务流程图应该注意下面几个问题：

（1）避免过于主观。服务流程的设计必须避免主观性，应该让员工和顾客直接参与进来，听取他们的建议。因为员工与顾客直接接触，他们对顾客的需求最清楚，他们知道什么样的流程才能使顾客满意，什么样的流程应该避免。

（2）避免过于简单。服务流程应该反映服务过程的全貌，它是员工、顾客以及管理者与服务过程的行动指南。对于过程较为复杂的流程，可以采取母流程套子流程，子流程再套子流程的方法详细地进行描绘，避免过于简单。

（3）要注意完整性。服务流程图一旦确定，就会形成一个固定的服务模式，企业的资源、人员的配置必须符合该模式的要求。因此为保证服务过程的顺利进行，服务流程设计必须保证活动的完整性，尤其不能遗漏关键的活动。

（4）注意流程的可执行性。设计服务流程图，必须注意它的可执行性。服务流程的设计必须将顾客的需求活动与企业人力资源、物质资源以及财务能力状况进行合理的配置，避免服务流程中超越企业能力活动的出现。

（四）服务流程图的应用

服务流程图在实际工作中有很多作用，根据不同的使用目的，它可以提供不同的参考价值。

（1）指导作用。指导作用也是服务流程图最基本的作用。服务流程图通过对服务过程的图解，可以使员工与顾客清楚自己在服务过程中扮演的角色，知道自己什么时候该做什么、如何做，从而促进服务过程的完成。

（2）管理作用。服务流程图有助于企业对服务过程的管理。通过服务流程图，管理者很容易分析出顾客与员工的接触点、一线员工与幕后员工的接触点、顾客可视的员工活动与不可视员工活动的分界线，这对于企业的服务过程管理工作有很大的帮助。例如，管理者可以据此分析服务过程是如何被顾客活动所驱动的；顾客是否高度参与服务过程；哪些员工与顾客直接接触等。

（3）检查作用。管理者还可以根据流程图检查服务流程的整合程度。方法是从纵向角度分析流程图，因为通常每一个纵向流程都代表了一项顾客活动的完成过程，管理者可以分析这一纵向过程中，一线员工的服务活动、幕后员工的支持活动、顾客活动以及配置的物理环境要素之间整合程度如何，是否与公司的战略定位相符，是否符合顾客的期望。

（4）预防作用。服务流程图还有利于企业制定预防措施，完善服务过程。服务流程图反映的各种活动虽然很全面，但是这些活动都是保证服务过程顺利进行的正面活动，服务过程并不一定会按照服务流程图设计的方向发展，因此服务企业必须设计一些预防措施来保证服务过程按照流程图的模式发展。服务流程图为企业管理者制定预防措施提供了捷径，管理者可以按照服务流程图的框架一步一步地为服务过程中的各种交互活动制定预防措施，这些预防措施有员工行为方面的预防措施，例如为预防客户把银行卡遗漏在自动取款机内，银行在自动取款机上安装一个自动提醒装备，这些预防措施的采取最终都将完善服务的过程。

第四节 服务企业的组织设计

不同的组织具有不同的组织结构，组织结构对于员工的态度和行为都有影响。服务组织结构是服务流程运行的载体，是服务企业的基石。因此，服务企业的组织系统设计不仅需要设计服务流程，同时也需要重视企业组织的设计。

一、服务企业组织设计的影响因素

管理者在进行组织结构设计时，必须考虑六个关键因素：组织规模、部门化与专业化程度、控制链、组织层次与管理幅度、集权与分权、规范化（见表5-3）。

表5-3 组织设计的影响因素与解决的结构问题

关键因素	所解决的结构问题
组织规模	企业规模的确定，员工与管理者的总体数量
部门化与专业化	企业设立哪些职能部门，工作细化程度
控制链	员工或部门向谁汇报工作，受谁控制
组织层次和管理制度	组织中设立几级管理层次，管理者管理员工的数量
集权与分权	组织管理中集权与分权的程度，员工授权状况
规范化	企业建立哪些规章制度来指导员工与管理者的行为

（一）企业的组织规模

规模经济的优势在制造企业中表现得十分明显，但对于服务业来说，组织规模对于企业的利弊却难以定论，因为对于大多数服务型企业来说，规模几乎不会产生效益。虽然大规模组织依然具有品牌、市场份额、资金等竞争优势，但是它却失去了另一些对于服务行业来说同样重要的优势——灵活性与敏捷性，而这些竞争优势恰恰为小型服务组织所拥有。那么，衡量服务组织合理性的标准是什么呢？答案只有一个：顾客的满意度。

顾客满意度可以来自两方面：一是来自于顾客与员工的互动过程；二是来自环境等因素。一般来说，组织规模越大企业的信用度就越高，品牌优势也就越明显，而且大企业比小企业更具有创造良好服务环境的优势。由此得出，企业的组织规模对于由非员工因素造成的顾客满意度具有正面的影响。但是，企业组织规模对于由顾客与员工互动因素造成的顾客满意度的影响就比较复杂，它涉及一个中间变量，就是员工的满意度。企业组织规模首先影响的是员工的满意度，员工的满意度直接影响到提供服务的质量，服务质量的状况再影响着顾客的满意度。一般来说，员工的满意度取决于五个因素：薪水高低、工作环境、工作过程、管理方式以及合作伙伴。从企业组织规模分析，大企业一般在提供薪金和工作环境方面优于小企业，因此组织规模与这两个因素呈现正相关关系；但是大企业由于管理层次和组织结构复杂，制约员工行为的规章制度繁多，缺乏小企业的灵活性与自主性，因此组织规模与工作过程、管理方式这两个因素呈现负相关关系。至于第五个因素，组织规模对它的影响程度很小，可忽略不予讨论（见图 5-9，图中“+”表示正面影响，“-”表示负面影响）。我们可以看出就组织规模而言，最理想的组织设计应该力求扬长避短，充分整合大企业与小企业各自的优势。

对大型服务企业来说，可以采用设立分支机构或特许经营等模式尽可能将企业分解，以发挥小企业的优势；而对于小企业则可通过加盟准入或者战略联盟等形式尽可能利用大企业的优势。

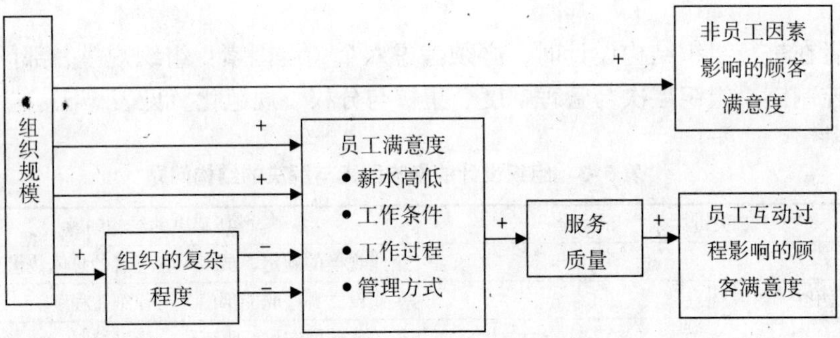

图 5-9 组织规模对于顾客满意度的影响

（二）部门结构的设置

服务过程的特殊性，使得服务企业的部门设立与制造企业也有所不同，在进行服务组织设计时，这里有两点需要注意：

（1）正确定位营销部门的职责。在传统制造企业，营销部门具有重要地位，它是联系生产与消费的重要桥梁。在服务企业中，营销部门的地位和作用会有所变化，如图 5-10 所示。

服务业营销部门作为联系生产与消费的桥梁作用基本消失，它的职能已经转向对企业形象宣传与客户关系管理等方面。这并不是否定或贬低营销的作用，相反服务企业更应该强化营销的职能，营销职能对于服务企业保持和吸引顾客有重大影响。只是在服务企业中，营销职能作用已渗透于整个服务过程，服务企业中每个员工其实都是一名“营销人员”。他们的言语、行为时时刻刻都在影响着顾客的消费行为，服务过程其实也是一个营销过程。因此，在服务企业中，由营销部门来承担营销职能的传统理念已不适用了。如果服务企业过度地强调营销部门的作用，很容易产生对员工的误导，以为营销只是营销部门的工作，而忽视服务营销的系统性。

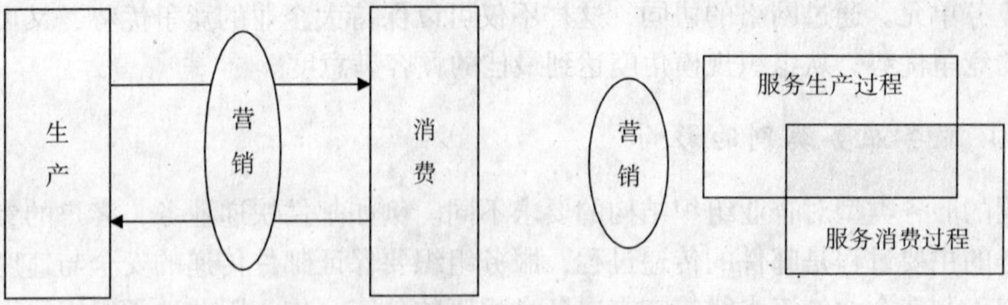

图 5-10 营销在制造业与服务业中的不同作用

(2) 设置客户关系管理部门。鉴于服务过程与顾客的密切关系，在服务企业中设置客户关系管理部门具有十分重要的意义。客户关系管理部门的主要职责是对企业所有顾客资源进行管理。顾客资源既包括现有的顾客，也包括潜在的顾客。通过客户关系管理，不仅可以改善企业与顾客的关系，更重要的是能够为企业的服务过程提供指导与支持，从而提升顾客对企业的满意度。

（三）集权与分权

集权与分权一直是企业组织设计问题中争论的焦点之一。对于集权与分权的利弊理论上比较容易阐述，但在实际工作中如何把握集权与分权的尺度，绝非易事。一般而言，服务企业分权程度应该比传统制造企业要大一些，主要原因是：

(1) 应对突发问题的产生的需要。服务企业需要员工具有解决突发问题的能力，这就需要以一定程度的授权为基础。如果无授权基础，员工在突发事件产生时，只能层层报告，请示处理意见，其结果必然延误问题的及时解决，造成顾客的不满。

(2) 经营灵活性的客观要求。服务活动是一个矛盾的统一体，受人的干预因素众多，因此要使服务过程严格按照预计方案实施几乎是不可能的，这就需要给予参与服务过程的员工适时对变化作出反应，根据顾客的需求灵活调整服务活动的权限。

(3) 适应市场瞬息多变的要求。市场的瞬息多变通常会导致服务企业顾客的严重流失。由于服务企业不可替代的差异性优势较弱，市场竞争更为激烈。如果企业的顾客一旦流失，就很难再有挽回余地。为避免这种现象的产生，服务企业一般都采用决策权下移，让处理日常事务的基层管理人员有权对瞬息万变市场作即时的应对。

二、服务企业组织结构的类型选择

无论是直线制、职能制和矩阵制等传统组织结构形式，还是近年来产生的团队结构、虚拟组织、网络结构等新兴组织结构形式，都各有利弊，主要在于适用性。服务企业选择组织结构也没有统一的界定，它受很多因素影响。

（一）企业组织规模的影响

对于小企业来说，由于员工数量少，管理较为容易，组织结构较为灵活，团队式的结构和直线制结构皆可。但对于大型服务企业，最好采用网络结构，将企业分散为一个个小的业务单元。通过网络的协同，这样不仅可以保持大企业的竞争优势，又可以吸收小企业的竞争优势，从组织规模角度达到最佳的顾客满意度。

（二）服务业务类别的影响

不同的服务类型对企业组织结构的要求不同。例如邮件快递业务，客户的参与度很低，服务的主要过程是邮件的传递过程，服务组织要保证邮件传递的安全与速度，这一过程类似于制造企业的流水线，它需要各个程序的分工合作，因此这类组织可以选择职能制或者矩阵制等传统的组织结构。

对于咨询类的服务企业则更适宜选择团队型组织结构，以项目管理模式为顾客提供全方位服务。

（三）员工与顾客接触程度的影响

即使是同一业务类别的服务企业，因选择的服务流程不同，也会对企业组织结构的选择产生影响。当员工与顾客的接触程度很低时，对于服务过程来说，最重要的是内部活动的支持，对于这种服务企业可以选择职能制或者矩阵制等传统的组织结构，以提高服务的运行效率；当员工与顾客接触程度很高时，服务过程的质量主要来自顾客与员工的接触点，这类服务企业最好选择团队结构。

三、以顾客为导向的组织设计理念

以顾客为导向的设计理念包括詹姆斯·赫斯凯特（James Heskett）称为“服务视图”的四要素。第一个要素是确认目标市场（谁是我们的顾客?）；第二个要素是服务理念（如何让我们的服务在市场中独树一帜?）；第三个要素是服务策略（我们服务所包括的内容以及运营的重点是什么?）；第四个要素是服务传递系统（提供服务所需的服务过程、员工要求及服务设施是什么?）。

选择目标市场、建立服务内容（即服务包）是管理者要决策的首要问题，这直接关系到服务理念、服务策略以及服务传递系统设计的决策。

（一）能够高质量地掌握顾客需求

高质量指的是准确、及时。对于服务业来说，掌握顾客需要最重要的途径就是充分利用服务过程中传达的信息。

（二）能够对顾客的要求迅速作出反应

速度是顾客对服务质量评价的一个重要指标，服务企业中顾客要求的变动性很大，企业难以预测所有的顾客行为，服务过程中经常会出现一些“突发事件”，这些突发事件的处理常常会影响服务的速度，导致顾客满意度降低。因此，以顾客为导向的服务组织设计要求组织成员能够拥有一定程度的决策权力。

（三）将顾客视为组织的一部分

顾客在服务过程中扮演着重要的角色，因此在进行组织设计时也应将顾客视为组织的一部分，给予顾客更大程度的关心。只有这样才能真正体现顾客导向的服务组织设计理念。

传统的组织设计理念与以顾客为导向的设计理念的区别可以通过图 5-11 反映出来：

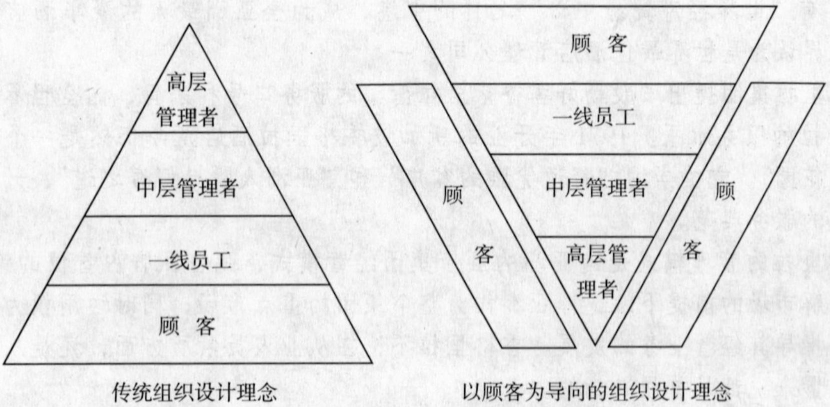

图 5-11 两种设计理念的比较[①]

通过图 5-11，我们可以看出以顾客为导向的组织设计理念与传统组织设计理念有三方面区别：

第一，优先权的变化。组织金字塔结构的倒置并不仅仅是形状的变化，它意味着企业战略前途的决定因素发生了变化。中、高层管理者不再是战略前途的决定者，而只是成为服务活动的支持者；顾客、服务接触过程所需的资源、信息，成为企业发展战略的重要决定因素。

第二，决策层下移。对于顾客的责任和业务决策从管理层转移到了参与服务接触过程中的员工手中。所以这一点对于现存组织从传统组织结构向以顾客为导向的组织设计结构方向转变提出了很大的挑战。

第三，组织结构扁平化。这是责任和权力从部门转移到服务接触过程的必然结果。因为这种变化会导致信息传递和权力传递的减少，也就是很多中间层次将会失去存在的价值。

① Philip Kotler and Kevin Lane Keller：Marketing Management，Pearson Education International，2006，p.132.

● 本章案例

香格里拉大酒店的服务意识[①]

1971 年，新加坡香格里拉大酒店的竣工，成为郭氏香格里拉酒店集团的创始标志，迄今已有 30 余年的历史。30 余年中，郭鹤年先生亲手创立的香格里拉酒店集团已发展成为遍布于亚太地区的 38 家豪华酒店集团，客房总量已超过 19000 间。总部也由马来西亚迁至有“世界经济贸易中心”之称的香港，成为全亚洲最大的豪华酒店集团。同时，被世界认为是世界最佳酒店管理公司之一。

香格里拉集团提出“殷勤好客香格里拉情”的服务口号和宗旨，向全世界的客人展示香格里拉的服务水平。1971 年开业的新加坡香格里拉酒店至今仍然是一个“占有十五英亩的花园”。它推崇的“舒适优雅的客户”和“亚洲人殷勤好客之道”，开创了亚洲酒店卓越的服务典范。

香格里拉的管理模式是纯亚洲的酒店集团经营模式，配合品牌占首位的管理理念，在充分了解市场的前提下，选择亚洲作为整个集团的重点市场，同时运用极为人性化的服务宗旨指导其经营业务的发展。香格里拉不论在从业人员素质方面，还是从整个酒店的服务质量来说都是首屈一指的。

作为以亚太地区为主要对象的香格里拉酒店集团，其服务宗旨和发展方向也具有鲜明的亚洲特色，公司提出的“殷勤好客亚洲情”的服务理念，具有亚洲独有的文化特色。在个性化服务方面，更是独辟蹊径，创造一流。香格里拉运营总裁施杰天在集团内部倡导的“会客点——与总经理对话”沟通模式，是目前全球酒店业唯一的模式。这就是：在香格里拉旗下的 38 家酒店，每星期一至星期五的下午 5 时至 7 时，38 家酒店的总经理都分别在自己的酒店大堂会见住店客人，与客人直接对话交流、沟通。

香格里拉总是恪守八项管理指导原则，把为宾客提供的高质量服务放在酒店经营管理的第一位，在酒店这个行业中，竞争日趋激烈，香格里拉凭借其自身独具一格的殷勤特色服务受到了海内外人士的一片赞扬。

香格里拉拥有一个堪称艺术级别的中心订票系统，其涵盖所有宾馆、地区营销办公室，使香格里拉为客户提供即时方便的客房服务、费用确认服务。

香格里拉酒店管理集团奉行多元化、个性化和服务不同人群的宗旨，同时拥有两个品牌的酒店，即香格里拉和商贸饭店。香格里拉品牌主要都是五星级酒店，多数香格里拉品牌酒店的客房量都超过 500 间，堪称亚洲豪华酒店的典范。商贸饭店则是香格里拉集团的另一重要品牌。香格里拉本着服务不同人群的宗旨和原则，开创了四星级的商贸品牌。商贸饭店以适中的价格提供高质量的住宿服务，填补了一些城市对中档商务酒店的需求空白。商贸酒店以其美观实用的客房、配备齐全的设计、优质的服务和物有所值的价格，成为了商务客人的首选。

目前，香格里拉酒店管理集团共管理 38 家酒店，拥有近两万间客房，遍及中国内

---

① 叶守礼著：《企业运营管理》[M]，立信会计出版社，2004 年 10 月，第 121 页。

地、中国香港特别行政区、印度尼西亚、马来西亚、缅甸、菲律宾、新加坡、中国台湾以及泰国。在中国，香格里拉酒店已经发展到16家。无论在任何一个城市或度假胜地，全亚洲33家香格里拉酒店及5家商贸饭店都会为您提供无微不至的服务。

● 思考题

1. 服务产品与制造产品相比，主要有哪些特性?
2. 简述服务产品与一般产品的联系和区别。
3. 简述标准化服务和个性化服务的利弊与制约因素。
4. 简述服务企业流程设计的主要内容。
5. 服务流程图在服务流程设计中的运用。
6. 联系实际，阐述服务企业过程设计的理念。

● 参考文献

1. [美] 马克· M. 戴维斯等著，汪蓉等译:《运营管理基础》(第4版)[M]，机械工业出版社，2005年7月。

2. 叶守礼著:《企业运营管理》[M]，立信会计出版社，2004年10月。

3. 胡川、刘大明编著:《运作管理》[M]，武汉大学出版社，2005年6月。

4. 刘丽文著:《服务运营管理》，清华大学出版社，2004年2月。

5. [美] 菲茨西蒙斯等著，张金成等译:《服务管理：运营、战略和信息技术》(第2版)，机械工业出版社，2002年5月。

第六章 质量管理

● 本章提要

质量是企业的生存之本，是现代企业赢得竞争优势的主要手段。没有质量，就没有顾客，也就没有效益，企业也将无法生存。质量管理是指确定质量方针、目标和职责，并通过质量策划、质量控制、质量保证和质量改进来使其实现的所有管理职能的全部活动。随着科学技术的进步，生产力水平不断提高，消费者对产品和服务的质量要求在不断提高，质量竞争日趋激烈。因此，有人认为，现在全世界正在进行一场战争，这不是以枪炮为武器的战争，而是一场没有硝烟的商战，其主要武器不是枪炮，而是质量，因此，谁赢得了质量，谁就赢得了这场商战的胜利，追求质量已经成为一场没有终点的长跑运动，各国都在你追我赶，"质量第一"已成为国际工商界的共同信念。在我国，随着社会主义市场经济体制的建立和完善，"质量是企业的生命"这一理念已为企业界所认同。质量成为竞争的主要手段，质量改进在企业管理中的地位日渐重要。通过本章学习，读者能够全面掌握质量、质量管理及TQC的概念与特点，掌握提高质量的PDCA运转模式，把握全面质量保证体系建立与运行的要点，了解持续改进与6σ管理的基本思想。

● 章首案例

日本丰田汽车公司让产品自己说话

1957年，日本丰田汽车公司曾经推出"光环"牌小轿车，但由于质量不过关，在公众中造成了"脆弱"、"不耐用"的印象，使该公司轿车在美国轿车竞争中一败涂地，甚至连日本国内头号轿车大王的宝座也被日产公司夺去。

1961年，丰田汽车公司立志要夺回汽车霸主地位，精心研制出质量优良的新型光环牌高级轿车，投入市场，然而由于固有的印象，公众对此普遍缺乏信任，因此销路不佳，远不如日产公司的"青鸟"汽车。

为了消除公众认为"光环牌车不坚固"的印象，丰田公司不惜耗资上千万日元，在日本甚至全球掀起一场攻势凌厉的广告宣传战。他们制作了一套名为"考验"的专题节目，在世界各地的电视屏幕上连续播放。

在这个专题节目中，丰田汽车公司向公众展现了光环小轿车手破坏性试验的一系列过程，以广告片"海滨之虎——光环"为首，接着又陆续推出"空中飞车——光环"、

“猛撞油桶——光环”、“悬崖滚车——光环”等系列公关电视广告，其画面惊心动魄，扣人心弦。

例如，在“空中飞车——光环”一片中，一位丰田汽车公司的职员不异于赴汤蹈火，以120公里的时速驾驶着光环牌轿车冲向飞车台，高速飞驰的光环牌轿车腾空而起，像一道耀眼的闪电射向晴朗的蓝天，在两米的高处悬空飞行了大约25米，着地后照样高速飞驰，这个千金难得的惊险镜头在公众中产生了强烈的刺激效果，在其真实可信的破坏性试验面前，“光环”车不坚固的成见不攻自破，扭转了公众原先看法，认为光环坚固耐用。

通过一系列的公关广告宣传，从此，光环牌小轿车在日本轿车市场上遥遥领先，销量跃居日本首位，很快就从日产公司手里夺回了出口轿车大王的宝座。如今，在世界各地，人们随处可见丰田公司的“光环”等名牌轿车在疾速奔驰。……

问题：

1. 日本丰田汽车公司为什么会占有这么强大的市场？

2. 日产公司“轿车大王”宝座的失去，说明了一个什么问题？有什么现实意义？

3. 怎样看“质量是企业的生命”这句话？

4. 丰田公司靠质量取胜的依据是什么？其指导原则是什么？

第一节　质量与质量管理

一、质量及相关概念

（一）质量

质量的概念有狭义与广义之分：狭义的质量，是指产品质量，包括外观、强度、纯度、尺寸、寿命、不良率、包装等方面；广义的质量，是指全面质量。

产品质量是指“产品的适用性”，并以此衡量产品在使用中成功地满足用户需求的程度，这是美国著名质量管理专家朱兰博士从用户的观点出发所给出的定义。产品不同，对质量要求的表现也不同。例如，电视机的质量表现为清晰度、稳定性、安全性等，洗衣机的质量表现为洗净度、磨损率、噪音等，服装的质量表现为款式、实用性、舒适性等。产品质量包括产品的内在质量特性和外观质量特性，概括起来有以下一些：

（1）性能，是指产品满足使用目的所具备的技术特性，如产品的物理性能和化学成分。性能是最基本的质量特性，如电视机的清晰度等。

（2）耐久性，是指产品的使用寿命，如彩色电视机显像管的使用时间。

（3）可靠性，是指产品在规定的时间和规定的条件下完成规定任务的能力，即产品实现满足用户要求的能力。常用的衡量指标有工作时间、工作次数、平均故障率等。

(4) 安全性，是指产品在操作或使用过程中对使用者和周围环境安全、卫生的保证程度。

(5) 经济性，是指产品寿命周期总费用的大小。一般用使用成本、寿命周期成本等表示。

(6) 外观，是指产品的造型、色泽、包装等外观质量特性，如汽车车身大小、车座设计是否舒适、颜色等。

产品质量特性一般用质量参数衡量，如图 6-1 所示。

- 产品质量
  - 性能
    - 正常性能
    - 特殊性能
  - 寿命——平均寿命
  - 可靠性
    - 零部件耐用性
    - 故障率、积累故障率
    - 平均故障间隔时间
    - 精度保持性
  - 安全性
    - 人身安全
    - 环境污染
  - 经济性
    - 使用成本
    - 制造成本
  - 外观
    - 造型
    - 色泽
    - 包装
    - 舒适度

图 6-1　产品质量特性参数分类

质量特性是反映产品质量的某种属性。它与产品质量的要求基本上是一致的，只是产品质量要求是从用户的角度来衡量产品质量。而产品的质量特性是生产者从制造过程和质量的保证方面对产品质量的描述，一般以能够定量标注的指标来规定。质量特性值是反映质量特性所达到水平的数据，一般也称为质量数据，可以分为最终产品的实测数据和生产过程中的实测数据，质量数据可分为计数值和计量值两种。计数值是指具有离散分布性质的数据，不能用测量仪测量的数据，只能用查数的办法收集，且取值只能为自然数，一般服从二项分布。计量值是指具有连续分布性质的数据，可以测量出来，可以取任意值，如长度、重量、硬度、强度等。

产品质量的衡量有统一的质量标准。质量标准是把反映产品质量主要特性的技术参数或技术经济指标明确规定下来所形成的技术文件。根据颁布单位及适用范围不同，分为企业标准、部颁标准、国内标准和国际标准四类。这些都是具有社会法律作用的标准，产品符合这些标准，则为合格品，否则为不合格品、次品或废品。随着经济的发展，全球经济一体化趋势不断加强，争取通过各种国际质量认证已成为企业所关注的一件大事。

对产品质量的认识应该注意一个问题，即不一定达到越高的技术标准产品就越有市场，而要结合企业的生产能力和市场的实际需求状况具体制定。例如，我国飞机燃油原来采用前苏联技术标准，冰点为-60℃，生产技术水平要求很高，产量一直上不去，供应也很紧张，后根据我国气候特征将冰点规定为-50℃，很快大幅度提高了产量。由此可见，产品质量绝不仅仅是技术标准，而应在产品的适用性上下功夫。

广义的质量概念包括产品质量、工程质量和工作质量。工程质量是指由操作者、原材料、机器设备、加工方法、工作环境综合作用的质量形成过程中的产品质量，对产品质量起着直接影响的作用；工作质量是指企业的管理工作、技术工作和组织工作对达到产品质量标准的保证程度，指企业各方面工作的质量水平。产品质量是企业各部门工作质量的综合反映。

产品质量、工程质量、工作质量三者之间的关系（见图 6-2）可表述为：产品质量是工作质量的结果，如废品率、次品率等；工作质量是产品质量形成的基础，因为产品的质量是在产品的制造过程中形成的。所以，只有工作质量可靠，产品质量才能可靠，包括产品的设计、工艺、制造、销售及服务等全过程的工作质量。工程（或工序）质量是指企业为保证生产合格产品而具备的全部手段和条件所能达到的水平。在产品的制造过程中，工作质量主要体现在工程的质量上。

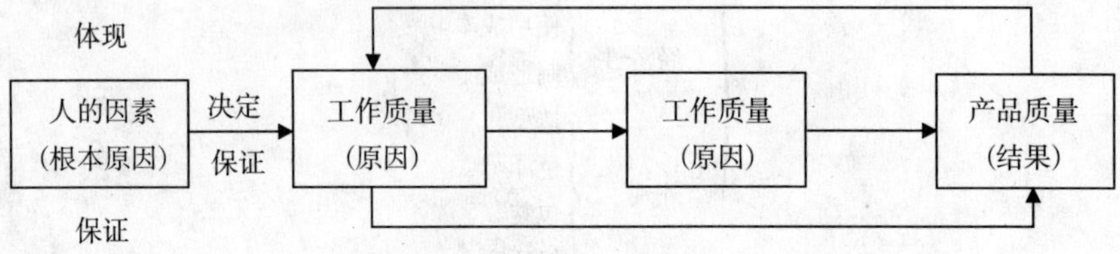

图 6-2　产品质量、工程质量、工作质量三者之间的关系

影响工作质量的因素主要包括五个方面：一是操作者，主要指操作者的素质和工作熟练程度，如文化程度、技术水平、操作熟练程度、工作责任心等；二是设备，如设备的精度、工装、夹具、工具量具的精度等；三是材料，是指加工对象使用的原材料、辅助材料以及生产过程中的燃料、动力、外购的零部件质量，如材料的物理、化学性能，外协件的质量水平等；四是工艺方法，是指加工产品的工艺规程、试验手段、操作方法、规程和组织管理方法等；五是环境，是指工作现场的环境条件，如温度、湿度、清洁、照明、震动、噪音等。

（二）质量与数量、成本、价格之间的关系

（1）数量。质量要求程度越高，在生产加工过程中的开展自然必须严格，生产数量越不容易增加。

（2）生产成本与价格。质量越高，其生产加工成本往往也高，价格必高；反之，质量标准不高，其生产加工成本往往较低，价格必低，因此，质量标准的制定与生产成本和价格之间有密切的关系。

（3）经济生产。凡是质量程度要求越高的，其经济生产的比率也越低，反之则愈高。故生产者对于生产的质量，应视产品的用途和使用者的一般需要确定其适当限度，

不可一味追求品质的提高，而忽视经济生产，因产品要能畅销，除物美之外，还要价廉。

（4）质量成本。是指当生产的产品不是100%的合格时，由于产品质量而增加到生产中的全部成本。国外管理专家认为，一个运行良好的质量管理计划，其正确的质量成本应占销售额的2.5%以下。质量成本可分为鉴定成本、预防成本、内部故障成本和外部故障成本四类。

图 6–3　企业生产现场

质量是免费的，虽然它不是礼物，真正费钱的是不合质量标准的事情——没有在第一次就把事情做对。“纵然每周工作 7 天，每天工作 16 小时，但如果产品质量是低劣的，你还是瞎子点灯白费蜡。”在美国，许多公司常使用相当于总营业额的 15%~20%在测试、检验、变更设计、整修、售后保证、售后服务、退货处理以及其他与质量有关的成本上，所以真正花费不菲的是质量低劣。如果第一次就把事情做对，那些浪费在补救工作上的时间和金钱、精力就可以避免。

追求质量已是一种管理的艺术，如果我们能建立正确的观念并且执行有效的质量管理计划，就能预防不良品的产生，使工作效率提高且使其充满乐趣，从而企业不会为层出不穷的质量问题头痛不止。

（三）质量策划与质量控制

（1）质量策划。质量策划是确定质量以及采用质量体系要素的目标和要求的活动。质量策划不是计划，其主要内容包括识别质量特性、确定质量目标与要求、确定质量体系的目标与要求等方面。

（2）质量控制。主要是指在质量形成之前及形成过程中，采取的质量检测和控制手段、措施和方法，防止发生质量问题的过程。质量控制强调前馈控制和适时控制，强调预防措施，并遵循技术方法与作业活动结合的原则。

质量控制的措施主要有：

1）控制原料。根据已经确定的标准与规格，对购买的原料加以检验，不合标准与规格的予以拒收。

2）利用仪器检查。利用仪器检查比用人体五官的检验要正确可靠，因此符合经济有效原则。

3）检验场所要适当。不适当的检验场所，容易导致损失和浪费，增加成本负担。

4）应及时检查。及时检查，可将弊病及时纠正以免重演，责任问题也容易确定，对于生产数量也有帮助。

5）使用检验记录。任何检验工作应在记录卡上将其结果详细记载，质量控制部门可据此加以分析和研究。

二、质量管理

（一）质量管理及其原则

随着全球竞争的不断加剧，质量管理越来越成为所有组织管理工作的重点。质量管理是指为了保证和提高产品质量而对各种影响因素进行计划、组织、协调和控制等各项工作的总称。质量管理应当坚持如下八项原则：

（1）以顾客为关注焦点。组织依存于顾客，因此，企业应当理解顾客当前和未来的需求，满足顾客要求并争取超越顾客期望。顾客是企业生存的基础，在市场竞争的环境中必须使企业的产品（包括服务）让顾客满意，使产品畅销，才能使企业获得利润。因此，企业的各项工作均应紧紧围绕着“使顾客满意”来展开，它是判断工作好坏的准则。必须注意，满足顾客要求只是一种基本要求，只有达到超越顾客的期望，给顾客意外的惊喜，才能使顾客满意。

（2）领导作用。领导者确立本组织统一的宗旨和方向；并营造和保持使员工能充分参与实现组织目标的内部环境。领导指的是组织的最高管理层，领导在企业的质量管理中起着决定性的作用，实践证明只有领导重视，各项质量活动才能有效开展。领导要想指挥好和控制好一个组织，必须做好确定方向、提供资源、策划未来、激励员工、协调活动和营造一个良好的内部环境等工作。此外，在领导方式上，最高管理者还要做到透明、务实和以身作则。

（3）全员参与。各级人员都是组织之本。只有他们的充分参与，才能使他们的才干为组织带来收益。全体员工是组织的基础，组织的质量管理不仅需要最高管理者的正确领导，还有赖于全员参与。

（4）过程方法。将活动和相关的资源作为过程进行管理，可以更高效地得到期望的结果。任何利用资源并通过管理，将输入转化为输出的活动，均可视为过程。系统地识别和管理组织所应用的过程，特别是这些过程之间的相互作用，就是“过程方法”。过程方法的目的是获得持续改进的动态循环，并使组织的总体业绩得到显著提高。过程方法鼓励组织要对其所有的过程有一个清晰的理解。过程包含一个或多个将输入转化为输出的活动，通常一个过程的输出直接成为下一个过程的输入，“PDCA”的方法可适用于所有过程。

（5）管理的系统方法。将相互关联的过程作为系统加以识别、理解和管理，有助于企业提高实现目标的有效性和效率。所谓系统，就是“相互关联或相互作用的一组要素”。系统的特点之一就是通过各分系统协同作用、互相促进，使总体的作用往往大于各分系统作用之和。所谓系统方法，实际上可包括系统分析、系统工程和系统管理三大环节。在质量管理中，采用系统方法就是要把质量管理体系作为一个大系统，对组成质量管理体系的各个过程加以识别、理解和管理，以达到实现质量方针和质量目标。

（6）持续改进。持续改进总体业绩应当是企业的一个永恒目标。持续改进是“增强满足要求的能力的循环活动”。为了改进组织的整体业绩，组织应不断改进其产品质量，提高质量管理体系及过程的有效性和效率，以满足顾客和其他相关方面日益增长和不断变化的需求与期望。只有坚持持续改进，组织才能不断进步。

（7）基于事实的决策方法。有效决策是建立在数据和信息分析的基础上。决策是组织中各级领导的职责之一。所谓决策就是针对预定目标，在一定约束条件下，从诸方案中选出最佳的一个付诸实施。达不到目标的决策就是失策。正确的决策需要领导者用科学的态度，以事实或正确的信息为基础，通过合乎逻辑的分析，作出正确的决断。

（8）与供方互利的关系。企业与供方是相互依存的，互利的关系可增强双方创造价值的能力。随着生产社会化的不断发展，企业的生产活动分工越来越细，专业化程度越来越强，通常，某一个产品不可能由一个组织从最初的原材料开始加工直至形成最终顾客使用的产品，而往往是通过多个组织分工协作来完成的。因此，绝大多数企业都有其供方。供方所提供的高质量产品是企业为顾客提供高质量产品的保证之一。企业市场的扩大，则为供方增加了更多的合作机会。所以，企业与供方的合作与交流是非常重要的。

（二）质量管理的演变

从质量管理的形成和发展来看，它大体上经历了三个阶段：

（1）质量检验阶段。这一阶段是从 20 世纪 20~40 年代。作为质量管理的开始阶段，这一阶段主要把检验作为一道专门工艺，设立专职人员检查产品质量，以保证出厂的产品合格。这种质量管理方法是事后检验，不能预防废品的发生。

（2）统计质量管理阶段（SQC）。这一阶段除严格质量把关外，运用数理统计方法，在制造过程中控制影响产品质量的各种因素，是一种“事前控制”的方法。这一阶段只限于生产过程，过分强调数理统计方法使人认为质量管理是数学家的事，“深奥难懂”。

（3）全面质量管理阶段（TQC）。开始于 20 世纪 60 年代初，系统论的理论观点及一些新的质量要求的出现使全面研究企业质量管理工作应运而生。全面质量管理从市场—现场—市场的观点出发，以用户需要为方向，实行全面、全过程、全员质量管理，强调人的因素，以预防为主。全面质量管理是前两个质量管理阶段的进一步完善和发展。

大多数管理阶层认为：改进质量太贵了，我负担不起。质量管理的真正意义在于第一次就把事情做对，永远是比较便宜的。我们不过是要设法用最经济的方式去把事情做对，而且符合要求标准。许多主管抱怨工作士气低落，工作质量很差。事实上管理阶层才是造成质量不良的最大原因，在第一线上的工人或服务人员的表现固然很容易被挑出错误，但他们的一举一动都深受上面的管理者及其行动的影响。

要有效地达到质量管理的目标，必须由最高管理层开始，因为最高管理层是企业的灵魂，他们为公司设立目标，并推动属下完成。唯有高层管理者肯定质量的价值，率先积极参与及承诺，并且组织专业的管理部门，大刀阔斧地推行质量管理，奖励有成就的人员，激励全员的参与意识和行动，并持续不断地执行和改进，才能持久形成高质量的理念，赢得竞争优势。

国外最新的管理理论将企业执行质量管理方面的进度概括为：无知期（Uncertainty）→觉醒期（Awakening）→启蒙期（Enlightenment）→通晓期（Wisdom）→稳定期（Certainy）。在无知期，管理人员尽管很努力，但问题不时发生，产品始终无法令人满意，却不知道原因在哪里，管理层不知道如何改进质量管理来解决层出不穷的问题。在觉醒期，管理层开始了解质量管理的重要性，也做了一番努力来改进现状，譬如指定质量管理人员开始测试和评估，比无知期好的是，管理层有改进质量的动机，但他们却害怕做许多改变，无法放手去做，没有一套解决质量问题的长远规划。经过启蒙期、通晓期，在稳定期，管理阶层视质量管理为企业的命脉所在，质量管理的负责人已成为公司董事之一员，良好的预防系统使问题甚少发生。

（三）质量管理的内容

质量管理，是指确定质量方针、目标和职责，并通过质量体系中的质量策划、质量控制、质量保证和质量改进来使其实现的所有管理职能的全部活动。从质量管理的形成和发展来看，它大体上经历了质量检验、统计质量管理及全面质量管理三个阶段。

质量管理是现代企业管理活动的一个方面，具体包括以下内容：

(1) 制定质量方针和目标。质量方针，又称质量政策，是指由某机构的最高层领导正式颁布的总的质量宗旨和目标。如产品质量要达到的水平、对企业质量管理活动的要求、售后服务的总原则等，都属于质量方针范畴。质量方针是企业开展工作的指南。质量目标是企业按照质量方针所提出的在一定时间内质量上要达到的预期成果，如废品率下降水平，故障成本在产品中所占的比重等。在实践中，应注意通过质量策划使质量方针和目标具体化。

案例 6–1　和威集团质量方针与质量目标的改进

安徽省和威集团在质量方针与质量目标的表述方面存在缺陷（据了解，和威集团的 ISO9001 质量体系建立与论证分别是北京的两家质量体系咨询、论证单位，但这两家咨询、论证单位都没有意识到和威集团的质量方针、质量目标存在问题），于是，有专家就提出了修改建议（详见以下建议书）。该集团的总经理和质量管理者代表认为此建议非常正确，便采纳了，并按质量文件的修改程序修改了原来使用两年的“质量方针与质量目标”。

1. 语言表述须与专业概念基本吻合

(1) 质量方针，又叫质量政策。它是企业各部门和全体人员执行质量职能和从事质量活动所须遵守的原则和指针，是统一和协调企业质量工作的行动指南，也是落实“质量第一”思想的具体体现。从一定意义上讲，质量方针是企业质量管理理念。

(2) 质量目标。是指根据质量方针的要求，企业在一定期间内所要达到的预期效果，即所规定的数量化目标。根据达到目标的期限长短，可划分为长期目标和短期目标。质量目标是企业目标体系中的组成部分，它应力求数量化，以便于统一领导层的思想，成为激励职工的动力，有利于日常的考核和评定，促进目标的实现。

2. 原有质量方针与质量目标存在可修改的余地

原有的质量方针是：创百年品牌，树百年和威

原有的质量目标是：全员参与，从我做起，优质一流，满意顾客

饲料、精米出厂合格率100%

种蛋、苗鸡出厂合格率99%

肉鸡出厂合格率99.5%以上

50天以内肉鸡出栏成活率95%以上

(1) “创百年品牌，树百年和威”，这是一种长期的质量目标，而不是员工从事质量活动的原则和指针，因为百年以后的和威是什么样，这一代的员工是看不到的或无法感觉得到的，遥远的或看不到或感觉不到的理念难以具有激励与约束功效，作为员工来讲也就缺乏行动指南功能，所以有必要对质量方针进行必要修改。

(2) 原来质量目标中的“全员参与，从我做起，优质一流，满意顾客”不是数量化的表达，不是质量目标的内容，而是具有质量方针的含义。

(3) “全员参与、从我做起”实际上是“以人为本”管理思想在质量管理工作的体现，故从和威的企业使命出发，延伸为“以人为本”，这样一来就比较贴近和威的发展历史、今后的发展理念以及质量管理理念。

(4) 在处理质量问题与其他因素之间的关系时，和威不仅仅是达到“优质一流”的境界，更多的是还具有“质量为先”的传统做法。

(5) “百年和威、百年品牌”更多的内在意义是企业发展须有可持续性的健康发展观念，因此可以分为短期、中期、长期的质量目标，同时要发展就必须有创新，质量方面也具有创新的任务与要求，故在质量方面需引入持续创新的理念。

综合上述多种因素并保留原有部分合理的基本思想，改为：

质量方针：以人为本，以质为先，持续创新，客户满意

质量目标

短期目标：2001年内通过ISO9002质量体系认证（正在实施）

中期目标：

顾客满意率100%

饲料、精米出厂合格率100%

种蛋、苗鸡出厂合格率99%

肉鸡出厂合格率99.5%以上

50天以内肉鸡出栏成活率95%以上

长期目标：创百年品牌，树百年和威

资料来源：http://www.manager365.com，知行管理人之家。

1）如何制定质量目标。质量目标按时间可分为中长期质量目标、年度质量目标和短期质量目标；按层次可分为企业质量目标、各部门质量目标以及班组和个人的质量目标；按项目可分为企业的总的质量目标、项目质量目标和产品质量目标。要制定合理的企业质量目标，首先要明确企业存在什么问题，知道企业的强项和弱项，针对目前现状和市场未来的前景来制定企业目标。

第一，找出企业目前的弱项和存在的问题。可以通过顾客投诉、质量审核结果、管理评审结果、统计分析结果、不合格出现的情况、纠正或预防措施等来发现企业的问题，找出企业的弱项，从而找出质量目标所要解决的包括不合格、缺陷、不足和与先进的差距等问题。

第二，对这些问题进行分析，确定问题的范围。在一个企业中也许存在许许多多的问题，但是，哪些是重要的、必须解决的，需要考虑其对企业的影响程度来确定是否将其制定在企业质量目标当中，同时考虑这些问题所影响的时间、人员以及资源配置情况。从而，将那些对企业影响大的问题找出来制定质量目标。

第三，由所存在的问题引导出质量目标。依据企业存在的问题制定的质量目标才具有针对性，才能在实施过程中具有可操作性。比如，若发现企业产品不能满足市场需求，这就需要对产品进行创新，可制定出“开发若干新产品”的质量目标；发现产品的合格率较低，可产生一个新的合格率水平点。

第四，为了使企业质量目标便于实施并真正起到作用，制定的质量目标必须满足以下要求：应当包括对产品的不低于顾客和法律法规规定的质量要求，质量目标应是可测量的。只有这样，质量目标是否完成或完成到什么程度才可以得到有效地评价。

2）质量目标分解与展开。企业质量目标一经制定，就要考虑如何进行实施，要对其进行展开，从而使质量目标纵到底横到边，千斤重担大家挑，人人肩上有指标。将质量目标分解落实到各职能部门和各级人员，使质量目标更具有操作性。同时，各部门、各级人员只有明确了自己的质量目标，知道了努力的方向，明白应该干什么，什么时候干，怎样去干，干到什么程度，才能充分调动其积极性，以确保质量目标的完成。

质量目标展开后，在活动计划书或措施计划表中，应详细列出实现该项质量目标存在的问题、当前的状况、必须采取的措施、将要达到的目标、什么时间完成、谁负责执行等，从而使质量目标的实现步骤一目了然，以确保其实现。

3）绩效考核是实现质量目标的有力保证。企业要想实现自己的理想目标，不搞绩效考核是不行的，因为绩效考核体系就像钟表的发条，发条不上紧，钟表的动力就会不足，甚至不会转动。企业质量目标是企业在质量方面追求的目的。企业质量目标的建立为企业全体员工提供了其在质量方面关注的焦点，同时，质量目标可以帮助企业有目的地、合理地分配和利用资源，以达到策划的结果。一个有魅力的质量目标可以激发员工的工作热情，引导员工自发地努力为实现企业的总体目标作出贡献，对提高产品质量、改进作业效果有其他激励方式不可替代的作用。

（2）建立质量体系。质量体系是指“为实施质量管理所需的组织结构、程序、过程和资源”。质量体系既包括了人力和物质资源的“硬件”内容，也包括了组织体制、程序等软件内容。建立质量体系时，应形成必要的体系文件，如质量手册、管理性程序文

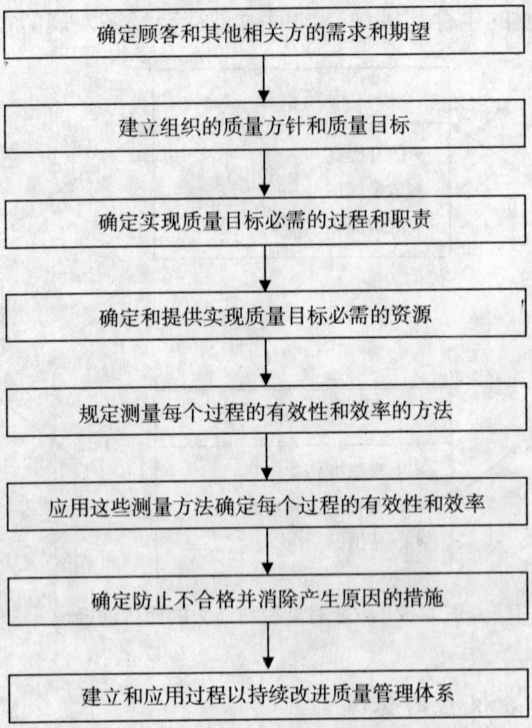

图 6-4 质量管理体系方法

件、技术性程序文件、质量计划、质量记录等。

（3）开展质量控制和质量保证活动。质量控制是指为满足质量要求所采取的作业技术和活动。质量控制的作用就是根据质量标准，监视各环节的工作，使其在受控制状态下运行，从而及时排除和解决所产生的问题，保证满足质量要求。

质量保证是指“为使人们确信某实体能满足质量要求，在质量体系内开展的并按需要进行证实的有计划和有系统的活动”。因此，“证实”是质量保证的关键，这意味着企业必须就是否具有满足质量要求的能力提供充分必要的依据，接受第三方权威机构客观的、公正的评价。质量保证包括两层含义：一是指企业对用户所做的一种质量担保，即使用户确信企业产品或服务的质量满足其规定的要求，因此，它是一种企业取得用户信任的手段；二是企业为了确保本企业产品或服务的质量满足规定要求所进行的活动，因此，它是一种管理手段。

（4）进行质量改进。质量改进是指“为各类组织及其顾客提供更多的收益，在整个组织内所采取的旨在提高活动和过程的效益和效率的各种措施”。质量改进是无止境的，只要不断地寻找问题，积极进行改进，就可以提高企业的质量水平，增强企业的竞争力。

三、提高质量的意义

对质量的高度重视和普遍关注，不遗余力地追求和创造高质量，不仅关系到广大消费者的权益，关系到企业的生存与发展，同时也是社会经济发展的重要战略因素。

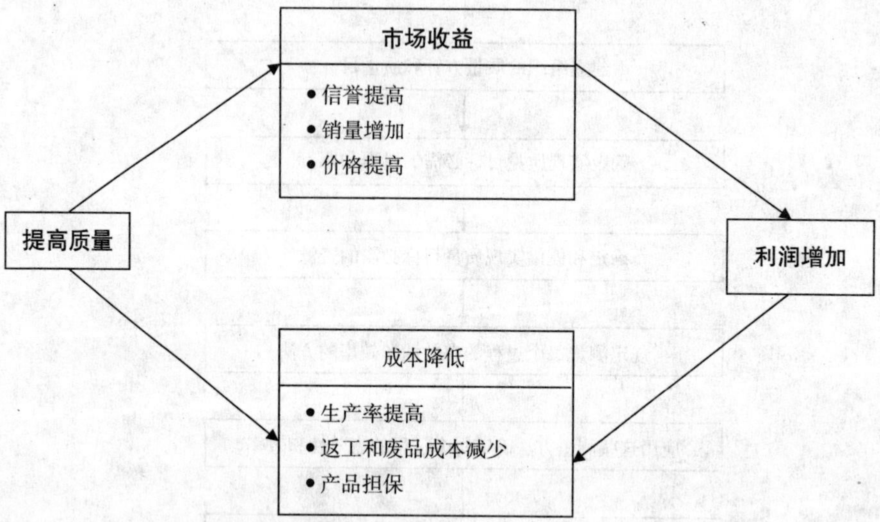

图 6-5 质量提高盈利能力的两种途径

（一）质量是消费者权益的保障

社会主义生产的根本目的是为了满足人民群众日益增长的物质需要与精神文化需要。这种日益增长的需要不仅反映在数量上，也反映在质量上。随着科学技术的进步和社会生产力的提高，人民群众的生活水平在不断改善，人们要求更新、更好、更适合自己的产品质量和服务质量，而不再满足于产品和服务的有无和多少。随着消费者需求日益多样化，只有保证和提高商品或服务的质量，满足消费者的需要，才能保障当前消费者合法权益。

（二）质量是企业生存与发展的基础，是企业赢得竞争优势的重要手段

在当前买方市场形成的环境中，消费者的需求日益饱和，而在有限的市场中，企业要生存必须通过提高质量来增强竞争力，从而占有一定的市场份额。同时，企业经济效益的好坏也取决于质量的高低。可以说质量是一个企业经营素质的体现，在市场经济条件下，"质量效益型"是企业发展的必由之路。

（三）质量是社会经济发展的重要战略因素

当前，世界经济的发展正经历着由数量型增长向质量型增长的转变，市场竞争也由以价格竞争为主转向以质量竞争为主。在开放的世界经济环境中，产品质量是进入市场参与竞争的通行证，所以说质量是关系到社会经济发展的重要战略因素。

另外，企业必须在质量方面下功夫，主要是来自以下方面的压力：即成本竞争方面的压力、来自竞争对手方面的压力、来自消费者方面的压力和来自企业利润增长方面的压力。

第二节　全面质量管理（TQC）

一、全面质量管理的概念

全面质量管理，简称 TQC（Total Quality Control），最先由美国菲根堡姆博士提出，它是指以保证和提高产品质量为中心，全体职工及各个部门同心协力，综合运用一套完整的科学管理理论体系、专业技术和科学方法，对影响产品质量的全过程和各种因素实行控制，力求经济地开发、研制、生产和销售用户满意的产品的系统管理活动。全面质量管理是对公司每一个人所提出的关心质量的要求，其核心点有二：一是永无止境地推进质量改进；二是追求用户满意的目标，要不断地满足或超出用户的期望。目的在于通过让顾客满意和本企业所有成员及社会受益，进而实现企业持续和长远发展目标。

全面质量管理的核心理念是持续改进，“没有最好，只有更好”。持续改进这一概念最初是由美国人提出的，就是谋求投入—产出转换过程中的所有因素持续不断地改善，这些因素包括设备、方法、原材料和人员。在持续改进这一理念的引导下，“如果它没有损坏，就不要修理它”这一古老的信条转变成了“仅仅从它没有损坏这一点不能说它没有改进的余地”。

只有持续改进才能满足顾客的需求和期望，也才能真正以顾客为关注焦点。因为顾客的需求和期望是在变化的、发展的，要满足这种变化的、发展着的需求和期望，企业就必须进行持续改进，持续改进是企业的永恒追求，改进需以自觉的、有计划的、系统的质量改进为基础，持续是通过改进过程得以实现的。只有企业广泛开展质量改进活动，才可能谈得上持续改进。持续改进具有以下特征：

（1）持续改进是质量改进的渐进过程。

（2）持续改进是企业积极、主动寻求的。

（3）持续改进的内容涉及企业的方方面面。

（4）持续改进的目的是为了提高有效性和效率，以确保实现预期目标。

二、全面质量管理的特点

（一）全面质量管理要求实现全过程的质量管理

质量管理工作从原来的生产过程控制扩大到市场调研、设计、制造、辅助生产、物资供应、劳动人事、销售等各个环节，即贯穿于产品质量产生、形成的各个环节，贯穿了企业生产经营的全过程，旨在把不合格的产品消灭在产生过程中，从而形成一种市场—生产现场—市场经营型、防检结合以防为主的、能够向顾客提供长期稳定合格品的系统。要求企业树立“下个工序就是用户”的思想意识，每道工序的质量都得到保证，形成产品从设计到销售、使用的全面质量管理。

（二）参加管理的人员是全面的，即全员性的质量管理

质量管理靠企业全体职工牢固的质量意识、责任感和积极性构成的“同心协力”。质量只有靠企业各个部门共同努力才能保证和提高，企业的决策者、职能人员、操作人员等全体人员都要关心质量、对质量负责。推行全员质量管理，要树立全员质量意识，并广泛开展质量小组（QC 小组）活动，使质量管理深入到每个员工的行动中，切实提高和保证产品质量。

（三）管理的方法和工具是全面的

全面质量管理综合运用管理技术、专业技术和科学方法，形成一套全面的质量管理方法体系。全面质量管理不仅包括质量检验、数理统计控制方法，还包括管理组织、专业技术及其他的科学技术成果，针对影响质量的各个因素，综合发挥它们的作用，以获得最佳效果。

（四）“用户第一”的观点

企业必须识别顾客的质量要求，以用户、市场为导向。产品质量不仅要达到××标准，更重要的是要识别要求。质量管理中的“用户”概念被拓宽了，不仅指产品出厂后的直接用户，而且包括企业内部前后工序，提倡树立“下工序为上工序的用户”意识，每项工序的各项工作都经得起下道工序的检查，都能使下道工序满意，本工序内发现的质量问题要在本工序解决，使企业内的所有工序形成一个相互协调、相互促进的质量管理有机整体。实践证明，一切从用户出发，企业才能提供使用户满意的产品，能够不断创新，使企业活力长存。

（五）“预防为主”的观点

全面质量管理认为：“质量是设计出来的，不是检查出来的。”影响质量好坏的真正原因不在于检验，而在于设计和制造。设计质量是先天性的，决定质量的等级或水平，所以设计质量非常关键。全面质量管理使质量管理从事后检验发展到事前控制，从管结果发展到管过程、管原因，将影响产品质量的可控制因素控制起来，最大限度地降低不合格率。

（六）“一切用数据说话”的观点

全面质量管理是以数据为基础的管理活动。质量可以表示为一定的数量界限，只有掌握了准确信息，才能了解质量变动状况，采取有效措施解决质量问题。全面质量管理广泛运用了各种统计方法，常用的有七种质量控制工具，现在又出现了新的七种质量控制工具。一切用数据说话，提高了质量管理工作的科学性和准确性。

表 6-1 贯彻 TQC 的公司和坚持传统质量管理的公司比较

项 目	传统的质量管理	TQC
总使命	最大的投资回报	达到或超过用户满意
目标	强调短期收益	在长期效益和短期效益之间求得平衡
管理	不公开，有时与目标不一致	公开，鼓励员工参与，与目标一致
管理者的作用	发布命令，强制执行	指导，消除障碍，建立信任
用户需求	可能不清晰	至高无上，识别和理解的重要性
问题	责备，处罚	识别并解决
问题的解决	不系统，个人行为	系统，团队精神
改善	时断时续	持续不断
工作	狭窄，过于专业化，个人努力	广泛，更全面，更注重发挥团队的作用
定位	产品取向	过程取向

第三节 全面质量保证体系

一、质量保证体系的概念和内容

（一）质量保证和质量保证体系

质量保证，是指企业对用户在产品的质量要求方面所提供的担保，保证用户购买的产品在寿命期内质量可靠。质量保证包括两方面内容：一方面是在产品出厂前企业要加强内部各环节的质量管理以保证出厂产品的质量符合规定要求；另一方面在产品出厂之后，企业要搞好售后服务，对用户负责到底。质量保证是全面质量管理的精髓，通过它会给消费者带来舒适和满足，使消费者对生产者提供的产品和服务的质量感到确实又可靠的保证，生产者则可以因此而赢得国内外广大市场，最终导致销售量的增加，所以从长期看，质量保证关系到企业的利润和发展前景。

质量保证体系，是指企业以保证和提高产品质量为目标，为实施质量管理所需要的组织结构、程序、过程和资源。运用系统的原理和方法，建立统一协调的组织机构和合理的制度，把各部门、各环节的质量职能严密组织起来，明确规定其职能、任务和权限，并有一个灵敏的质量信息反馈系统，形成一个高效的质量管理有机整体。

一般说来，全面质量保证体系有如下结构（见图 6-6）。

（二）全面质量保证体系的基本内容

全面质量保证体系可分为设计试制过程的质量保证、制造过程的质量保证和使用过程的质量保证。

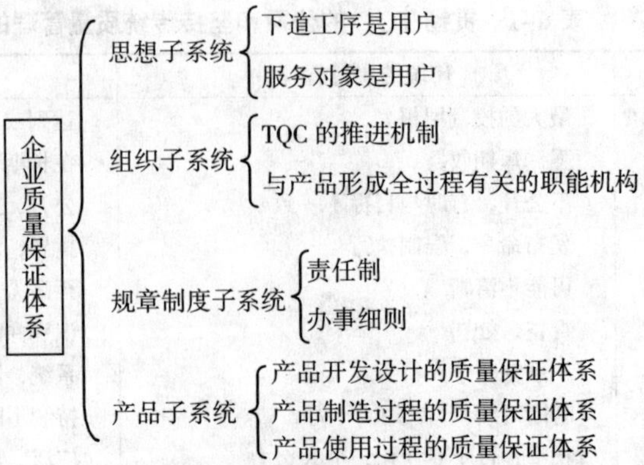

图 6-6　全面质量保证体系

1. 设计试制过程的质量保证

设计试制过程是指产品正式投产前的全部准备过程，包括市场调查、设计、试制、鉴定等阶段，这一阶段的各项工作的质量有时称为设计质量，它是制造质量应达到的标准，是全面质量管理的首要环节。如果设计过程工作质量不好，草草投产，就会给产品质量留下后遗症，这不仅影响产品质量，而且影响投产后的经济效率。优质的设计不只是产品结构的设计，更重要的是功能设计，设计要符合用户的使用要求并且具有较好的工艺性。

设计过程的质量保证包括以下三方面内容：

(1) 确定质量目标。在市场调查的基础上，充分研究顾客的需求，确定合理的质量目标。质量目标可分解为技术目标和经济目标，要求技术上先进可行，其性能、可靠性、安全性等目标都尽量符合市场需要和企业实力；经济上合理适用，能保证在时间、费用、资源和人力等条件限制范围内生产出达到该质量水平的产品。

(2) 产品的正式设计。产品设计时以市场需要为导向，使设计的质量与顾客的要求一致，注意提高设计工作的质量。设计工作完成后，企业组织销售、科研、制造和质量管理部门参加设计审查，审查内容包括产品的可检查性（如尺寸、公差等）、产品的可靠性、产品的安全性及产品的寿命周期成本。目的是及早发现并设法弥补设计上的缺陷，确定合适的设计方案。

(3) 产品的试制和鉴定。试制是对设计的验证。试制可以确定产品设计中有无缺陷、有无必要对原计划进行修改和校正。鉴定是企业组织有关单位的专家和人员对产品所进行的综合评价，它是从设计过程转移到制造过程的一个关键性环节，通过鉴定要对产品从技术上、经济上以及生产条件等多方面作出全面评价，保证设计图纸、工艺等技术文件的质量。

2. 制造过程的质量保证

产品制造过程是指从原材料投入生产开始到产品交验合格入库的全过程。它是产品质量形成过程的中心环节。制造过程的质量保证主要指搞好工序的质量管理，通过控制生产过程影响质量的诸因素来保证生产过程的质量。制造过程的质量管理目的是尽可能多地生产出符合质量标准的产品、减少不良品和浪费，建立起能够稳定生产合格品和优质品的生产系统。这一过程中质量保证的主要内容有：

（1）质量把关——质量检验。质量检验是企业借助各种手段或方法，测定产品的质量特性是否符合规定的质量标准。检验是企业保证出厂产品质量的一项重要质量职能。企业要组织好制造过程各环节的质量检验工作，建立以岗位责任制为中心的各项质量管理工作，保证做到不符合技术规格的产品不送到下道工序或最终用户手中。检验工作包括对处于生产过程中使用原材料、工艺装备及在制品和产成品的检验，“自检、互检、专检”多层次检验。检验的方式有全数检验、抽样检验，有预先检验、中间检验和最终检验，有首件检验和最后检验等多种方式。

（2）质量的预防——工序控制。预防是对产品质量问题进行现场分析，找出产生质量问题的原因，推动生产部门和操作者采取预防措施，把不良品减少到最低限度。质量分析时要灵活运用质量控制的数理统计方法和其他方法。质量的预防工作主要有以下几方面：

第一，加强工艺质量管理。细化工艺文件，严格工艺规律，实行工序质量管理，提高工序能力，保证工艺加工质量，防止废次品产生，使之处于良好稳定的控制状态。产品质量主要取决于生产过程中操作者、原材料、机器设备、操作方法和现场环境的状况，因此每道工序都必须符合图纸和技术的要求。

第二，组织质量分析，掌握质量动态。通过质量的统计分析，可以及时准确地掌握质量的现状和发展动态。统计分析的核心在于确定质量指标，包括确定产品质量分析指标和工作质量指标两个方面。产品质量指标主要反映企业已检查的合格产品的质量水平，如抽样合格率、优等品率、平均等级率等；工作质量指标主要反映企业生产过程的工作质量，如废品率、一次交验合格率、返修品率等。做好质量分析工作，必须以准确详细的原始记录为基础，对废次品进行原因分析，以便采取措施减少废品损失。

质量分析不仅要进行技术分析，还要进行经济分析，要考虑产品的寿命周期成本（包括制造成本与使用成本）与功能的最佳匹配以及企业利益与顾客利益的最佳结合点。

3. 产品使用过程的质量保证

产品使用过程的质量保证是企业质量保证工作的继续和归宿，是实现企业生产目的、评价产品实际质量的过程。在产品销售以后通过加强服务工作，保证产品质量特性在使用中正常发挥作用，满足用户需求。产品使用过程的质量保证的主要内容是：

（1）开展对用户的技术服务工作，如编制产品使用说明书（说明产品的功能、结构、安装、使用、维修、注意事项等），传授安装、使用和维修技术、提供备品配件和设立维修网点等，认真处理出厂产品的质量问题。

（2）通过各种渠道对出厂产品进行使用效果和使用要求的调查研究，及时反馈，将调查结果与保证和改善质量紧密联系起来。

（三）建立质量体系的程序

一般而言，建立质量体系通常包括以下五个阶段（见表 6-2）：①组织策划；②总体设计；③体系建立；④编制文件；⑤实施运行。

表 6–2 质量体系建立的工作过程

阶段划分	工作内容和事项
组织策划阶段	学习 ISO9000 标准，统一思想
	组织管理层决策
	建立工作机制，进行骨干培训
	制定工作计划和程序
总体设计阶段	制定质量方针和质量目标
	质量体系总体设计系统分析
	根据环境特点选择质量体系类型
	对现有质量体系调查评价
	确定体系结构，选择体系要素
体系建立阶段	建立组织结构
	规定质量职责和权限
	配备质量体系所需基本资源
文件编制阶段	编制质量体系文件
	体系文件的审定、批准、颁发
	质量体系实施的教育培训
实施运行阶段	质量体系的实施和运行
	质量体系的审核和评审
	质量体系实施中的检查考核

下面对其中的具体内容作一个说明。

1. 制定质量方针

质量方针作为企业最高领导经营决策的主要内容之一，明确了企业总的质量宗旨和方向，对指导企业开展质量管理活动具有十分重要的作用。在制定质量方针的同时，还必须注意质量方针的展开。企业各级、各部门的领导要根据本部门的职责，制定具体实施计划，作为实现质量方针的具体行动纲领，以确保将质量方针落到实处，做到上下左右协调统一。

2. 选择、确定质量体系要素

为合理选择、确定质量体系要素，首先要研究和选择拟采用的 ISO9000 系列标准。一般质量体系所处环境有四种可能：企业自身质量管理指南的需要、企业与用户之间的合同环境、用户认证或注册、第三方（权威机构）认证或注册。无论哪种情况，企业都应事先认真研究 ISO9000 系列标准，然后根据不同需要选择不同的 ISO9000 系列标准。具体可采用两种方式：其一，企业根据自身发展的需要，希望提高自身的质量管理水平，从而积极、主动地建立质量体系，称为管理者推动。此时，供方企业首先使用 ISO9004—1 及其适用的标准，为建立一个全面、完善、有效的质量体系所需的质量管理方法提供指导。之后，供方企业可选择 ISO9001—9003 中某个标准建立质量体系，但在产品质量、成本和体系内部运转取得重要进展时，应考虑以选定的质量保证模式为核心。其二，对照选定的标准，对企业各部门、各环节质量管理的现状进行调查，找出差距和不足，并借鉴国内外企业的实践，选择并确定具体的质量体系要素，明确对每项要素进行控制的要求和措施。

3. 编制质量手册

质量手册是“阐述一个组织的质量方针并描述其质量体系的文件”，是质量体系的统帅性、纲领性、总体性文件。质量手册是建立质量体系的重要标志，是进行质量体系审核或评价、管理的依据。质量手册的内容一般应包括：质量方针；企业的职责、职权以及他们之间的关系；质量体系程序及其说明；质量手册的评审、修改和控制的规定等。

4. 编制质量计划

质量计划是指“针对某项特定的产品、项目或合同，制定专用的质量措施、资源和活动顺序的文件”。通常质量计划应参照质量手册的有关部分来编制，以适应特定的场合。

一般的，质量计划应对下述内容做出规定：①应达到的质量目标；②实施过程各阶段中责任和权限的明确分配；③应采用的特定方法、程序和作业指导书；④有关阶段（设计、研制等）的试验、检验和审核大纲；⑤随项目进展而修改和完善质量计划的方法；⑥为达到质量目标必须采取的其他措施。

二、全面质量保证体系的运转方式

PDCA 循环是全面质量保证体系的基本运转方式和科学的工作程序，是由美国质量管理专家戴明提出的。质量保证体系活动的全过程是按照计划（Plan）、实施（Do）、检查（Check）、处理（Action）四个阶段不停地周而复始运转。

（一）PDCA 循环

PDCA 循环包括四个阶段、八个步骤，如图 6-7、图 6-8 所示。

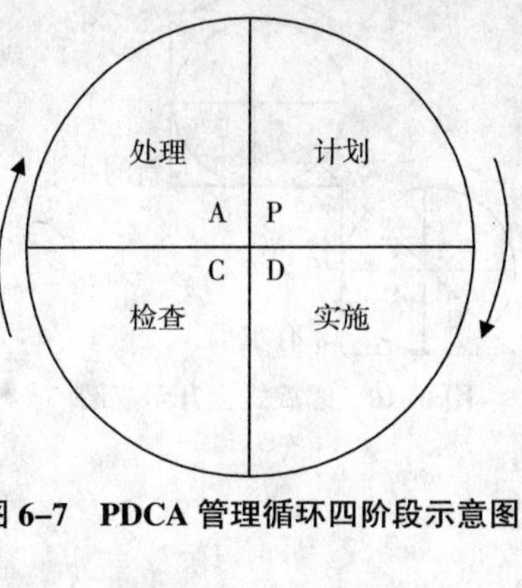

图 6-7　PDCA 管理循环四阶段示意图

图 6-8　PDCA 管理循环八个步骤示意图

（1）计划阶段（P），确定企业的质量目标、活动计划、管理项目和措施方案的阶段。计划阶段包括四个步骤：第一步分析现状，找出存在的质量问题；第二步分析产生质量问题的各种因素；第三步找出影响质量的主要因素；第四步制订技术组织措施方案，提出措施执行计划和预计效果，并且具体落实执行人、时间、地点、进度、方法等。制订计划必须考虑 SMIE 因素，以提高计划工作质量。

（2）执行阶段（D），根据预计目标和措施计划，组织计划的执行和实现。

（3）检查阶段（C），检查计划执行情况，将结果与目标衡量，找出不足。

（4）处理阶段（A），针对执行结果，进行总结和分析、处理问题。这一阶段包括两个步骤：①总结成功的经验和失败的教训，将成功的经验进行标准化，以利于今后遵循；对失败的教训有针对性地提出防范性意见。②把没有解决的遗留问题转入下一个循环，作为下期循环应考虑的目标。

（二）PDCA 循环的特点

（1）PDCA 循环顺序进行，靠组织力量推动，像车轮一样向前进，周而复始，不断循环。

（2）大环套小环，相互推动。PDCA 循环作为一种科学运转方法，适用于企业质量管理的各个方面和各个层次。整个企业的质量管理活动是一个大的 PDCA 循环，各个部门、科室、车间直至个人又是各自的 PDCA 循环，形成大环套小环的综合循环体系。各级管理循环既是上一级管理循环的组成部分和具体保证，又是下一级 PDCA 循环的根据。通过大小循环互相推动的有效运作，使企业各方面质量管理活动有机地联系起来，彼此协作、互相促进，以保证企业总的质量目标的实现，如图 6-9 所示。

（3）螺旋式上升。PDCA 循环好似一个转动着的车轮，但它不是仅仅停留在原地的运动，而是犹如爬楼梯，是逐步上升的运动。质量管理工作，每次循环就解决一批质量问题，质量水平就有了新的提高，遗留问题和又出现的新问题继续进入下一次循环。

PDCA 循环并不是简单的重复，每一次循环都赋予新的内容和目标，都是更高水平的循环，质量问题不断被解决，又不断有新的问题出现，质量管理 PDCA 循环是一个不断提高的动态循环，如图 6-10 所示。

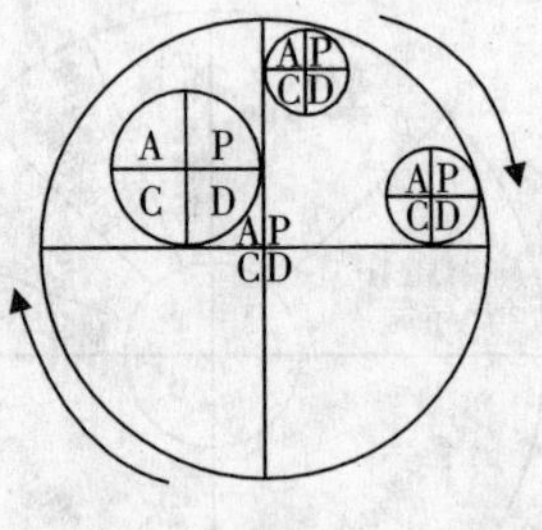

图 6-9　大环套小环示意图

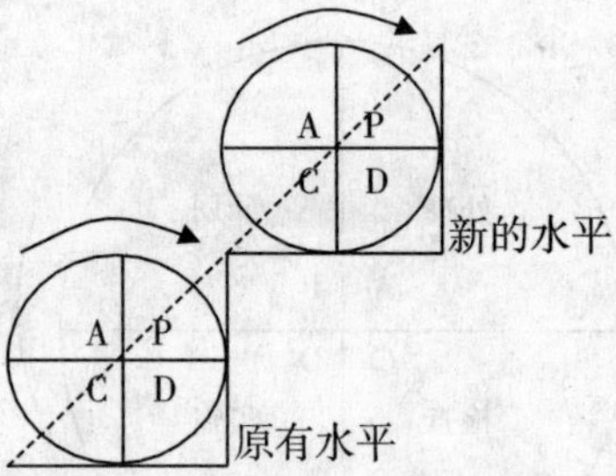

图 6-10　螺旋式上升示意图

三、建立质量保证体系的基础工作

建立全面质量保证体系，企业应做好方方面面的工作，特别是要做好质量教育、标准化、计量检定和质量监督、质量信息反馈、质量管理机构和广泛开展质量管理（QC）小组活动等基础性工作。

（一）质量教育

质量教育是全面质量管理的支柱。企业的一切工作质量都是靠人来保证的。人的素质，特别是树立“质量第一”的观念，是质量保证的关键。日本的一些企业认为，全面质量管理的真正目的在于养成如下素质：①养成善于发现问题的素质；②养成重视计划的素质；③养成重视过程的素质；④养成抓关键的素质；⑤养成动员全员参加管理的素质。

质量教育包括两方面的内容：

(1) 质量管理知识的普及。推行全面质量管理，要使企业全体职工了解并掌握质量管理的基本思想和方法，树立起牢固的“质量第一”、“用户至上”等质量意识，从而在企业生产的各个方面、各个层次的实践中发挥作用。

(2) 职工技术培训。技术培训要求职工结合工作需要进行技术基础教育和操作技能的训练，掌握产品性能、用途、工艺流程、岗位操作技能和检验方法等。只有提高职工的技术水平，才能在生产管理中真正的保证质量。质量教育必须制度化、系统化，形成整个企业的质量教育网。

（二）标准化

标准化是指为取得全局最佳效果，依据科学技术和实践经验的综合成果，在充分协商的基础上，对经济、技术和管理等活动中具有多样性、相关性特性的重复事物，以特定的程度和形式颁发的统一规定。标准包括技术标准和管理标准两类。

质量工作标准化就是把质量管理的各项工作，按其重复性特性形成一定的规范。标准化工作是企业实现质量保证的重要手段，使企业内部各系统建立技术、管理统一性，确保产品质量，使整个企业的质量保证体系稳定运行。随着生产技术水平的不断提高，标准化工作在质量管理中的地位越来越重要，有人认为全面质量管理的过程实质上是企业标准化的过程。

（三）计量检定和质量监督

计量检定（包括测试、化学、分析等工作）是工业生产的重要环节，是保证零部件互换、确保产品质量的重要手段和方法。没有准确的计量工作，就无法提供准确的质量信息，必须严格管理计量工作，建立健全管理制度与管理机构，齐全配备高质量计量设备，及时维护修理，实现检验测试手段、方法的科学化、现代化，提高计量工作的质量，充分发挥它在质量管理中的作用。

质量监督在今天仍是保证产品质量的重要手段。企业进行的质量监督主要包括三个环节：原材料、外协零部件进厂检验，中间检验（即生产过程的检验）和产品出厂检验。企业应把好质量关、防止不合格品流出和及时发现并处理问题，建立健全质量监督体系。

（四）质量信息反馈

质量信息，是指反映产品质量和产、供、销各环节工作的原始记录、基本数据以及产品使用过程中反映出来的各种信息资料。质量信息主要包括产品设计、生产和制造、检验、销售、使用以及生产同类产品的企业信息。

质量信息的反馈是建立企业全面质量管理保证体系的“神经系统”，是企业保证和提高产品质量的依据。企业应建立一套完整的方法、程序，准确、及时、全面、系统收集、贮存、分析厂内外两个反馈系统的质量信息，正确认识影响产品质量波动的原因并迅速作出反应，保证正确地进行管理决策、有效控制生产、高效组织管理，达到质量管理的目标。

（五）综合的质量管理机构

为了使质量保证体系有效运转，必须有切实的组织措施，建立健全全面质量管理机构。全面质量管理保证体系涉及企业各方面的工作，不仅担负着大量有关质量的职能工作，而且要对质量保证各方面的活动发挥统一组织、计划、协调的作用。一个严密的和具有一定权威的组织保证，对企业的每个部门，直至每个人都明确规定在质量管理工作中的具体任务、责任和权限，使质量工作有人管、办事有标准、工作有检查，形成一个严密的质量管理工作系统。

（六）广泛开展质量管理小组活动

质量管理小组（QC 小组）是指开展群众性质量活动的组织，是以保证、提高产品质量、工作质量为目的，围绕生产现场中存在的质量问题，职工自愿组织、相互启发，运用质量管理手段，不断地、主动地开展质量管理活动的小组。

质量管理小组是质量保证体系的群众性的基层组织，是吸收广大职工参与质量管理的有效形式，是科学质量管理的客观要求。因为质量管理的第一手资料都来自基层，质量活动也必须由工人贯彻才有效，所以企业的全面质量管理活动是否有效，关键在于 QC 小组活动能否良好开展。

质量管理小组的活动根据企业的方针目标进行，从分析本岗位、班组、车间的现状着手，围绕提高质量、降低消耗以及文明生产、为用户服务、改善管理、提高小组素质等方面选择课题，集思广益，分工负责，按 PDCA 循环开展工作，做到现状清楚、目标明确和讲求实效。其活动内容具体包括：学习全面质量管理的科学知识，掌握质量分析的基本方法；组织好班组的质量自检、互检和专检，使班组质量检查活动经常化；进行现场改善和质量攻关；运用科学的管理技术和方法，开展日常的质量管理活动；及时总结科学质量管理活动，组织各种生动活泼的经验交流和成果发表；提出提高质量的合理化建议等。

为了使质量管理小组活动健康发展，企业必须加强其对质量管理工作的指导，注意专职质量管理对小组活动的指导帮助，注意选拔和培育小组骨干，并将 QC 小组活动结合竞争、奖励，使小组活动良好持久地开展。

第四节 持续质量改进

案例 6–2 工序设计从不丢弃零件开始

报废和返工率的降低可使企业增强在市场上的竞争优势。由于产品价格不断下降，而运营成本在不断上升，要想满足客户的价格要求，并且保持市场上的领先地位，唯一的途径就是削减质量成本。

CTS 集团在大量电子零件及子系统制造商中异军突起。根据公司有关人士的说法，公司之所以能实现稳定增长，其原因就在于它能够“以最快的速度不断提供高品质的产品”。

当公司发现产品报废、返工和零件的重新检验，以及产品退回率已经占到公司质量成本的 95%的时候，CTS 集团就首创了“停止丢弃零件”这种激励机制。减少丢弃零部件所换来的成本降低，相当于全年销售额的 12.77%。到第二年年底的时候，该集团质量成本削减到了 11.11%，为公司节省费用达 72.96 万美元。今年第一季度，质量成本在此基础上又削减了 9.17%。

CTS 分公司生产电阻器和电阻器/电容器网络，用以对客户的电路板进行电流管理。其客户包括数据处理领域以及通信产业的原始设备制造商。汽车制造商也使用该产品，作为汽车流速器、巡航系统、环境控制等电子仪器。

CTS 在本行业独树一帜，主要体现在该公司的产品（包括陶瓷座、金属陶瓷电阻和导电涂料）完全是现场制造。由于对过程进行了全面控制，公司成功地将质量融入了整个过程。

作为公司质量战略的一个组成部分，CTS 安装了一套全自动计算机综合生产单元。该单元每周能生产 200 多万个零部件，并且将每 1000 个零件的生产时间缩短了30%。它给运行及时存货系统的客户带来的一个巨大好处就是，能够同步查询接收到的任何产品的情况。

为了进一步确保产品能够满足要求，公司搭建了几乎整个机器系统。一位在 30 多年前做过工具及制锻模工学徒说：“质量已经是我们日常工作的一部分了。我的看法是，如果我制作的工具有问题，那么用这些工具制造出来的零件就不可能没问题。这样的话，其他人就麻烦了，他们不可能完成高质量的工作。总而言之，我对其他人在质量方面的期待值是，必须让我生产出合乎质量的产品。”

以前经常发生电阻器底座添加导电涂料的筛选机的停工现象。每筛的工作能力大约为 2 万个零件，交换筛过去是随意放在供给控制中心的，控制中心与筛选机之间有一段距离。只要有一个筛子被用坏，工作就会暂停，然后派一个生产工人去控制中心对供给品进行仔细搜寻。生产工人开始跟踪每个班的停工情况，结果发现每天晚上都有大约 2 个半小时被白白浪费掉了，每小时的质量成本为 32 美元。

现在，相关人员在生产开始的两周以前就能拿到电脑打印的工作程序表，然后根据这张表确定究竟需要什么型号的筛子，并据此预测最多需要使用多少个这样的筛子。每个工作日开始的时候，筛子就会被交到生产车间，按照编号码放起来。旧筛子将被回收利用。工作组进一步同控制中心的员工合作，开发一套更好的储存系统，以加速配送过程。

根据基层生产部门提出的“消除误差根源”这一要求，另一个改正行动得到了实施，该行动涉及产品从焊接站送到下一工序这一转移过程。很多装在托台上等待传输的电阻器排列都不准确，因此出现丢失或造成涂层误差。估计此项质量成本每年 3 万美元。现在，由于改正行动小组积极付诸努力，在托台上添加了转矩弹簧，这样托台的张力增加了，产品因此能放得更稳。

CTS 生产的每一种产品都有多达 6000 个不同变型，根据客户的不同需求量身定做电阻器。每个产品变型都有一张工作表和一张“产品设计”系统图。每年生产的新产品超过 650 种，而且每周都会对现有产品进行升级，升级次数约为 50 次。生产车间为了赶进度不分昼夜连轴转，因此，一旦原来的设计出现了仓促升级，出错的几率就非常高。

公司的产品设计总监领导了一个改正行动小组负责消除质量成本。小组对每周的订单延迟情况进行了统计，将“固定”步骤定义为加班。加班造成的质量成本估计达到每年 1.3 万美元，这里还不包括因此造成的“连锁反应”或客户丢失等损失。问题的根源有好几个，不过，小组发现主要的原因在于，大家必须在订货与交货之间很短的时间内对产品设计进行大量更新。小组将问题归结为产品设计。

他们发现，制定更周密的计划，并做出更准确的预测是解决问题的关键。小组同销售、产品设计和生产部门合作，制作了产品流程图，从销售记录到生产车间拿到计算机辅助设计的整个流程都包括在内。团队将过程的每个步骤都确定下来，然后制定指标工作表。工作表是用来对产品加工的每一个阶段进行时间和进度安排的。如果能够保证订货和交货之间有充足的时间，就能消除质量成本，这样设计小组就能做到第一次就将事情做正确。跟踪评估结果显示，该小组实现了四个月以上的“零缺陷”。

资料来源：http://finance.memail.net，财经中心网。

一、企业持续质量改进

（一）企业质量改进

随着知识经济的发展，产品市场的竞争日趋白热化，产品质量的“否决效应”日渐明显和突出，企业只有进行不断的质量改进，才能减少资源的浪费与消耗、降低成本、提高质量，使顾客满意，从而增强企业信誉，扩大市场占有率，提高企业的竞争力，在市场机制下优胜劣汰的竞争环境中生存并发展壮大。

企业的质量改进包括两个过程：一是产品本身质量的改善和水平的提高，即实物质量的改进；二是企业管理系统的改进。质量改进满足了“顾客的全面满意”的要求。市场需求结构的巨大变化，让顾客满意也就成为每一个企业的质量管理追求的长期目标，然而顾客的需求是不断变化和提高的，企业要全面满足顾客的多方需要就必须跟踪用户的变化，不断改进产品质量和管理水平；否则，企业便会被市场所抛弃。质量改进符合事物进化的一般规律，多变的社会需求和激烈的市场竞争迫使企业加快质量创新和改进的周期与速度，谁走在创新的前列，谁就掌握了市场的主动权，而落后就意味着被淘汰，这是事物发展的客观规律。

（二）企业质量改进的成功要领

实施质量改进首先应建立一个完整的机制，这个机制应包括：信息系统、改进主体、改进对象、约束和监督等诸多要素，并按照以下环节运行：信息收集——选择改进对象——确定改进目标（近期目标、远期目标）——质量分析（找出根本原因）——确定改进措施——跟踪、监督改进结果——整理、归档。其中，质量分析（找出根本原因）是关键环节，只有找到问题的症结所在，才能对症下药解决问题。

企业要想取得持续质量改进的成功，必须做到：

1. 领导发动并支持

最高领导者对企业的质量负完全责任，不断地改进质量是企业领导的重要质量职能，只有最高领导者带头实施并全力支持，企业职工才有信心坚持下去，并获得必要的资源帮助，最终取得效果，实现持续的质量改进也应是各级领导管理层所追求的永恒目标。

2. 确定明确的质量改进目标

质量改进目标不但为职工提供了质量主攻的方向，还便于测量其进展情况，这些目标应明确易懂，富有挑战性但又恰当，并能保证为达到这些目标而需共同工作的所有人员理解并达成共识。这就要求员工能受到必要的、有效的培训和教育。

3. 必要的资源配备

进行质量改进需要占用一定的人力、物力、财力和时间资源，为了达到质量改进的目标，管理者应确定资源要求并提供必要的充分且适宜的基本资源。

近年来，我国很多企业在贯彻 ISO9000 体系标准方面投入了很大的精力，其中一些人甚至错误地认为只要拿到了 ISO9000 体系认证证书，就可以表明他们的产品具备了高质量的水平，因此，许多企业忽略了质量改进的重要性。贯彻 ISO9000 系列标准，对企业质量管理工作与国际接轨具有深远的意义，它确实能将企业分散的管理变为系统的管理，提高了企业的整体管理水平和经济效益，但是产品质量只能维持现状，没有改进和提高，而质量改进却可以弥补这个不足。只有通过不断地改进我们的产品和管理，将质量改进和质量体系的建立有机地结合起来，质量才能稳步地提高。

二、持续改进的思路

【管理名言】骐骥一跃，不能十步；驽马十驾，功在不舍。锲而舍之，朽木不折；

锲而不舍，金石可镂。

——《荀子·修身》

商海沉浮，不少企业曾一度实施了成功的改革，企业也声名鹊起。但是，以后就再也听不到组织创新的声音，企业没有能够继续保持活力。究其原因，主要有：成功了的思路和方法会获得广泛的认可，成为新的常规，对它的违背则会引起反感，受到压制；一般人不可能长期总是在尽最大努力，他们需要在高峰的间歇舒缓一下；上一轮改革会消除大多数明显的缺陷，再变革则需要更大的努力；成功的领导人不愿意否定自己长期积累的“行之有效”的经验；人们或许还希望好好享受一下刚刚过去的改革成果，包括职位、地位等。诸如此类的思想都是持续改进的制约因素。

事实上，环境在变，一次变革完成了，并不等于企业完美无缺了，不再需要发展了。变革是一次性的，持续改进是永恒的。日本企业靠点滴改进改变了质量差的形象，中国台湾的王永庆，只有小学毕业，企业做得那么大，靠的也是对管理的一点一滴地改进。现在，许多中国产品在国际市场上的名声和当年日本、中国台湾的产品一样。所以，在这方面，持续改进对我们的企业非常有意义。

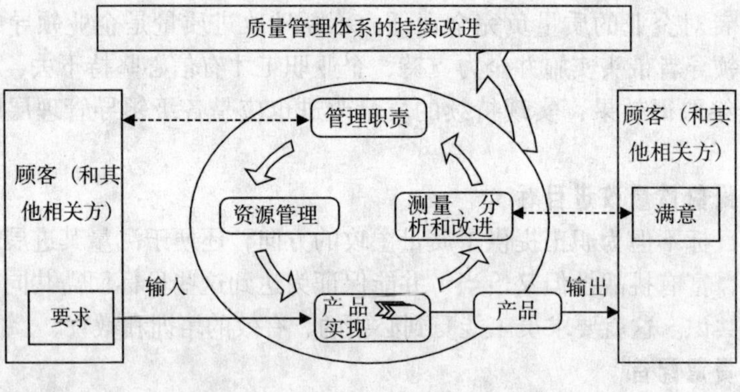

图 6–11　质量管理体系的持续改进

持续改进战略的名目很多，甚至你也可以发明一种新的名词。但是，从全世界业绩优秀的企业实践来看，基本的思路有五种：

1. 以质量为核心：全面质量管理

全面质量管理是通过使用各种质量控制方法、员工培训、开展各种质量改进活动等手段，全面提高企业的运行质量，提高顾客的满意程度。全面质量管理有五个核心理念：改进整个组织系统；使用质量控制工具；关注顾客；领导者亲自参与；全体员工参与。

2. 以顾客为核心：顾客满意管理

顾客满意管理是指企业为了使顾客能够完全满意自己所提供的产品或服务，综合客观地测定顾客满意程度，并根据调查分析结果，系统地改善企业的产品、服务、企业文化的战略行动。顾客满意管理的三个环节是：倾听和测量——分析和学习——改进和创新……这样一个循环往复的过程。

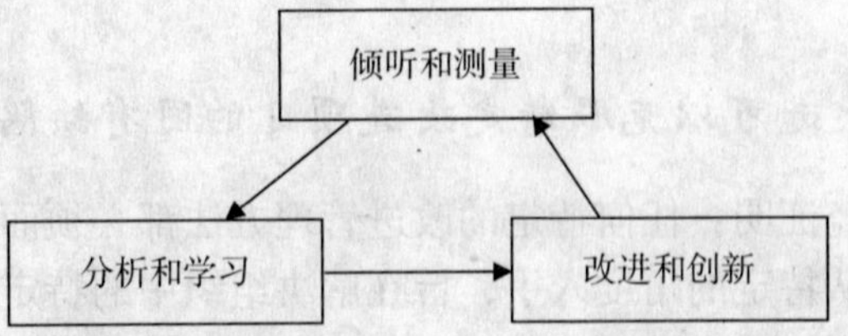

3. 以竞争为核心：标杆超越活动

标杆超越是近年来中外先进企业中普遍开展的一种持续改进活动。20 世纪 70 年代末，世界复印机产业的创始者——美国施乐公司发现自己被后来者佳能公司远远超过。危机之下，它开展了全面学习佳能的业绩指标，并努力超过的标杆超越活动。结果是竞争地位得到显著恢复，还在 1989 年获得鲍德里奇奖。标杆超越还有许多翻译方法，如标杆法、标杆瞄准、基准评价、标杆管理等，它的核心含义是通过对比和分析先进企业的最佳实践，对本企业的产品、服务、流程等关键因素进行改进和变革，使企业成为行业最佳。

4. 以利润为核心：内部市场机制

以利润为核心的内部市场机制是指把企业分解为很多自我管理的内部"企业"。这些企业之间相互按照市场交换原则行事。总公司像政府管理国家经济那样，设定交易规则，提供交易平台，制定合理的内部价格，并协调各内部企业之间的合作。邯郸钢铁公司的"模拟市场核算，实行成本否决"的做法就是这样的思路。

5. 以学习为核心：学习型组织

随着《第五项修炼》一书思想的流传，企业界对学习型组织的概念也不再陌生。一些企业也开始了建设学习型组织的活动，但是，还有更多的企业不得要领。其实，学习建设学习型组织关键在于两点：一是学，要建立一种促进学习的机制；二是整个组织来一起学，要建立一种集体的、全员参与的通过学习提高业绩的机制。通用电气公司是成功企业保持好学精神的典范。在"数一数二"战略取得成效后，他们主动向各个方面学习好的经验，包括公司外部。例如，向摩托罗拉公司学习 6σ。

三、实施持续改进的必然性与可行性

（一）实施持续改进是现代企业竞争的客观要求

在知识经济、信息经济和网络经济的冲击下，现代企业竞争已经发展成为一场纵深的全方位竞争，它不仅要求企业自身要有计划地积累更多更深的知识、技能和诀窍，以便逐步培养并增强快速学习和持续改进的意识和能力，而且也要求企业加深对竞争对手的了解，增强从其他企业寻找和获取技术的能力，以便为企业改进现有的竞争战略，打破原有的行业规则和操作程序提供直接的依据和参考，从而最终提高所用技术的性能指标，改进投入品、产出品和业务流程，对市场变化作出快速的反应和实现竞争优势的增强。这就意味着，企业为增强竞争优势所实施的改进活动必须是持续的，而不是偶然的、间断的。

（二）实施持续改进可以克服特定改进项目的固有缺陷

企业的改进实践已经证明：任何特定的改进管理方法都必须面向不同战略所确定的特定的绩效重点，都是从特定的角度入手，旨在解决组织中的特定部门所存在的特定问题的。所以，尽管许多改进方法都声称能够有效地降低成本、改进服务和增加顾客价值，但每种方法自身都有其固有的局限性，并且完全有可能在组织中的其他部门应用时失去原有的效率或效果，从而使企业仍不得不面对从过多的改进方法中进行选择和整合的挑战。

（三）实施持续改进可以创造出巨大的协同效应

对于任一企业而言，不仅各种改进管理方法之间及其与现有的决策规则和组织惯例之间存在着密切的互动关系，而且每种改进管理方法也与企业中的其他职能与过程，与企业的顾客、供应商、竞争对手和资本市场等存在着密切的互动关系。正是这些互动关系在各种改进管理方法之间创造出巨大的协同效应并产生意想不到的积极效果。

持续改进是质量管理的八大原则之一，持续质量改进是企业的永恒目标，以加入WTO为标志，中国企业已进入全球经济一体化时代，企业应该也必须遵循国际准则，按国际惯例办事。市场实践证明，顾客总是抛弃低质量的产品，追求高质量的产品，而质量改进正是使低质量产品转换为高质量产品的过程。坚持持续质量改进这一理念，也是一场思想革命，是对传统企业管理的一种反思。特别在当今世界，质量改进更是企业的生命力之所在。

对于企业而言，顾客是潜在购买该企业产品的人，企业的产品必须满足顾客期望和预期的要求，这就要求企业按照ISO9000标准的要求，通过对产品的实现过程，测量、分析和改进过程，管理过程和资源管理过程的控制，确保企业质量管理体系的持续改进。

美国著名质量管理专家朱兰博士说："21世纪是质量的世纪。"而"质量是品牌的保证，品牌是质量的标志"。市场竞争需要质量，但酒香还怕巷子深。现在不少国外知名企业都在创"百年企业"和"百年品牌"，我们要按照"以质取胜，经久不衰"的经济战略，持之以恒地抓企业质量管理，保证稳定的产品质量，得到消费者长期认可，使其从认同、认可到成为忠诚顾客。

第五节 6σ 管理

6σ 管理因美国通用电气公司（GE）的传奇领导人物杰克·韦尔奇（Jack Welch）的介绍及实践而扬名全球企业界。作为一种持续改进质量的方法，6σ 管理帮助世界上众多公司节省了大量的成本，并使其顾客得到了极大的满足。

一、6σ 管理

（一）σ

σ（Sigma，西格玛）是一个希腊字母，在统计学中用来表达数据的离散程度，即标准差。对于任何变量 ξ，Eξ 为其平均值，ξ–Eξ 为其离差，离差平方的平均值为方差，方差的平方根为标准差。

标准差可以通过以下公式求得：

$$\sigma=\sqrt{E(\xi-E\xi)^2}$$

其中，E 为平均值符号。

一般情况下，变量大多服从正态分布的规律。正态分布是一种对称的分布，靠近平均值的数据较多而远离平均值的数据较少。σ 描述的就是数据与其平均值的离散程度，σ 的值越大，表明数据越分散，越有机会超出允许的偏差范围。

通常而言，对于产品的质量或工艺过程的某项指标，企业会规定一个目标值和一个允许的偏差范围。假定有两个工厂，都生产某样型号的零件。该零件长度的目标值为 100 毫米，允许偏差的下限和上限分别为 98、102 毫米，工厂甲生产的 10 个零件长度分别为 99、98、100、101、100、102、100、99、101、100 毫米；工厂乙生产的 10 个零件长度分别为 99、98、100、101、102、100、99、97、101、103 毫米。尽管两个工厂生产的零件长度平均值都是 100 毫米，但由于工厂甲的标准差要比工厂乙小，因此，工厂甲的 10 个零件全部合格，而工厂乙合格的零件只有 8 个，废品率为 20%。此时，工厂乙的标准差为 5.48 毫米，远远大于 2 毫米的允许偏差范围。

可以看出，质量特性一旦偏离目标值就会造成损失，质量特性越远离目标值，造成的损失就越大。质量改善的目标之一就是要使标准差变小。

（二）6σ 管理

6σ 是关于测量过程失误的一个统计学概念。达到 6σ，意味着在整个过程中（即在产品的生产过程和服务中）失误率不超过百万分之 3.4，即一百万次中不可超过 3.4 次失误，接近零缺陷。西格玛在统计学中代表标准差，在企业中，我们用它来代表过程偏离完美状态的程度。1 个 σ 代表在一百万次中有 691462.5 次失误，即不合格品率为 30.85%，属于很糟糕的非受控情况。如果达到 3 个 σ，失误率控制在百万分之 66807.2，即不合格品率为 6.68%，国内企业大部分处于这个状态。发达国家企业普遍处于 4 西格玛状态，即不合格品率低于 0.62%。所以我们经常用到术语“每百万次机会缺陷数”，即 DPMO（Defect Per Million Opportunities）来度量 6σ 的改进活动。

传统的公司品质已提升至 3σ，此时，产品的合格率已达至 93.32%的水平，只有 6.68%为废品。通过将标准提高到 6σ，进一步缩小标准差，收窄数据分布的范围，可以大大减少产品品质落在允许的偏差范围之外的概率。达到 6σ 意味着每百万机会缺陷数只有 3.4 个。

表 6–3 6σ 管理法转换表

合格率（%）	DPMO	σ
30.85	691500	1
69.15	308500	2
93.32	66800	3
99.38	6200	4
99.977	230	5
99.99966	3.4	6

为了降低废品率，工厂乙的管理者决定采用 6σ 标准。他用 6 个 σ 去分摊可以被允许的 2 毫米偏差，则每个 σ 仅为 0.33 毫米。由于 σ 数值大大缩小，管理标准一下子严格了很多，就可以大大减少乃至消除生产废品的可能性。σ 前面的倍数越大，表明品质管理越严格。

可见，6σ 管理是为追求同业领先地位而全面策划、持续规范化的质量改进活动。它以提升品质作为主线，以顾客需求为中心，利用对事实和数据的分析，改进企业的业务流程能力。6σ 管理成功地将使质量意识与企业每个员工的日常工作水乳交融在一起，改变了传统的以检查审核为主的质量控制观念，从企业核心流程的角度保证了最终产成品的质量。

（三）6σ 管理在企业中的实践

1. 摩托罗拉公司：6σ 管理的先驱

最早实施 6σ 管理的是摩托罗拉公司。摩托罗拉公司早先以生产军用通信设备著称。20 世纪 80 年代初，随着移动电话的兴起，该公司开始开发移动电话机。作为高科技产品，移动电话机对可靠性要求极高。延用常规的 3σ 控制标准进行产品制造过程的质量控制，使得产品质量屡屡报警。

在这样的情况下，摩托罗拉公司专门组织资深质量工程师从事可靠性质量控制，通过数年的研究和实践，首创了 6σ 管理方法，将传统的以 3σ 为控制标准的质量控制方法，改革为以 6σ 为控制标准的过程控制方法，极大限度地限制了不合格产品流入下道工序，保证了装配的质量和产品的可靠性。

摩托罗拉公司 1987 年开始导入 6σ 管理，仅仅用了两年的时间，公司就获得了美国马可姆·波里奇国家质量奖。三年后，公司的 6σ 管理战略取得了空前的成功，产品的不合格率从 6210DPMO（约 4σ）减少到 32DPMO（5.5σ），在此过程中节约的成本超过 20 亿美元。

随后，德州仪器公司（Texas Instruments）、联信公司（Allied Signal，后与霍尼维尔 Honeywell 合并）等在各自的制造流程中推广 6σ 管理，均获得成功。

2. 通用电气公司：6σ 管理名声大振

6σ 管理真正名声大振是在通用电气公司全面实施 6σ 管理模式取得辉煌业绩之后。

1995 年，在董事长兼 CEO 杰克·韦尔奇的主持下，GE 开始推行 6σ 管理方法。作为与产品服务、全球化并列的三大战略之一，6σ 管理为通用电气公司的发展立下了汗马功劳。自实施 6σ 管理以来，公司的营业利润从 1995 年的 66 亿美元飙升为 1999 年的 107 亿美元。6σ 管理的收益 1997 年为 3 亿美元，1998 年达到 7.5 亿美元，1999 年达到 15 亿美元。

韦尔奇简直是疯狂地迷上了 6σ 管理，他说，"6σ 管理永远地改变了 GE。所有的人（从 6σ 的热心者到工程师、审核员、科学家以及将公司领向新世纪的高层领导）都是 6σ 这一公司正在运作的管理方法的忠实信徒"。

6σ 管理最终使 GE 发展成为全球最大的、最成功的多元化经营的跨国公司。韦尔奇也被人们赞誉为"世界头号 CEO"。

3. 6σ 管理的发展

6σ 管理很快受到其他世界级大公司的关注，很多美国大公司相继实施这种先进的管理方法。一直在质量领域领先全球的日本企业也在 20 世纪 90 年代后期纷纷加入 6σ 管理的行列，这其中包括索尼、东芝等。韩国的三星、LG 也开始了向 6σ 管理进军的旅程。目前，几乎所有的《财富》500 强制造型企业都陆续实施了 6σ 管理战略。

一些服务性企业，如花旗银行、亚马逊网站等也开始实施 6σ 管理，以提高服务质量、维护客户忠诚度。6σ 管理不再只是一种单纯的面向制造性业务流程的质量管理方法，同时也成为有效地提高服务性业务流程的管理方法。

目前，美国公司平均品质水平已从 10 年前的 3σ~4σ 提高到接近 5σ 的程度，而日本则已超过了 5.5σ 的水平。

（四）6σ 管理与 ISO9000 的关系

作为国际标准化组织的质量认证体系，ISO9000 认证为 6σ 管理的实施打下了坚实的基础。对于已通过 ISO9000 认证的企业，6σ 管理提供了一条自然的、不断改善的道路。由于 ISO9000 是一个统一的标准，必须兼顾不同行业的特点，所以不可避免地会牺牲相当多的针对性和具体性。这些都限制了对企业管理能力进行突破性提高的可能性和竞争优势的根本改善。而 6σ 管理则完全是从某个企业的特定管理环境出发，对关键业务流程进行优化和控制。一般而言，已经获得了 ISO9000 认证的企业，其品质水准大多维持在 3.5σ~4σ 的水平，要达到 6σ 标准仍然需要不懈的努力。

二、6σ 管理的特征

作为持续性的质量改进方法，6σ 管理具有如下特征：

（一）对顾客需求的高度关注

6σ 管理以更为广泛的视角，关注影响顾客满意的所有方面。6σ 管理的绩效评估首先就是从顾客开始的，其改进的程度用对顾客满意度和价值的影响来衡量。6σ质量代表了极高的对顾客要求的符合性和极低的缺陷率。它把顾客的期望作为目标，并且不断超越这种期望。企业从3σ开始，然后是4σ、5σ，最终达到6σ。

（二）高度依赖统计数据

统计数据是实施6σ管理的重要工具，以数字来说明一切，所有的生产表现、执行能力等都量化为具体的数据，成果一目了然。决策者及经理人可以从各种统计报表中找出问题在哪里，真实掌握产品不合格情况和顾客抱怨情况等，而改善的成果，如成本节约、利润增加等，也都以统计资料与财务数据为依据。

（三）重视改善业务流程

传统的质量管理理论和方法往往侧重结果，通过在生产的终端加强检验以及开展售后服务来确保产品质量。然而，生产过程中已产生的废品对企业来说却已经造成损失，售后维修需要花费企业额外的成本支出。更为糟糕的是，由于容许一定比例的废品已司空见惯，人们逐渐丧失了主动改进的意识。

6σ管理将重点放在产生缺陷的根本原因上，认为质量是靠流程的优化，而不是通过严格地对最终产品的检验来实现的。企业应该把资源放在认识、改善和控制原因上，而不是放在质量检查、售后服务等活动上。质量不是企业内某个部门和某个人的事情，而是每个部门及每个人的工作，追求完美成为企业中每一个成员的行为。6σ管理有一整套严谨的工具和方法来帮助企业推广实施流程优化工作，识别并排除那些不能给顾客带来价值的成本浪费，消除无附加值活动，缩短生产、经营循环周期。

（四）积极开展主动改进型管理

掌握了6σ管理方法，就好像找到了一个重新观察企业的放大镜。人们惊讶地发现，缺陷犹如灰尘，存在于企业的角角落落。这使管理者和员工感到不安，变被动为主动，努力为企业做点什么。员工会不断地问自己：现在到达了几个σ？问题出在哪里？能做到什么程度？通过努力提高了吗？这样企业就始终处于一种不断改进的过程中。

（五）倡导无界限合作、勤于学习的企业文化

6σ管理扩展了合作的机会，当人们确实认识到流程改进对于提高产品品质的重要性时，就会意识到在工作流程中各个部门、各个环节的相互依赖性，加强部门之间、上下环节之间的合作和配合。由于6σ管理所追求的品质改进是一个永无终止的过程，而这种持续的改进必须以员工素质的不断提高为条件，因此，有助于形成勤于学习的企业氛围。事实上，导入6σ管理的过程本身就是一个不断培训和学习的过程，通过组建推行6σ管理的骨干队伍，对全员进行分层次的培训，使大家都了解和掌握6σ管理的要点，充分发挥员工的积极性和创造性，在实践中不断进取。

三、6σ 管理的好处

实施 6σ 管理的好处是显而易见的，概括而言，主要表现在以下几个方面：

（一）能够提升企业管理的能力

6σ 管理以数据和事实为驱动器。过去，企业对管理的理解和对管理理论的认识更多停留在口头上和书面上，而 6σ 把这一切都转化为实际有效的行动。6σ 管理法成为追求完美无瑕的管理方式的同义语。

正如韦尔奇在通用电气公司 2000 年年报中所指出的："6σ 管理所创造的高品质，已经奇迹般地降低了通用电气公司在过去复杂管理流程中的浪费，简化了管理流程，降低了材料成本。6σ 管理的实施已经成为介绍和承诺高品质创新产品的必要战略和标志之一。"

6σ 管理给予了摩托罗拉公司更多的动力去追求当时看上去几乎是不可能实现的目标。20 世纪 80 年代早期公司的品质目标是每 5 年改进 10 倍，实施 6σ 管理后改为每 2 年改进 10 倍，创造了 4 年改进 100 倍的奇迹。

对国外成功经验的统计显示：如果企业全力实施 6σ 革新，每年可提高一个 σ 水平，直到达到 4.7σ，无须大的资本投入。这期间，利润率的提高十分显著。而当达到 4.8σ 以后，再提高 σ 水平需要对过程重新设计，资本投入增加，但此时产品、服务的竞争力提高，市场占有率也相应提高。

（二）能够节约企业运营成本

对于企业而言，所有的不良品要么被废弃，要么需要重新返工，要么在客户现场需要维修、调换，这些都需要花费企业成本。美国的统计资料表明，一个执行 3σ 管理标准的公司直接与质量问题有关的成本占其销售收入的 10%~15%。从实施 6σ 管理的 1987 年到 1997 年的 10 年间，摩托罗拉公司由于实施 6σ 管理节省下来的成本累计已达 140 亿美元。6σ 管理的实施使霍尼韦尔公司 1999 年一年就节约成本 6 亿美元。

（三）能够增加顾客价值

实施 6σ 管理可以使企业从了解并满足顾客需求到实现最大利润之间的各个环节实现良性循环：公司首先了解、掌握顾客的需求，然后通过采用 6σ 管理原则减少随意性和降低差错率，从而提高顾客满意程度。

通用电气的医疗设备部门在导入 6σ 管理之后创造了一种新的技术，带来了医疗检测技术革命。以往病人需要 3 分钟做一次全身检查，现在只需要 1 分钟了。医院也因此而提高了设备的利用率，降低了检查成本。这样出现了令公司、医院、病人三方面都满意的结果。

（四）能够改进服务水平

由于6σ管理不但可以用来改善产品品质，而且可以用来改善服务流程，因此，对顾客服务的水平，也得以大大提高。

通用电气照明部门的一个6σ管理小组成功地改善了同其最大客户沃尔玛的支付关系，使得票据错误和双方争执减少了98%，既加快了支付速度，又融洽了双方互利互惠的合作关系。

（五）能够形成积极向上的企业文化

在传统管理方式下，人们经常感到不知所措，不知道自己的目标，工作处于一种被动状态。通过实施6σ管理，每个人知道自己应该做成什么样，应该怎么做，整个企业洋溢着热情和效率。员工十分重视质量以及顾客的要求，并力求做到最好，通过参加培训，掌握标准化、规范化的问题解决方法，工作效率获得明显提高。在强大的管理支持下，员工能够专心致力于工作，减少并消除工作中消防救火式的活动。

四、6σ 管理的人员组织结构

6σ管理需要一套合理、高效的人员组织结构来保证改进活动得以顺利实现。在过去，之所以有80%的全面质量管理实施者失败，最大原因就是缺少这样一个人员组织结构。6σ管理法中一个典型的方面是培养了一批称为“黑带大师”、“黑带”、“绿带”的过程分析和改进专家。当启动6σ管理法时，要为组织的各个部门确定合适的角色并明确其责任。6σ管理活动中的角色有：领导委员会、倡导者、“黑带大师”、“黑带”、“绿带”。

（一）6σ 管理委员会

6σ管理委员会也叫“6σ领导小组”、“质量委员会”等，是企业实施6σ管理的最高领导机构。该委员会的主要成员由公司领导层成员担任，其主要职责是：设立6σ管理初始阶段的各种职位；确定具体的改进项目及改进次序，分配资源；定期评估各项目的进展情况，并对其进行指导；当各项目小组遇到困难或障碍时，帮助他们排忧解难等。

成功的6σ管理有一个共同的特点，就是企业领导者的全力支持。6σ管理的成功在于从上到下坚定不移地贯彻。企业领导者必须深入了解6σ管理对于企业的利益以及实施项目所要达到的目标，从而使他们对变革充满信心，并在企业内倡导一种旨在不断改进的变革氛围。

管理委员会要做到：有坚定的变革决心；真正相信6σ管理法；行动上的参与而非口号；积极的兴趣和支持；积极分配资源；持续关注实施结果；激励6σ管理活动中的优秀人员。

管理委员会的开会频率对6σ管理实施的初始阶段影响很大，特别是在出成果之前，大家都很担心领导是否支持，所以开会时间短一点但频繁一点会是比较好的做法。一般每月集合一次，开会讨论实施进度，表彰优秀人员，追踪实施结果。这样会在全公司范围内造成一种紧迫感，加快改进的进程。

（二）执行负责人或倡导者

即 6σ 管理活动的总负责人，来自企业高级管理层，必须对改进项目进行全面的监控。一般由一位副总裁以上的高层领导担任。这是个至关重要的职位，要求负责人具备较强的平衡协调能力，并在公司中有足够高的地位。其具体职责是：为项目设定目标、方向和范围；协调项目所需资源；处理各项目小组之间的重叠和纠纷，加强项目小组之间的沟通等。

执行负责人或倡导者应至少投入 20%~30%的工作时间到 6σ 改进活动中，为“黑带们”扫除障碍，提供资源。具体任务是：选定“黑带”人选，选定改进项目，组织改进组，支持改进组，全程监控并指导项目直至取得结果，跟踪改进措施，决定控制措施。

（三）“黑带”

“黑带”（Black Belt）来源于军事术语，指那些具有精湛技艺和本领的人。“黑带”为 6σ 改进项目全职工作，一般作为小组负责人，必须深深钻入持续性的重大问题当中，运用 6σ 工具进行改进。最通俗的说法就是：“黑带”改进问题、排除缺陷，找到利润。“黑带”不仅需要具备统计学知识，运用统计工具找出缺陷的原因并采取改进措施，还需要与他人合作，通过指导、培训等方法来影响团队中的其他人，共同达到预期的结果。

“黑带”是 6σ 变革的中坚力量。对“黑带”的认证通常由外部咨询公司配合公司内部有关部门来完成。“黑带”由企业内部选拔出来，全职实施 6σ 管理，在接受培训取得认证之后，被授予“黑带”称号，担任项目小组负责人，领导项目小组实施流程变革，同时负责培训“绿带”。“黑带”的候选人应该具备大学数学和定量分析方面的知识基础，需要具有较为丰富的工作经验。他们必须完成 160 小时的理论培训，由“黑带大师”一对一地进行项目训练和指导。经过培训的“黑带”应能够熟练地操作计算机，至少掌握一项先进的统计学软件。那些成功实施 6σ 管理的公司，大约只有 1%的员工被培训为“黑带”。

（四）“黑带大师”

也叫黑带主管，或教练。这是 6σ 管理专家的最高级别，其一般是统计方面的专家，投入 100%的时间到 6σ 活动中，负责在 6σ 管理中提供技术指导。他们必须熟悉所有“黑带”所掌握的知识，深刻理解那些以统计学方法为基础的管理理论和数学计算方法，能够确保“黑带”在实施应用过程中的正确性。统计学方面的培训必须由“黑带大师”来主持。“黑带大师”的人数很少，只有“黑带”的 1/10。具体任务是：与倡导者和领导层沟通，协助倡导者收集和分析相关数据，组织项目小组，为“黑带”提供指导和培训，解决小组成员间的分歧和冲突，收集和分析小组活动的数据。

（五）“绿带”

“绿带”（Green Belt）的工作是兼职的，他们经过培训后，将负责一些难度较小的项目小组，或成为其他项目小组的成员。“绿带”培训一般要结合 6σ 具体项目进行 5 天左右的课堂专业学习，包括项目管理、质量管理工具、质量控制工具、解决问题的方法和信息数据分析等。一般情况下，由“黑带”负责确定绿带培训内容，并在培训之中和之后给予协助和监督。“绿带”在基层的领域里协助“黑带”做好工作。“绿带”一般不是全职投入 6σ 改进项目，而是在他们原来的工作范围内，为“黑带”进行产品的检测、数据的收集等协助性工作。“绿带”可以是改进小组的基础成员，也可以作为改进小组的负责人。

五、6σ 管理的实施程序

（一）辨别核心流程和关键顾客

随着企业规模的扩大，顾客细分日益加剧，产品和服务呈现出多标准化，人们对实际工作流程的了解越来越模糊。获得对现有流程的清晰认识，是实施 6σ 管理的第一步。

1. 辨别核心流程

核心流程是对创造顾客价值最为重要的部门或者作业环节，如吸引顾客、订货管理、装货、顾客服务与支持、开发新产品或者新服务、开票收款流程等，它们直接关系到顾客的满意程度。与此相对应，诸如融资、预算、人力资源管理、信息系统等流程属于辅助流程，对核心流程起支持作用，它们与提高顾客满意度是一种间接的关系。

不同企业的核心流程各不相同，回答下列问题，有助于确定核心流程：

（1）企业通过哪些主要活动向顾客提供产品和服务？

（2）怎样确切地对这些流程进行界定或命名？

（3）用来评价这些流程绩效或性能的主要输出结果是什么？

2. 界定业务流程的关键输出物和顾客对象

在这一过程中，应尽可能避免将太多的项目和工作成果堆到“输出物”栏目下，以免掩盖主要内容，抓不住工作重点。对于关键顾客且是企业外部顾客，对于某一流程来说，其关键顾客可能是下一个流程，如产品开发流程的关键顾客是生产流程。

3. 绘制核心流程图

在辨明核心流程的主要活动的基础上，将核心流程的主要活动绘制成流程图，使整个流程一目了然。

（二）定义顾客需求

1. 收集顾客数据，制定顾客反馈战略

缺乏对顾客需求的清晰了解，是无法成功实施 6σ 管理的。即使是内部的辅助部门，如人力资源部，也必须清楚地了解其内部顾客——企业员工的需求状况。建立顾客反馈系统的关键在于：

（1）将顾客反馈系统视为一个持续进行的活动，看做是长期应优先处理的事情或中心工作。

（2）听取不同顾客的不同反映，不能以偏概全，由于几个印象特别深刻的特殊案例而形成片面的看法。

（3）除市场调查、访谈、正式化的投诉系统等常规的顾客反馈方法之外，积极采用新的顾客反馈方法，如顾客评分卡、数据库分析、顾客审计等。

（4）掌握顾客需求的发展变化趋势。

（5）对于已经收集到的顾客需求信息，要进行深入的总结和分析，并传达给相应的高层管理者。

2. 制订绩效指标及需求说明

顾客的需求包括产品需求、服务需求或是两者的综合。对不同的需求应分别制订绩效指标，如在包装食品订货流程中，服务需求主要包括界面友好的订货程序、装运完成后的预通知服务、顾客收货后满意程度监测等，产品需求主要包括按照时间要求发货、采用规定的运输工具运输、确保产品完整等。一份需求说明是对某一流程中产品和服务绩效标准简洁而全面的描述。

3. 分析顾客各种不同的需求并对其进行排序

确认哪些是顾客的基本需求，这些需求必须予以满足，否则顾客绝对不会产生满意感；哪些是顾客的可变需求，在这类需求上作得越好，顾客的评价等级就越高；哪些是顾客的潜在需求，如果产品或服务的某些特征超出了顾客的期望值，则顾客会处于喜出望外的状态。

（三）针对顾客需求评估当前行为绩效

如果公司拥有雄厚的资源，可以对所有的核心流程进行绩效评估。如果公司的资源相对有限，则应该从某一个或几个核心流程入手开展绩效评估活动。评估步骤如下：

（1）选择评估指标。标准有两条：第一，这些评估指标具有可得性，数据可以取得；第二，这些评估指标是有价值的，为顾客所关心。

（2）对评估指标进行可操作性的界定，以避免产生误解。

（3）确定评估指标的资料来源。

（4）准备收集资料。对于需要通过抽样调查来进行绩效评估的，需要制订样本抽取方案。

（5）实施绩效评估，并检测评估结果的准确性，确认其是否有价值。

（6）通过对评估结果所反映出来的误差，如次品率、次品成本等进行数量和原因方面的分析，识别可能的改进机会。

（四）辨别优先次序，实施流程改进

对需要改进的流程进行区分，找到高潜力的改进机会，优先对其实施改进。如果不确定优先次序，企业多方面出手，就可能分散精力，影响 6σ 管理的实施效果。业务流

程改进遵循五步循环改进法，即 DMAIC 模式：

1. 定义（Define）

定义阶段主要是明确问题、目标和流程，需要回答以下问题：应该重点关注哪些问题或机会？应该达到什么结果？何时达到这一结果？正在调查的是什么流程？它主要服务和影响哪些顾客？

2. 评估（Measure）

评估阶段主要是分析问题的焦点是什么，借助关键数据缩小问题的范围，找到导致问题产生的关键原因，明确问题的核心所在。

3. 分析（Analyze）

通过采用逻辑分析法、观察法、访谈法等方法，对已评估出来的导致问题产生的原因进行进一步分析，确认它们之间是否存在因果关系。

4. 改进（Improve）

拟订几个可供选择的改进方案，通过讨论并多方面征求意见，从中挑选出最理想的改进方案付诸实施。实施 6σ 改进，可以是对原有流程进行局部的改进；在原有流程问题较多或惰性较大的情况下，也可以重新进行流程再设计，推出新的业务流程。

5. 控制（Control）

根据改进方案中预先确定的控制标准，在改进过程中，及时解决出现的各种问题，使改进过程不至于偏离预先确定的轨道，发生较大的失误。

（五）扩展、整合 6σ 管理系统

当某一 6σ 管理改进方案实现了减少缺陷的目标之后，如何巩固并扩大这一胜利成果就变得至关重要了。

1. 提供连续的评估以支持改进

在企业内广泛宣传推广该改进方案，以取得企业管理层和员工的广泛认同，减少进一步改进的阻力；将改进方案落实到通俗易懂的文本资料上，以便于执行；实行连续的评估，让企业管理层和员工从评估结果中获得鼓舞和信心；任何改进方案都可能存在着需要进一步改进之处，对可能出现的问题，应提前制订应对的策略，并做好进一步改进的准备。

2. 定义流程负责人及其相应的管理责任

采用了 6σ 管理方法，就意味着打破了原有的部门职能的交叉障碍。为确保各个业务流程的高效、畅通，有必要指定流程负责人，并明确其管理责任，包括：维持流程文件记录、评估和监控流程绩效、确认流程可能存在的问题和机遇、启动和支持新的流程改进方案等。

3. 实施闭环管理，不断向 6σ 绩效水平推进

6σ 改进是一个反复提高的过程，五步循环改进法在实践过程中也需要反复使用，形成一个良性发展的闭环系统，不断提高品质管理水平，减少缺陷率。此外，从部分核心环节开始实施的 6σ 管理，也有一个由点到面逐步推开改进成果、扩大改进范围的过程。

● 本章案例

春兰——全过程实施6σ管理

自1998年开始，春兰开始导入6σ管理模式。作为最先将6σ管理引入国内的家电企业，春兰根据自身特点，制订了40多个6σ管理基本运行规则。春兰系列空调99.96%的一次开箱合格率以及春兰系列空调实现6万小时无故障的国内最高纪录，都是运用6σ管理模式的成果。

春兰的6σ管理从市场调研、产品设计开始，为顾客提供真正符合他们需求的产品；由细节做起，追求产品的零缺陷和生产成本的最低化，为顾客生产物超所值的产品；完善售后服务体系，提供及时、周到、优质的售后服务，直到用户完全满意为止。春兰人将其归纳为：从设计开始，由细节做起，到满意为止。

1. 6σ从产品设计开始

春兰是业内公认的科技实力型企业，成立了直属于总部的春兰研究院，其智能大厦高21层，投资15亿元，占地5.4万平方米，按照世界最新标准设计，集智能控制中心、CAD中心、信息工程中心、仿真分析中心于一体，内有春兰博士后工作站，附设两个实验工厂。集团每年将5亿元巨资投入研发领域。

为了实现设计"零缺陷"，春兰在深入了解用户需求的同时，不断实现设计工具和技术的创新。早在三年前，春兰便已全面采用计算机仿真设计，一揽子解决了产品的材料选择、工艺制造、成本控制等最优化方案。

随着空调的普及，"空调病"开始在消费者中流行。春兰对此高度重视，于业内率先设计出了一种清新型空调，能将室内污浊空气压缩、吸收，然后排放到室外，并以每小时28立方米的速度从室外换进新鲜空气，使室内空气始终保持新鲜、流动状态，从而有效防止了"空调病"的发生。

春兰专门针对中东消费者的需求开发的大冷量新型窗式空调,采用适合高温条件下使用的高性能压缩机和高强度、耐腐蚀的原材料及配件，在室外温度高达60℃的情况下依然运转如常。该款空调深受中东消费者的欢迎，现已成为春兰空调类产品出口量最大的品种之一。

2. 6σ在制造中严格被执行

为了追求制造上的"零缺陷"，春兰集团斥巨资大量引进世界最先进的制造设备，如激光成型机、全自动空调、冰箱、彩电、洗衣机、摩托车柔性生产流水线和检测线以及国内唯一的工业CT机等。

对于新产品制造，春兰独创了"十"、"百"、"千"质量管理方式，即在产品的技术设计通过评审之后，首先要生产出10台样机，由实验室对样机进行严格测试。通过此项考核以后，然后生产100台样机再检测、评审，全部达标后才能进入1000台的试产考核。在试产过程中，产品在任何一阶段有任何一点细节不符合标准，这一阶段的试验就必须全部重新做。

春兰在执行国标、部标同时，参照国际最高标准，制定几十种比国标、部标严格得多的质量内控标准作为考核依据，执行严格的测试程序。目前，春兰任何产品的质量都达到了一流的水准，春兰空调、冰箱、摩托车等产品已相继获得了英国BSI、香港ISO9001、荷兰RDW、德国TUV、GS、欧共体CE等国际认证，其中，春兰空调、冰箱已双双成为国家免检产品。春兰产品在新加坡、比利时、荷兰、法国、阿根廷等国与三菱、松下产品齐名成为受消费者和经销商欢迎的名牌和高品质产品。

3. 6σ铸就金牌顾客服务

春兰在全国200多个城市和全球80多个国家与地区设立了近3000家专业和特约服务点，建立了完整的用户档案和全国电脑联网的“多功能用户服务体系”，开通了24小时全球800免费服务电话，有上千辆服务车和3万名中外服务人员在为其工作，业内最大的春兰物流系统有50%的业务与售后服务相连。所有这些都确保了春兰能够向消费者提供令他们完全放心、满意的服务。

根据6σ管理的基本原理，春兰制定了一系列服务管理办法，包括《服务人员守则》、《服务网点建设与管理规定》、《导购员手册》、《热线员手册》、《投诉处理制度》、《用户档案管理制度》等。以《服务人员守则》为例，其对上门服务的工作人员做了详细的规定：“三不分”——不分用户在何处购买，不分是谁的责任，不分是三包期内还是三包期外，均必须先行服务；“五必须”——必须实行24小时热线电话咨询服务，必须按规定着装，必须按预约时间上门，必须使用标准文明语言，进用户家门必须换鞋；“六不准”——不准吸用户一支烟，不准喝用户一杯水，不准收用户一份礼，不准损坏和弄脏用户一件物品，不准乱收费，不准与用户发生争执和纠纷。

春兰建立了一套完整的服务人员培训制度，配以设施齐全的培训场所，以保证所有服务人员都能全面了解并符合6σ管理的要求。每年分层次接受培训的服务人员达数千人之多，他们中有服务经理、服务管理人员，也有工作在一线的安装维修员、导购员、热线员等。为了满足偏远地区服务人员学习的需要，春兰每年都会组织工程技术人员、高级管理人员、经验丰富的维修骨干去外地巡回讲学，以保证全国的服务水平保持一致。

春兰的服务在全国消费者中广受好评。在由中央电视台举办，国家统计局、北京长安公证处和普华永道会计师事务所参与的“2001家电售后服务消费者十大满意品牌”评选活动中，春兰荣获全国“售后服务十佳企业”，并名列“十佳”前茅。

● 思考题

1. 简释下列概念

（1）质量

（2）质量保证体系

（3）质量检验

（4）PDCA循环

（5）6σ管理

（6）质量管理小组

（7）TQC

（8）质量持续改进

2. 全面质量管理的特点体现在哪几方面?

3. 简述全面质量管理保证体系的基础工作。

4. 简述 6σ 管理的意义与特点。

● 参考文献

1. [美] Roger G. Schroeder 著:《璀璨的管理》, 清华大学出版社, 2003 年 6 月。

2. [美] 尼古拉斯丁·阿奎拉著, 汪蓉译:《运营管理基础》, 机械工业出版社。

3. 陈荣秋、马士华:《生产运作管理》(第 1 版), 机械工业出版社, 2004 年 8 月。

4. [美] 理查德·B. 蔡斯等著, 宋国防等译:《生产与运作管理》(第 1 版), 机械工业出版社, 1999 年 7 月。

5. [美] Roger G. Schroeder 著, 张耀平等译:《运营管理新概念与案例》(第 1 版), 清华大学出版社, 2003 年 6 月。

6. 王关义编著:《生产管理》(第 2 版), 经济管理出版社, 2004 年 7 月。

7. 王关义编著:《现代生产管理》, 经济管理出版社, 2005 年 11 月。

8. 王关义等编著:《现代企业管理》, 清华大学出版社, 2004 年 9 月。

参考文献

[illegible]

第七章　物流与供应链管理

● 本章提要

本章概述了物流管理与供应链管理的起源及区别；强调在基于时间竞争的环境下，精益和敏捷性供应链的系统设计方法；探讨了供应链管理环境下的物流管理，解释了第三方物流和第四方物流的概念；分析了在供应链管理环境下，如何进行库存控制和采购管理；最后展望供应链合作伙伴关系对未来企业竞争的影响。

● 章首案例

供应链管理——香港利丰集团的实践①

香港利丰集团是一家历史悠久、主要经营国际贸易业务的跨国公司。目前，由它所领导的制造业务外包网络，是全世界规模最大且经营最成功的几个同类网络之一。它主要给位于北美和欧洲的零售连锁店供应服装、配件、体育器材、家居用品和玩具。在过去10年里，利丰集团赢利将近55亿美元，年回报率高达30%，如此惊人的业绩受到同行业每一家企业的钦羡。

利丰集团从不自己生产任何一件产品。但是，作为供应链网络的协调者，它负责监督供应链从头至尾的具体生产和传送过程。值得一提的是，它所采用的方法与汽车产业中普遍应用供应商管理计划截然不同。利丰从不自己管理或监督每一个细微的过程，即使是对于少数几家一级供应商也是如此；它也从不通过烦琐的文字合同或复杂的信息技术来控制供应链网络。利丰集团成功的秘诀是它懂得如何进行外包运作，通过与7500多家值得信赖的专业的生产企业建立一种“互不干涉”的关系，使得公司可以在任何时间同时与多达2500家公司开展合作。利丰集团的供应商遍布在全球40几个不同的国家，其业务横跨东南亚，进入中国大陆、印度半岛、地中海地区、非洲乃至贯穿整个美洲大陆。所有这些供应商汇集在一起就具备了极高的生产弹性和丰富的技术资源，使得公司几乎可以满足所有客户的需求。利丰集团通过每季提前预订30%~70%的候选供应商及给业绩好的供应商提供更多业务来保证这些供应商的忠诚度。

接到订单以后，利丰集团首先将业务进行细分。然后从它庞大的网络中选择专业的公司分别承担各种具体业务。例如，利丰集团接到羽绒服的订单后，先在韩国选取纱

---

① 利丰研究中心：《供应链管理：香港利丰集团的实践》，中国人民大学出版社，2004年。

从“在”香港制造到“由”香港制造

线，然后在中国台湾纺织和染色，在泰国裁剪，再在中国内地组装，最后再将产品运往世界各地的销售商。对每个阶段的生产和配送，利丰集团都精心挑选那些最能胜任这些特定增值活动的公司。之后，至于如何完成任务，利丰集团都留给这些公司自行决定，毫不干预。对于每一个增值阶段，利丰集团只是提出对每项任务的具体要求，包括必须达到什么标准或成绩（但不会要求具体怎么去做），供应商何时完成一项任务，以及转到下一个阶段的最后期限。这种管理模式使得利丰集团既可以很好地控制供应商，同时又省去了对供应商企业进行改造的烦恼。利丰集团的做法是把决策权留给供应商，让他们自己决定通过哪种最有效的途径来进行生产，同时又满足了自己对产品和服务的需求。在此过程中，倘若出现了什么质量问题或遇到了物流运作方面的困难，此时，利丰集团那足够灵活的供应链网络可以将它的商品快速地转移到另一条可选择的供应链式地点，使这些危机化险为夷。

利丰集团不断地寻找新的公司加入到它的供应链网络中，同时寻找开发新产品的机会。90多年的经验使公司对于该行业有着深刻的了解，同时也使公司有能力辨别出那些可以帮助公司保持和扩大网络的企业。协调网络的成本是高昂的，但是，通过这种宽松的网络所产生的弹性优势，利丰集团不仅弥补了巨大的成本，而且还从中受益。公司也充分利用先进的科技手段来提高效率及扩展贸易关系，譬如在美国，公司为其最大的客户提供专用外部网，通过网络几乎联通了75%的客户。此外，在当地条件允许的情况下，它还利用网络和电子邮件与供应商沟通。但是，在许多不发达国家，它的贸易还是通过电话、传真甚至最古老的私人访问形式来进行的。

第一节 物流与供应链管理的基本思想

一、物流与供应链管理的思想起源

诺贝尔经济学奖获得者道格拉斯·诺斯把生产的总成本划分为转型成本(Transformation Costs，也就是马克思所说的物质变换成本，俗称制造成本）和交易成本(Transaction Costs，包括获取市场信息的成本、订立合同的成本、执行合同的成本等）两个部分。正像理论经济学所说，降低转形成本的基本途径在于深化分工。然而，随着分工的深化，人们之间的相互依赖关系加深，他们之间的交易关系愈益频繁，降低交易成本就成为一个具有决定意义的任务。现代物流业及其应用的供应链管理就是这种要求下应运而生的。

但是物流管理和供应链管理都不是新概念。从建造万里长城到构筑金字塔，加强实物和信息的有效流动以满足需求的原则，自始至终都没有改变过。

在人类战争的历史长河中，胜利方多是因为拥有强大的物流能力，而失败方则是缺乏物资保证。中国古代的军事家总结取得战争胜利的战略为"兵马未动，粮草先行"，指出兵之前，先准备好粮食和草料。曾有争论说，在美国独立战争中，英军的失败主要归咎于它在物流策略上的失误。当时，驻美英军的供给几乎全部依靠大不列颠。远在美洲的12000名英国士兵不仅需要来自祖国的装备，也需要来自祖国的食物。战争的头6年，因为对供给缺乏管理，英军不但行动受阻，就连军队士气也受到了严重影响。1781年，英国建立起一个专门负责军需供给的组织，可惜此时败局已定。第二次世界大战中，物流同样扮演着举足轻重的角色。欧洲联军是一支在物流方面训练有素的军队，它们打败了素有"沙漠之狐"之称的隆美尔。隆美尔曾亲口说过："……在战斗打响以前，战争的胜负已由后勤官决定了。"无独有偶，陈毅元帅也曾经说过："……淮海战役是用小推车推出来的"。

然而，非常奇怪的是，尽管军队元帅很早就知道物流的重要性，商业组织直到近期才认识到物流管理能成功地为它们带来竞争优势。商业组织忽视物流，部分原因是它们没能看到一体化物流所能带来的效益。于是管理学之父彼得·德鲁克先生在1962年撰文呼吁："……物流一块经济界的黑暗大陆、一块未被开垦的处女地 。"到1970年早稻田大学教授西泽修先生把物流称为"第三利润源"，并且在其所著的《物流会计知识》中把物流的费用称为"物流冰山"。

企业的全部物流费用如果被比喻为浮在大海中的一座冰山，露出水面的冰山一角只是企业直接支付给外部单位易于计算和掌握的一小部分物流费用，还有一部分在企业内部发生而难以明确划分的诸如存货保管费以及搬运费等物流费用，则犹如潜伏在水下的黑暗大陆，成为企业利润流失的"黑洞"。

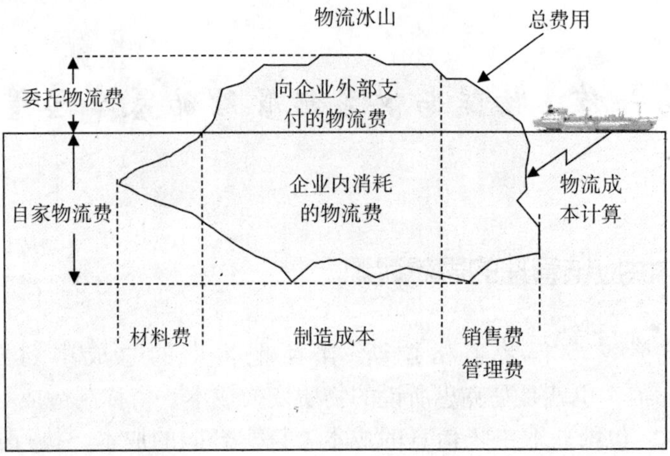

图 7-1 物流冰山

"物流冰山"说之所以成立，有三个方面的原因：

(1) 物流成本的计算范围太大。包括：原材料物流、工厂内物流、从工厂到仓库、配送中心的物流、从配送中心到商店的物流等。这么大的范围，涉及的单位非常多，牵涉的面也特别广，很容易漏掉其中的某一部分。漏掉哪部分，计算哪部分，物流费用的大小相距甚远。

(2) 运输、保管、包装、装卸、流通加工以及信息等各物流环节中，以哪几个环节作为物流成本的计算对象问题。如果只计算运输和保管费用不计算其他费用，与运输、保管、装卸、包装、流通加工以及信息等全部费用的计算，两者的费用计算结果差别相当大。

(3) 把哪几种费用列入物流成本中去的问题。比如，向外部支付的运输费、保管费、装卸费等费用一般都容易列入物流成本；可是本企业内部发生的物流费用，如与物流相关的人工费、物流设施建设费、设备购置费，以及折旧费、维修费、电费、燃料费等是否也列入物流成本中去等都与物流费用的大小直接相关。

因而，我们说物流费用确实犹如一座海里的冰山，露出水面的仅是冰山的一角。企业的任务就是了解和分析整个冰山，减少物流费用，使其成为企业的第三利润源泉。

二、物流与供应链管理的基本概念

社会分工的深化是经济效率提高的主要原动力，第二次世界大战结束以后，愈来愈多的制造业企业把非本企业核心业务的作业"外包"（Out Sourcing）出去。例如，企业愈来愈专注于自己核心能力（如某项产品的研发、生产、营销等）的发挥，而把非核心产品外包给其他供应商去生产。在价值链（Value Chain）细分的情况下，有大量的物流工作，如供应链设计、订单管理、元器件采购供应、仓储、报关、运输等工作需要由主营企业自己的物流部门或者委托给第三方物流企业去处理。这样就发展起一系列高效的物流管理技术，涌现出一大批以高效的供应链管理（Supply Chain Management，SCM）

作为自己的核心竞争力的企业，如 Dell、沃尔玛、利丰等，以至于供应链管理已经成为现代管理学的一个重要分支。

【供应链管理】就是使供应链运作达到最优化，以最少的成本，从原材料和零部件采购、运输加工、分销直到最终把产品送到客户手中，以满足最终顾客需要的过程中通过前馈的信息流和反馈的物流及信息流，将供应商、制造商、分销商、零售商直到最终用户所进行的计划、操作和控制，包括对工作流、实物流、资金流和信息流的管理和控制。

【物流管理】物流是供应链的一个组成部分，是为了满足顾客需求而进行的对货物、服务及信息从起始地到消费地的流动过程，以及为使能有效、低成本地进行而从事的计划、实施和控制行为。

三、供应链管理比物流管理的概念更宽泛

从本质上讲，物流是计划编制的导向和框架，它为商业活动所涉及的物料流和信息流构建专门计划。供应链管理给出这个框架，并在整个链条的各环节之间实现无缝链接与合作，如在供应商、客户及组织自身之间。在订单处理过程中，供应链上的各个组织都需要保有缓冲库存（Buffes of Inventory）。供应链管理的目标之一就是通过共享需求信息和现有库存水平来减少甚至消除缓冲库存。这就是“共同管理库存”（Co-Managed Inventory，CMI）的概念。

与过去相比，供应链管理发生的明显变化包括所涉及的范围以及与竞争对手的关系。过去，买卖双方鼠目寸光，尔虞我诈，只看重自己的利益；现在，则更加注重在整条链上的互信与合作，通过正确的管理方式，使供应链的整体功能大于链上的各部分之和。

供应链管理是从供应链整体出发，管理上游供应商和下游客户，以更低的成本传递给客户更多的价值。因此，供应链管理的焦点是通过管理相互“关系”，为整条链中的所有成员带来更多利润。但当把“供应链”作为一个整体来考虑其利润最大化时，就可能出现链中某个成员收益减少的情况，这是供应链管理面临的难题。

一体化供应链物流管理的精髓是实现信息化，通过信息化实现物流的快捷高效的配送和整个生产过程的整合，大大降低交易成本。这种管理思维已经在许多企业中得到应用，收到了巨大的效益。由单个企业的物流管理到一体化的供应链管理的革命，极大地降低了全社会的交易成本，提高了各产业的生产效率，成为 20 世纪末期大规模产业重组的重要内容。英国著名的物流和供应链管理专家马丁·克里斯多弗（Martin Christopher）甚至认为：“当今社会不再有企业与企业之间的竞争，而是供应链与供应链之间的竞争。”①

① ［英］马丁·克里斯多弗著，何明柯等译：《物流与供应链管理》［M］，电子工业出版社，2006 年 1 月。

第二节　供应链的系统设计

一、供应链设计的系统论

系统的概念来源于人类长期的社会实践。目前国内外学者对系统进行了相关的研究。系统是由相互作用、相互影响、相互依赖的若干个组成部分按一定规律组成的具有特定功能的统一体。在美国的《韦氏大辞典》中，“系统”一词被解释为“有组织的或被组织化的整体；结合着的整体所形成的各种概念和原理的综合”。在日本的 JIS 标准中，“系统”被定义为“许多组成要素保持有机的秩序，向同一目的行动的集合体”。一般系统论的创始人 L.V.贝塔朗菲把“系统”定义为“相互作用的诸要素的综合体”。

根据系统工程理论中的“系统”的定义和特性，以及供应链管理的内涵和特性，可以发现：供应链管理是一种集成的管理思想和方法体系，它有自己的思想、组织、方法和技术体系。它用来执行供应链中从供应商到最终用户的物流的计划和控制等职能。系统的一般特征有：整体性、相关性、结构性、动态性、目的性、环境适应性。

供应链是一个复杂的系统。从供应链的概念上说，供应链是由一系列相互关联的企业由于某种原因结成的网络。这些企业为了实现快速响应满足市场需求的目的，形成一个虚拟企业联盟体系。形成供应链的企业或部门相互之间相互作用、相互影响、相互制约，其组成和结构具有一定的规律，其运行也有一定规律。在进行供应链的构建分析与设计时，要认识供应链具有系统一般特征的概念，从系统的角度进行设计和优化。

二、基于产品的供应链设计

（一）产品的类型

不同的产品类型对供应链设计有不同的要求，高边际利润、不稳定需求的革新性产品（Innovative Products）的供应链设计就不同于低边际利润、有稳定需求的功能性产品（Functional Products）。这两种类型的产品的比较如表 7-1 所示。

功能性产品一般用于满足用户的基本需求，变化很少，具有稳定的、可预测的需求和较长的寿命周期，但它们的边际利润较低。为了避免低边际利润，许多企业在式样或技术上革新以寻求消费者的购买，从而获得高的边际利润，这种革新性产品的需求一般不可预测，寿命周期也较短。正因为这两种产品的不同，才需要有不同类型的供应链去满足不同的管理需要。

表 7-1 功能性产品和革新性产品比较

比较项目	功能性产品	革新性产品
需求特征	可预测	不可预测
产品寿命周期	>2 年	3 个月至 1 年
边际收益	5%~20%	20%~60%
产品多样性	低（10~20）	高（上百）
平均预测误差幅度	10%	40%~100%
平均缺货率	1%~2%	10%~40%
平均季末降价比率	几乎为 0	10%~25%
按订单生产的提前期	6 个月至 1 年	1 天至 2 周

（二）供应链的类型

在实施供应链管理的时候，应该根据不同的产品特点，选择和设计不同类型的供应链系统。根据功能性产品和创新性产品的不同，人们根据在实践中总结的经验，提出了两种类型的供应链：效率性供应链（Efficient Supply Chain）和响应性供应链(Responsive Supply Chain)。效率性供应链主要体现供应链的物料转换功能，即以最低的成本将原材料转化成零部件、半成品、产品，以及在供应链中的运输等；响应性供应链主要体现供应链对市场需求的响应功能，即把产品分配到满足用户需求的市场，对未预知的需求作出快速反应等。两种类型的供应链的比较如表 7-2 所示。

表 7-2 响应性供应链和效率性供应链比较

	响应性供应链	效率性供应链
基本目标	快速响应不可预测的需求，减少过期库存产品的减价损失	以最低的成本供应可预测的需求
制造的核心	消除多余的缓冲能力	保持高的平均利用率
库存战略	消除大量零部件和成品的缓冲库存	追求高回报，使通过供应链上的库存最小
提前期	采取主动措施，缩短提前期	在不增加成本的前提下，缩短提前期
选择供应商的标准	速度、柔性、质量	成本和质量
产品设计战略	用模块化设计以尽可能延迟产品差异化	绩效最大化而成本最小化

（三）供应链设计策略

对功能性产品和革新性产品的供应链设计策略可以用图 7-2 来表示。

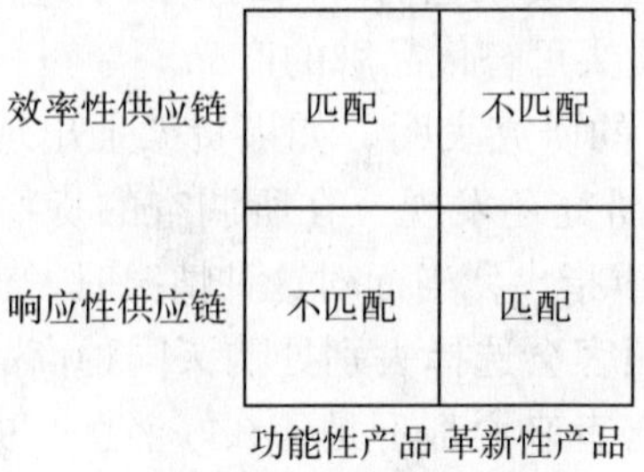

图 7-2 供应链设计策略

策略矩阵的四个元素代表四种可能的产品和供应链的组合，从中可以看出产品和供应链的特性，管理者可以根据它判断企业的供应链流程设计是否与产品类型一致，即基于产品的供应链设计策略：效率性供应链流程适于功能性产品，响应性供应流程适于革新性产品，否则就会产生问题。

三、建立快速响应的供应链

（一）基于时间的竞争

1. 竞争的三要素

竞争从诞生企业那天开始就已经开始了，它要求企业充分利用人、财、物和信息等资源，高质量、低成本、快速及时地转换为市场所需要的产品和服务。因此，质量、成本和时间（提前期或前置时间）就一直是一个企业的三个核心活动，企业竞争也是围绕着这三个方面不断发展的。企业的生存和发展有赖于对这三个核心活动过程的管理水平，因为质量是企业的立足之本，成本是生存之道，而时间则是发展之源。没有好的质量，就无法得到消费者的认可，企业所提供的产品或服务就无法在市场上立足；没有低的成本，企业就没有实力进行价格竞争，无法获得再生产所需要的资金而难以为继；而企业要适应不断发展的消费需求，就必须能在最短的时间里提供消费者所需要的产品或服务，生产周期（包括产品研制和生产时间）就成了能否适应企业发展要求的关键。因此，“时间就是金钱”，在一般人看来这可能已经是一句老套的用语，但在物流与供应链管理中它却依然具有重要意义。时间对物流与供应链管理者来说不仅意味着成本，而且过长的前置时间还会影响客户服务水平。首先，就成本而言，前置时间的长度与渠道中的存货数量有着直接的关系，前置时间越长，存货量也就越大，而客户每天都要为处在供应链中的产品支付存货持有成本；其次，过长的前置时间意味着对客户需求反应的延迟，然而在当今这个国际竞争的环境下，配送速度的重要性却在不断增加。总之，高成本与缺乏客户响应能力已经成为许多企业在竞争中走向衰败的罪魁祸首。

2. 缺货的结果

在所有市场中，无论是工业品市场或消费品市场，消费者都变得对时间越来越敏感。换句话说，消费者很重视时效，这一点从他们的购买行为上就可以反映出来。例如，工业品市场上的消费者趋向于选择那些前置时间最短且能满足他们品质要求的供货商；消费品市场上的消费者会从货架上所陈列的商品中进行选择，如果他们首选的品牌没有货了，那么就很可能去购买可替代品牌的产品。

Corsten D.和 Gren T.最新的研究表明，如果货架上出现缺货，不管是生产者还是零售者，都要耗费巨大成本。研究还发现，在所调查的货物中，某天某位消费者会遇到8%的商品缺货。而且研究着重指出，当面对这种情况时，消费者会重新进行选择。正如图 7-3 所示，有超过 1/4 的顾客会选择去别处购买同种商品，19%的顾客会选择其他品牌的商品，这对生产者和零售者来说都不是什么好消息。更糟糕的是，另外一项调查表

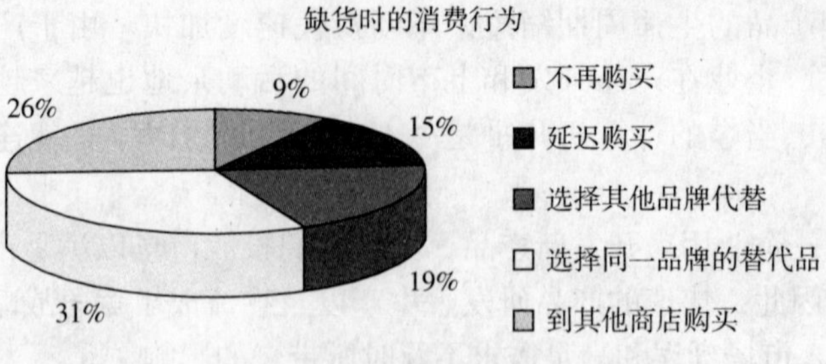

图 7-3　缺货时的消费行为①

明，② 超过 2/3 的决定是在即将购买时才作出的，即购买行为是看到货架上的商品后才发生的。如果货物没有陈列到货架上，则购买自然不会发生。持续的缺货还会驱使顾客永远不再购买此品牌产品，或者再也不光顾这家商店。显而易见，不管对于生产商还是零售商，缺货所导致的潜在损失都巨大无比。

过去，价格往往是影响购买决策的最关键因素；现在，尽管价格仍然很重要，但消费者选择供应商或品牌时更看重时间成本。因为消费者在等待配送或选择替代品时所花费的时间，已经成为他们不得不承担的额外成本。有许多因素导致市场对时间越来越敏感，但最重要的或许是不断缩短的产品生命周期。

3. 产品生命周期分析

随着消费者需求的多样化发展，企业的产品开发能力也在不断提高。目前，国外新产品的研制周期大大缩短。例如，AT & T 公司新电话的开发时间从过去 2 年缩短为 1 年；惠普公司新打印机的开发时间从过去的 4.5 年缩短为 22 个月，而且这一趋势还在不断加强，如图 7-4 所示。

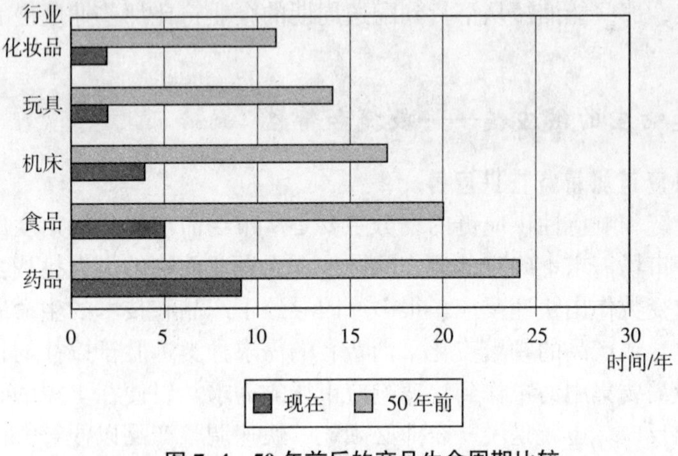

图 7-4　50 年前后的产品生命周期比较

① Corsten，D.and Gren，T.，Stock-outs Cause Walkouts，*Harvard Business Review*，May 2004.
② Bayle，'M.，Brand' Killers，*Fortune*，11 August 2003，pp.51-56.

与此相应的是产品的生命周期缩短，革新换代速度加快。由于产品在市场上的存留时间大大缩短了，企业在产品开发和上市时间的活动余地也越来越小，给企业造成了巨大压力。例如，当今的计算机几乎是一上市就已经过时了，就连消费者都有些应接不暇。

在这种状况下，企业用来开发新产品，并将它们投放市场以满足市场需求的时间已经大大地缩短了。因此，快速的产品研发、生产以及物流成了竞争战略的关键因素。图7-5表明，产品打入市场延误和满足需求不及时所带来的影响。

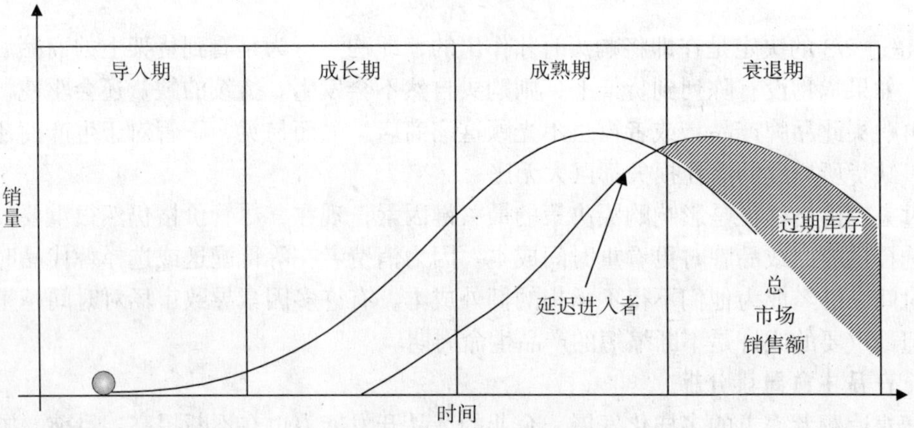

图7-5 延迟进入市场的风险

然而，将产品及时地送到市场仅仅是第一步，事实上还要求产品能根据市场需求的变化迅速作出反应。因此，补货的前置时间决定了企业在产品生命周期中挖掘产品需求的能力。很显然，那些能缩短从订货到配送周期的企业将比那些速度慢的竞争者获得更大的优势。

（二）快速响应的供应链——敏捷和精益

1. 敏捷性供应链和精益性供应链

效率性供应链和响应性供应链的划分主要是从市场需求变化的角度出发的，重点是供应链如何处理市场需求不确定的运作问题。今天企业面临的最大挑战之一，就是要对从未有过的需求变数作出快速反应。很多原因导致了产品和技术的生命周期缩短，企业间的竞争压力也导致产品的频繁变化，消费者的需求种类远胜于以往的日子。为了应对这个挑战，企业需要集中力量作到快速响应市场的需求，以便在更短的时间内对产量和种类的变化作出反应。也就是说，企业必须能够快速调整产品以便符合市场需求，作到随机应变。在实际供应链管理过程中，要处理来自需求端的不确定性问题，可以采用两种方法——敏捷和精益。

在美国的《韦伯斯特词典》里，“精益”（Lean）被定义为“不含有一点脂肪”（Containing Little Fat），而“Agile”（敏捷）被定义为“灵活”（Nimble）。从确保供需平衡这个意义来说，敏捷与精益显然有不相同的内涵。

精益生产思想起源于20世纪70年代日本的汽车行业。当时，日本的汽车行业都是以标准化产品的大规模生产为特征的，提倡用资源换取效率并且达到规模效益最大化。精益的基本含义就是用最少的投入得到最大的产出，它来源于丰田汽车生产系统，专注于减少或消除浪费。精益生产寻求的是零配件和在制品的库存最小化，并在任何可能的环境下推行“及时制”。精益生产以平衡的生产计划为特征，也就是说，后期的计划要确保资源利用的合理化。事实表明，在大规模生产的情况下，即在产品标准化生产和需求是可以预测的情况下，采取精益生产是一种良策。

敏捷有很多层含义，可用于单个公司也可应用于整个供应网络。其实敏捷反应的关键就是核心企业的上下游都有敏捷的合作者，即敏捷的供应链。汽车制造业是“及时制”和“精益”思想的发源地，虽然说企业可能在内部流程上达到快速反应（精益生产），但如果它们面临的前置时间很长，那么敏捷程度也将大打折扣，那么为了减少前置时间，只有让上下游的企业持有大量的库存。最近的一项对西欧汽车市场的分析表明，如果汽车装配商要保持零库存，那么它所在供应链的上下游就不得不持有大量库存。如图7–6所反映的是汽车供应链中从供应商到代理商的库存水平，那些为作到精益生产的企业可能把成本转移到供应链的其他地方了，比如迫使上游供应商和下游客户持有一定量的库存。

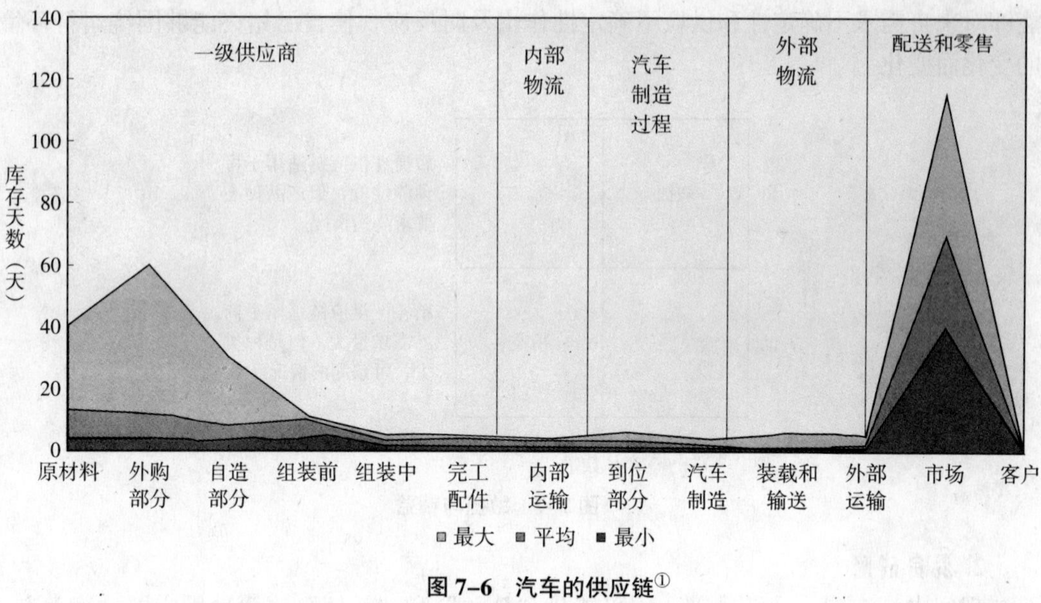

图7–6　汽车的供应链[①]

这个例子表明，供应链局部的“精益”并不等于“敏捷”，只不过供应链中某些企业的“精益”是建立在上下游合作伙伴的“臃肿”之上。就汽车制造业的库存成本来说，库存成本越高的阶段，库存水平也越高，如产成品阶段。尽管不同行业、不同企业

---

① Holweg & Pil. *The Second Century*，MIT Press，2004.

的库存不尽相同，但是绝大多数的库存持有成本都不低于产品价值的25%。[①] 汽车制造商了解这一点，仅此一点就足以造就各制造商的利润和损失不同。

这个例子还说明，人们通常对成本的理解都是片面的。多数企业对成本的定义都只局限在自身业务范围内。但是，正如本章前面所写的：当今社会重要的是供应链和供应链之间的竞争。那么，对成本的范围定义应该改变为“端到端”的，因为整条链上所有的成本都会通过产成品进入市场后的定价反映出来。

所以，在某一具体情况下，精益生产是敏捷生产的一个要素。因此，敏捷与精益的含义并不相同，但敏捷却可以建立在精益的基础之上。因为单就精益生产本身来说，它并不能保证企业又快又准、低成本地满足客户的需求。

但是，在需求不确定、产品种类要求多的市场环境下，每种产品的库存单元很低，此时就要求有不同的反应了。供应链管理不仅要注重效率，同时也要把效益作为主要的考虑对象。这里的效益是指那种能满足细分市场里的精确需求的快速反应能力。换句话说，与在没确定需求之前就生产面向大范围市场的标准化产品不同，企业必须能生产种类丰富的各种产品（通常是为客户定做的）来满足个性市场中预知的需求。

图7–7显示了在不同情况下，精益和敏捷的典型应用。对一个真正作到敏捷反应的供应链来说，需求的易变不算什么，合理的流程、组织结构以及紧密的供应链关系能确保它对付各种各样的产品需求。敏捷供应链应该是一种综合能力最强的供应链系统，它能够对来自需求不确定性和供应不确定性作出及时反应，使自己始终能够围绕运行环境的变化而变化。

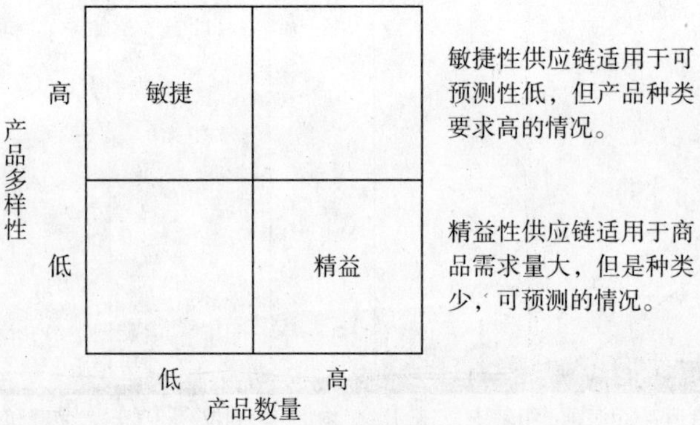

图7–7　敏捷与精益

2. 混合战略

现实中，在同一企业内部，很可能是“精益”和“敏捷”这两种供应链方式并存，因为有的产品的需求是可预测的，而另一些产品的需求则更容易改变。这对传统的“一通百通”的供应链设计战略提出了质疑，今天我们需要的是复合型的供应链模式。在不同的情况下，采取哪种类型的供应链策略合适呢？这需要根据企业的供应与需求的特点

① ［英］马丁·克里斯多弗著，何明柯等译：《物流与供应链管理》［M］，电子工业出版社，2006年1月，第27页。

来确定产品在企业投资组合中的位置。

从供应和需求两个方向的不确定性对供应链运作的影响出发，可以进一步细分供应链的类型（见图 7-8）。

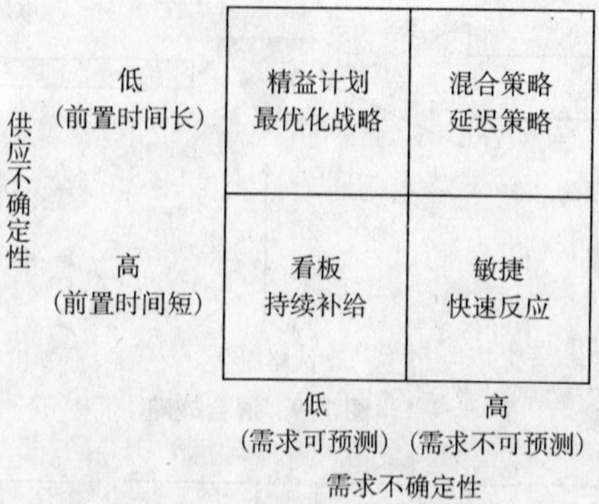

图 7-8 供应链战略选择

“供应不确定性”是指企业补给的前置时间。这种补给可以指产品本身的购入（如零售商），也可以指制造商所需的零部件的补给。很显然，相对于前置时间较长的情况，如果补给前置时间短，则可以采用不同的供应链战略。

具体的需求不确定性可用需求的预测度来辨别。衡量需求预测度的指标是对需求变化的可见程度。很显然，那种一段时间内都变化不大的确定的需求是比较容易预测的。

根据每种产品的供给和需求情况，图 7-8 表明了四种普遍的供应链战略。

在需求可预测、补给前置时间短的情况下，“看板”方式是比较适宜的。这是一种持续补给的理念，这种思想被发挥到极致就是每一件产品被卖掉或用掉时就能立即得到补充。

图 7-8 左上角的方格显示，在前置时间长但需求可预测的情况下，采用精益方式比较适合。原料、零部件或者产品在需求确定之前都可以预先订购，这样生产和运输设备在成本和设备利用率上也能达到合理化。相反，右下角则是适宜采用敏捷供应链的区域，该区域的需求是不可预测的，且前置时间要求较短，这就要推行快速反应策略——最极端的情况就是接到订单后再立即生产（要求时间极短）。

右上角方格显示的情形是：前置时间较长而且需求是不可预测的。在这样的情况下，最先做的是尽力去压缩前置时间，因为多变的需求在绝大部分情况下是不受企业控制的。缩减前置时间就可以采用敏捷方式。然而，如果不能缩减前置时间，第二选择就是寻找一种精益/敏捷的混合方法。这些混合方案要求供应链通过持有原料或者半成品的战略储备实现“分离”（De-coupled），一旦知道真正的需求便能迅速地提供最终产品，这是典型的延迟战略。当产品的最终物理组合不能被推迟时，另一个可替代的延迟战略方法就是通过将产品储存在为数不多的库房（甚至是一个）来延迟产品的实际配送。一旦得知真实的需求，用快递的方式把产品运送到终端市场或使用现场。

混合策略的目标是在精益思想的平台上建立敏捷反应，它从精益生产开始，过渡到分离点，在这点之后又采用敏捷运作。图 7–9 说明了这一思想，而图 7–10 所示的模型则把这一思想进行了模拟。

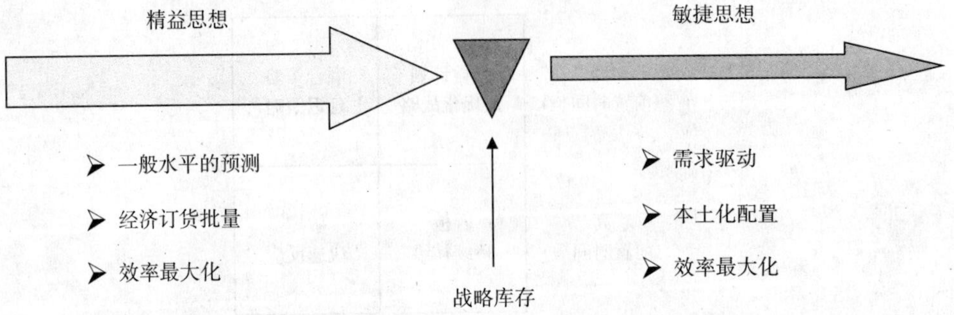

图 7–9　混合战略

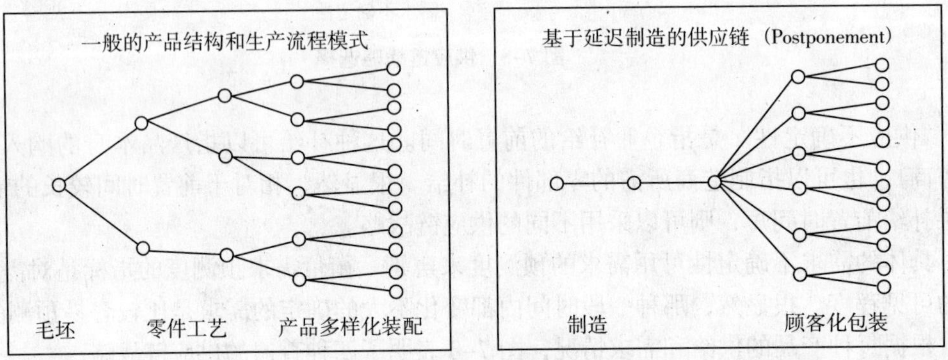

图 7–10　延迟制造模型

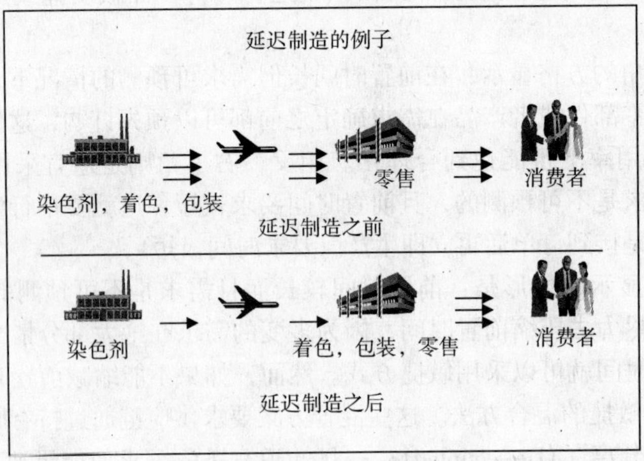

图 7–11　延迟制造实例

图 7-11 所示就是涂料生产商 ICI 公司实施混合战略的一个成功例子。延迟制造后，通过放置在零售店的涂料混合机，消费者在涂料的颜色上能得到定制化的解决方案，而零售商只需要储藏少量的基本颜料便可提供无限多种颜色的涂料。这样 ICI 公司便可运用精益思想生产大量的基本颜料，但同时能对终端消费者的需求作出敏捷快速的反应。这一案例也证明了降低产品的复杂程度同样能满足市场的多样化需求。

3. 敏捷供应链的特点

如图 7-12 所示，一条供应链要想真正作到敏捷，就必须具有一些显著的特点。

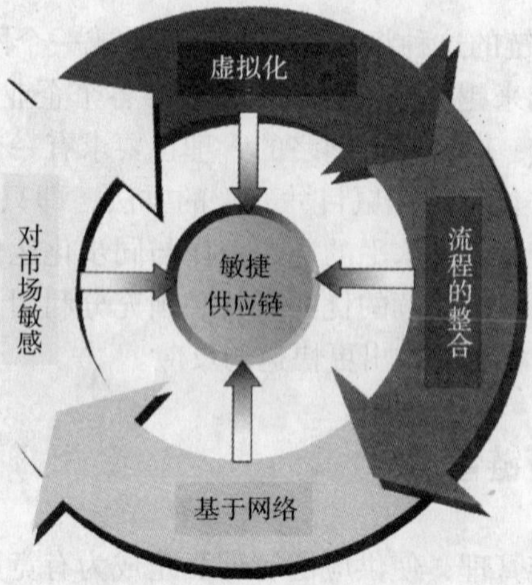

图 7-12　敏捷供应链示意图①

(1) 对市场敏感。敏捷供应链要求能对市场作出灵敏的反应，也就是说供应链能了解真正需求并作出反应。然而，大部分企业都是以预测为导向的，而不是以需求为导向。换句话说，企业由于直接从市场获取最终消费者需求信息的方式很少，所以它只能依据过去的产品销售或运输情况来预测，并将预测转为库存。

过去十年里，信息技术的突飞猛进使得企业有机会能直接从销售现场和使用现场获得需求信息，这也就促使企业能够更有效地倾听市场声音并直接作出反应。

(2) 虚拟化。运用信息技术在消费者和供应商之间实现信息共享，这实际上是创建了一条虚拟供应链。因此，虚拟供应链是以信息为基础的而不是以库存为基础的。传统的物流系统基于这样一种模式，即寻求确定库存的最优数量和最佳地点。

复杂的公式运算支持这种以库存为基础的商业模式。但现在我们认识到，一旦可以通过信息共享来准确预测需求，则这些公式模型所依赖的假设就不复存在了。电子数据交换技术及现在的因特网技术，使得供应链中的合作伙伴能在同一数据平台下运作，也就是说，它们所依据的是真正的需求信息，而不是当订单在供应链中从一个环节转到另一个环节时产生的干扰信息。

① Harrison，A.，Christopher，M. and van Hoek，R.，Creating the Agile Supply Chain，Chartered Institute of Logistics and Transport，1999.

（3）流程整合。供应链中的合作伙伴只能通过流程整合（Process Alignment）才能充分地利用共享信息，如在购买者与供应商之间实现合作生产，联合开发产品，共用一个系统以及共享信息。企业越来越专注于经营它们的核心竞争力而将其他的业务外包出去。在这种新环境下，企业同供应商和同盟伙伴之间更高程度的相互信赖变得不可或缺。因此，有必要产生一种新的关系模式。在我们通常称之为"延伸企业"（Extended Enterprise），企业间没有界限，并且信任与承诺的风气极为盛行，伴随着流程的集成化，共同制定战略、建立购买者/供应商团队、信息透明化，甚至会计账目公开等一系列现象随之出现。

（4）基于网络。供应链的这种将各合作伙伴联系成一个网络的联合体的理念成为敏捷生产的第四个要素。越来越多的人意识到，依靠各个企业独自作战是缺乏竞争力的，所以应该参与到供应链中，对供应链网络的管理也要求有一个全然不同的模式来管理顾客与供应商的关系，而非传统的"鼠目寸光"的方法，即只着眼于自身企业。很明显，整个网络要真正实现敏捷，更高水平的通力合作与同步化运作是必需的。全球化市场竞争日益激烈的今天，要想获得持续的优势，就必须充分利用各自的力量和网络中合作伙伴的能力，从而做到对市场需求作出更快速的反应。

四、集成化的供应链管理

要成功地实施供应链管理，使供应链管理真正成为有竞争力的武器，就要抛弃传统的管理思想，把企业内部以及节点企业之间的各种业务看做一个整体功能过程，形成集成化供应链管理体系。通过信息、制造和现代管理技术，将企业生产经营过程中有关的人、技术、经营管理三要素有机地集成并优化运行。通过对生产经营过程的物料流、管理过程的信息流和决策过程的决策流进行有效的控制和协调，将企业内部的供应链与企业外部的供应链有机地集成起来进行管理，达到全局动态最优目标，以适应在新的竞争环境下市场对生产和管理过程提出的高质量、高柔性和低成本的要求。

企业从传统的管理模式转向集成化的供应链管理模式一般要经过五个不同的阶段。图 7-13 说明了集成化供应链管理是如何逐步达成的。

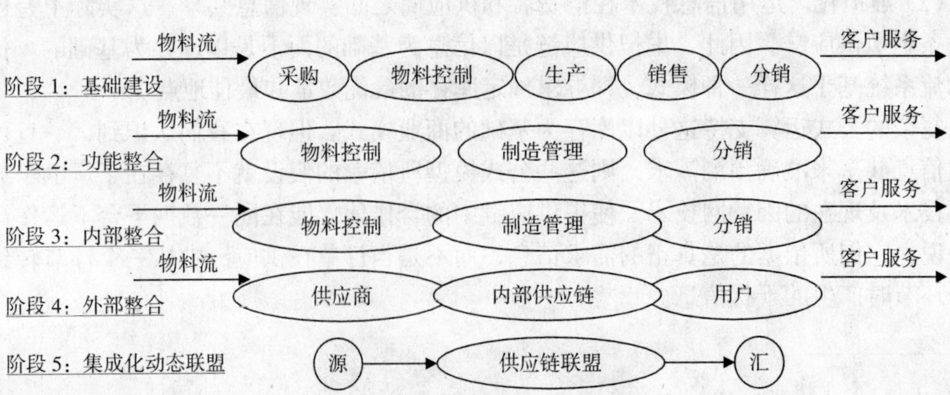

图 7-13　集成化供应链管理

第一阶段，各商业职能如制造、采购等彼此间是孤立的，它们分别完成各自的任务。例如，为了优化制造成本，制造部门在长期生产运作上下工夫，不考虑是否增加库存，不关心库存空间的需求状况，更不在意对运作资金的影响。

第二阶段，企业认识到了相关功能间最为基本的一体化要求，如配送和物料管理或采购和实物控制。

第三阶段就是要建立和执行端到端（End-to-End）的计划框架。

第四阶段是真正意义上的供应链集成化，是第三阶段的进一步扩充。在这一步协调好上游至供应商和下游至消费者的关系。由此可见，物流管理与供应链管理在本质上是不同的。

第五阶段是集成化的供应链动态联盟，也是供应链的未来发展趋势。在完成以上四个阶段的集成以后，已经构成了一个网链化的企业结构，我们称之为供应链共同体，它的战略核心及发展目标是占据市场的领导地位。为了占据市场的领导地位，随着市场竞争的加剧，供应链共同体必将成为一个动态的网链结构，以适应市场变化、柔性、速度、革新、知识等的需要，不能适应供应链需求的企业将从供应链联盟中被淘汰。供应链从而成为一个能快速重构的动态组织结构，即集成化供应链动态联盟。企业通过Internet 网络商务软件等技术集成在一起以满足用户的需求，一旦用户的需求消失，它也将随之解体。而当另一需求出现时，这样的一个组织结构又由新的企业动态重新组成。在这样的一个环境中求生存，企业如何成为一个能及时、快速满足用户需求的供应商，是企业生存、发展的关键。

集成化供应链动态联盟是基于一定的市场需求、根据共同的目标而组成的，通过实时信息的共享来实现集成。主要应用的信息技术是 Internet/Intranet 的集成，同步化的、扩展的供应链计划和控制系统是主要的工具，基于 Internet 的电子商务取代传统的商务手段。这也是供应链管理发展的必然趋势。

第三节 供应链管理环境下的物流管理

一、供应链管理下的物流环境特点

在供应链管理中，物流实际上是对供应链中的产品，包括动态运输中的产品、静态库存中的产品、生产线上的产品、概念设计阶段的产品，以及废旧产品，对整个渠道的产品和信息实行增值流动管理，以便获取最大的运营效率和效益。从成本的角度分析，物流行业的最大组成部分是运输和库存，其他还有仓储、行政管理等部分。从供应商到消费者的物流成本，主要包括库存成本、制造成本、包装成本、采购成本、销售成本、运输成本、管理成本及在途制品成本等。在这些成本中，只有制造成本和包装成本是在物流价值增值环节中发生的，其余成本都是在非价值增值环节中发生的。

在供应链管理中，信息传递与物流流动是同步进行的，通常信息流牵引着物流的流动。物流可以根据网络中传输的信息，按照计划的安排在供应链中流动。

在供应商与制造商之间建立转运中心，在制造商与销售商之间建立配送中心，主要承担制品的运输安排兼库存中转。通过合理规划转运中心和配送中心的运输计划和配送计划，从而降低整个供应链的运输成本，加快物流周转速度。

要降低在途制品成本，必须缩短物流周转周期。因此，应该考虑运输制品的时间。供应商、制造商和销售商在安排计划时，要按客户需求制品的时间扣除运输时间作为自己的备货和生产的最终时间，使供应商备货、制造商生产、销售商销售的活动相对并行完成，从而缩短物流周转周期，降低在途制品成本。

在物流体系中，设施地点、库存和交通运输是有效控制物流的三个主要因素，它们构成了供应链的渠道，也是供应链管理的三个主要着眼点。通过供应链体系资源的集成，将静态的设施地点和库存动态的交通运输变成供应链体系的价值增值资源。

新的物流实践是以技术为驱动力的。有效的基于时间的物流管理已经被证实为一种提高企业竞争能力的战略模式。第三方物流能够结合从贸易伙伴到服务提供者的供应链主要参与者的经验和才能，产生具有可持续特色的物流解决方案。通过这种解决方案，可以有效地实现供应链管理的综合，以一体化的方式获得竞争优势。

物流是指物质实体从供应者向需求者的物理移动。它由一系列创造时间价值和空间价值的经济活动组成，包括运输、保管、配送、包装、装卸、流通加工及物流信息处理等多项基本活动，是这些活动的集成。

但是，在供应链管理环境下物流环境具有不同的特点（见表 7-3）。

表 7-3　供应链管理环境下物流环境的特点

竞争的需求	竞争特性	物流策略要素
顾客化产品的开发、制造和交货速度	敏捷性	通过畅通的运输通道快速交货
资源动态重组能力	合作性	通过即插即用的信息网络获得信息共享与知识支持
物流系统对变化的实时响应能力	柔性	多种形式的运输网络、多点信息获取途径
用户服务能力的要求	满意度	多样化产品、亲和服务、可靠的质量

二、供应链管理环境下物流管理的新特点

首先我们来考察一下传统物流管理的情况（见图 7-14）。在传统的物流系统中，需求信息和反馈信息（供应信息）都是逐级传递的，因此上级供应商不能及时地掌握市场信息，因而对市场的信息反馈速度比较慢，从而导致需求信息的扭曲。

另外，传统的物流系统没有从整体角度进行物流规划，常常导致一方面库存不断增加，另一方面当需求出现时又无法满足。这样，企业就会因为物流系统管理不善而丧失市场机会。

简言之，传统物流管理的主要特点表现在：

（1）纵向一体化的物流系统。

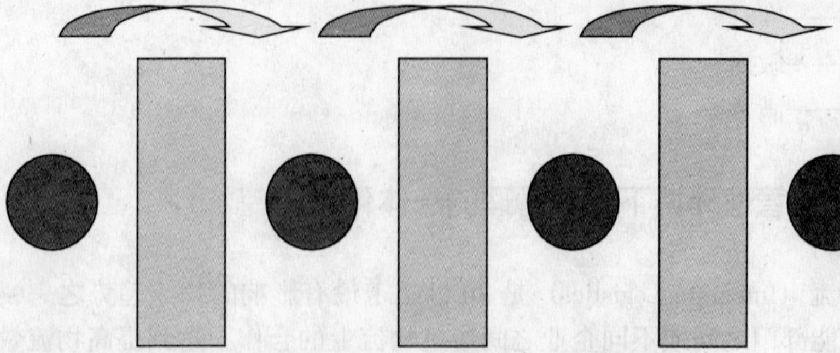

图 7–14　传统的物流管理

（2）不稳定的供需关系，缺乏合作。

（3）资源的利用率低，没有充分利用企业的有用资源。

（4）信息的利用率低，没有共享相关的需求资源，需求信息扭曲现象严重。

图 7–15 为供应链管理环境的物流系统模型。和传统的纵向一体化物流模型相比，信息的流量大大增加。需求信息和反馈信息不是逐级传递的，而是网络式传递的，企业通过 EDI/Internet 可以很快掌握供应链上不同环节的供求信息和市场信息。因此，在供应链环境下的物流系统有三种信息在系统中运行：需求信息、供应信息、共享信息。

共享信息的增加对供应链管理是非常重要的。由于可以作到共享信息，供应链上任何节点的企业都能及时地掌握市场的需求信息和整个供应链的运行情况，每个环节的物流信息都能透明地与其他环节进行交流与共享，从而避免了需求信息的失真现象。

归纳起来，供应链环境下的物流管理的特点可以用如下几个术语简要概括：

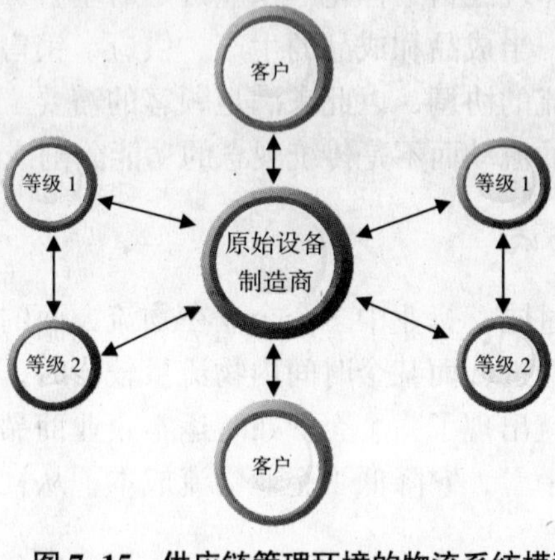

图 7–15　供应链管理环境的物流系统模型

注：等级 1 和等级 2=供应商等级。

（1）信息——共享

（2）过程——同步

（3）合作——互利

（4）交货——准时
（5）响应——敏捷
（6）服务——满意

三、供应链管理环境下物流管理的一体化

一体化物流（Integrate Logistics）是20世纪末最有影响的物流趋势之一，其基本含义是指不同职能部门之间或不同企业之间通过物流上的合作，达到提高物流效率降低物流成本的效果。一体化物流或物流的一体化包括三种形式：垂直一体化物流、水平一体化物流和物流网络。

（一）垂直一体化物流

垂直一体化物流要求企业将提供产品或运输服务等的供应商和用户纳入管理范围，并作为物流管理的一项中心内容。垂直一体化物流要求企业从原材料到用户的每个过程实现对物流的管理；要求企业利用其自身条件建立和发展与供货商和用户的合作关系，形成联合力量，赢得竞争优势。垂直一体化物流的设想为解决复杂的物流问题提供了方便，而雄厚的物质技术基础、先进的管理方法和通信技术又使这一设想成为现实，并在此基础上继续发展。

随着垂直一体化物流的深入发展，对物流研究的范围不断扩大，在企业经营集团化和国际化的背景下，美国学者迈克尔·波特（Michael Porter）首先提出了“价值链”的概念，并在此基础上，形成了比较完整的供应价值链理论。供应链管理强调核心企业、相关企业的协作关系，通过信息共享、技术扩散（交流与合作）、资源优化配置和有效的价值链激励机制等方法体现经营一体化。供应链是对垂直一体化物流的延伸，从系统观点出发，通过对从原料、半成品和成品的生产、供应、销售直到最终消费者的整个过程中物流与资金流、信息流的协调，以此来满足顾客的需要。所以，供应链管理是集成化管理，它关注的是产品的流动而不是传统观念的功能分割或局部效率。

（二）水平一体化物流

水平一体化物流是通过同一行业中多个企业在物流方面的合作而获得规模经济效益和物流效率。当物流范围相近，而某个时间内物流量较少时，几个企业同时分别进行物流操作显然不经济。于是就出现了一个企业在装运本企业商品的同时，也装运其他企业商品。从企业的经济效益上看，它降低了企业物流成本；从社会效益来看，它减少了社会物流过程的重复劳动。

显然，不同商品的物流过程不仅在空间上是矛盾的，而且在时间上也是有差异的。要解决这些矛盾和差异，必须依靠掌握大量物流需求和物流供应能力信息的信息中心。此外，实现水平一体化的另一个重要的条件，就是要有大量的企业参与并且有大量的商品存在，这时企业间的合作才能提高物流效益。当然，产品配送方式的集成化和标准化等问题也是不能忽视的。

（三）物流网络

第三种物流一体化形式是物流网络，它是垂直一体化物流与水平一体化物流的综合体。当一体化物流的每个环节同时又是其他一体化物流系统的组成部分时，以物流为联系的企业关系就会形成一个网络关系，即物流网络。

这是一个开放的系统，企业自由加入或退出，尤其在业务最忙的季节最有可能利用到这个系统。物流网络能发挥规模经济作用的条件就是一体化、标准化、模块化。实现物流网络首先要有一批优势物流企业与生产企业结成共享市场的同盟，把过去那种直接分享利润的企业联合发展成优势联盟，共享市场，进而分享更大份额的利润。同时，优势物流企业要与中小型物流商结成市场开拓的同盟，利用相对稳定和完整的营销体系，帮助生产企业开拓销售市场。这样竞争对手成了同盟军，物流网络就成为一个生产企业和物流企业多方位、纵横交叉、互相渗透的协作有机体。而且由于先进信息技术的应用，当加入物流网络的企业增多时，物流网络的规模效益就会显现出来，这也促使了社会分工的深化，"第三方物流"的发展也就有了动因，整个社会的物流成本会由此大幅度下降。

四、第三方物流

（一）第三方物流的定义

第三方物流（Third Piny Logistics，3PL）的定义为："物流渠道中的专业化物流中间人，以签订契约的方式，在一定期间内为其他公司提供所有的或某些方面的物流业务服务。"由于物流经营者不参与商品的买卖，只是提供从生产到销售的整个流通过程中专门的物流服务，诸如商品运输、储存配送以及增值性物流服务。在某种意义上，可以认为第三方物流是物流专业化的一种形式。

从广义的角度以及物流运行的角度看，第三方物流包括一切物流活动，以及消费者可以从第三方物流经营者得到的其他一切增值性物流服务。消费者和第三方物流经营者之间以契约的方式明确规定服务费用、服务期限和相互责任等事项。

狭义的第三方物流专指本身没有固定资产，但仍借助外界力量承接物流业务，负责代替消费者完成整个物流过程的一种物流管理方式。

（二）第三方物流的特征

第三方物流的实质就是指物流经营者借助现代信息技术，在约定的时间、空间，按约定的价格向物流消费者提供约定的个性化、专业化、系列化物流服务的过程。从发达国家物流产业发展的实践来看，第三方物流已经逐渐形成了鲜明的特征，突出表现在如下几方面：

（1）关系契约化

（2）服务个性化

（3）功能专业化
（4）管理系统化
（5）信息网络化
（6）资源共享化

（三）第三方物流对供应链管理的利益分析

第三方物流在物流资源优化方面具有明显优势，可以帮助物流消费者采用供应链策略管理物流，处理供应链末端的任务，如退货和产品包装。遵循供应链管理体系的基本原则，尽可能在靠近消费者的地点和时间完成产品交付。第三方物流企业通过遍布全球的运送网络和服务网络大大缩短了交货期，有助于改进顾客服务质量。在供应链管理中，通过第三方物流可以使供应链管理达到如下利益：

1. 降低作业成本

第三方物流可为委托企业平均降低 10%~20%的成本，这是许多企业选择外包的主要原因。专业的第三方物流经营者利用规模生产的专业优势和成本优势，通过提高各环节能力的利用率节省费用，使企业能从分离费用结构中受益。

2. 致力于核心业务

生产企业利用第三方物流的最大收获是节约成本，降低资产规模，企业能有资金投资其他核心领域。企业要获得竞争优势，必须巩固和扩展自身的核心业务。这就要求企业致力于核心业务的发展，实现企业资源的优化配置，将有限的人力、财力集中于核心业务，研究开发出新产品参与竞争。因而，越来越多的企业将非核心业务外包给专业化的公司。企业通过将物流业务外包给第三方物流，能够将时间和精力放在自己的核心业务上，增强企业的核心竞争力。

3. 减少资金积压

利用第三方物流的先进技术、设备和软件，能够减少委托企业的投资，提高企业的资金周转速度，从而提高资金回报率，促进资源的有效配置。

4. 降低库存

企业不能承担原料和库存的无限增长，尤其是要及时将高价值的零部件送往装配点，以保证库存的最小量。第三方物流经营者借助精心策划的物流计划和适时运送手段，最大限度地降低库存，改善了企业的现金流量，实现了成本优势。

5. 提升企业形象

第三方物流经营者是物流专家，他们利用完备的设施和训练有素的员工对整个供应链网络实现完全的控制，减少物流的复杂性。他们通过遍布全球的运送网络和服务提供者（分承包方）大大缩短了交货期，帮助顾客改进服务，树立自己的品牌形象。第三方物流经营者通过“量体裁衣”式的设计，制定出以顾客为导向、低成本高效率的物流方案，为企业在竞争中取胜创造了有利条件。

6. 拓展国际业务

随着全球经济一体化的加快，不少没有国际营销渠道的企业希望进入国际市场，而第三方物流恰恰可以帮助这些企业实现拓展国际业务的目的。

7. 整合供应链管理

一体化物流要求企业对整个供应链进行整合，通过外包改善物流服务质量，提高客户服务水平。因而，越来越多的企业考虑第三方物流的专业能力，合作进行供应链整合。

8. 物流模式的选择

在供应链管理中，自营还是选择外包物流服务已经成为企业无法回避的决策问题（如图 7–16 所示）。很多成功的物流企业根据第一方、第二方的谈判条款，分析并比较自营的操作成本和外包费用，灵活运用自营和外包两种方式，提供客户定制的物流服务。外包方式的选择主要体现了物流企业资源整合的需要，提高资源的可得性和利用率。通常认为，将企业非核心业务外包是高效管理供应链的重要标志。第三方物流已经成为供应链管理创新的一种重要途径，它不仅可以为企业缩减资产和节省物流费用，更重要的是，它能给企业关键的核心业务带来增值收益。因此，供应链管理创新能够增加企业的核心竞争力和盈利能力。

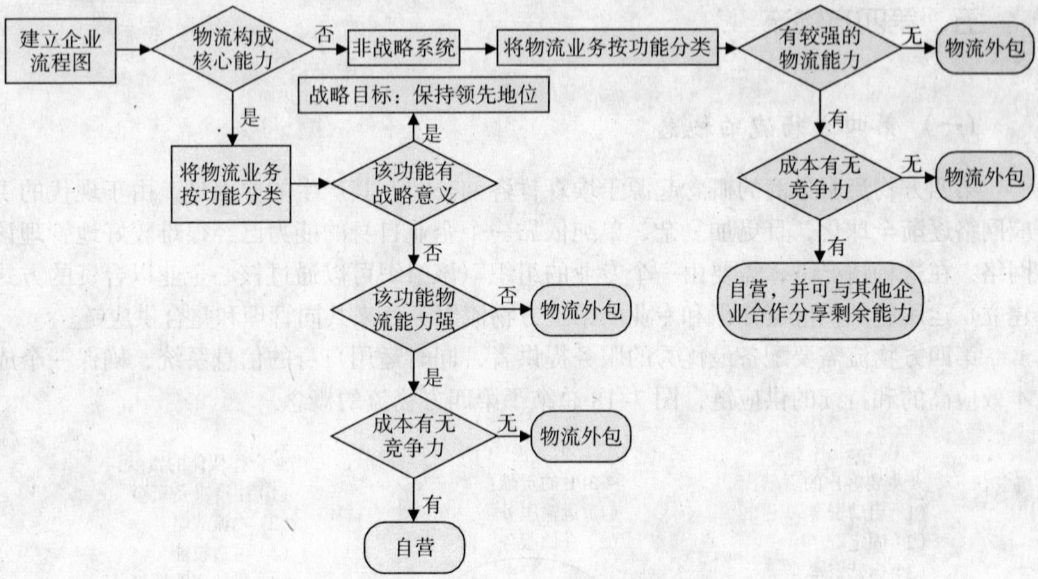

图 7–16 物流模式决策流程

物流对企业成功的影响度和企业对物流的管理能力是影响企业物流采取自营模式还是外包模式的最重要的因素，决策状态如图 7–17 所示。

如果物流在企业战略中起关键作用，但自身物流管理水平却较低，对这类企业（Ⅱ）来说，组建物流联盟将会在物流设施、运输能力、专业管理技巧上收益极大；对于物流在其战略中不占关键地位但其物流水平却很高的企业（Ⅳ）来说，可能寻找伙伴共享物流资源，通过增大物流量获得规模效益，降低成本。处于Ⅱ、Ⅳ区间的企业可以建立物流联盟。

如果企业有很高的顾客服务需求标准，物流成本占总成本的比重极大，自己的物流管理能力强，即企业（Ⅰ），一般不会选择外购物流服务，而采用自营的方式；对那些

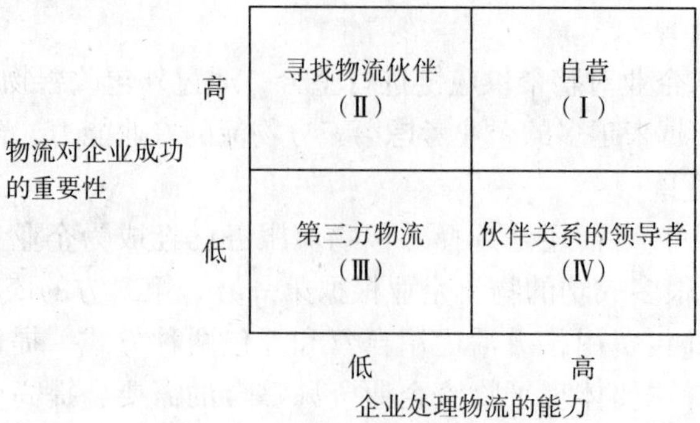

图 7–17　物流模式决策

物流在其战略中地位并不很重要，自身物流管理能力也比较欠缺的企业（Ⅲ）来说，采用第三方物流是最佳选择。

五、第四方物流

（一）第四方物流的概念

第四方物流服务商的概念起源于埃森哲咨询公司。其产生的原因是，由于现代的供应网络逐渐全球化，且更加复杂，单纯依靠一个企业自身的能力已经很难较好地管理该网络，在这种情况下，需要由一个专业的组织（该组织可以通过核心企业以合资的方式建立）运用它的供应链知识和专业的第三方物流服务商来共同管理和整合供应链。

第四方物流需要配备最优秀的服务提供者，同时运用自身的信息系统，确保一个成本效应高的和持续的供应链，图 7–18 总结了第四方物流的概念。

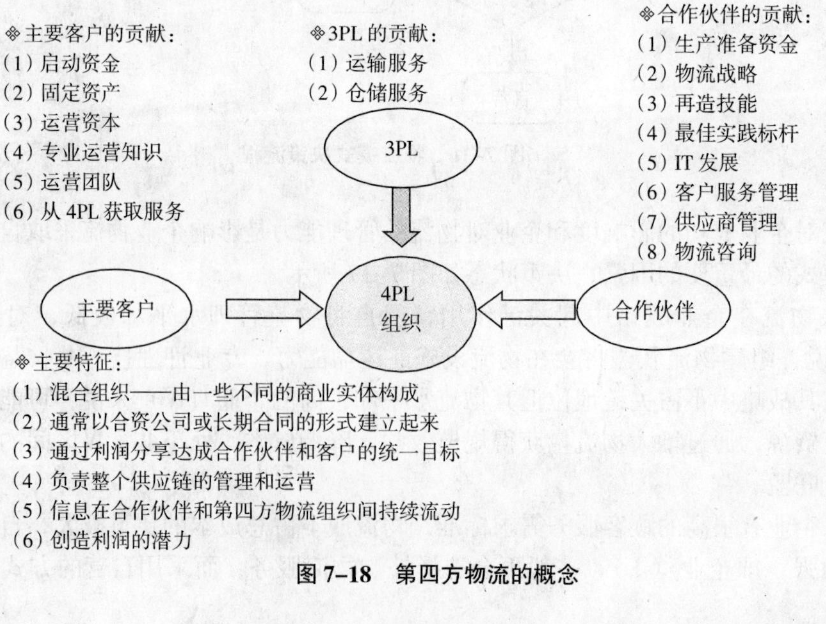

图 7–18　第四方物流的概念

在这种特殊的商业模式里，客户与合作者会成立一家合资公司。客户除了注入一定量的资本以外，还要把他们的物流资产（如配送中心）转入合资公司，或许连那些管理或运营这些物流系统的雇员也要一起转入新的公司。合作者的贡献包括：启动资金、信息系统以及战略发展能力和过程再造能力。

之后，合资公司通过筛选出一些专业的物流服务商来专门从事供应链中的各种物流作业活动。通过信息系统，合资公司成了供应链的“指挥家”。同时，在服务和成本目标达成一致的前提下，为客户提供完整的网络管理能力。

（二）第四方物流的组成要素

无论第四方物流是采用合资企业或是其他模式，都有四个必不可少的组成要素。它们是：

- 系统构造和一体化集成技术；
- 供应链的“指挥中心”；
- 通过网络获取和利用信息、知识的能力；
- 与最佳资源供应者合作。

图 7-19 概括出了这些关键需求。

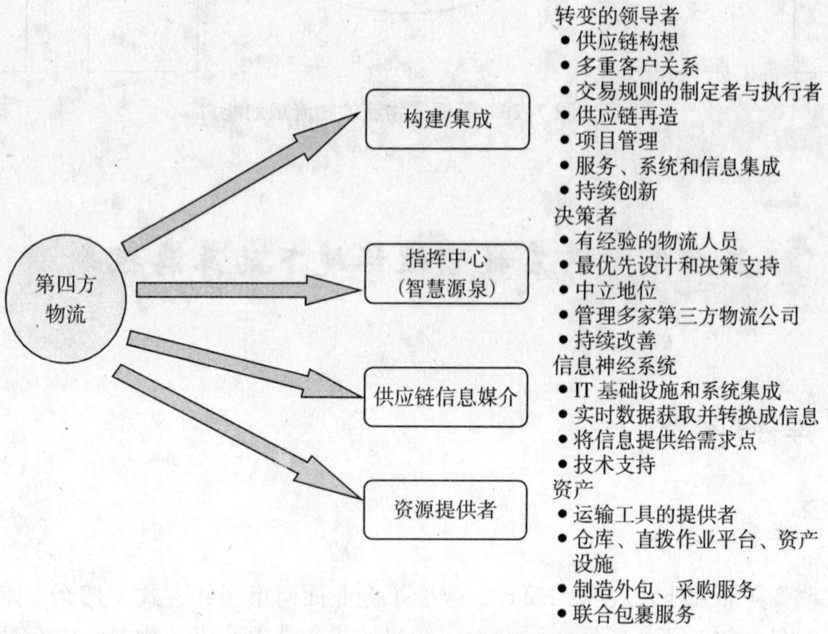

图 7-19　第四方物流的组成要素

（三）第四方物流的物流规划能力

第四方物流是一种解决物流规划功能外包问题的物流方案，是由独立于现有物流系统各个环节的、与原物流系统无直接利益关系的“第四方”提供，将其自身的资源能力和技术同来自补充服务提供者的资源、能力和技术集合起来，并对之进行管理，从而提供一体化的物流解决方案。第四方物流的物流规划能力如图 7-20 所示。

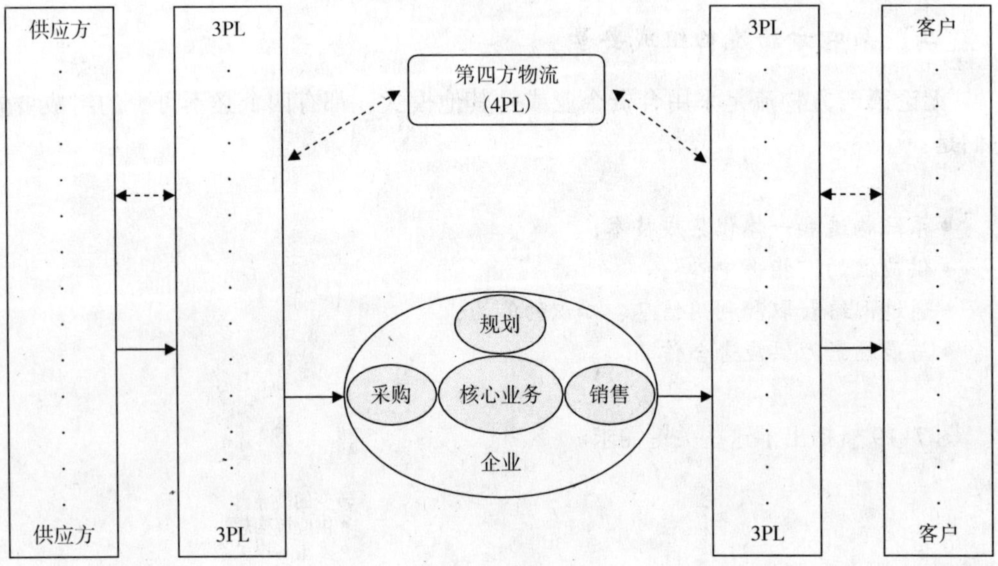

图 7-20 第四方物流的物流规划能力

第四节 供应链管理环境下的库存控制

一、库存的概念

（一）库存的定义

库存改变了企业生产经营的模式，改变了企业面向市场的方式。那么，库存究竟意味着什么？是金钱？还是成品、原材料、在制品或产品中使用的物料？库存具有狭义和广义两种含义。

（1）狭义的观点认为，库存仅仅指的是在仓库中处于暂时停滞状态的物资。

（2）从广义的观点看，库存表示用于将来目的、暂时处于闲置状态的资源。

因而，需要明确两点：其一，资源停滞的位置可以是在仓库里、生产线上或车间里，可以是在非仓库中的任何位置，如汽车站、火车站及机场码头等类型的流通结点上，甚至也可以是在运输途中。其二，资源的闲置状态可能由任何原因引起，而不一定是某种特殊的停滞。资源闲置的原因大体有：①主动的各种形态的储备；②被动的各种形态的超储；③完全的积压。

（二）库存的分类

1. 单周期需求库存

单周期需求库存也叫一次性订货，这种需求的特征是偶发性和物品生命周期短，因而很少重复订货。如报纸，没有人会订过期的报纸来看，人们也不会在农历八月十六预订中秋月饼，这些都是单周期需求。

2. 多周期需求库存

多周期需求库存是在长时间内需求反复发生，库存需要不断补充。在实际生活中，这种需求现象较为多见。多周期需求又分为独立需求库存与相关需求库存两种属性。

（1）独立需求库存。所谓独立需求库存是指需求变化独立于人们的主观控制能力之外，因而其数量与出现的概率是随机的、不确定的、模糊的。

（2）相关需求库存。相关需求库存的需求数量和需求时间与其他的变量存在一定的相互关系，可以通过一定的数学关系推算得出。

对于一个相对独立的企业而言，其产品是独立的需求变量，因为其需求的数量与需求时间对于作为系统控制主体——企业管理者而言，一般是无法预先精确确定的，只能通过特定的预测方法得出。而生产过程中的在制品以及需要的原材料，则可以通过产品的结构关系和一定的生产比例关系准确确定。

3. 库存的成本构成

（1）单位订货成本：指由于向供应商发出订单而发生的成本。

（2）库存持有成本：企业由于持有库存量而发生的一切成本，主要包括过时成本、损坏或报废成本、税、保险、存储管理成本、资金占用成本等。

（3）缺货成本：如果订货时没有客户所需要的物料可供发货，就可能失去销售的机会或可能增加额外的费用，通常称这种费用为缺货成本。

缺货成本是衡量采购价值和销售服务水平的一项重要指标。但是，要明确地计算缺货成本却是一项非常困难的工作，在缺货成本中包括由于发货量小而产生的额外的、较高的货运费用，由于降低客户满意度造成的损失等因素。客户对欠交订单的不满可能使企业付出十分昂贵的代价，尽管这些代价难以直接衡量。但是，必须牢记这样一个事实：表面上一份欠交订单可能只会引起客户满意度的降低，而再次的欠交就可能成为客户流失的主要原因。

其中，库存持有成本和单位订货成本存在背反关系，如图 7–21 所示，库存持有成本随着订货批量的增大而增大，而单位订货成本随着订货批量的增大而减少。图 7–21 中，在经济订货批量（1）处，总成本最小。

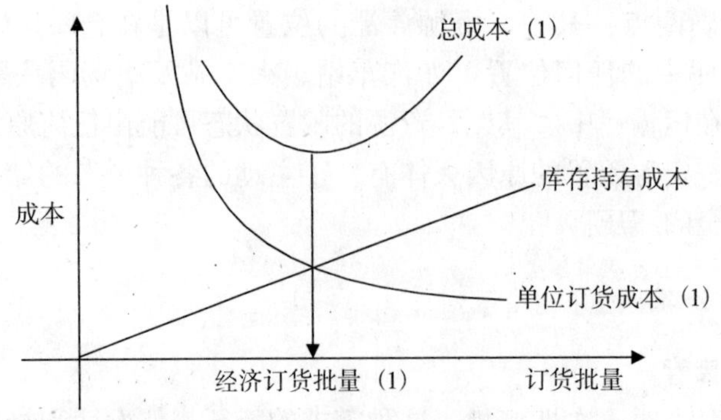

图 7–21　单位订货成本和库存持有成本的关系

二、库存掩盖的问题

有人认为“库存是万恶之源”，也有人认为“库存是一个必要的恶魔”，还有人认为库存能有效地缓解供需矛盾，尽可能均匀地保持生产，甚至还有“奇货可居”的功能。那么库存到底意味着什么呢?

如果把企业在库存上的投资比喻为一个又大又深的湖泊（见图 7–22），湖泊的深度代表库存，在平静的湖面下隐藏着无数参差不齐的暗礁，暗礁代表各种问题，这些问题可能包括不准确的预测、不可靠的供应商、产品质量问题、“瓶颈”现象，不同产业间的关系等。但因为湖泊很深，对于触礁等问题，船长根本就不必考虑，因为库存仅仅掩盖了这些问题。由于库存占用了企业的大量资金，所以应该降低，即湖泊的水位应该下降（降至图 7–22 中的 B 水平线），这样船长就必须面对这些被掩盖了的问题——不能再回避了。同样的道理，如果库存水平降低了，管理层就必须坚决果断地处理诸如不准确的预测、不可靠的供应商等棘手问题。

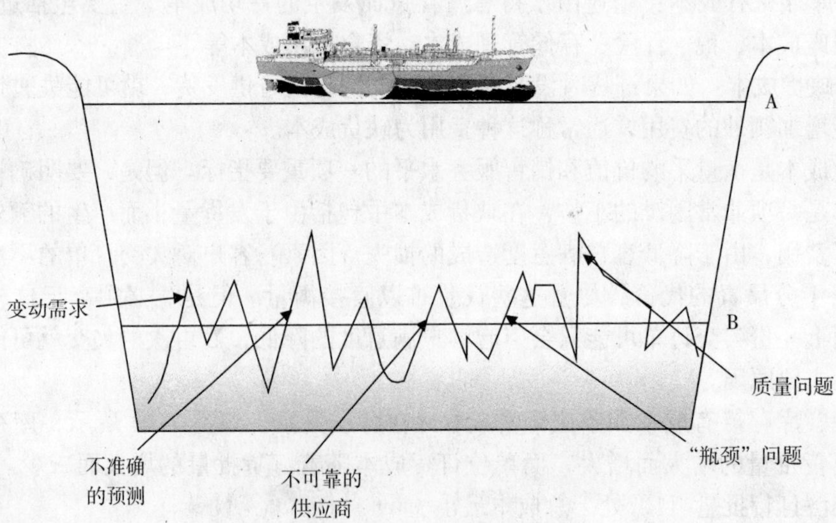

图 7–22　库存掩盖的问题

日本人创造了一种叫做“看板”的理念用于降低“湖水的深度”。“看板”起初用于大批量生产组装作业，但它的原理同样可以延伸至整个供应链和各类运作。“看板”这个名字来源于日本人使用的一种卡片，这种卡片在早期的系统中用于发出信号，通知供应链上游供应商运送一定数量的原材料。

“看板”是一种“拉动”式系统，它是由供应链最末端的需求驱动的。在生产环节中，该系统的目标是只生产满足即时需求数量的产品。当组装线上需要配件时，生产线的上一个阶段将提供恰好为所需数量的配件。同样的，这种运作又诱发上一阶段的需求，以此类推。

在逐步减少“看板”数量（即供应商运送原材料的总量）的过程中，“瓶颈”现象就会变得明显。此时，管理层会把注意力放在这个“瓶颈”问题上，通过成本—效益比最优的方法消除它，然后“看板”数量再一次减少，直到下一步中的“瓶颈”现象出现。因此，看板这种理念的关键就在于如何实现每个阶段库存达到最小，从而整条供应链达到平衡，并且运作环节、原材料的运输和存储量都会降低至可能的最低水平。最终目标应该是达到“经济批量”为 1 个单位。

事实上，这种逻辑思维方式并不一定与传统的确定经济订货批量的方法相冲突。不同之处仅在于，日本人通过向左移动代表订购成本的这条曲线寻求最小化订货批量（见图 7–23）。换言之，他们更专注于如何降低订购成本。图 7–24 显示了左移曲线对经济订货批量的影响。

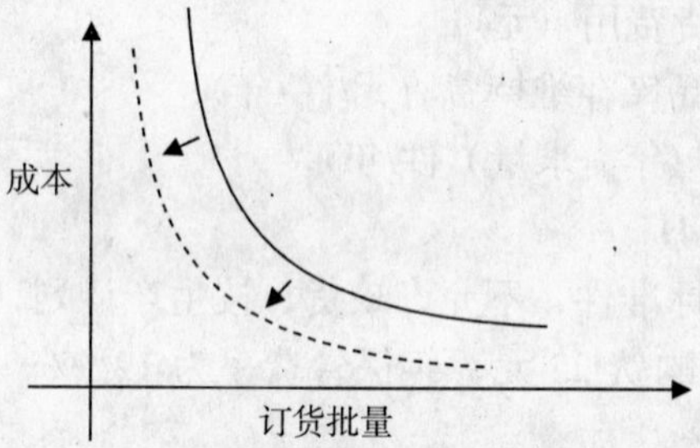

图 7–23　降低订购成本

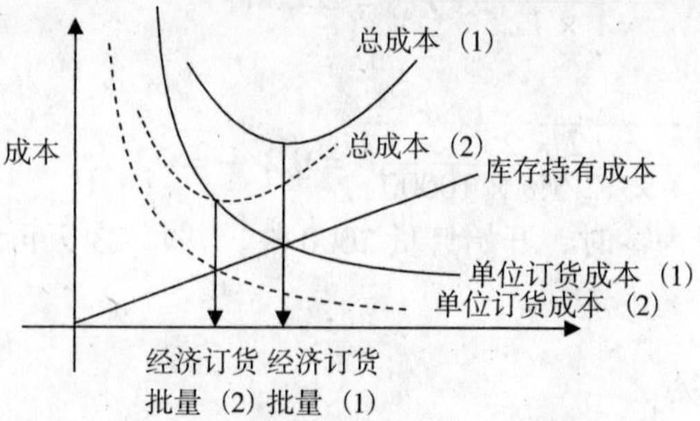

图 7–24　减少经济订货批量

三、库存控制方法

（一）经济订货批量（Economic Order Quantity，EOQ）法

根据库存持有成本和单位订货成本与订货批量的关系，我们可以推导出经济订货批量，最佳订货批量为：

$$Q^* = \sqrt{\frac{2DC_R}{H}}$$

订货点：$R = LT \times D$

式中：C_R——单位订货费用（元）；

H——单位库存维持费（元/件·年）；

D——需求率（年需求量）(件/年)；

LT——为订货提前期。

（二）最佳订货周期法

根据经济订货批量我们可以推导出最佳订货周期，其最佳订货周期为：

$$T^* = \sqrt{\frac{2C_R}{HD}}$$

式中：C_R——单位订货费用（元）；

H ——单位产品库存维持费（元/件·年）；

D ——需求率（年需求量）(件/年)。

最大库存量：$S = T \times D$

例如：某车间需要某标准件，不允许缺货，按生产计划，年需求量 10000 件，每件价格 1 元，每采购一次采购费 25 元，年保管费率为 12.5%，该元件可以在市场上立即购得，问应如何组织进货？

经济订货批量：

$$Q^* = \sqrt{\frac{2DC_R}{H}} = \sqrt{\frac{2 \times 25 \times 10000}{1 \times 12.5\%}} = 2000 \text{ 件}$$

最佳订货周期：

$$T^* = \sqrt{\frac{2C_R}{HD}} = \sqrt{\frac{2 \times 25}{1 \times 12.5\% \times 10000}} = 0.2 \text{ 年} = 73 \text{ 天}$$

所以，当库存降低为零时，开始订货 2000 件，并每 73 天再订购一次，可以使总费用降到最低。

（三）ABC 分类法

为了最大限度地提高服务水平，降低费用，需要对库存进行分类，常用的是在帕累托（Pareto）分析基础上进行的 ABC 分类法（ABC Classfication）（见图 7-25）。

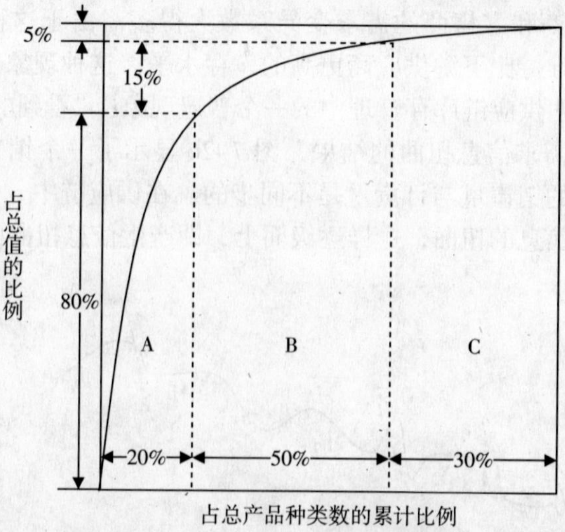

图 7-25 库存 ABC 分类法

经济学家帕累托研究的内容是在总体价值中占相当大比重的物品在数量上却只占很小的比例。对于任何给定的组类，组类中的少数项目将占总值的大部分。这个原理通常叫做“20/80”法则，意思是在这种情况下 20%数量的库存占全部库存价值的 80%，而其余 80%数量的库存只占总价值的 20%。这是商务中非常有用的一个概念，应用于库存时，这一概念叫做 ABC 分类法。ABC 分类法是库存控制的基本方法之一，并广泛应用于库存控制、生产控制、质量控制及其他许多管理问题。它是管理控制基本原理中最有用的、最有效的方法。

美国 GE 公司创立了库存 ABC 分类法，将库存分为如下 ABC 三级：

（1）A 级项目（A Item）：少数项目的价值占整个库存量总值的比例特别高，通常为 15%~20%的项目约占 75%~80%的总值。

（2）B 级项目（B Item）：数量较多而总值不高，通常 40%~50%的项目约占 15%的总值。

（3）C 级项目（C Item）：数量很多而价值占总量很少，通常为 30%~40%的项目仅占 5%~10%的总值。

将库存分为 A、B、C 三级，并非绝对固定的，也可以分为 A、B、C、D 四级，或将 A 级再分为 AAA、AA 和 A 级三类。

四、供应链中的需求变异放大原理

“需求变异加速放大原理”又称为“牛鞭效应”，是美国斯坦福大学著名的供应链管理专家 Hau L. Lee 教授对需求信息扭曲在供应链中传递的一种形象描述。其基本思想是：当供应链的各节点企业只根据来自其相邻的下级企业的需求信息进行生产或供应决策时，需求信息的不真实性会沿着供应链逆流而上，产生逐级放大的现象，到达最源头的供应商时，其获得的需求信息和实际消费市场中的顾客需求信息发生了很大的偏差，需求变异系数比分销商和零售商的需求变异系数大得多。由于这种需求放大效应的影响，上游供应商往往维持比下游供应商更高的库存水平。这种现象反映出供应链上需求的不同步现象，它说明供应链库存管理中的一个普遍现象："看到的是非实际的。"

需求放大效应是需求信息扭曲的结果，图 7-26 显示了一个销售商实际的销售量和订货量的差异，实际的销售量与订货量是不同步的。在供应链中，每一个供应链的节点企业的信息都有一个信息的扭曲，这样逐级而上，即产生信息扭曲的放大。

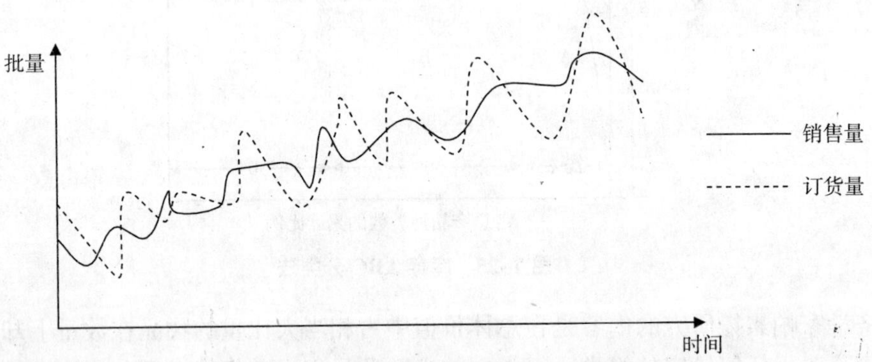

图 7-26　销售商的销售量与订货量的差异

Hau L. Lee 教授对需求放大现象进行了深入的研究，把其产生的原因归纳为四个方面：需求预测修正、订货批量决策、价格波动、短缺博弈。

（一）需求预测修正

需求预测修正是指当供应链的成员采用其直接的下游订货数据作为市场需求信号时，即产生需求放大。因为作为库存管理人员，需要决定向供应商订货时，可以采用一些简单的需求预测方法，如指数平滑法。在指数平滑法中，未来的需求被连续修正，这样送到供应商的需求订单反映的是经过修正的未来库存补给量，安全库存也是这样。

（二）订货批量决策

订货决策指两种现象：一种是周期性订货决策；另一种是订单推动。周期性订货是指当公司向供应商订货时，不是来一个需求下一个订单，而是考虑库存的原因，采用周期性分批订货，比如一周、一月订一次。

（三）价格波动

价格波动反映了一种商业行为——"预先购买"（Forward Buy），价格波动是由一些促销手段造成的，如价格折扣、数量折扣、赠票等。这种商业促销行为使许多推销人员预先采购的订货量大于实际的需求量。因为如果库存成本小于由于价格折扣所获得的利益，销售人员当然愿意预先多买，这样订货没有真实反映需求的变化，从而产生需求放大现象。

（四）短缺博弈

短缺博弈是指这样一种现象：当需求大于供应量时，理性的决策是按照用户的订货量比例分配现有的库存供应量，比如，总的供应量只有订货量的50%，合理的配给办法是所有的用户获得其订货的50%。此时，用户为了获得更大份额的配给量，故意地夸大其订货需求，当需求降温时，订货又突然消失。这种由于个体参与的组织的完全理性经济决策导致的需求信息的扭曲最终导致需求放大。

五、供应商管理库存

在目前的经济环境中，"牛鞭效应"是不能消除的，但可以借助供应商或制造商和零售商之间的信息共享，来减轻"牛鞭效应"带来的负面影响。信息共享能给供应商带来减轻"牛鞭效应"、减少现有的平均库存以及降低成本等好处，使供应商在库存决策方面更为主动，降低由于过高的库存量而造成的风险。

在缺乏协调的供应链中容易导致双重边际效应、"牛鞭效应"等低效率行为，因此，在供应链管理过程中，一个重要的问题是如何协调供应链节点企业的行为。供应链管理研究和实践表明，供应商管理库存作为新型的库存管理模式，改变了传统库存管理的理念和运营模式，通过增加供应链节点企业间的联系与合作，提高信息共享程度，用覆盖整个供应链的决策系统代替缺乏柔性和集成度差的决策体系，使供应链各个节点的企业都能清晰地观察到物流、资金流和信息流，以达到更好地协调各个节点企业，降低供应链成本，降低各个环节的延迟时间，消除信息扭曲的"牛鞭效应"的目的。通过建立基于Internet/Intranet的供应商管理库存体系，为确保供应链经济、高效、合理的运营提供创造条件。

（一）供应商管理库存的概念

供应商管理库存（Vendor Managed Inventory，VMI）是一种战略合作伙伴之间的合作性策略，它以系统的、集成的管理思想进行库存管理，使供应链系统能够同步优化运行。在这种库存控制策略下，允许上游组织对下游组织的库存策略、订货策略进行计划和管理。在已经达成一致的目标框架下由供应商来管理库存。而且，在一种持续改进的环境中，目标框架也会经常性地被修改。供应商与客户企业之间实现信息交换、信息共享后，信息便代替了库存，拥有最佳的信息就可以达到最小的库存，大大降低缺货的概率，更好地改善客户满意度和销售状况。

供应商管理库存的思想打破了传统的各自为政的库存管理模式，体现了供应链的集成化管理思想。作为供应链上第一个环节的生产商，可以利用EDI和电子商务技术，从他们的零售商那里实时获得销售端点的数据，并调取零售商的库存文档，及时补充存货，并按市场需求安排生产和财务计划。生产制造商与零售商的紧密合作大大地改善了整个流程，减少了不必要的系统成本、库存和固定资产，共同着眼于最终消费者的需求，制造商不再依赖零售商的订货而组织生产和供货，从而降低了整个供应链的库存。

沃尔玛和宝洁公司的合作就是这种联盟的典范。宝洁公司在一次考察该公司最畅销的产品——一次性尿布的订货规律时，发现沃尔玛销售的波动性并不大，但当他们考察分销中心向宝洁公司的订货时，吃惊地发现波动性明显增大了。有趣的是，他们进一步考察宝洁公司向其供应商，如3 M公司的订货时，他们发现其订货的变化更大。于是沃尔玛和宝洁公司通过信息共享，沃尔玛的每日库存维持量、库存情况和销售情况通过EDI方式直接通知宝洁公司的地区分销中心，双方共同建立了自动发货和产品类别组合改善系统。联盟使沃尔玛的库存周转率增加了两倍，成本下降，并从宝洁的营业促销中获利。宝洁也大大提高了产品周转率，能将当天生产的产品直接上市。更重要的是，宝洁借此促进了天天低价政策的实施，降低了相同产品在不同时期的价格差别幅度，防止了虚假订货信息，使偏好宝洁品牌的客户能在任一地点、任一时间，以相同的价格购买宝洁产品，提高了客户满意度和忠诚度。

（二）供应商管理库存的模型

在供应链管理中，VMI模式的应用将上游组织的库存从上游组织内部转移到下游组织，使下游组织有效地降低库存，甚至实行零库存，下游组织库存成本的转移，也使上游组织在竞争的市场环境中获得了市场份额，从而创造了更大的价值。可见，借助于VMI，下游组织和上游组织通过分享信息和共同计划可以排除或减少存货的风险。在供应链体系中的VMI，并不是要建立上游组织—下游组织的一对一的管理模式，存储于某个下游组织内的VMI，作为上游组织和该组织的共享资源，可以辐射周边的相关组织，因此，VMI在供应链管理中具有集成化管理和营销的功能（如图7–27所示）。

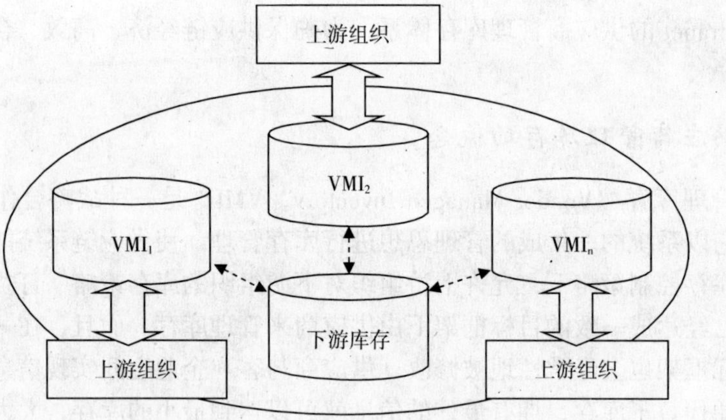

图7–27　供应商管理库存模型

采用VMI管理策略要求建立企业战略联盟，并从组织上促进企业间的信息共享，在信息、库存和物流等方面进行系统管理，实施供应商管理库存主要包括如下内容：

（1）在行业中占主导地位的企业实施供应链管理模式成为核心企业，在核心企业的主导下完成供应链的构建，核心企业与核心企业之间连接成供应链网络。

（2）建立法律和市场环境下的合作框架协议，实现贸易伙伴间密切合作，共享利益，共担风险。共同确定补充订货点、最低库存水平参数、库存信息传递方式等。

(3) 充分利用信息技术实现供应链上的信息集成，达到共享订货、库存状态、缺货状况、生产计划、运输安排、在途库存、资金结算等信息。按照商定的协议将订单、提单、送货单、入库单等商业文件标准化和格式化，在贸易伙伴的计算机网络系统间进行数据交换和自动处理。

(4) 建立完备的物流系统，实现对储存、分销和运输货物进行综合管理，使自动化系统、分销系统、存储系统和运输系统同步实现数字化管理。迅速反馈物流各个环节的信息，组织进货，指导仓储，为经营决策提供信息依据，有效地降低物流成本。

第五节 供应链管理环境下的采购管理

一、采购的定义

有效的商品和服务采购有利于产生组织的竞争优势，采购环节连接了供应链的各个成员，并且保证了供应链中的供应商的质量。所投入的物料和服务的质量会影响产成品的质量，进而影响客户满意度和企业的收益。许多企业的投入成本是总成本的大部分。作为收益、成本和供应链关系决定因素的采购具有重要意义，因此很容易理解为什么许多从业者与学者会如此关注采购。

采购是一个复杂的过程，有时很难对其进行定义、理解和管理。然而，要管理采购过程，就必须理解这个过程；要理解这个过程，就必须给出这个过程的定义。因此，在狭义上，采购可以被定义成为企业购买货物和服务的行为；或者在更广泛的角度上，采购可以被定义成为企业获取货物和服务的过程。然而，采购过程不仅仅是一种活动的终点，而是一系列跨越组织边界的活动的成功实现。现在给出完整的采购定义，即采购是为满足用户需求而获取货物和服务的所有必要活动。

波特在其价值链中指出了采购环节的战略重要性，因为采购过程中包括确认新供应商资格、采购不同规格的原材料和监督供应商绩效。因此，采购是供应链成员之间的关键连接。

二、采购过程

采购过程中的活动涉及在工业市场上购买货物和服务。这些活动常常会超越职能边界（组织内部）和组织边界（组织之间），并且如果没有交易各方的参与就不能有效地完成这个过程。这些活动的成功完成使买卖组织双方的价值最大化，进而也使供应链价值最大化。

（一）确定或重新评估需求

采购交易通常始于对用户新的或现有需求的响应（买方企业内部的个人或部门）。有时，必须对发生变化的现有需求重新评估。无论是哪种情况，一旦需要被确认，采购活动就开始了。这种需求可以由企业内部任何一个职能部门来确认，甚至可以由企业外部的某个人，例如消费者来确认这种需要。

（二）定义和评估用户需求

一旦需求被确认，那么它的要求必须要以某种可测的标准表现出来。标准可能相对简单，例如，复印纸的标准为一定重量的白纸，如果企业要购买的是高科技产品，标准可能也很复杂。利用这些标准，采购人员能够将用户的需求传递给潜在的供应商。

（三）决定是自制还是外购

在要求外部供应商提供产品之前，购买企业必须决定是自己制造还是购买产品或服务来满足用户需求。但是有时即使决定自己制造，购买企业通常也需要向外部供应商购买某些规格的原材料。当越来越多的企业采用外部采购来集中关注其“核心”活动时，这一步变得更加重要。

（四）确认采购的类型

满足用户所必要的采购类型将决定采购过程所需要的时间以及该过程的复杂程度。从所需时间最少、过程最简单到所需时间最多、过程最复杂，有三种采购类型，分别是：

（1）连续采购（Straight Rebuy）或定期采购。

（2）调整采购（Modified Rebuy），这要求改变现有的供应商或原材料。

（3）全新采购（New Buy），这来自于新的用户需求。

（五）进行市场分析

物料的供应源可能处于完全竞争市场（许多供应商）、寡头垄断市场（几个大的供应商）或者是完全垄断市场（一个供应商）。了解市场类型有助于采购人员确定市场上供应商的数量、权限与依存性的平衡点以及何种购买方法才是最有效的（协商谈判、公开招标等）。

（六）识别所有可能的供应商

这项活动就是找出能够满足用户需求的所有可能的供应商。在这个阶段，找到那些购买企业以前没有合作过但却是可能的供应商是很重要的。再者，识别所有可能的供应商是一个挑战并且可能还要进行调查，特别是在如今全球化的环境下。如果是一个小企业，可能会更多地依赖那些公共信息来源，比如电话公司的黄页。

（七）对所有可能的资源进行预先筛选

在确定和评价用户要求的时候（像在第二步中描述的那样），区分需求和需要是很重要的。对某一产品或服务的需求对于用户来说是非常关键的特征，而需要对于用户来说不是十分关键的要素，是可以通过协商来解决的。筛选可以将可能的供应商减少到足以满足用户需求的范围。有些情况下，筛选可能是一项相对简单的工作。例如复印纸，供应商要么定期有货，要么就是确定无存货。而对电脑配件来说，需要有内部工程人员的一系列测试才行。

（八）评价剩余供应商的基础

当将可能的供应商减少到足以满足用户需求的时候，就可以确定哪一个或哪些供应商可以最好地满足用户需求或需要。如果采购项目相当简单或者比较标准，并且有足够多的供应商，那么这项活动可以通过公开招标来完成。如果这些条件不存在，那么就有必要进行较为精细的评价，需要进行技术检验或者终端使用状况模拟，例如测试汽车的坐椅安全带。

（九）选择一个供应商

对于供应商的选择同时决定了购买企业和供应企业之间的关系，以及这种关系的结构是如何构建和实现。这一活动也决定了如何同那些未被选择的供应商保持关系。实际的选择应该建立在一定的标准之上，如质量、可靠性和总体要价等。

（十）收到运送的产品或服务

这个活动的发生是供应商试图满足用户需求的第一步。这个活动的完成同时会开始产生下一步活动所需使用的绩效数据。

（十一）进行采购后的绩效评价

一旦服务已经提供或产品已经运送，就应该评价供应商绩效，从而确定供应商是否真正满足了用户需求。这同时也是控制活动。如果供应商的工作没有满足用户需求，就一定要找到这种不一致的原因并且采取相应的纠正措施。

以上所有活动都要受采购人员所不能控制的因素影响。这些影响可以决定每一项活动实施的有效程度。它们包括组织内部和组织之间的因素以及组织外部的因素，如政府的影响。例如，市场需求的变化或生产过程的改变可能要求在第一次循环结束之前重复上述活动的某些步骤或者所有步骤。供应商可能的财务损失也会导致问题的出现，并被迫重复一些活动。

三、供应链管理环境下采购的特点

在供应链管理的环境下，企业的采购方式和传统的采购方式有所不同。这些差异主要体现在如下几个方面：

（1）从为库存而采购到为订单而采购的转变。

（2）从采购管理向外部资源管理转变。

（3）从一般买卖关系向战略协作伙伴关系转变。

四、准时采购的基本思想

准时采购也叫 JIT 采购法，是一种先进的采购模式，是一种管理哲理。它的基本思想是：在恰当的时间、恰当的地点，以恰当的数量、恰当的质量提供恰当的物品。它是从准时生产发展而来的，是为了消除库存和不必要的浪费而进行的持续性改进。要进行准时化生产必须有准时的供应，因此准时化采购是准时化生产管理模式的必然要求。它和传统的采购方法在质量控制、供需关系、供应商的数目、交货期的管理等方面有许多不同，其中关于供应商的选择（数量与关系）、质量控制是其核心内容。

五、准时化采购的特点

准时化采购和传统的采购方式有许多不同之处，其特点主要表现在如表 7–4 所示的几个方面。

表 7–4 准时化采购和传统采购的比较

项 目	准时化采购	传统采购
采购批量	小批量，送货频率高	大批量，送货频率低
供应商选择	长期合作，单源供应	短期合作，多源供应
供应商评价	质量、交货期、价格	质量、价格、交货期
检查工作	逐渐减少，最后消除	收货、点货、质量验收
协商内容	长期合作关系、质量和合理价格	获得最低价格
运输	准时送货、买方负责安排	较低的成本、卖方负责安排
文书工作	文书工作少、需要的是有能力改变交货时间和质量	文书工作量大，改变交货期和质量的采购单多
产品说明	供应商革新、强调性能宽松要求	买方关心设计、供应商没有创新
包装	小、标准化容器包装	普通包装、没有特地说明
信息交流	快速、可靠	一般要求

六、准时采购的方法

前面分析了准时化采购法的特点和优点，从中我们可以看到准时化采购方法和传统的采购方法的一些显著差别。要实施准时化采购法，以下三点是十分重要的：

（1）选择最佳的供应商，并对供应商进行有效的管理是准时化采购成功的基石。

（2）供应商与用户的紧密合作是准时化采购成功的钥匙。

（3）卓有成效的采购过程质量控制是准时化采购成功的保证。

第六节 供应链合作伙伴关系的构建

一、供应链合作关系的定义

供应链合作伙伴关系（Supply Chain Partnership，SCP），也就是供应商—制造商（Supplier-Manufacturer）关系，或者称为卖主/供应商—买主（Vendor/Supplier-Buyer）关系、供应商关系（Supplier Partnership）。供应链合作伙伴关系可以定义为供应商与制造商之间在一定时期内的共享信息、共担风险、共同获利的协议关系。

二、供应链合作关系的效益

（一）供应链合作关系模型——“囚徒困境”

为了说明合作关系所能产生的效益，“囚徒困境”这个例子经常被大家所引用。“囚徒困境”的情景是这样的，因为警察怀疑你和你的同伴劫银行而将你们拘留，但除非至少一个招认犯罪，警方并无充足证据将其判刑，为防其相互间串供，而分别拘捕、隔离审问时，即被关在不同的牢房里，彼此之间不可能进行任何交流。警官宣布他们的政策是“坦白从宽，抗拒从严”。两疑犯该如何选择自己的对策呢？

各种可能的惩罚措施及结果如下：

第一种情况——囚徒A坦白了，但是囚徒B没有坦白。

结果：因为囚徒A的合作被释放，而囚徒B需要坐牢9年。

第二种情况——囚徒A没有坦白，但是囚徒B坦白了。

结果：囚徒A被判坐牢9年，而你的同伴因为他的合作而被释放。

第三种情况——囚徒A和囚徒B都坦白了。

结果：你们都需要坐牢6年。

第四种情况——囚徒A和囚徒B都没坦白。

结果：囚徒A和囚徒B各坐牢1年。

哪种结果最可能发生呢？如果你们彼此都不信任对方的话，而且从过往的经验来看，你也不得不提防你的同伴，那么结果自然是你们俩都将坦白。但是，很明显，最好的策略建立在双方彼此信任的基础上，即你们俩都不坦白。

“囚徒困境”说明了这样一个道理：各人追求利己行为而导致的最终结局是一个“对所有人都不利的结局”。

这个简单的例子是对现实生活的真实写照。传统的采购理念往往倾向于为一种商品选择多个供应商。在这种情况下，买卖双方之间会讨价还价，买方不可能完全信赖某一

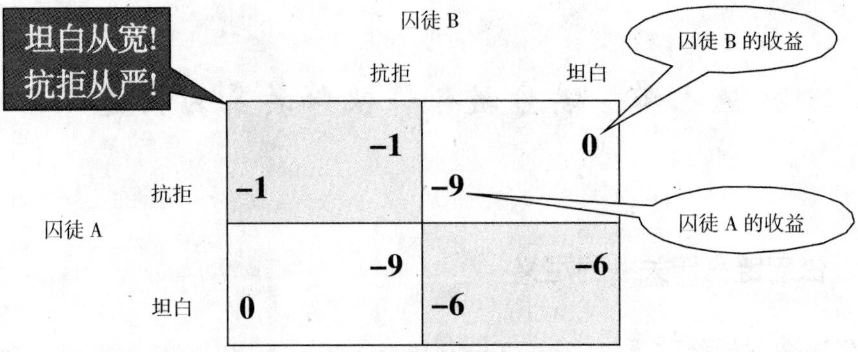

图 7-28 “囚徒困境”收益矩阵

个原料供应商。此外，通过多个供应商之间的竞争，我们可以降低采购成本。然而，这种关系更像一种敌对关系，实际上得到的是一种次优的结果。

买卖双方这种讨价还价的做法，首先影响到的就是商品的质量。供应商由于追求最小成本，只可能提供商品的基础功能。因此，买方就需要把额外的费用花费在入库检验和返工等活动上。在售后服务方面，供应商几乎不需履行任何义务。

更进一步说，那些为实现及时配送而采用同步化供应链的企业会发现，在多个供应商共存的前提下，它们几乎无法进行物流活动的管理。类似的，因为存在多个供应商，订货和库存补充这类沟通活动会更加复杂。

（二）如何走出囚徒困境呢？

供应链管理的目标是供应链整体利益最大化，而不是局部利益最大化，那么供应链合作伙伴之间如何走出“囚徒困境”实现整体最大利益呢？

假设有如下“两个可能”：两个囚徒能够串供（信息沟通），结果将如何？两个囚徒也相互信任，结果又将如何？结果显然是两个囚徒能够守口如瓶，达到最优的结果。但是如果两个囚徒不能相互信任，即使能够串供，也未必能达到集体最优的战略。

这就是所谓的“合作伙伴关系”或“伙伴溯求”（Partnership Sourcing）的深层含义，合作伙伴关系构建的基础可以表述如下：在彼此信任的基础上进行信息共享，才能与少数供应商发展长期的合作关系。

三、供应链合作伙伴关系的构建

供需双方的关系越密切，就越能发挥彼此的优势，从而达到双赢的效果。例如，许多企业已经发现通过双方的紧密合作，可以提高产品的设计质量，扩大增值点，而且通常可以找到更多高效率的运作方式。合作关系程度与价值增加如图 7-29 所示。

合作伙伴关系的基本思想是把供应商看做是客户在供应链中作业的延伸，强调整个物流过程从起点到终点实现连续性与无缝化。随着外包趋势的发展，合作伙伴关系更显得重要。尼桑英国汽车公司是这一概念的坚定倡导者。它们的一个重要手段是建立了

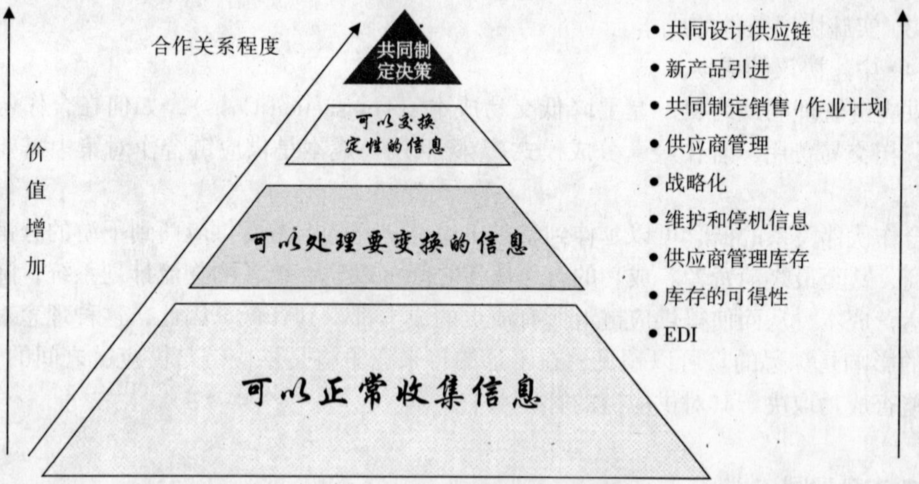

图 7-29　合作关系程度与价值增加

"供应商开发团队"，这些由尼桑公司的专家组成的小团队的任务是帮助供应商达到尼桑公司所提出的要求。所有供应商发展团队都有一个共同的目标，就是使供需双方都能降低成本，提高效率——实现双赢。由于汽车行业原材料成本占总成本的 85%左右，供应商的任何降低成本的行为都会对总成本的降低起到至关重要的作用。在以往那种彼此对立的关系下，汽车制造商为了降低成本，往往采用压榨上游零部件供应商利润的做法。但合作伙伴关系则截然不同：汽车制造商努力帮助供应商降低成本而不是它们的利润。通过协作与整合的物流计划系统，从而实现供需双方共同获利的局面。尼桑英国分公司的例子告诉我们，这种想法不是"乌托邦"，是完全可以实现的。

但是，要构建供应链合作伙伴关系，以下几个问题要解决：

（一）企业联盟中信任问题

索勒理（Thoreli）以强调可靠性预期为标准，强调合作伙伴的可靠诚实、遵守承诺，认为信任与不信任的真正差别在于双方信心的飞跃：彼此相信对方关心自己的利益，在没有考虑彼此的影响之前谁也不会行动，这实际上强调了合作协商的重要意义。

（二）沟通问题

尽管通过 Internet/Intranet 供应链联盟成员获得了相互有用的信息资源，为信息交流提供了保证，但谁也不保证为个体利益而隐瞒私有信息的存在，信息不对称性问题是协商理论的又一个棘手难题。

（三）交易成本问题

交易成本包括：

（1）达成双方满意的协议的成本。

（2）使协议适应预期不到的突发事件的成本。

（3）实施协议条件的成本。

（4）中止协议的成本。

供应链管理的最终目的是要降低交易成本（Transaction Costs），如何在合作伙伴间合理分担交易费用（合作经营分成模式），降低用户成本是供应链合作对策中需要解决的问题。

合作伙伴关系的概念可以延伸到整条供应链——从上游的供应商到下游的分销商与零售商，甚至最终消费者。成功的合作伙伴之间可以建立统一的物流计划系统，降低库存和运营成本，从而使得供应链上所有成员的成本都得到降低。因此，这种理念对竞争模式的影响是深远的。可以预见，在不远的将来竞争将是供应链与供应链之间的竞争，企业能否成功取决于其对供应链的管理水平。

● 本章案例

利用供应链进行竞争的戴尔电脑①

1983 年，个人电脑行业还处在发展阶段。当时，一位医学院学生名叫迈克尔·戴尔，他从当地的零售商处购买存货——过时的 IBM 个人电脑。在戴尔的大学寝室内，这些电脑被升级，再以低廉的价格卖给渴望得到它们的消费者。不久后，戴尔放弃了大学学业，开始全心投入他日渐壮大的电脑事业。1985 年，戴尔公司不再停留在升级 IBM 旧电脑的业务上，他开始自己制造机器。从那时起，戴尔公司就与其他电脑制造商有着不同的模式。电脑制造工艺没有什么特别，不同的是销售方式。直销——得天独厚的优势使得公司很快在 PC 行业里站稳脚步。

1. 戴尔的商业模式

PC 行业的领先者将精力放在生产速度更快、技术含量更高的个人电脑上，却轻视了在当时仍不起眼的供应链管理。因依靠商店、中间商和综合系统进行销售，它们不得不先预测市场需求状况，然后再生产。于是，一种产品在售出前都会在库房里（或是商店货架上）摆放一两个月。行业和经济环境的变化，使得制造商面临的危机因这种生产方式而进一步恶化。

与这些依靠传统方式销售产品的竞争者相比，戴尔公司保持着成本优势。直销使它可依据订单组装电脑。戴尔的预订机制和低价电脑对那些习惯直销的消费者来说具有巨大的吸引力。然而多年来，PC 行业始终认为戴尔不过是个小环境中的成功者。

20 世纪 90 年代初，由于不甘心局限于直销的“小圈子”里，戴尔试图在传统的销售渠道上有所突破，于是开始寻找零售经销商，这其实是错误的。戴尔新的个人电脑在直销渠道销售时，零售商的销量骤降使戴尔不得不赔偿零售商的损失，结果 1993 年公司自创办以来第一次亏损（3600 万美元）。这次错误的举动给戴尔上了一课，同时运作几种不同的销售渠道存在危机，证明应该坚持成本低廉的直销策略。1994 年，戴尔结束了零售市场销售策略，从而成本大大缩减，很快就有了回报，当年利润达到 1.49 亿美

① [英] 马丁·克里斯多弗著，何明柯等译：《物流与供应链管理》[M]，电子工业出版社，2006 年 1 月，第 15 页。

元。从此以后，戴尔将注意力集中在寻找可加强直销力量的杠杠上。

网络的发展使戴尔的直销方式更加具有成本效益。在公司网站面世的6个月内，戴尔通过因特网的销售额每天增加100万美元，销售渠道的销量则每月增长20%。与过去“小环境”的情形大为不同，据统计，在美国购买个人电脑的人数中，通过网络直接购买的消费者占1/3，而1991年这个比例仅为15%。通过网络下订单的36小时内，顾客所预订的个人电脑就会从生产线上被搬运到送货卡车上。事实上，80%的订单在8小时内就已被完成并运送出去。戴尔能在24小时内收到大部分直销订单的付款，而康柏（当时是电脑行业全球制造的领先者）等待主要分销商的回款却差不多需要35天，其他一些采用直销方式的销售商也需要14天。

戴尔公司对运作过程反复检查，找出那些没有价值增加的时间段，尽可能地把它们剔除出采购、组配过程。结果，戴尔公司在个人电脑制造过程中，“阻断”的总次数减少为60，而这个数字在该行业的平均水平是130。在公司内部，戴尔致力于降低库存和增加雇员收入，在接到客户订单前，戴尔不会向供应商订购大部分电脑配件。为协调整条供应链，戴尔努力将供应商数目由1992年的204家减少至1997年的47家。随着生产扩大，供应商数量本应增加，但2003年约有30家供应商提供戴尔直接购进原料中75%的数量。

戴尔公司的绝大部分供应商将库存水平维持在8~10天的水平，它们的仓库距离戴尔的工厂不超过15分钟路程。和主要供应商畅通的信息交流使戴尔得以每两小时定制一次产品线。

戴尔努力使它所需要的配件至少有两个来源，但也有一些配件是单一来源，如英特尔公司的芯片。当必要的配件（如磁盘驱动器）的供应和组装不能跟上整台电脑的装配节奏时，戴尔同供应商一起工作，减少前置时间或是提高预测准确率。直销给戴尔带来了优势，帮助它超越了那些利用传统渠道进行销售的制造者。因为与客户直接沟通，戴尔能够用客户喜好的配件来组装电脑。这种模式使戴尔只需维持4天的存货量，而它的竞争者却需要储备20~30天的量。

2. 21世纪的价格战

20世纪90年代，戴尔因精通直销模式而以超过行业平均水平3倍的速度发展着。90年代末期，它的业绩直逼全球PC制造的领先者康柏，成了全球最大的个人电脑制造商（以销售单位计）。更重要的是：无论个人电脑的价格下降到什么程度，戴尔也能维持它的利润。但是在2001年春，当戴尔公布它上一年第四季度的业绩时，事情发生了戏剧性的转变。戴尔传出了自创办16年来的第一条坏消息：占公司劳动力总数4%的1700个工作岗位将被削减掉。

在美国，70%的家庭对戴尔的核心产品——中档台式办公电脑的需求在削弱。不过，迈克尔·戴尔坚持认为，“个人电脑市场在消失”的说法过分夸张。但不管如何，从2000年开始，个人电脑的需求量确实下降了不少。跨越“千禧年”后，每个人似乎都变得拮据了，各行各业自然也受到了严重的影响。在竞争者争相降价的情形下，戴尔下调了个人电脑价格以增加美国市场的占有率。2001年5月，个人电脑行业因价格血拼而严重受阻，戴尔依旧维持4000台冗余量。电脑价格即使再下调3.5%，戴尔仍有利润空间，这一比率足以使竞争对手的账面出现赤字。

IBM损失不小，目前它正利用服务器挽回核心市场的损失。与此同时，与惠普被迫合并的新闻严重损害了康柏的销售量。惠普和康柏合并本想维持它们可能消失的利润，但合并后的结果不是很理想。这个新成立的组合发现，惠普最大的零售商BEST BUY害怕它们强大的力量而希望减少新产品的存货量。惠普和其他企业反复尝试，想通过戴尔的直销方式优化成本结构，但它们当中的大多数也陷入了戴尔曾碰到过的泥潭：直销和零售两种销售渠道的冲突。

显然，市场上的混乱局面对戴尔有利，戴尔占据了美国个人电脑市场份额的31%。分析家认为，尽管价格下调有消极影响，但戴尔还是成功地维持了大约7%的利润，但在“9·11”事件和华尔街的“安然事件”后，戴尔公司的状况没有那么好了，局面看起来很紧张，有嘘声说戴尔太好斗，也有谣传认为戴尔为了提升企业形象，在第四季度末让它的供应商隐瞒了库存。

但迈克尔·戴尔说：“我认为这些事情是不存在的，虽然有的迹象看起来像是我们那么做了，但从更广泛的角度来说，没有这些迹象并不能反映我们的全部活动。”

3. 新领地

无可争辩，直到2001年11月，戴尔依旧是正在萎缩的全球个人电脑市场的领军企业，但戴尔开拓它的海外市场已有多年，在欧洲始终呈现“挣扎”状态。尤其在德国，公司在建设可传承戴尔模式的团队上遇到了不小的困难。尽管最近戴尔正在设法提高市场份额，可是中欧地区并不像美国和英国那样认可直销方式。到2001年，有超过50%的英国公司在网上购买硬件，在德国这一比例仅为27%，意大利更少，只有17%。

如果不改变商业模式，戴尔的目标非常不现实。市场份额增长率与购买文化的转变程度紧密相关。戴尔在欧洲有半数的销售是采用直销方式，这样它自然就要受到直销市场整体规模的限制。戴尔这种销售方式在英国和澳大利亚是不错的选择。但它会发现：如果不考虑中欧等国的特殊文化，显然不可能占领全球市场。

20世纪90年代，网络销售在欧洲和亚洲慢慢流行起来，要想控制和维持全球的个人电脑市场，戴尔绝不能忽视中国。在中国，戴尔首先通过台商建立了组装“小型个人电脑”的业务。2002年，在中国南部的厦门，戴尔有了自己的工厂，开始自己生产电脑，但又碰上了商业模式上的问题。在其他国家和地区，戴尔的直销非常有效，因为这些国家和地区拥有高水平的网络利用率，也有完善的自动付账系统，而中国恰恰缺乏直销市场的这些基础结构。所以，在厦门戴尔用低成本的制造标准来替代原本的优势。在中国较富裕的城市，戴尔小型个人电脑走进了大型购物中心，依靠销售人员销售。这样，顾客在通过电话订货以前就可以看到和触摸到这些产品，付款方式则可选择货到付款或通过当地银行转账。

4. 不只是个人电脑

2001年，戴尔不仅是全球个人电脑市场上的领军企业，也是美国服务业的领军企业。尽管如此，戴尔83%的利润仍来自于台式电脑和手提电脑。在今天这种变化无常的经济气候中存在这样的疑问：戴尔是否有足够的洞察力使自己在21世纪继续保持产品和技术上的优势。如果消费者不再需要个人电脑的年代来临，戴尔是否仍旧可以生存？

戴尔成功的根基——制造不同标准台式电脑的能力及送货能力，会不会反而拖住戴尔前进的步伐？

2002 年 3 月，戴尔宣布同欧洲最大的家用电子产品供应商——飞利浦合作。飞利浦将会提供阴极射线管、纯平显示器和半导体给戴尔的部分供应商。飞利浦还将提供可读写的磁盘驱动器和无线技术。作为交换，戴尔为飞利浦提供内部使用的服务器和工作站。戴尔也会在自己的网站上介绍飞利浦的产品，把这个荷兰品牌带入美国，帮助飞利浦在这个它长期奋战的市场上赢得利润。

尽管其他地区在呼吁多样化，戴尔建设网络业务的计划还是激起了分析家们一如既往的反应。他们再次发出这样的声音：没有中间商的帮助，戴尔将无法满足对服务的需求。然而，这些批评又一次失去准确性，通过与 EDS 这种处于领先地位的服务供应商建立伙伴关系，戴尔在服务上作得非常好。许多大公司在估算投标价值时，咨询服务是一项重要因素。但是，戴尔说它不会像 IBM 那样，在建设自身服务能力时把这项重要资源规划在内。它对不很引人注意的外围硬件产品更感兴趣，比如连接中小规模网络的交换机和支持中低能力服务器的存储设备。这些领域的利润都很高，如交换机的就高达 50%。

其他一些小环境同样吸引了戴尔的注意力。在 2003 年戴尔揭开了新篇章的第一页。惠普的股价在以 1%的速度跌落时，戴尔的股价每天增长 1%。不久后，伴随着“市场掌上电脑领先企业 Palm 公司将与竞争对手 Handspring 合并”的新闻，戴尔第一款掌上电脑投放市场。如今，一种新的模式已经出现，戴尔正在放弃高销量、高利润的与个人电脑相关的硬件。这是为了应对让消费者感觉产品变得“无差异”的工业标准的出现。“无差异商品市场”对价格竞争而言是一场公平的游戏，戴尔的竞争对手对此更加惧怕。

● 思考题

1. 什么是供应链？供应链管理？物流管理？

2. 什么是第三方物流？第四方物流？第四方物流的要素包括哪些？

3. 为什么说未来的竞争不再是企业和企业的竞争，而是供应链和供应链之间的竞争？

4. 简述库存对企业的作用以及掩盖的问题。

5. 在供应链管理条件下，物流管理、采购管理和库存管理各有何特点或规律？

6. 请描述精益性供应链和敏捷性供应链的区别和联系。

● 参考文献

1. 利丰研究中心编著：《供应链管理：香港利丰集团的实践》[M]，中国人民大学出版社，2004。

2. [英] 马丁·克里斯多弗著，何明柯等译：《物流与供应链管理》[M]，电子工业出版社，2006 年 1 月。

3. 马士华、林勇著：《供应链管理》[M]，机械工业出版社，2006 年 1 月。

4. [美] John. Coyle 等著，文武等译：《企业物流管理——供应链视角》[M]，电子工业出版社，2003 年 7 月。

5. [美] 唐纳德·J. 鲍尔索克斯等著，林国龙等译：《物流管理——供应链过程的一体化》[M]，机械工业出版社，1999 年 8 月。

第八章 先进生产方式

● 本章提要

随着生产力的进步和企业管理水平的逐步提高，在总结生产运营管理实践的基础上，产生和形成了许多行之有效的生产运营科学化管理的方法，本章主要对柔性制造系统与JIT生产方式、清洁生产、5S管理、丰田生产方式和看板管理等先进生产运营方式的基本理论和思想进行简要的阐述。

● 章首案例

最早的准时性生产

密歇根鲁日河边亨利·福特的大型工业联合体中出现了：没有什么能力为鲁日的未来带来好处；它有最好的鼓风炉，最好的机床，最好的金属实验室，最好的电力系统，最有效的效率专家。在20世纪20年代中期即它的成熟期，鲁日的其他工业联合体相形之下都显得比较矮小。它长1.5英里，宽0.75英里。在1100英亩的土地上包括93座建筑物，其中有23座都是大型的；93英里长的铁路运输，27英里长的传送带。大约有7.5万人在此工作，其中5000人专门负责清理卫生，每个月用掉86吨肥皂，用坏5000只拖把。鲁日的每一个标准日都是清洁宁静的，浪费很少。当时有一位英国历史学家J. A. Spender写下了这个系统："如果方法的真正完整与完美适应最终证明这个消息是正确的，那么他们就在以自己的方式创造艺术作品。"

福特对来自钢铁公司的钢铁供应与质量情况不满，就问在鲁日建造一座钢厂需要多少钱。Sorensen告诉他，大约3500万美元。"那我们还等什么呢?"福特说。同样出于对玻璃有效性与质量的不满，他在鲁日还建了一家玻璃厂。1平方英尺玻璃的价格在其生命周期的早期约为30美分，很快就剧增到了1英尺1.5美元。在鲁日的玻璃厂，价格降到了1英尺20美分。装载着铁矿石的船驶进内陆码头，在它们停靠时，大型起重机就已经摇来摆去开始卸货了。这种方法颇具创新意味。每周一清晨，满载矿石的驳船驶入船道，矿石被送进鼓风炉，周二它被倒入浇铸模具，第三天则成为发动机。商业历史学家John De Venter敬畏地写道："从原材料转换到现金只需33小时。"大约60年后，丰田将准时制理论带进制造业，供应商的零部件运抵时间恰为最终组装所需时间。但实际上，这种过程早在鲁日就已开始应用。福特首脑级人物Toasting Philip Caldwell曾于1982年访问过日本，丰田公司的Eiji Toyodaix说："我们目前所做的没有什么秘密可言，

Caldwell 先生，我们学习的是鲁日。”

资料来源：Reprinted with permi Ssion of Rawson As SOCiates/Scribner，a division of Simon & Schuster，Inc.，from THE MACHINE THAT CHANGED THE WORLD，by James P. Womack，Daniel T. Jones，and Daniel RoDs. @1990 by James P.Womack，Daniel T. Jones，Daniel Roos，and Donna Sammons Carpenter.

第一节　柔性制造系统与 JIT 生产方式

一、柔性制造系统简介

（一）柔性自动化的兴起

20 世纪 80 年代以来，在工业化国家中，柔性制造系统作为迈向工厂自动化的第一步，已获得了实际的应用，较好地解决了机械制造高度自动化和高度柔性之间的矛盾，成为备受企业家关注的领域。

随着现代化水平的提高，社会对产品的功能与质量要求越来越高，产品更新换代的周期越来越短，产品的复杂程度也随之提高，传统的大批量生产方式受到了挑战。因为在大批量生产方式中，柔性和生产率是相互矛盾的。众所周知，只有品种单一、批量大、设备专用、工艺稳定、效率高，才能构成规模经济效益；反之，多品种、小批量生产，设备的专用性低，在加工形式相似的情况下，频繁地调整工夹具，工艺稳定难度增大，生产效率势必受到影响。为了同时提高制造工业的柔性和生产效率，使之在保证产品质量的前提下，缩短产品生产周期，降低产品成本，使中小批量生产也能具有大批量生产的优势，柔性制造系统便应运而生。

自从 1954 年美国麻省理工学院第一台数字控制铣床诞生以后，20 世纪 70 年代初柔性自动化进入了生产实用阶段。几十年来，从单台数控机床的应用逐渐发展到加工中心、柔性制造单元、柔性制造系统和计算机集成制造系统，使柔性自动化得到了迅速发展。

（二）柔性制造系统的类型

柔性制造系统是指在计算机的支持下，能适应加工对象在一定的范围内迅速变化的制造系统，柔性制造系统可分为以下三种类型：

（1）柔性制造单元。它是由一台或数台数控机床或加工中心构成的加工单元。该单元根据需要可以自动更换刀具和夹具，加工不同的工件。柔性制造单元适合加工形状复杂，加工工序简单，加工时间较长，批量小的零件，它有较大的设备柔性。

（2）柔性制造系统。它是以数控机床或加工中心为基础，配以物料传送装置组成的生产系统。该系统由电子计算机实现自动控制，能在不停机的情况下，满足多品种的加工。柔性制造系统适合加工形状复杂，加工工序多，批量大的零件，其加工和物料传送柔性大。

（3）柔性自动生产线。它是把多台可以调整的机床（多为专用机床）连接起来，配以自动运送装置组成的生产线。该生产线可以加工批量较大的不同规格零件。柔性程度低的柔性自动生产线，在性能上接近大批量生产用的自动生产线；柔性程度高的柔性自动生产线，则接近于小批量、多品种生产用的柔性制造系统。

（三）柔性制造系统的构成

就机械制造业的柔性制造系统而言，其基本组成部分有：

（1）自动加工系统。它是指以成组技术为基础，把外形尺寸（形状不必完全一致）、重量大致相似，材料相同，工艺相似的零件集中在一台或数台数控机床或专用机床等设备上加工的系统。

（2）物流系统。它是指由多种运输装置构成，如传送带、轨道、转盘以及机械手等，完成工件、刀具等的供给与传送的系统。

（3）信息系统。它是指对加工和运输过程中所需各种信息收集、处理、反馈，并通过电子计算机或其他控制装置（液压、气压装置等），对机床或运输设备实行分级控制的系统。

（4）软件系统。它是指保证柔性制造系统用电子计算机进行有效管理的必不可少的组成部分，包括设计规划、生产控制和系统监督等软件。

（四）柔性制造系统的优点

柔性制造系统是一种技术复杂、高度自动化的系统，它将微电子技术、计算机和系统工程等技术有机地结合起来，圆满地解决了机械制造高自动化与高柔性化之间的矛盾，具体优点表现在：

（1）设备利用率高。一组机床编入柔性制造系统后，产量比这组机床在分散单机作业时的产量提高数倍。

（2）在制品减少80%左右。

（3）生产能力相对稳定。自动加工系统由一台或多台机床组成，当发生故障时，有降级运转的能力，物料传送系统也有自行绕过故障机床的能力。

（4）产品质量提高。零件在加工过程中，装卸一次完成，加工精度高，加工形式稳定。

（5）运行灵活。有些柔性制造系统的检验、装卡和维护工作可在第一班完成，第二、第三班可在无人照看下正常生产。在理想的柔性制造系统中，其监控系统还能处理诸如刀具的磨损调换、物流的堵塞疏通等运行过程中不可预料的问题。

（6）产品应变能力大。刀具、夹具及物料运输装置具有可调性，且系统平面布置合理，便于增减设备，满足市场需要。

（五）柔性制造系统的发展趋势

柔性制造系统的发展趋势大致有两个方面：一方面是与计算机辅助设计和辅助制造系统相结合，利用原有产品系列的典型工艺资料，组合设计不同模块，构成各种不同形式的具有物料流和信息流的模块化柔性系统；另一方面是实现从产品决策、产品设计、生产到销售的整个生产过程自动化，特别是管理层次自动化的计算机集成制造系统(CIMS)。在这个大系统中，柔性制造系统只是它的一个组成部分。

1. 模块化的柔性制造系统

为了保证系统工作的可靠性和经济性，将其主要组成部分标准化和模块化，包括：

(1) 加工件的运送模块，有感应线导轨小车输送和有轨小车输送。

(2) 刀具的输送和调换模块。有刀具交换机器人和与工件共用输送小车的刀盒输送方式等。

(3) 利用不同的模块组合，构成不同形式具有物料流和信息流的柔性制造系统，自动地完成不同要求的全部加工过程。

2. 计算机集成制造系统

据统计，从 1870~1970 年的 100 年中，加工过程的效率提高了 2000%，而生产管理的效率只提高了 80%，产品设计的效率仅提高了 20%左右。显然，后两种效率已成为进一步发展生产的制约因素。

因此，制造技术的发展就不能局限在车间制造过程的自动化，而要全面实现从生产决策、产品设计到销售的整个生产过程的自动化，特别是管理层次工作的自动化。这样集成的一个完整的生产系统就是计算机集成制造系统（CIMS)。CIMS 的显著特征是：集成化与智能化。集成化即自动化的广度，它把系统的空间扩展到市场、产品设计、加工制造、检验、销售和为用户服务等全部过程；智能化的自动化从深度上看，不仅包含物料流的自动化，而且还包括信息流的自动化。

3. CIMS 模块

决策层是企业的领导机构，通过管理信息系统掌握并连接各部门的信息。生产活动的信息源来自生产对象——产品的订货。根据用户对产品功能的要求，CAD（计算机辅助设计）系统提供有关产品的全部信息和数据。产品原始数据是企业生产活动初始化的信息源。所以，智能化的 CAD 系统是 CIMS 的基础。

CAPP（计算机辅助工艺过程设计）系统不仅要编制工艺规程，设计工夹量具，而且要确定工时和工序费用。

与 CAM（计算机辅助制造）系统连接，为数控机床提供工艺数据，为生产计划、作业调度、质量管理和成本核算提供数据，并将诸如制造可能性和成本等信息反馈至 CAD 系统。

生产计划与控制系统是全厂的生产指挥枢纽。为使生产有条不紊地进行，必须相应地建立生产数据系统，以此构成一个能反映生产过程真实情况的信息反馈系统。

二、准时制生产

(一) 准时制生产 (JIT) 的意义

准时制生产（JIT）是制造业思想的突破，它是日本人首先提出的，它集成了一整套活动，在必要的时间生产必要数量的产品以实现大量生产。它与全面质量管理一样，旨在发现并消除消极因素。

准时制生产是指将必要的零件以必要的数量在必要的时间送到生产线，并且将所需要的零件，只以所需的数量，并在正好需要的时间送到生产线，是为适应消费需要的多样化、个性化而建立的生产体系及为此生产体系服务的物流体系。

在生产系统中，任何两个相邻工序之间都存在供需关系。按照传统的生产计划组织生产，物料根据预定的计划时间由需求方逐个工序流动，需求方将上一工序送来的物料进一步加工。需求方接受物料完全是被动的，物料可能提前或延迟到达，延迟到达将使生产中断，提前到达导致库存量上升，占用过多的流动资金，因此准时制生产是很重要的。

（二）准时制生产的目标

1. 最大限度地降低库存，最终降为零库存

传统观点认为，在制品库存和产品库存都是资产，代表已累积的增值，期末库存与期初库存的差被认为是这一部门在该周期内的效益。JIT 则认为任何库存都是浪费，必须予以消除。在生产现场，生产需要多少就供应多少，生产活动结束时现场应没有任何多余的库存品。

2. 最大限度地消除废品，追求零废品

传统的生产管理认为，一定数量的不合格品是不可避免的，允许可以接受的质量水平。而 JIT 的目标是消除各种引起不合格品的因素，在加工过程中，每一道工序都力求达到最好水平。要最大限度地限制废品流动造成的损失，每一个需求方都拒绝接受废品，让废品只能停留在供应方，不让其继续流动而损害以下的工序。

3. 实现最大的节约

JIT 认为，多余生产的物资或产品不但不是财富，反而是一种浪费，因为要消耗材料和劳务，还要花费搬运和仓储等物流费用。

图 8-1 生产运营车间现场

第二节 精益生产与敏捷制造

一、精益生产

（一）精益生产的概念

精益生产（Lean Production）的概念是由美国麻省理工学院在研究丰田生产方式的基础上提出的，它是准时制生产的进一步提高。精益生产是为力求以最小的投入获得最大的产值，以最快的速度进行设计和生产，无休止地降低成本，追求消灭残次品，追求零库存，追求全面、高效、灵活、优质的服务。

（二）精益生产的原则

（1）实行团队作业方式，强调集体协作精神。

（2）各部门、各生产环节之间必须有良好的交流。

（3）更有效地利用资源和更大程度地消除浪费。

（4）永不满足现状，不间断地对生产过程进行改进或改善。

（三）精益生产与大批量生产的比较

和大批量生产相比，精益生产所追求的目标有完全不同的标准。大批量生产实行有限目标的原则，认为所有的要求必须适度，否则将付出更大的代价而得不偿失。比如可以接受一定数量的残次品，因为要进一步减少残次品就要加强管理、加工、检验等环节，付出的代价可能高于所减少的残次品价值，从经济上是不合算的；又如在库存控制方面（包含生产线上的在制品），承认一定水平的库存是合理的，否则由于缺货所产生的供应中断会带来更大的损失。

精益生产的特点是对消灭物流浪费的无限追求。虽然在现实中几乎不可能达到这种理想的完美境界，但是不间断地追求而产生的效果是惊人的。和大批量生产相比，精益生产可以节省 1/2 的劳动力、1/2 的占地面积、1/2 的投资、1/2 的工程时间和 1/2 的新产品开发时间。

二、敏捷制造

（一）敏捷制造的概念

进入 20 世纪 90 年代以后，在影响企业竞争的四要素中，即质量、价格、服务和上市时间，上市时间已上升为第一要素。市场也处于不断的变化之中，由于准时制生产和精益生产在美国实行取得了明显的效益，美国制造业认识到在市场竞争中只是降低成本和提高产品质量是不够的，还必须缩短产品开发周期、加速产品更新换代，经过研究提出了敏捷制造的概念。

敏捷制造（Agile Manufacturing）就是指制造系统在满足低成本和高质量的同时，能够对多变的市场需求作出快速反应。所谓敏捷性，是指企业对市场变化、技术发展以及社会环境变化作出反应的速度与能力。不论是全球性市场还是地区性市场，在众多竞争者的角逐中，处于不断分割、快速变化状态；另外，用户的需求也越来越苛刻，需要不断地提供高质量、高性能的新产品。敏捷性就是要求企业能在激烈的竞争环境中生存和发展。

敏捷制造的主要特点是注重速度、看重在时间维竞争的意义。比如，两个企业同时开发某种新产品，其中一家是敏捷企业，可以在较短的时间内率先将新产品推向市场，从而占领市场并使对方处于劣势。又如一家企业开始研制一种新产品，一段时间以后，另一家敏捷企业也开始开发这种新产品，这两家企业可能同时将新产品投放市场。因敏捷企业开发较晚，对市场需求的预测较准确，也可以采用更新的技术；又因开发周期短，耗费较少，新产品的性能与价格将优于对方从而取得市场竞争的胜利（见图 8–2）。

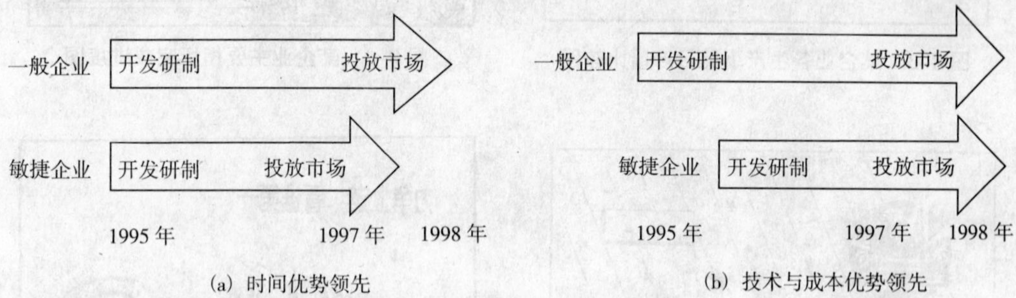

图 8–2　敏捷企业的竞争优势

（二）敏捷制造企业的战略

由于用户的需求极为复杂，市场处于不断变化之中，因此敏捷企业没有固定的和现成的模式可循，关键在于要将敏捷性原则贯彻于企业的目标以及实施目标的具体步骤中去。敏捷竞争战略一般可归结为以下四点：

（1）以客户为中心，以用户为上帝。要让用户通过敏捷企业的产品与服务得到满意的答案。为了平衡产品批量和生产成本之间的制约关系，可以实行敏捷定价，同一产品对于不同客户可实行不同定价。

（2）通过合作增强竞争能力。为了尽快向市场推出低成本和高质量的产品，敏捷企业必须充分利用现有资源而不论这些资源在何处或属于谁。因此，要加强国内外企业的合作，组织交叉功能的团队，重组商业过程，组织虚拟公司等。为了扩展可以充分利用资源的途径，与竞争对手也可以合作。

(3) 具有灵活重组的能力。敏捷企业为了保证在多变的市场环境中发展，组织结构必须具有高度的灵活性，能够迅速地重组人力和物力。

(4) 重视人才培养和信息交流。在敏捷企业中，管理人员必须培养一种企业家精神的企业文化，学会分权，强调共同责任感，奖励革新等。

由于竞争不仅体现在价格方面，还在于丰富的信息以及产品与服务，这些都和人才密切相关。因此，敏捷企业要加强对职工的义务教育、在职培训来激发职工的积极性与创造性，培育和保持具有竞争力的职工队伍。

三、常用的生产运营管理图

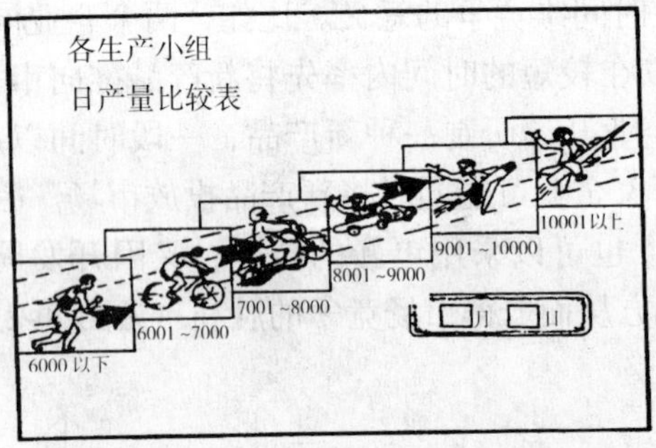

图 8-3　某企业各生产小组日产量比较图

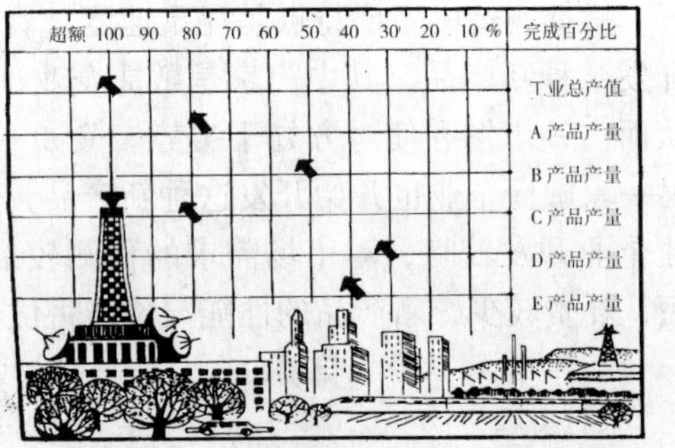

图 8-4　某企业主要指标完成进度图

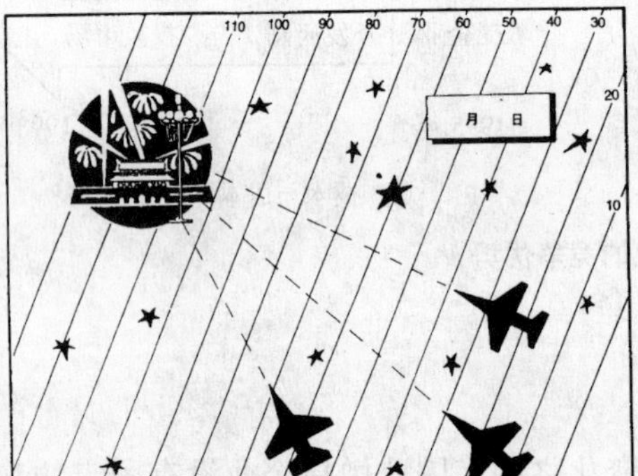

图 8-5　某企业车间各小组产量进度图

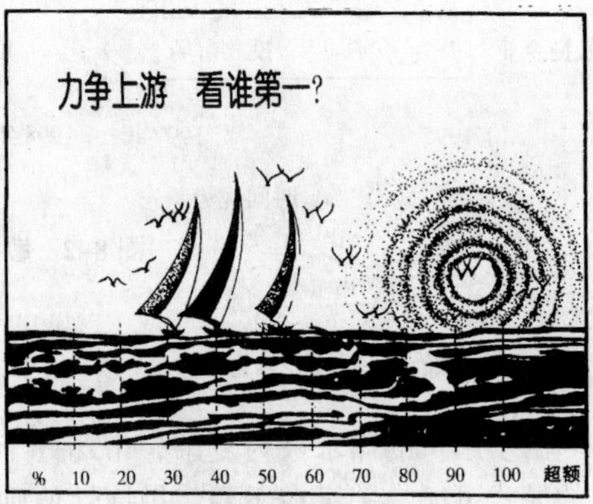

图 8-6　某企业各车间目标完成情况进度图

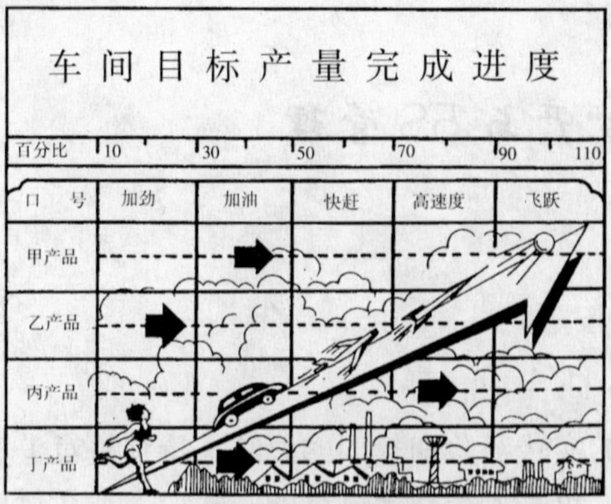

图 8-7 某企业车间目标产量完成进度图

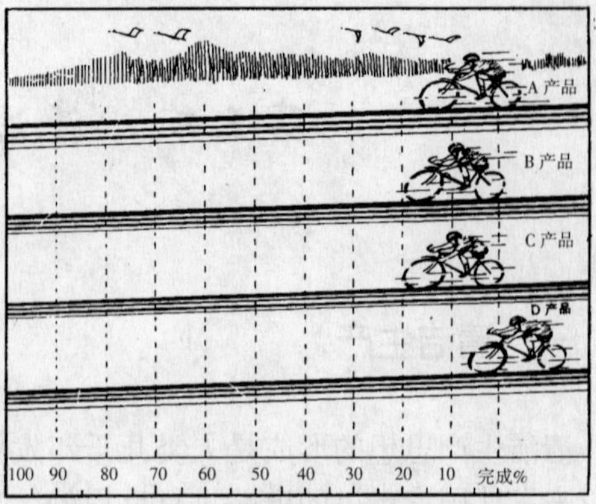

图 8-8 某企业主要产品产量完成进度图

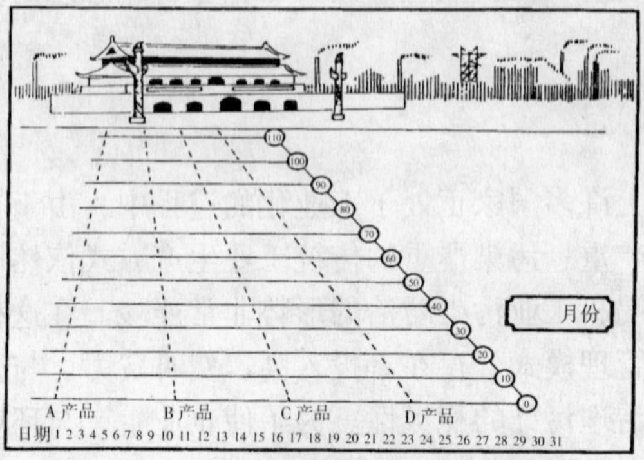

图 8-9 某企业产量计划执行进度图

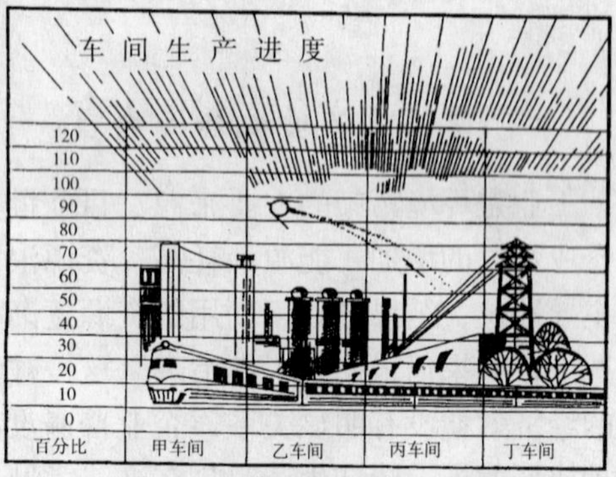

图 8-10 某企业车间生产进度

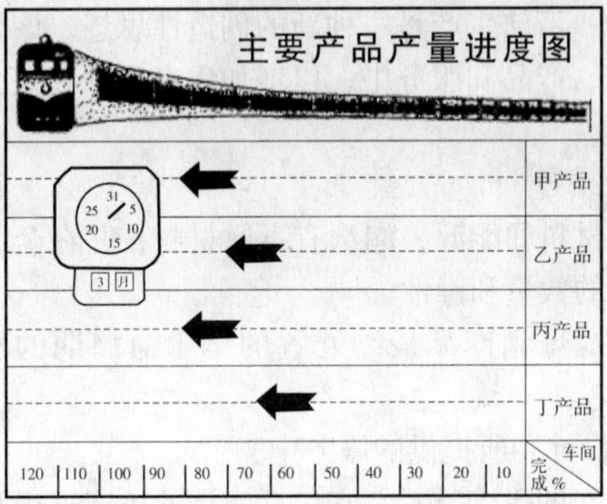

图 8-11 某企业主要产品产量进度图

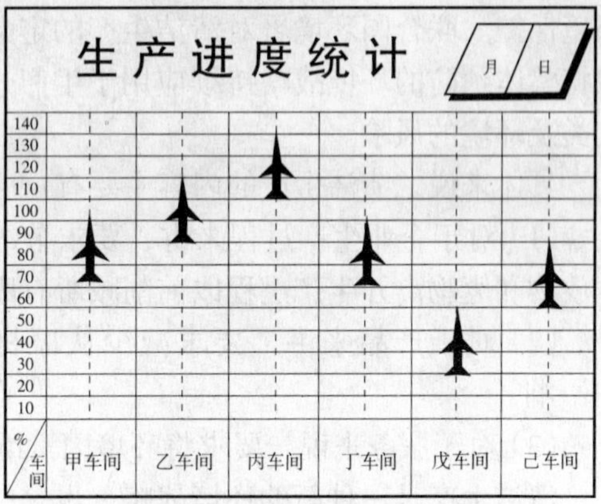

图 8-12 某企业生产进度统计图

第三节　清洁生产与5S管理

一、清洁生产

清洁生产思想的形成是人类几千年发展的实践经验和教训的总结，特别是对工业革命以来发达国家走过的道路进行反思的结果，也是人类社会进步的必然。人类在付出惨痛的经济和环境的代价之后，才认识到应实现可持续发展，而清洁生产是实现可持续发展的必由之路，它不仅能为企业带来巨大的经济和社会效益，而且是企业管理思想的新发展。

（一）清洁生产的概念与内容

工业是环境污染的主要来源。目前世界上许多国家正处于工业化的过程中，由于工业企业数量的增加，能源消耗高、资源浪费严重、污染严重的传统工业生产方式依然居于主导地位，结果导致可利用的资源逐渐枯竭，工业污染防治的形势非常严峻。在这种情况下，如果仍采用“末端治理”这一被动管理模式，存在着投入高、费时费力、与企业的经济效益没有明显关系，企业普遍没有治理污染的积极性。为了使企业生产与环境保护协调发展，清洁生产正是在这一背景下应运而生。

清洁生产自诞生以来，迅速发展成为国际环保的主流思想，有力推动了世界各国的环境保护。联合国环境署对清洁生产的定义为：清洁生产是一种新的创造性思想，该思想将整体预防的环境战略持续应用于生产过程、产品和服务中，以增加生态效率和减少人类及环境的风险。

具体来说，清洁生产的内容主要有：

（1）对于企业生产过程来讲，要求节约原材料和能源，淘汰有毒原材料，并在全部排放物和废物离开生产过程以前削减所有废物的数量和毒性。

（2）对于产品来讲，要求减少从原材料提炼到产品最终处置的全生命周期的不利影响。

（3）对于服务来说，要求将环境因素纳入设计和所提供的服务中去。

清洁生产是一种新的环境战略，也是一种新的思维方式。它包括清洁的生产过程和清洁的产品以及清洁的服务三方面的内容。不仅要实现生产过程无污染或少污染，而且生产出来的产品和服务在使用和最终报废处理过程中也对环境不造成危害。清洁生产的内容及途径不仅包含有技术上的可行性，而且包括经济上的可赢利性，体现了经济效益、环境效益和社会效益的统一。

图 8-13　企业环境与生产现场

（二）清洁生产的意义

1. 清洁生产是工业化推进的必然产物

20 世纪 80 年代以来，随着经济的高速增长，城市化进程的加快，各种资源的开发和消耗不断增加，对环境带来了很大的影响。全国废气排放量 11.4 万亿标立方米，SO_2 排放量达 1825 万吨，全国普遍存在酸雨的污染问题。工业固体废弃物一年产生 6.2 亿吨，历年堆积量已达 64.6 亿吨，堆存占地 55697 公顷。从资源的承载能力来看，我国是一个人口密度高、人均资源贫乏的国家，按目前的水平，我国人均土地占有量和水资源占有量只有世界人均占有量的 1/3 和 1/4，人均矿产资源不足世界平均水平的 1/2。随着人口增长和国民经济的发展，各种资源供给和社会需求的矛盾还将会进一步加剧。如果我国仍以传统的高消耗、低产出、高污染的生产方式来维持经济的高速增长，将会使环境状况进一步恶化，也会使有限的资源加速耗竭。所以转变传统的发展模式，实现经济与环境的协调发展的历史任务，已经摆在我们面前。实践证明，清洁生产就是适应这种转变的很好方式。

清洁生产是一种兼顾经济效益和环境效益的最优生产方式，清洁生产可以最大限度地减少原材料和能源的消耗，降低成本，提高效益，变有毒有害的原料或产品为无毒无害，对环境和人类危害最小；对生产全过程进行科学的改革和严格的管理，使生产过程中排放的污染物达到最小化，这样在生产过程中就可以控制大部分污染的来源，从根本上解决污染与生态环境破坏的问题，带来很高的环境效益。

2. 清洁生产是可持续发展的具体体现

可持续发展就是要使经济、社会的发展与环境保护协调一致，既要发展经济，又要保护好自然资源与环境；既要安排好当前的发展，又要使子孙后代能够永续发展。可持续发展的实质要求不仅要注重经济发展的数量和速度，而且要重视发展的质量和可持久性。而要作到这一点，就必然要求调整消费结构，广泛推行清洁生产方式，提高效益，节约资源与能量，减少废物排放。清洁生产正体现了这一点。它体现了工业可持续发展的战略，能够保障环境与经济的协调发展，因此成为可持续发展的优先领域。通过实施清洁生产，不仅可以减少甚至消除污染物的排放，而且能够节约大量能源和原材料，降低废物处理和处置费用，从而在经济上有助于提高生产效率和产品质量，降低生产成本，使产品在市场上更具有竞争力。实施清洁生产，实现资源的节约与合理利用，还能在较少的投入条件下，将污染降低到最小程度，生产出最多的产品，获取最佳的经济和社会效益。

3. 清洁生产丰富和完善了工业企业的管理思想

就生产过程而言，清洁生产通过对企业管理人员及操作工人的培训，提高他们的管理意识和环境保护意识，调动职工的积极性，使他们认识到在日常生活工作中只要采取一些简单易行、不花钱或很少花钱的措施就可大大降低原材料和能源的消耗，提高物品的利用率，减少污染物的排放，从而节约成本，提高产品质量。

清洁生产还通过一套严格的审计程序核对有关单元操作、原材料、水、能源、产品和废弃物的来源、数量及类型，判定物料流失的关键所在，判定企业效率低的原因和管理不善之处，从而提出一套节约能源、减少污染，提高企业效率和产品质量的行之有效的方法。清洁生产之所以能够推广开来，究其原因主要是它能与企业的管理结合起来，能与企业的本身利益紧密地结合起来，它通过一套系统而完整的思路来促进企业节约能源，减少废弃物的排放量，提高企业的投入产出比，从而丰富了企业管理的思想。

二、5S管理

5S 就是清理（Seiri）、整顿（Seiton）、清扫（Seiso）、清洁（Seiketsu）、素养（Shitsuke）五个项目，因日语的拼音均以“S”开头，简称 5S。5S 起源于日本，通过规范现场、现物，营造一目了然的工作环境，培养员工良好的工作习惯，其最终目的是提升人的品质：革除马虎之心，养成凡事认真的习惯（认认真真地对待工作中的每一件“小事”）、遵守规定的习惯、自觉维护工作环境整洁明了的良好习惯、文明礼貌的习惯。

（一）清理

就是要将工作场所任何东西区分为有必要的与不必要的，把必要的东西与不必要的东西明确地、严格地区分开来，将不用的东西以及多余的库存挑出来，尽快处理掉。其目的在于腾出空间，空间活用，防止误用和误送，塑造清爽的工作场所。提高作业场所的使用效率，改善作业环境。注意事项：彻底处理，充分地进行清理、一目了然，实行标准化。

企业生产过程中经常有一些残余物料、待修品、待返品、报废品等滞留在现场，既占据地方又阻碍生产，包括一些已无法使用的工夹具、量具、机器设备，如果不及时清除，会使现场变得凌乱。生产现场摆放不要的物品是一种浪费，即使是宽敞的工作场所，也将变得窄小。另外，棚架、橱柜等被杂物占据而减少使用价值，增加了寻找工具、零件等物品的困难，浪费时间，物品杂乱无章的摆放，增加盘点的困难，成本核算失准。

进行清理工作要有决心，不必要的物品应断然地加以处置。清理工作的实施要领是：

（1）确定“要”和“不要”的判别基准。

（2）将不要的物品清除出工作场所。

（3）对需要的物品调查使用频度，决定日常用量及放置位置。

（4）制订废弃物处理方法。

（5）每日进行自我检查。

（二）整顿

就是对清理之后留在现场的必要物品分门别类放置，排列整齐。让大家都知道需要的东西在哪里，并且使之在需要时马上就能拿到明确数量，并进行有效的标识。其目的是使工作场所一目了然，创造整整齐齐的工作环境，消除找寻物品的时间，消除过多的积压物品，这是提高效率的基础。其功能是提高生产效率，保证质量，保证按期交货，保证安全生产。

整顿的三要素是：场所、方法、标识。在放置场所方面，物品的放置场所原则上要100%设定，物品的保管要定点、定容、定量，生产线附近只能放真正需要的物品，放置原则是易取并不超出所规定的范围，因此，要在放置方法上多下工夫。标识方法是：放置场所和物品原则上一对一表示；现场物品和放置场所必须表示；某些表示方法全公司要统一。

整顿工作所包含的三定原则是：定点（即放在哪里合适）、定容（即用什么容器、颜色）、定量（即规定合适的数量）。

整顿工作的实施要领包括：

（1）前一步骤整理的工作要落实。

（2）流程布置，确定放置场所。

（3）规定放置方法、明确数量。

（4）画线定位。

（5）场所、物品标识。

（三）清扫

即要将工作场所清扫干净，清除污垢，保持工作场所干净、亮丽。其目的在于消除脏污，保持职场内干净、明亮，机械的日常保养，保证车间环境的整洁，稳定品质，减少工业伤害，实施时要注意责任化、制度化。

注意事项：使清扫工作简便易行以及制定防污措施。

清扫工作的实施要领是：

（1）建立清扫责任区（包括室内外）。

（2）执行例行扫除，清理脏污。

（3）调查污染源，予以杜绝或隔离。

（4）建立清扫基准，作为规范。

（四）清洁

即将前面所介绍的3S管理办法制度化、规范化，并贯彻执行及维持结果，要定期检查。

要事先反复进行清理、整理和清扫，以保持整洁。其功能是通过反复清理、整理、清扫，使地面、机械、架子保持整洁。

（五）素养

培养员工良好的工作习惯，遵守车间的纪律和规则，建立良好的人际关系。要明确应该遵守的事项，其最终目的是提升人的品质，革除马虎之心，养成凡事认真的习惯（认认真真地对待工作中的每一件“小事”）。

注意事项：耐心地、反复地教育，相互学习。

第四节 丰田生产方式

一、丰田生产方式

丰田生产方式（Toyota Production System，TPS）的根本出发点和落脚点是彻底杜绝企业产、供、销过程中的一切浪费，最大限度地降低成本。加入WTO后，中国企业在世界产业分工中承担的生产份额将日益增大，大批量、多工序制造任务的机会将会越来越多，如何进一步降低成本，赢得竞争优势，借鉴和学习“丰田生产方式”成为许多企业家的重要选择。

（一）丰田生产方式的精髓

丰田生产方式在不同的场合下还可以称为看板管理、准时制生产、精益生产等。丰田生产方式以其显著地提高日本企业生产效率的奇效而被全世界的企业家所推崇。20世纪70年代以来，随着总结日本“二战”后经济起飞的成功经验，日本式经营、丰田生产方式、精益生产方式等不仅成为各国企业家所关注的话题，而且也成为各国探询日本奇迹的理论家所研究的一大热点问题。

丰田生产方式产生于日本丰田公司。经40多年的改善与发展，现已形成一套完整的管理理论和方法体系。简单地说，丰田生产方式是“为实现企业对员工、社会和产品负责的目的，以彻底杜绝浪费的思想为目标。在连续改善的基础上，采用准时化与自动化方式与方法，追求制造产品合理性的一种生产方式”。

丰田生产方式是一种以通过消除所有环节上的浪费来缩短产品从生产到客户手中时间的生产理念。它是丰田汽车公司在过去几十年的实践摸索中逐步完善起来的一套理论体系。其目标是降低生产成本，提高生产过程的协调度，彻底杜绝企业中的一切浪费现象，从而提高生产效率，提高质量，降低成本，保证交货，为企业带来较高的收益回报。

“二战”以后，由于资金匮乏，无法生产出更多的汽车零部件，于是，丰田公司在“自动化”的基础上发明了“看板管理”，即从配件厂、辅件厂到主机厂形成了一条流水线式的生产体系，也就是所谓的“准时化生产”，美国人称它为“精益生产方式”。一直以来，丰田生产出的汽车以其高品质以及良好的稳定性和可靠性而被世人所喜爱。很多企业对于精益生产和丰田生产方式的关系一直感到困惑，有的专家认为两者是一回事；还有的认为精益生产是理论，丰田生产方式是方法等，甚至出现了是实施精益生产还是丰田生产方式的疑虑。还有不少人认为，丰田是只“黑匣子”，无论是研究开发、生产技术还是组织管理方面，都处于“黑匣子化”状态。

丰田生产方式的精髓到底是什么？我们认为，精益生产理论就是人们通过对丰田生产方式等日本生产管理的特征进行深入研究后得出的根本原则和管理理念，并将眼光面向整个价值流。所谓价值流，即产品从原材料供应到最终交付给用户的所有过程，包括原材料供应过程、零部件供应过程、非生产供应过程、生产现场和产品销售代理过程，还包括产品的设计过程。精益生产的原则不仅适用于汽车制造业，也适用于其他行业。当然，由于汽车制造业的共同特性，尤其是在生产过程的改进中，精益生产和丰田生产方式在实施中很多方面是类似甚至是相同的。根据这种思维原则建立的生产方式就是精益生产方式。丰田生产方式是日本丰田汽车公司的生产管理方法，具有其自己的特点，侧重于生产过程的管理，它是一个庞大的体系。

丰田生产方式哲理的理论框架包含“一个目标”、“两大支柱”和“一大基础”。“一个目标”是低成本、高效率、高质量地进行生产，最大限度地使顾客满意。

“两大支柱”是准时化与人员自觉化。准时化（Just in Time，JIT）生产。即以市场为龙头在合适的时间、生产合适的数量和高质量的产品，JIT需要以拉动生产为基础，以平准化（Leveling System）为条件。所谓拉动生产是以看板管理为手段，采用“取料制”即后道工序根据“市场”需要进行生产，对本工序在制品短缺的量从前道工序取相同的在制品量，从而形成全过程的拉动控制系统，绝不多生产一件产品。平准化是指工件被拉动到生产系统之前要进行人为的按照加工时间、数量、品种进行合理的搭配和排序，使拉动到生产系统中的工件流具有加工工时上的平稳性，保证均衡生产，同时在品种和数量上实现混流加工式运动，起到对市场多品种、小批量需要的快速反应和满足功能。人员自主化是人员与机械设备的有机配合行为。生产线上产生质量、数量、品种上

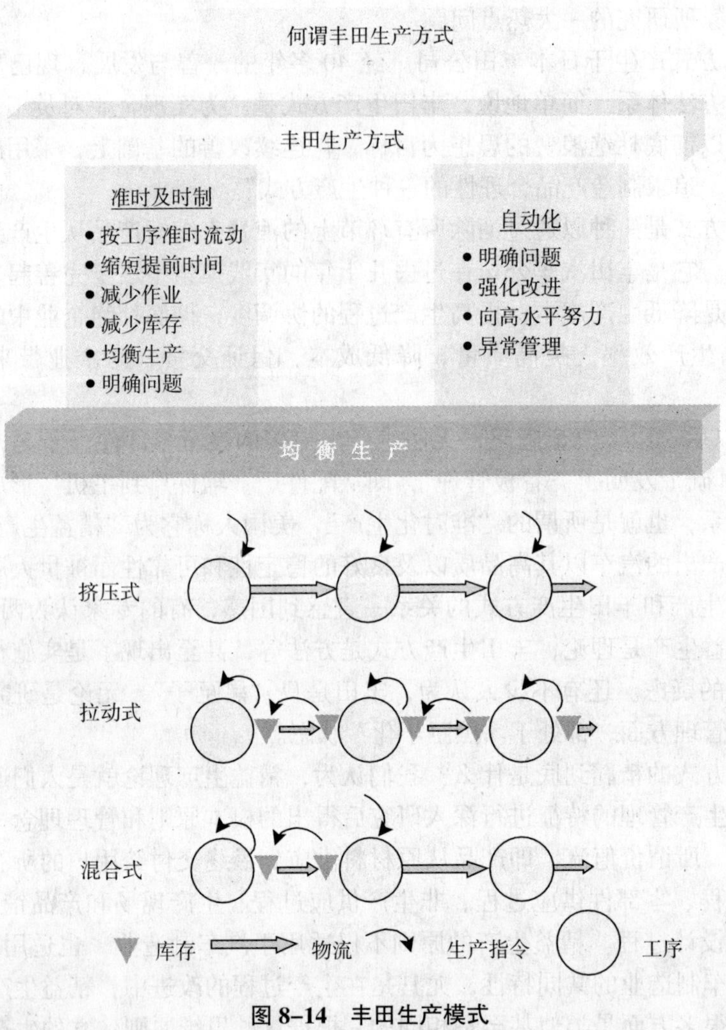

图 8–14 丰田生产模式

的问题机械设备自动停机，并有指示显示，而任何人发现故障问题都有权立即停止生产线，主动排除故障，解决问题。同时，将质量管理融入生产过程，变为每一个员工的自主行为，将一切工作变为有效劳动。

“一大基础”是指改善（Improvement）。改善是 TPS 的基础，可以说没有改善就没有 TPS。这里的改善是指：①从局部到整体永远存在着改进与提高的余地。在工作、操作方法、质量、生产结构和管理方式上要不断地改进与提高。②消除一切浪费。TPS 哲理认为，不能提高附加价值的一切工作（包括生产过剩、库存、等待、搬运、加工中的某些活动，多余的动作，不良品的返工等）都浪费。这些浪费必须经过全员努力不断消除。③连续改善（Continuous Improvement）是当今国际上流行的管理思想。它是指以消除浪费和改进提高的思想为依托，对生产与管理中的问题，采用由易到难的原则，不断地改善、巩固，改善、提高的方法，经过不懈的努力，以求长期的积累，获得显著效果。

尽管丰田生产方式是一个庞大的体系，但简要地说，它的精髓可以概括为“自动化”、“准时化”和“强烈的危机意识”。所谓“自动化”是指“生产线一旦出现故障立即停机，以保证不出次品，不让人成为机器的奴隶”；所谓“准时化”是指“在必要的时间内生产出必要数量的必要产品”；所谓“强烈的危机意识”是指“企业从上到下全体员工都意识到来自各方面的压力，自觉地参加到生产的全过程中去，随时发现问题，解决问题”。

（二）丰田生产方式的特点

TPS 在布置、控制等系统上都有其独到的特点。总结起来有以下四个方面：

1. 拉动式准时化生产

它要求以最终用户的需求为生产起点，强调物流平衡，追求零库存，要求上一道工序加工完的零件立即进入下一道工序。组织生产线依靠一种称为看板的形式，即由看板传递信息。生产中的节拍可由人工干预、控制，但重在保证生产中的物流平衡（对于每一道工序来说，均要保证对后道工序供应的准时化）。由于采用拉动式生产，生产中的计划与调度实质上是由各个生产单元来完成，在形式上不采用集中计划，但操作过程中生产单元之间的协调则极为重要。

2. 全面质量管理

它强调质量是生产出来的而非检验出来的，由生产中的质量管理来保证产品的最终质量。在每道工序进行时均注意质量的检测与控制，保证及时发现质量问题，培养每位员工的质量意识。如果发现问题，立即停止生产，直至解决，从而保证不出现对不合格产品的失效加工。

3. 团队工作方法（Team Work）

每位员工在工作中不仅仅是执行上级的命令，更重要的是积极地参与，起到决策与辅助决策的作用。组织团队的原则并不完全按行政组织来划分，而主要根据业务的关系来划分。团队成员强调一专多能，工作的氛围是信任，以一种长期的监督控制为主，而避免对每一步工作的稽核，提高工作效率。团队的组织是变动的，针对不同的事物，建立不同的团队，同一个人可能属于不同的团队。

4. 并行工程（Concurrent Engineering）

在产品设计开发期间，将概念设计、结构设计、工艺设计、最终需求等结合起来，保证以最快的速度按所要求的质量完成。各项工作由与此相关的项目小组完成。进程中小组成员各自安排自身的工作，但可以定期或随时反馈信息并对出现的问题协调解决。依据适当的信息系统工具，反馈与协调整个项目的进行。利用现代 CIM 技术，在产品的研制与开发期间，辅助项目进程的并行化。这也促成了 TPS 的另一大理念——零库存，就是随时反馈订货信息，实现生产与销售的并行化。

TPS 思想的最终目标是企业利润的最大化。但管理中的具体目标，则是通过消灭一切生产中的浪费来实现成本的最低化。TPS 正是通过准时化生产、全面质量管理、并行工程等一系列方法来消除一切浪费，实现利润最大化。我们可以发现，TPS 中最具特色的方法是，在组织生产时对消灭物流浪费的无限追求，即对物流环境的需求和内部的分权决策。进一步分析 TPS 可以发现，拉动式准时化生产及少人化之所以能够实现，全面质量管理与并行工程之所以能够发挥比大批量生产更大的作用，核心在于充分协作的团队式工作方式。此外，企业外部的密切合作环境也是精益生产实现的必要而且独特的条件。

（三）丰田生产方式在中国的应用

基于中日两国历史上形成的交往习惯和两国文化背景的相似性，和其他国家一样，中国在20世纪70年代末期和80年代初期，实行对外开放战略，学习日本等发达国家推动经济发展的经验。在这种宏观背景下，丰田生产方式也于1981年被引入中国，政府和不少大中型国营企业不仅聘请丰田汽车公司的专家来中国传授经验，而且还派人到丰田去取经。“有路就有丰田车”不仅是丰田公司的目标，而且成为中国改革开放后的第一幅外企广告。丰田生产方式在中国的流传和推广至今已有20多年的历史，在这20多年中，应该说：对丰田汽车，我们是非常熟悉的；但对丰田公司，我们又是非常陌生的，丰田的研发、生产以及它的管理多不为外人所知，以致人们称丰田为“一只黑匣子”。

那些学习和实施丰田生产方式未能成功的企业，原因固然是多方面的，但如何正确理解TPS的精髓是其中最为关键的问题，不少企业失败的原因就在于对丰田生产方式的理解不够完善和准确，运用过程更生搬硬套，主要表现在如下几个方面：

1. 缺乏推行TPS所需的强烈的危机意识

企业管理层的危机意识和紧迫感是实施TPS的前提，遗憾的是，我国不少企业最缺乏的不是资金，而是危机意识。所以，如何迫使国有企业领导具有强烈的危机意识？进一步的问题是，如果国有企业的领导由上级主管部门任命，那么，他们的危机意识是更倾向于企业本身的生死存亡呢，还是更倾向于小心翼翼地遵守官场上的游戏规则——使自己的经营管理不致违背上级的要求或触犯某位上级的利益？如果国有企业的领导自信政府最终会出来为企业喂奶、输血、解困，他们又能有多少危机意识？如果国有企业的领导的自身利益在相当程度上与企业的生死存亡无关，他们又有多大必要苦心费力地去每天寻找战机和解决危机的方策呢？高层管理者缺乏危机意识，即使实施TPS，也会半途而废。美国人用了15年才发现TPS并不仅仅是一套技术和工具，而是一种系统的思维方式，其实施成败的关键在于企业高层领导是否真正相信这个理念，营造与之相适应的文化氛围，并能持之以恒地层层落实下去，使企业的中层领导和基层员工能够理解、相信并且熟练地运用精益生产的种种工具来逐步实现其目标。

2. 对于JIT的理解

丰田生产方式不仅仅是准时生产与看板管理，如果仅仅从形式上去效仿看板管理是不能成功的。JIT是TPS的核心问题之一，拉动生产是JIT的主要手段。但是，JIT是不能脱离另一支柱人员自主化和持续不断的改善而独立存在的，因而TPS的实施必然是一个企业整体的、长期的行为。它是一个系统管理，是一个全员参加的、思想统一的、不断改进的系统过程。

3. 关于推行丰田生产方式的条件

改善是TPS哲理的基础与条件，推行TPS首先要从持续改善入手。目前，天津丰田技术中心在丰田公司与天津汽车公司合资的企业正在推行TPS，他们就是先从改善入手，而不是马上推行JIT。原因何在？首先，因为改善是贯穿于TPS的产生、成长和成熟的整个过程。其次，JIT的实行需要有较高水平的管理基础作保证。如快速换模、先进的操作方法、合理的物流系统、科学的定额和期量标准、员工素质与设备完好率高等，所有这些条件必须具备，才能实行JIT生产。

4. 关于质量管理

质量管理不是独立存在的体系，它必须融于生产过程。我国的企业都设有专门的质量管理部门，这样一来使质量管理形成了相对独立的管理体系。而质量管理是不能脱离生产现场的加工操作及包装、运输的全部过程的，必须融为一体。

5. 关于工业工程（IE）

丰田生产方式就是工业工程在丰田公司现代管理中的应用。可以说工业工程是丰田生产方式实现的支撑性技术体系，特别是改善活动依托的原理与方法主要是IE。同时，也是美国、西欧各种现代管理模式（如CIMS，MRPⅡ）的技术支撑体系。因而，中国企业要推行TPS，特别是建立适合国情、厂情的TPS，就一定要从推行工业工程入手，否则很难成功。

6. 关于生产均衡化

生产均衡化是实现适时适量生产的前提条件。所谓生产均衡化，是指总装配线在向前一工序领取零部件时，应均衡地使用各种零部件，混合生产各种产品，包括生产的品种、数量、时间三方面的均衡。为此在制定生产计划时就必须加以考虑，然后将其体现于产品投产顺序计划之中。中国宏观上出现的由短缺向相对过剩的转化，加之不少企业整体管理水平低，对市场前景缺乏科学的预测，仓库积压严重，也有不少企业完全处于存货式生产状态，市场销售状况忽高忽低，有的企业生产任务季节性强，有的企业还由于生产能力过剩和没有订单而处于停产状态，很难实现生产的均衡化，这也是推行TPS难以奏效的重要原因。

（四）推行丰田生产方式的启示

为了使企业更好地运用丰田生产方式，大幅度提高生产效率，应注意如下几个方面。

1. 推行丰田生产方式必须进行大量的宣传和改进工作

丰田生产方式是一个完整的体系，不能片面从某一个方面来理解和实施，而是要对整个价值流进行全面的改进。这就要求加强在这方面的宣传、培训和交流，正确地理解。在实施过程中涉及企业的全体员工，需要他们的积极参与和全力配合，只有这样才能真正取得成效。这就要求企业的全体员工要充分认识精益生产会带来巨大效益，尤其是高层管理者，应对其实施给予不断的强化和支持。

2. 丰田生产方式是“舶来品”，需要“国产化”

尽管TPS没有国籍，但我国的许多情况与国外不尽相同，所以在国外成功实施的技术和管理方法对我国的企业不一定适用，盲目照搬国外成功的经验给我们带来的教训实在太多、太深刻了。切不可简单照搬国外成功的管理方法和生产方式，而是要通过精益示范中心这样的科研机构与企业充分合作，根据丰田生产方式的特征和我国企业的实际情况，对丰田生产方式不断进行研究和实践，使之更加适合中国的国情。

3. 加强对员工的培训，大力推行生产的同步化

培训既是推行TPS的突破口，又是TPS自始至终的工作内容，应在全公司范围内培训TPS的理念。按照TPS的要求，大力推行生产同步化，工序间不设置仓库，通过“后工序领取”的方式（即生产计划只下达至最后的工序，通过看板这一管理工具拖动其他各个工序）。前一工序的加工结束后，使其立即转到下一工序，装配线与机器加工几乎平行进行，产品被一件一件、连续地生产出来。在铸造、锻造、冲压等必须成批生产的工序，则通过尽量缩短作业更换时间来缩小生产批量。

4. 企业家要有强烈的危机意识

“二战”结束后，当时美国的汽车产量是日本的8倍，在与美国企业的激烈竞争中，丰田公司通过采用TPS方式，经过多年的奋斗，终于赶上了美国。20世纪50年代初，丰田的经营状况很糟，一些工人和管理人员被解雇，引起了劳资纠纷，工人罢工，丰田有被人收购的危险。留下来的人痛定思痛，绝不想让悲剧重演，于是产生了TPS。所以，从一定意义上说，TPS是危机的产物。当公司内认为没有问题的人越来越多时，情况是最危险的。事实上，对企业来说，每天都有危机。所以，强烈的危机意识是实施TPS的前提，而及时暴露被掩盖的问题或危机则是TPS的基本原则。在强调危机意识时，要特别强调企业最高管理层的危机意识。因此，实施TPS，要求我国的企业家一定要有强烈的危机意识。基于中国已经加入了WTO的现实，中国企业面对的也是国际化的市场，如何降低成本，增加利润，是每一个中国企业都无法回避的问题。中国的企业要学习丰田生产方式，必须进行三个方面的改革：一是要进行全员危机意识的培养和教育；二是优化生产现场，改善组织运营状况，提倡效率化；三是建立充分的竞争机制。

二、看板管理

（一）看板管理的概念和特点

看板是一种类似通知单的卡片，是传递信息或指令的牌子、小票、信息卡和器具等，其基本形式是一种长方形卡片，用塑料、金属或硬纸制成，有的为了耐用起见装入塑料袋内。看板上的内容，可以根据企业管理的需要来决定，一般包括：产品名称、品种、数量、生产线名称、前后工序名称、生产方法、运送时间、运送方式和存放地点等。

看板管理是日本的丰田汽车公司在与美国的福特汽车公司竞争中首创的一种以在制品占用量最小为目的的生产作业控制方法。看板管理把看板作为取货指令、运输指令和生产指令，用以控制生产和微调计划。看板管理强调在必要的时间，按必要的数量，生产必要的产品，最大限度地运用资金。看板一般分为生产看板（如加工看板、信号看板等）、运输看板和取货看板三类。

一般来说，看板管理是以组织生产线生产为前提条件的。具有如下特点：①看板管理以装配工序为起点，由下一道工序向上一道工序提取零部件，而不是由上一道工序向下一道工序输送零部件；②看板管理化大批量为小批量，尽可能避免成批生产，成批搬运，尽量减少在制品占用量；③看板管理用装配工序来调整和平衡全部生产。

在看板管理中，工序中看板的移动情况如图 8–15 所示：

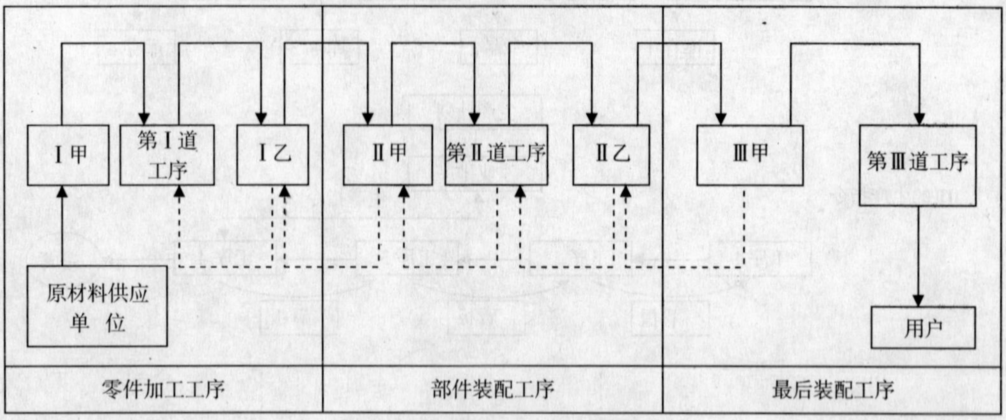

图 8–15　看板运行情况示意图

从图 8–15 中可以看出，每道工序的设备附近都设有两个存件箱，甲存件箱是上一工序已加工完毕，本工序准备加工的存件，乙存件箱是本工序已加工完毕，准备下道工序随时领取的存件箱。最后装配工序没有乙存件箱。图中实线为零部件传送过程，虚线为看板传送过程。当最后装配工序的工人从Ⅲ甲箱中取用一个零件后，同时从箱中取回一块取货看板，运输工人看到摘下的取货看板，按规定的时间凭取货看板到Ⅱ乙箱中提取一个同样的零件，以补足Ⅲ甲箱中已使用的零件。同时，从Ⅱ乙箱中取出一块生产看板交给第二道工序工人。此看板相当于生产通知单，第二道工序工人接到之后，即抓紧组织生产，制成后补入Ⅱ乙箱中。开始制造时，要从Ⅱ甲箱中取一件零部件，开始和第三道工序一样的程序。通过这种生产过程的组织，使生产中的在制品占用量达到最小。

（二）看板的具体形式

1. 传送看板

包括应传送的工件号、工件名、类型、上道工序号及其出口存放处号、下道工序号及其入口存放处号。

2. 生产看板

生产看板是指在一个工厂内，指示某工序加工制造规定数量工件所用的看板，它一般包括加工看板（规定需加工工件的件号、件名、类型、工件存放位置、工件背面编号、加工设备等）和信号看板（是在固定的生产线上作为生产指令的看板，一般表现形式是信号灯或不同颜色的小球等）两种类型。

3. 取货看板

取货看板是指后工序的操作者按看板上所列件号、数量等信息，到前工序（或外协

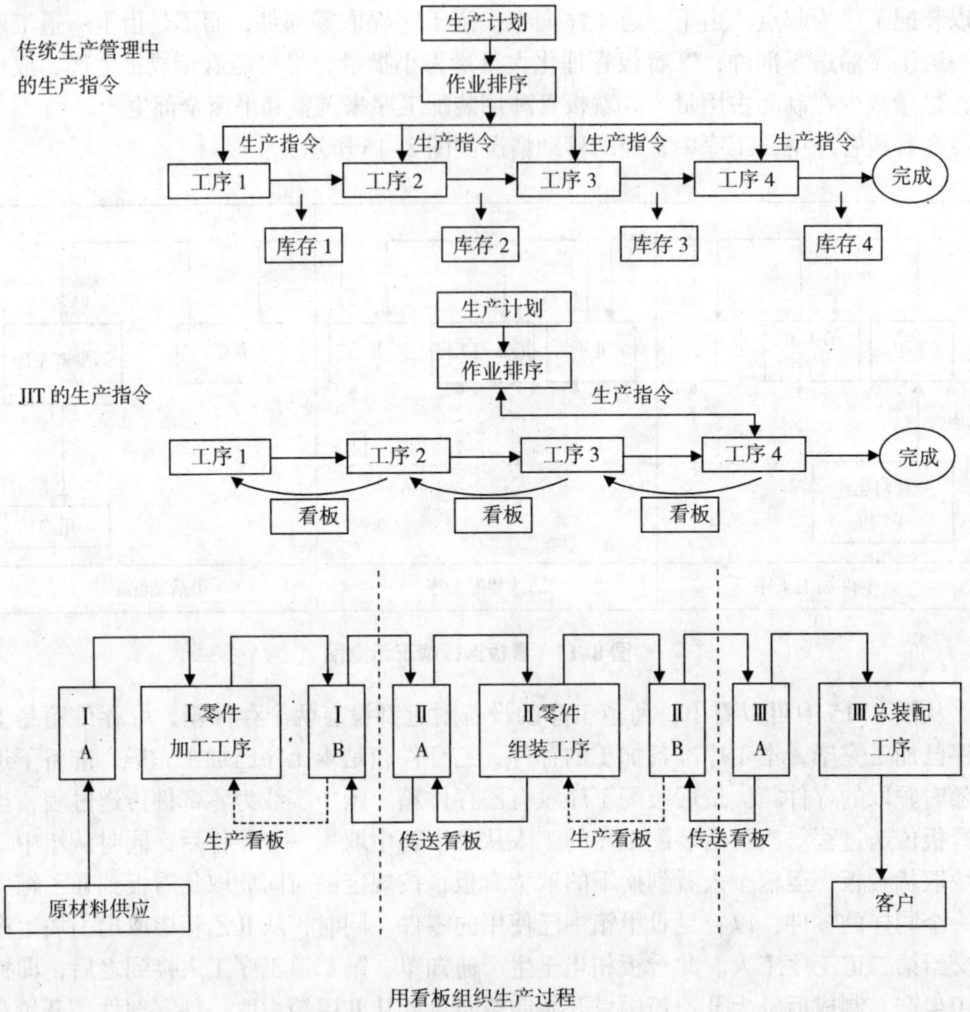

图 8-16 看板管理的基本原理

厂）领取零部件的看板，它包括工序间取货看板和外协取货看板两种形式。

（三）看板的使用规则

1. 不合格件不转入后道工序

上道工序必须为下道工序生产 100%的合格品。如果发现生产了不良品，必须立即停止生产，查明原因，采取措施，防止再次发生，以保证产品质量，防止生产中不必要的浪费。

2. 后道工序从前道工序领取零部件

后道工序必须遵循三条具体规定：一是禁止不带看板领取零部件；二是禁止领取超过看板规定数量的零部件；三是实物必须附有看板。

3. 只生产后道工序领取的零部件数量

各工序不能生产超过看板所规定数量的产品，以控制过量生产，彻底排除无效劳动。

4. 均衡化生产

均衡化生产是看板管理的前提和基础。实施看板管理，只对总装配线下达生产数量指令，因而其担负生产均衡化的责任，为了准确地协调生产，及时满足市场多变的需求，最好利用计算机分析各种因素，制定确切的均衡化生产计划。

5. 计划和控制相结合

由于各工序的生产能力和产品合格率高低不同，必须在允许范围内进行微调，适当地进行增减调整，并且尽量不给前工序造成很大的波动而影响均衡生产。

6. 作业标准化

为了保证对后道工序供应100%的合格品，必须实行作业标准化、合理化和设备稳定化，消除无效劳动，提高劳动生产率。

（四）看板管理的控制作用

1. 控制生产过程

由于看板作为“生产指令”和“传送指令”，任何时候都必须与实物一起移动，能够严格控制生产进度和在制品的数量。

2. 改善现场管理

由于看板任何时候都与实物一起移动，因而生产管理人员和操作人员只要通过看板，就可直接了解生产情况，及时发现生产中的问题，从而能迅速采取改善措施解决问题。

3. 调整生产计划

在运用看板的情况下，如果某一产品需求有变化，可以自动调整。由于前后工序都必须严格按照看板规定的时间和数量取货和生产，因而可以对在制品实现最有效的实物管理。

4. 传递作业指令

这是看板最基本的功能，由于看板作为生产中的原始凭证，记载了必要的生产信息，因而看板就成了准确传递信息，保证信息流畅的有力工具。如生产数量、时间、方法、顺序以及搬运时间、搬运对象等。

● 本章案例

上海通用的柔性生产与精益物流

毋庸置疑，上海通用汽车公司（简称上海通用）的生产物流是中国乃至全世界柔性生产与精益物流的典范，可以想象，在上海通用的车间，无数各式各样的零部件会聚到部件装配车间或者总装配车间，被准确无误地送入自动化生产线，又被丝毫不差地安装到不同类型的汽车上，组成一辆辆具有人类灵气和生命力的汽车，整个生产过程如此复杂，而又如此精益而美丽，这就是现代企业生产物流的无限魅力。

柔性化生产源自汽车业发达的欧美，是20世纪末国际上先进的生产理念，是“以顾客为中心”的理念在生产上的延伸，是多品种、小批量产品生产的最优方法，其所带来的时间与成本优势，能快速将具有价格竞争力的优质产品带到市场，国内许多生产厂家比如东风汽车公司都在尝试进行柔性生产。上海通用项目设计规划之初，投资双方就决心改变国人对汽车厂家的看法，以现代国际化企业的要求来进行汽车厂的建设，从而为中国汽车消费者带来最具吸引力的产品，因此必须引进柔性生产系统。上海通用汽车生产线投产后，不同品种、不同规格的各型各款轿车实现了共线生产，成为通用公司全球范围内柔性最强的生产线之一，在世界汽车制造业中也屈指可数。

柔性生产的前提条件是对生产线物料及时准确地供给。如果把资金比喻成公司的血液，那物料供应无疑就是生产线的血液，物料供应系统就是生产线的供血系统。与公司的营销体系相对应，上海通用实行的是拉动式的物料供应系统，这是目前国际上较为先进的拉动式经营策略，是保持生产过程中库存量最小的系统，也就是说，公司根据收到的客户订单安排生产，与此同时生成相应的物料计划发给各个供应商，这样既保证生产时有充足供货，又不会有库存而占用资金和仓库。

如何保证生产线前的物料供应及时准确呢？同样也是依靠高科技信息系统支持的简单实用的看板拉动式体系来完成。当生产线工人发出物料需求指令时，该指令由处于物料箱内带有条形码的看板来传递（见图 1）。当工人开始使用一箱零件时，就把看板放在工位旁固定地点；物料人员定时收取看板，使用条形码、扫描仪和光缆通信等工具，排出下一次供料时间；司机根据看板卡从临时仓库取出新的物料，并在每一箱中放入一张看板，然后将新的物料送至操作处。

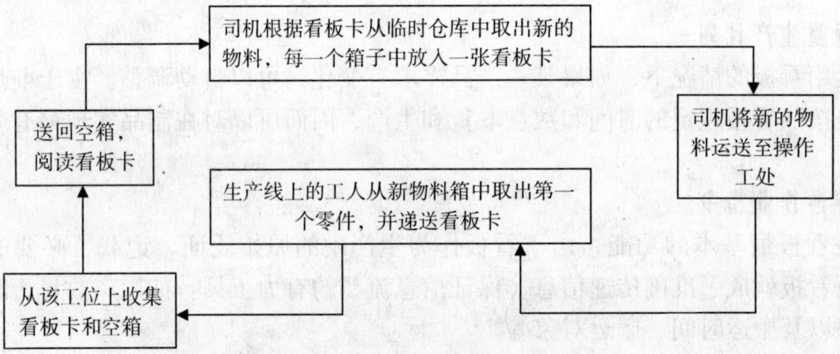

图 1　上海通用汽车公司的看板系统

此外，生产线工人还可通过物料索取系统，使用按钮、灯板等设备作为电子拉动信号传递对消耗物料进行补充的信息。当生产线货架或货盘中用到仅剩最后 n 个零件时，操作工按动按钮，物料索取灯启动，司机立即将索取卡送到物料存储区，取出物料送到工位，并将物料索取灯关闭，确认物料发送，这套电子拉动系统，确保了信息的准确性，基本上消灭了由于数据传递错误而引起的物料短缺现象，如图 2 所示。

另一部分物料，如保险杠、坐椅等较大的选装零件，是通过联网电脑系统将即时的需求计划传递给供应商，其中包括交货时间、排序信息及交货数量，供应商将经过排序的物料准确及时地送到生产线旁。

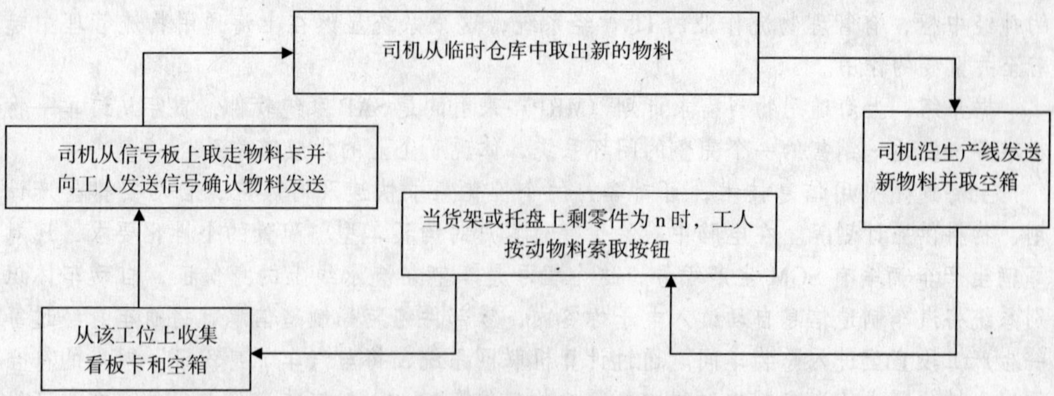

图2　上海通用汽车公司的物料索取系统

为了配合柔性化生产的需求，物料系统还作了其他调整。其中之一就是对部分零部件实施排序配送。举例来说，三种不同尺寸的车窗玻璃，由同一个工人共线装配，如果不对玻璃进行排序，生产线旁必须安放三个不同的料架，而工人也必须花费时间进行辨别，根据车型不同从不同料架上取货。因此，排序法对节省生产线旁存料空间、提高工作效率有很大作用。此外，物料部门还增加了车间的货物窗口，采用新型料架，改进物料摆放，提高了配送柔性化程度。

上海通用物流系统对柔性生产的支持更多地体现在一点一滴的细微之处。无论是生产线大量使用的空中悬链输送系统、随行夹具、标准多样的物流容器等，还是大量使用的地面有轨平移输送车、自动回转输送台等，以及为生产线配送物料的电动牵引拖挂车等，无一不体现着标准、规范、精益之特色。可以说正是由于有了大量物料输送装置的精心设计，标准精巧的物料集装器具的充分使用，现场整齐规范的物料摆放等，才为上海通用实施精益物流管理打下了良好基础。

通过精益物流管理，上海通用取得了降低库存、节省占地空间、减少搬运、便于操作、简洁系统、使用最少设备等效果，既保障了柔性生产线的正常运行，也对产品质量不断提高有巨大促进，从而也强化了企业核心竞争力。

上海通用在精益物流管理上倡导全新理念，突出核心能力，全心全意制造高品质别克轿车，而将与企业核心能力不直接相关的外部物流作业委托给专业物流公司，甚至将厂区的工业车辆管理与维修、厂区绿化与保洁等与企业核心能力无关的作业也全部外包：上海通用厂区也不设仓库，由第三方物流公司送货到车间零件暂存区，保证厂内只有2小时库存，从而使物流系统相当高效。此外，上海通用还对专业物流公司和供应商提供技术支持，将物流管理延伸至物料供应商和第三方物流公司，将物流与信息流无缝对接，有效保证了生产线作业。

要对成千上万的不同物料精益管理，对大量的产成品及时销售与配送，对上百家供应商进行管理，必然需要一个核心的指挥控制系统，就像乐队需要指挥，引导各种音符组成美妙乐章一样。我们认为这个系统就是物流管理运作的灵魂，是物流管理运作的神经系统。显然，像上海通用这样复杂的物流管理运作系统，仅凭手工统计管理，通过传统方式传递物流作业信息是不可能的：上海通用精益物流运作管理也必然有一个信息化的神经中枢，有管理物流作业的IT神经系统，这个系统显然在上海通用物流管理中起着至关重要的作用。

据介绍，上海通用物料需求计划（MRP）采用的是SAP系统软件，贯穿从订单—物料准备—发运—销售的一个完整的闭环系统，体现了企业的供应链关系。

上海通用利用信息技术，可对客户的个性化需求快速及时反应，自动安排生产计划、物料供应计划等。在电脑中，除了存有客户对购买车型、配置的个性化要求，还对每辆生产车辆编有SGM生产编号，这个编号是车辆在流水线上的身份证，自动车体识别系统将汽车制造信息自动读入电子标签内，零部件组装等制造信息就将随车身经过每一生产工段直至进入总装车间。通过计算机联网系统，将与汽车“身份证”对应的符合顾客个性化需求的汽车制造过程中所需的物料信息，一一对应传递到各工位，在生产线上根据车辆不同的生产编号准确无误地执行不同的任务，正确完成不同的装配工作，形成由零部件的涓涓细流汇成整车流的完整过程。

上海通用信息系统不仅在生产物流中发挥着重要作用，而且在对供应商管理及信息交换以保证零部件准时配送中、在产品营销中起到了巨大作用。对供应商信息交换与管理的系统是通过整个信息系统中的MGO子系统实现的。这一系统有订单展开、产品信息描述、物料需求计划自动生成、物流配送、库存管理控制及与供应商的信息交换等功能，是物料供应控制的灵魂。成品销售与配送是通过GPDS子系统实现的，这一系统具有订单管理、确认、展开功能，有售后服务与配件服务管理功能，有客户关系管理功能以及产品成本与库存分析功能等。可以认为，没有完善的物流系统，要完成如此复杂的物流作业管理是不可想象的。

自上海通用投产以来，通过持续改进战略，上海通用在物流管理上已经做了许多改进。目前，上海通用按持续改进战略，还在不断研究如何进一步缩短订货周期、缩短产品制造周期，如何高效管理和利用物流信息；如何进一步改善供应链；如何更好地作到精益求精，如何作到物料供应的即时配送，快速反应；如何作到客户订单的快速反应；如何实现零库存，如何进一步作好营销管理；如何进一步作好成品售后维修服务和零配件的及时供应等。据介绍，目前正在研究的比较具体的改进措施就有，利用企业电子商务平台改进与供应商的信息交流，并准备通过互联网与供应商作到供货信息及时交流，缩短响应时间，支持制造系统；也在探讨对由供应商供货的大型零部件，如供货批量小、供货配送效率不高的，今后是否可采用单独派车循环取货方法，以进一步提高运输效率等。

值得一提的是，在上海通用公司，整个通用的厂区及其生产线对社会公众是完全开放的。这在某种意义上也体现了欧美的企业风范和企业社会化的精髓。图3为上海通用汽车公司的信息系统示意图。

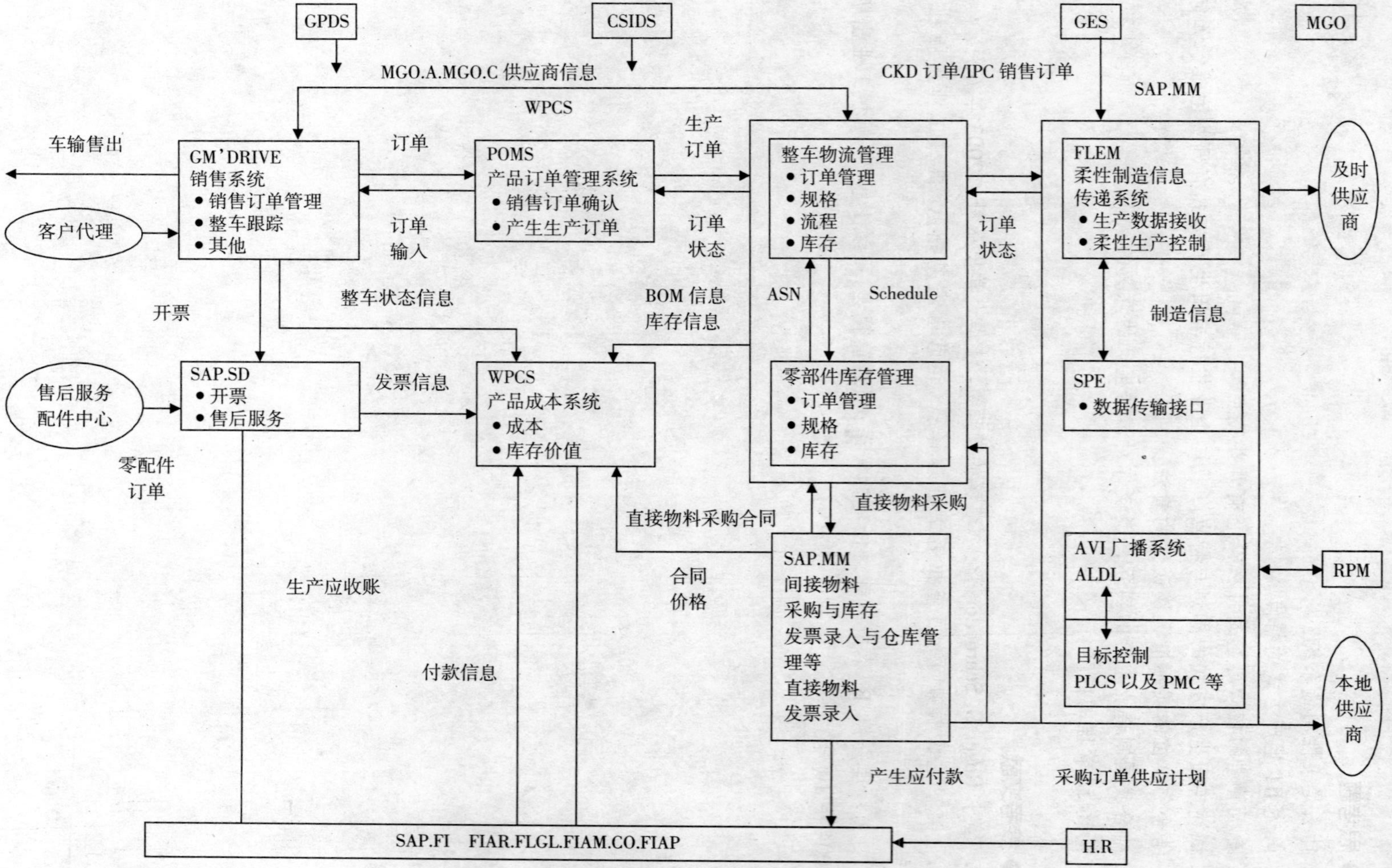

图 3 上海通用汽车公司的信息系统示意图

● 思考题

1. 什么是柔性制造系统？

2. 简述 JIT 生产方式的特点。

3. 看板管理的核心思想是什么？它有哪些特点？

4. 试述丰田生产方式的思想与特点。我国企业推行丰田生产方式有哪些困难？如何克服？结合你单位的实际情况谈谈你的看法。

5. 结合我国制造业生产的实际，谈谈你对清洁生产的意义的认识。

6. 简述 5S 管理的内容。

● 参考文献

1. ［美］Roger G. Schroeder 著：《璀璨的管理》，清华大学出版社，2003 年 6 月。

2. ［美］尼古拉斯丁·阿奎拉著，汪蓉译：《运营管理基础》，机械工业出版社，2004 年。

3. ［美］理查德·B. 蔡斯等著，任建标等译：《运营管理》（第 1 版），机械工业出版社，2004 年 10 月。

第九章 工作设计与现场管理

● 本章提要

企业运营管理的关键之一是人力资源，处理好人的问题需要作好两个方面的工作：一是相关的技术工作，即作好工作设计及工作测量；另一个是人的问题，即处理好人与设备的关系以及使员工获得相应的报酬。

工作设计不是一个新的课题，科学管理思想及完全的工作专业化已经不是通用的准则，社会技术理论和行为理论也在引导工作设计的发展，本章第一节中介绍了工作设计的基本工具——“5W1H”、“ECRS”原则，此外，重点介绍了工作设计的几种方法——工作扩大化、工作职务轮换、工作丰富化以及工作团队。

在对工作研究的过程中，工作测量是一项重要内容。在本章第二节中介绍了工作测量常用的方法，包括时间研究、标准时间要素法、预定动作时间标准法和工作抽样法等。第三节中介绍了人机系统的三要素，即人、机器与环境，人机工程学的研究重点在于三个要素及其关系。在这一节中重点介绍了人机工程的三种研究方法——动作研究、人机关系及环境研究。第四节中介绍了工作报酬设计模式，包括基于时间的报酬、基于数量的报酬、基于激励的报酬、基于知识的报酬，各种报酬模式中还有具体的报酬支付方法。

● 章首案例

沃尔沃汽车公司装配厂的工作方式

沃尔沃汽车公司生产的富豪汽车在世界汽车之林堪称世人瞩目之星。而它的乌地瓦拉厂，更是深受世界汽车工业界的注目。

(1) 不寻常的工厂。与其他汽车生产厂不同，乌地瓦拉厂没有装配流水线，生产每部汽车的全过程都是在单一工作站，由一个 8~10 人组成的小组来完成，完全取代了原来在传统的装配线旁反复作着一两种装配动作的工作方式。

(2) 特殊工作方式的益处。工人在工作时兴趣昂然，管理方式和工作环境更人性化。在乌地瓦拉厂的每个工作站中都有一套特殊设备，可以将车体放在一个可回转的圆轴上，使汽车的底部也可以倾斜到工作者的面前，以便利装配工作的进行。在配备了这种装置以后，一个原本空无所有的汽车底盘，随着燃料系统、电线系统等各种配件，一齐来到小组成员面前，等待装配。而化油器等系统会在其前置作业完成后及时赶到。因此，汽车所有的装配都在这一工作站完成，工作人员可以亲眼见到一部完整的汽车在他们手中完成。

(3) 自主式的管理单位。每个 8~10 人的小组一旦成立，就成为一个团队，对其所生产的汽车负完全责任。所有组员对汽车各部分的装配工作都十分熟悉，有些组员甚至可以单独装配整部汽车。此外，每个组员轮流担任小组的领导者，直接向工厂经理报告。在这样的自主管理模式及责任制度下，创造出了一组人员彼此间很强的凝聚力和团结感。

(4) 培训计划。为使员工具备多方面的能力，沃尔沃汽车公司专门设计了一个称为“全力以赴”的培训计划，使每个小组成员不但成为具备装配整部汽车生产技术的作业人员，还知道如何进行生产计划、质量控制、库存管理等工作。公司认为，使员工从工作中得到更大的参与感、喜悦感和成就感是公司经营成功必不可少的因素。

资料来源：刘丽文著：《生产与运作管理》(第 2 版)，清华大学出版社，2002 年 6 月，第 105 页。

第一节　工作设计

人是运营系统最主要的投入要素之一，与其他资源相比，人力资源具有特殊性，人是发挥先进技术和设备优势的关键。运营系统运行得怎样，最终取决于控制、操作该系统的人，取决于人对工作的态度和工作方式，重新重视工作设计已是共识。

案例 9-1　麦当劳式工作引发的争议

在这个世界知名的大型快餐连锁店——麦当劳努力提升形象和利润时，却遭遇到了一次打击——有关字典的编撰。英国《独立报》2003 年 11 月 10 日曾报道，在最新的韦式大学生字典中，“麦当劳式工作”被定义为“报酬低且没有前途的工作”，这是该字典最新版本中添加的 1 万个词条之一。麦当劳愤怒了。该公司首席执行官吉姆·坎塔卢波在给美国新闻机构的一封公开信中说，这是对“餐馆工作的一种不恰当的描述”，是对在餐馆业工作的“1200 万男女员工的当众羞辱”。麦当劳在全世界有 3 万家分店。在分店的众多老板和经理中，有 100 多人就是从接待顾客这样的“麦当劳式工作”起家的。

一、工作设计的研究概况

(一) 工作设计的发展历程

工作设计方法始于 100 年前，即泰勒的科学管理思想中所涉及的方法。其后又经历了多个发展阶段，如图 9-1 所示。

需要注意的是，工作设计的发展历程图展示的是工作设计的整体发展趋势，各个发

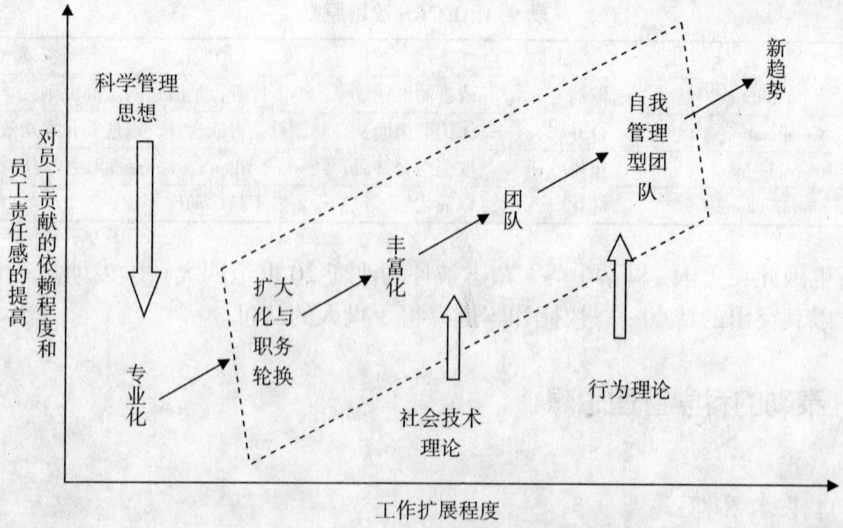

图 9-1 工作设计的发展历程

展阶段之间没有明显的界限。同时，“自我管理团队”形式在两个维度“工作扩展程度”和“对员工贡献的依赖程度和员工责任感的提高”上都处于较高程度，该形式是在一般情况下较好的工作设计方法，但在实践中还是要根据企业的自身情况具体选择工作设计方法。每一个发展阶段的方法都对目前的工作设计有着重要的意义，需要综合考虑。下面对工作设计的理论基础以及理论基础上的各种方法加以介绍。

（二）工作设计的基本工具

1. 基本工具——“5W1H”

工作设计是为有组织的群体中的某个人或一群人指明工作活动的内容，其目的是设计出满足组织及其技术要求、满足工人生理及个人需求的工作结构。工作设计有这样一种工具“5W1H”，这是应用分析技术对记录的现实状况进行分析、研究。

什么工作　　WHAT，所需完成的任务
由谁来做　　WHO，工人的生理和心理特征
为什么做　　WHY，组织目标、对员工的激励目标
何时做　　WHEN，工作开始和结束的时间
何处开展　　WHERE，企业的地理位置、工作场所
怎么做　　HOW，绩效与激励方法

近年来，又有学者创设了“5W2H”，新增一项“How much”（怎样的程度）之问，创造性地提出各种问题，赋予“5W1H”新的内涵。

2. 基本工具——“ECRS 原则”

ECRS 原则也被称为“改进八字诀”，即“取消、合并、重排、简化”八字。

新时代的节奏是快速、简约、有活力的，“ECRS 原则”的活力也正在于此。正像拉链对于纽扣的革命一样，拉链的发明取消了繁冗的逐步动作，成为实现简约生活的新概

表 9-1 ECRS 改进原则

代号	原文	原则	原则说明
E	Elimination	取消	改进的最佳效果，不需投资，是改进的最高原则
C	Combination	合并	无法取消而又必要，看是否能合并，以达简化之功效
R	Rearrangement	重排	取消与合并后，经 who、when、where 三问形成有序状态
S	Simplification	简化	以简代繁，包括设备、工具、动作等

念，拉链也因此在美国《科学世界》杂志被评为改变20世纪四大科学发明之一，并且名列前茅，以其突出的特点——快捷和牢固赢得了世人的认可。

二、泰勒的科学管理思想

（一）基本思想

1. 工作设计的理论基础——两大学派

（1）以泰勒的科学管理思想为代表的效率学派，效率学派强调工作设计的理性、系统化、逻辑化和科学化。

（2）包括社会技术理论和行为理论在内的行为学派，行为学派关注的是人，人的社会性、人的复杂需要应该得到满足。

2. 泰勒的科学管理思想的基本思想

（1）工作方法不能只靠经验，而应当科学地研究，制定正确的工作方法，并规定应达到的标准工作量。

（2）每项工作都可以通过下述方法得到改善，即把工作内容分解为基本单元，观察和研究这些单元的工作内容和工作方法，测定所需要的工作时间，找到最合理的方法。

（3）对于经过培训，使用标准工作方法并能达到标准工作量的人员，给予奖励（这也是计件工资制的原理）。

泰勒及其追随者创立了很多具体方法进行工作设计，如时间与动作研究、流程图、工作活动图、多动作分析图等。

（二）劳动专业化

泰勒的上述思想和他所创立的工作方法对企业提高生产率曾起了非常重要的作用，它在世界管理史上具有划时代的意义。在泰勒的科学管理思想的指导下，工作设计风靡一时，而且目前这种思想仍在广泛使用。在科学管理思想中，通过科学的研究制定工作标准并测量员工的工作，那么员工的专业化工作将更好地提高工作效率，极大地提高设备利用率。

1. 劳动专业化——"双刃剑"

专业化带来的员工高熟练度使生产快速化、低成本、高质量；过高的专业化程度又会对员工产生负面影响，并被传递到生产系统中，进而使产品低质量。

劳动专业化使人有工作可做，使人提高劳动熟练程度，提高效率，给管理者和员工

表 9-2　劳动专业化的有利影响和不利影响

劳动专业化的有利影响	
对管理的影响	对员工的影响
1. 能迅速培训员工 2. 易于招聘新员工 3. 由于工作单一重复，因此生产率高 4. 由于更换劳动力比较容易，因而可以降低员工工资，成本下降 5. 对工作流程和工作负荷可以严密控制	1. 为了获得工作，只需要很少的或者不需要受到教育 2. 能比较轻松地学会某项工作
劳动专业化的不利影响	
对管理的影响	对员工的影响
1. 由于无人对整个生产负有责任，所以质量控制比较困难 2. 容易引起员工的不满，从而导致"隐性"成本上升：员工流失；员工缺勤；行动迟缓；情绪低落；生产过程的中断 3. 由于员工的眼界有限，从而降低了改进流程的可能性 4. 员工与管理者之间的摩擦日益加深 5. 潜在的利益小群体增加	1. 重复单调的工作容易产生厌烦感 2. 由于对每个工作贡献很小，从而对工作本身难以产生满足感 3. 对工作进度很少或没有控制权，从而意志消沉而且容易疲倦（在装配线环境中） 4. 由于几乎不能深入学习被分解的工作，所以很少有机会获得更好的工作 5. 很少有机会通过开发更好的方法和工具展示其创新能力 6. 由于工作单一重复，从而容易造成某些部位的肌肉过度疲劳 7. 因工作区的布局所限，很少有机会与同事沟通

资料来源：［美］马克·M. 戴维斯（Mark M. Davis）、尼古拉斯·J. 阿奎拉诺（Nicholas J. Aquilano）、理查德·B. 蔡斯（Richard B. Chase）著，汪蓉等译：《运营管理基础》（第 1 版），机械工业出版社，2004 年 6 月，第 290～291 页。

带来一些利益，但同时也带来了很多负面影响，如无人对整个产品负责，员工难于获得成就感，员工难以获得自我展示的平台，员工自身学习和进步的范围缩小，晋升或调动的机会减少，缺勤率和跳槽率增加，生产率降低……最近的调查显示，不利的影响占主导地位，因此，企业需要尝试不同的工作设计方法，使劳动专业化的程度处于适当的水平。

2. 专业化的关键问题

关键问题 1：专业化应该到何种程度？

应该具体情况具体分析。对于某些企业、某些工作，专业化程度较高是有利的，而对于另外一些企业，情况可能相反。在大多数以产品对象专业化为生产组织方式的企业里，高度的劳动专业化可以取得较好的效果，如汽车、家电等生产企业中装配线上的工作就适应这种高度工作专业化。反过来，对于主要进行多品种小批量生产的企业来说，劳动专业化程度低一些才能有较强的适应性。

关键问题 2：工人们通过工作最想获得什么？并且愿意付出什么代价？

如果员工自我发展的欲望较强，希望有更多的工作控制权，希望在企业中学到更多的知识和技能，员工愿意接受培训、接受轮岗工作，此时，低度专业化更为适合，反之高度的劳动专业化更为有利。

（三）科学管理思想的局限性

根据泰勒的管理思想进行工作设计的层面：技术层面

实践目的：提高生产率

受重视的工作因素：技术设备

受忽视的工作因素：人的状态

科学管理思想的局限性：

第一，科学管理要求把工作细分、具体化，然后标准化，只考虑了工作设计的技术层面，忽略了人们对社会性和精神方面的需求，不利于发挥人的积极性和创造性。

第二，只注重个人效率，重视个人工作方法的改进和优化，而忽略了集体协作、团队工作等，导致各部门、各工序之间协作配合不利，对提高企业整体效率不利。

第三，不是寻求动态优化，而是追求一种静态的最优。没有考虑工作方法应随着周围环境因素的变化加以改变和优化。

三、社会技术理论

（一）产生的背景

最初的工作设计以科学管理思想为指导，重视工作设计的技术因素，但忽视了人的社会性和精神性因素。因此，在后来工作设计中，需要同时考虑技术和社会两方面的因素。

（二）代表人物

社会技术理论是由英国的特瑞斯特及其研究小组提出来的，该理论认为在工作设计中应该把技术因素与人的行为、心理因素结合起来考虑。

（三）系统论

任何一个运营系统都包括技术子系统和社会子系统两部分，只考虑其中一个会导致系统运行出现障碍，效率低下。所以应该把整个组织看做一个社会技术系统，其中包括人、设备、工具、物料等。

（四）人的因素

由于人是生产系统的重要构成要素，这种系统就必须具有社会性。人与系统中其他物质因素结合得好坏，不仅决定系统运行的效果和经济效益，还影响人的工作积极性。人作为生产系统运行的主导力量，如何调动人的积极性和创造性，这是工作设计必须认真考虑的主要问题。

四、行为理论

（一）基本情况

（1）产生的背景：在企业实践中，根据科学管理思想所进行的工作设计已显示出弊端，许多工人感到工作毫无兴趣，想更多地控制自己的工作。

（2）行为理论的关键点：研究人的工作动机，对于工作设计有着直接的参考作用。

（3）人的工作动机与工作的关系：人的工作动机直接影响到人如何进行工作以及工作的结果如何。

（4）工作中的问题：当员工在专业化程度很高的装配线工作时，人成为机器的一部分，他将无法从主观上控制工作速度，成就感与满足感也无法满足。同时，单调的工作使员工每日与机器打交道，缺乏沟通与交往，看不到“人际关系”的影子，有的只是冷冰冰的“人机关系”。

（5）解决方法：根据行为理论的内容，在工作设计中需要采取一些方法来解决上述问题，包括工作扩大化、工作丰富化、工作职务轮换、团队工作方式等。

（二）工作动机相关的心理状态

1975 年，两位美国学者哈克曼（Hackman）和奥德汉姆（Oldham）通过研究发现有三种心理状态来决定个人工作成果：感觉工作有意义、对工作有责任感、对工作有成就感。把这三种心理状态与工作设计结合在一起，那么决定心理状态的工作内涵包括五个方面，这也是工作设计的五个特征：

（1）技能多样性：工作要求员工具有多种技能和才干。

（2）工作确认：工作应该使员工感受到工作的整体性，并知道工作的开始和结束。

（3）任务重要性：经过设计的工作应该使员工感受到该工作对企业和社会有利。

（4）自治性：工作应该提倡自由、独立和分离。

（5）反馈：工作应该提供关于生产活动的清晰的、及时的信息。

（三）工作设计的方法

1. 工作扩大化

【工作扩展】如果调整某一项专业化作业，可以引起完成该项作业的人的更大兴趣，唤起更大的主动性和积极性，从而更有利于工作，就称为工作扩展，包括横向的工作扩展和纵向的工作扩展两个方面。

【工作扩大化】指工作任务的横向扩大，是一种横向的工作扩展，即给工作者增加工作任务，使工作者能参与完成一项任务的全过程或这个任务的大部分过程。

工作扩大化这个概念早就已经开始流行起来了。工作扩大化可以增加员工的工作数量，丰富工作内容，能够使工作本身更具有多样性。例如，一个邮件分检员的工作可以不仅仅是分拣收到的各部门的邮件，而且可以扩展到把邮件送往各个部门，或寄送一些外发邮件。

经过工作扩大化，员工能够看到自己的工作成果。例如，员工完成了提供给顾客的一整套服务，那么如果顾客对他们提供的服务表示满意或赞许，这会使该工作者感受到一种成功的喜悦，对工作产生满足感。此外，工作扩大化通常要求工作人员掌握多方面的知识与技能，这会推动工作人员提高学习的积极性，当他们在学习上取得进步时，也会在精神上获得满足感。

（1）成功的例子：美国鞋业公司在其下属的一半工厂中，用一种新型的组合工作区域代替了生产线。在传统生产线上，每个员工只需完成一项工作任务，而在这种新型工作单位中，员工要承担两三个制鞋步骤的工作任务。这样做的结果是，制鞋效率提高了，质量问题也得到了更多的关注。

（2）否定的声音：经历过这种工作重塑方案的一位员工评论说："以前我只有一件讨厌的工作，经过工作扩大化后，我有三件讨厌的工作了！"

（3）优点：让员工多学一些与其现有工作相关的其他工作，然后将这些工作列入其工作范围。这多半用在培养储备主管或准备给予某位员工更大的责任，是磨炼，也是升迁的训练途径。员工多了解其他相关工作，对业务整合及协调有帮助，认识其他工作的性质及困难，在沟通与合作方面会有帮助，这也是许多公司在组织精简时常采取的方法。

（4）缺点：工作间性质的差异性愈大，工作专精度愈差，员工往往顾此失彼，无法全面地照顾所有工作。

2. 工作职务轮换

其实，工作设计除了对工作内容上的充实——工作扩大化来达到横向扩展的效果外，还可以通过增加每个员工的工作种类来进行。

【工作职务轮换】也叫交叉培训法，是指定期轮换员工从事的工作，从而给员工提供更丰富、更多样化的工作内容，增加工作的新鲜感。如果员工的工作过于例行化，那么就可以选择工作轮换方法。当员工觉得一种活动已不再具有挑战性时，就把员工轮换到同一水平、技术要求相近的另一个岗位上去工作。

（1）成功的例子：美国匹兹堡的特兰斯考姆数据系统有限公司（Transcomm Data System Inc.）为使公司110多名员工免受工作枯燥之苦，就使用了工作轮换法对公司近20%的员工进行了工作轮换。管理人员认为，公司每年的流动率之所以从25%下降到不足7%，主要应该归功于工作轮换法。

美国西部航空公司对其服务人员进行交叉培训，对于想往公司上层发展的人来说，这种培训会让他了解公司大约16个不同领域的情况，但是如果公司实施工作专门化，员工就只能面临一种工作领域。

（2）优点：

1）通过丰富员工的工作活动内容，减少员工的枯燥感，使员工积极性得到增强。

2）工作职务轮换要求员工掌握多种专业知识和技能，这将推动员工去学习，增强他们的才干，促使他们成为"多面手"。

3）增加了工作任务安排的灵活性。例如，顶替缺勤工人，给"瓶颈"任务增添人员等。

4）互换工作岗位，使员工体验其他工作岗位上的难处和责任，有利于不同岗位之间的沟通和相互理解，有利于增强员工之间的团结和工作上的协调配合。

5）通过轮换工作岗位有助于扩大员工的视野，有助于让他们站到全局的高度去考虑问题，有利于发挥员工参与管理的积极性。

（3）缺点：

1）培训费用提高。

2）可能带来生产效率的下降。当员工在原先岗位上效率已经较高时，让他轮换到一个新岗位，会使生产率下降。

3）人际关系的调整与管理工作的增加。实行工作轮换后，工作小组的成员要调整与新成员的关系，管理人员也要花费更多时间来帮助新成员适应新的工作，并督促他们的工作。

4）对员工个人专业化发展的阻碍。工作轮换对于那些愿意在自己的专业领域内作一番深入研究的员工来说，无疑有许多不利之处。

3. 工作丰富化

尽管对工作的横向扩展在克服专业性过强、工作多样性不足方面成绩显著，但在给员工活动注入挑战性和意义性方面却没有多大作用。工作丰富化的引入正是为了克服工作扩大化的不足。

【工作丰富化】是一种纵向的工作扩展，通过授予员工对自己的工作活动的一定自主管理权，尝试在企业运营过程中扩大员工对其工作的影响深度。工作丰富化应当考虑五个主要因素：多样化、任务的整体性、任务的意义、自主权、反馈。

（1）理论基础——双因素理论：

工作丰富化是基于赫茨伯格的双因素理论出现的，即：满足感和不满足感属于两个范畴，消除不满足感并不能增加满足感。

内在工作因素（如成就感、责任感、对工作内容的兴趣等）是潜在的满意因素。

外在工作因素（如工资、工作条件等）是潜在的不满足因素。

改善外在因素可以降低不满足感，但不会产生满足感，唯一能使员工感到满足的是工作本身的内在因素。经过工作丰富化，员工拥有更多的管理职能，对自己的工作有更多的影响力，当员工的工作成果被肯定时，就会产生成就感和满足感。

（2）具体措施：

1）任务组合。管理人员首先清理现有的零散工作任务，把它们组织在一起，形成一种新的、内容更多的工作单位，这样做会增强技术的多样性和任务的同一性。

2）建构自然的工作单位。其意思是，让一个员工负责一个独立而有意义的工作整体，这样作会加强员工的“工作主人翁”意识并且还会促使员工认识到自己的工作很有意义、很重要，而不是无关紧要的。

3）建立员工—客户关系。客户是员工所生产的产品或服务的使用者（可能是“内部顾客”，也可能是公司外的顾客）。管理人员应该尽可能地建立员工与客户之间的直接关系，这样会提高员工的技能多样性、自主性以及反馈程度。

4）纵向的工作负荷。这样做能够使员工拥有一些以前属于管理人员的责任与控制权，在某种程度上，可以弥合工作中“执行”与“控制”之间的鸿沟，并使员工的工作自主性增强。

5）开通反馈渠道。通过加强反馈，员工不仅能了解到自己的工作作得如何，而且还能了解到自己的工作绩效是在提高、下降，还是保持不变。理想的情况是，员工在工作过程中就能直接了解有关绩效状况的反馈，而不是不定期地从管理人员那里得到有关信息。

(3) 优点：让工作人员将一件工作从头到尾全权处理，绩效成果明确，个人成就感高。责任分明，可激发员工努力的动机。

(4) 缺点：缺乏工作流程中相互稽核的功能，员工在流程中作错事不易察觉，容易掩饰。要让他人短期取代其工作不易、无法做到分工合作处理大量的事务，与分工方式相比，工作丰富化以后，每一工作步骤的熟练程度较低。

(5) 工作丰富化与工作扩大化的区别：工作丰富化是横向的工作扩展；工作扩大化是纵向的工作扩展。工作扩大化是通过增加任务、扩大岗位任务结构，使完成任务的形式、手段发生变化；而工作丰富化是为员工提供获得身心发展和成熟的机会，充实工作内容，促进岗位工作的完成。

(6) 小实践：海尔的做法。工作设计是否得当对激发员工的工作兴趣有重要影响。工作丰富化和工作扩大化对提高工作兴趣具有一定的促进作用。海尔在这方面的做法是，让员工在各自的领域真正处于主导地位，尊重人的价值，提高人的素质，发挥人的主观能动性——力求使每个员工的聪明才智都有用武之地，使他们各得其所，各尽所能，而且是处于自觉的状态中，充分发挥工作兴趣这一内在动机在人的心理和行为中的积极作用。

4. 团队工作

(1) 理论基础：随着新技术革命和信息时代的到来，以柔性自动化为主的生产模式正在成为主流。但是，这种模式如果没有在工作设计的思想和方法上的深刻变革，是不可能成功的。应该把技术引进和工作设计作为一个总体系统来研究，将技术、组织和人的工作方式相结合，强调在工作设计中注重促进人的个性的发展，注重激发人的积极性和劳动效率。这种理论实际上就奠定了现在所流行的“团队工作”方式的基础。

(2) 团队及团队工作：

【团队】是组织生产运作的一种形式，一般是围绕一项任务，把有关的人员和所需设备集中起来，组成一个工作小组，自行决定组内各成员的工作任务、工作方法以及产出效率，每个小组成员都共同对该项任务的完成负责，小组收入与小组的产出挂钩，这样的工作小组称为团队。

【团队工作】是指由数人组成一个团队，共同负责和完成某项工作。其基本思想是：全员参与，调动每个职工的积极性、主动性和创造性，使工作效果尽可能好。

上述的工作扩大化、工作丰富化、工作职务轮换方法的实施都可以通过团队来进行，可以使员工之间更好地沟通，取得更好的效益。团队工作方式与传统的泰勒式工作方式有如下区别（见表 9–3）。

表 9–3　泰勒式工作方式与团队工作方式的区别

泰勒式工作方式	团队工作方式
最大分工和简单工作	工作人员高素质、多技能
最少的智能工作内容	较多的智能工作内容
无决策权	有较高的团队决策权
众多的从属关系	管理层次少，基层自主性强

资料来源：刘丽文著：《生产与运作管理》（第 2 版），清华大学出版社，2002 年 6 月，第 110 页，作者略加修改。

很多企业看到了团队工作方式的优势，20 世纪 60 年代末至 70 年代初，西方的一些大跨国公司开始纷纷采用团队的组织形式，如今，我国也有很多企业引进了国外的优秀团队管理模式，根据自身的具体情况加以修订并获得了成功。如上海宝山钢铁公司的“自主管理活动”就取得了十分明显的效益：在经济上，1986 ~1994 年的 9 年中，总效益高达 7.5 亿元, 在社会效益上通过办“现代化管理研讨班”，使 5000 多名学员接受了“自主管理”培训。

（3）团队的形式：

根据情况的不同，团队也可以采取不同的形式，包括：问题解决型团队、自我管理型团队、特定目标型团队、攻关型团队等。

1）问题解决型团队。“问题解决型”是最早的一种团队类型。

成员数量：约 5~12 人。

团队性质：非正式群体，组织比较松散。

团队工作内容：活动不多, 成员每周只用几个小时碰碰头, 讨论如何提高产品质量、生产效率和改善工作环境等问题。

团队工作结果：根据讨论结果向组织提建议,有时也能根据讨论结果采取有效的行动。

特点：只提建议和方案，但没有权力决定是否实施。

2）自我管理型团队。自我管理型团队是最具有完整意义的团队工作方式。自我管理团队，由一些员工组成小组，共同完成一项相对完整的工作，小组成员自主决定任务分配方式或任务轮换，自己承担管理责任。

成员数量：10~15 人。

团队工作内容：团队成员承担以前自己上司承担的责任：包括控制工作的节奏与速度； 决定工作任务的分配；安排工间休息等。一些彻底的自我管理型团队甚至可以挑选自己的成员, 并让成员相互之间进行质量评估，这样主要管理人员的重要性就大大下降。

例：某厂有 100 多个团队, 它们负责工厂的大多数决策：有权安排检修；决定工作日程；常规性地控制设备采购（费用在 1200 万美元以内可以不打报告）；解雇与聘用员工；设置生产目标；建立与能力相应的工资标准等。

自我管理型团队中的重要概念：

【员工授权】把决策的权力和责任逐级下放，至每一个基层员工，相应的责任由他们承担。

【组织重构】这是权力下放的必然结果，采取这种方式后，原来的中间管理层人员如班组长、车间主任、部门负责人等角色都有所减弱，他们的角色由团队成员自行担当，因此整个组织的层次变少，更加扁平化。

案例 9–2　自我管理式团队在制造业和非制造业企业的应用

制造业的一个例子是 IBM 的一个工厂，制作微机上的集成电路板，采用团队方式后，发生的变化是：生产线由 2400m 缩短为 200m，生产率提高了 170%，库存减少了 60%，间接部门的人员从 1100 人减为 414 人，缺勤率减少 65%。他们的做法是把工厂分割成块，每块称为一个“block”，每个 block100 人左右，为一个大团队，这个大团队采用独立核算制。每个 block 内再分成若干个小组，每组五六人，每人可同时参加几个小组，block 自己决定生产目标，目标又分至每个小组，报酬与工作结果挂钩。

非制造业的一个例子是 AT&T 的一个设备租赁公司。原先 AT&T 的设备租赁业务是交给一个银行去做的，该银行采用一种工作专业化程度较高的方式，即把业务分成三个部分：①处理租赁申请书和审查信用度；②负责签订租赁合同；③处理款项支付业务。这三部分分别在三个不同的部门做。在这种情况下，没有一个部门或一个职员为整个业务负责，他们也看不到他们这部分工作对全局的意义，因此效率低下，平均每项租赁业务的处理时间（即作出最后决策）需要五六天。为了改变这种情况，AT&T 成立了一个租赁公司，这个公司改工作方式为团队工作方式，将员工划分为 10~15 人的小组，每个小组都负责包括上述三部分的完整工作，小组内每个成员都有权力处理一项完整业务，解决一个完整的问题（从接受申请、信用度审查直至合同签订、收回款项）。他们有这样一个口号：“谁接电话谁负责”，这是对他们工作的最概括描述。采用这种方式后，效率提高了几乎一倍，一项决策所需的周期缩短为 1~2 天，他们的年利润额也增加了 40%~50%。

资料来源：刘丽文著：《生产与运作管理》（第 2 版），清华大学出版社，2002 年 6 月，第 112 页。

3）特定目标型团队。特定目标型团队是为解决某个具体问题，达到一个具体目标而建立的。

成员范围：既有普通员工，又有与问题相关的管理人员。

团队性质：通常只是为了一项一次性的工作而建立的非常设组织，与项目管理中的项目组类似。

特点：易使一般员工与管理层沟通，使一般员工的意见直接反映到决策中。

4）攻关型团队。攻关型团队也是今天十分盛行的一种团队形式，它是横向跨部门的任务攻坚队，是聚集各路精英、专门解决各种重要的关键技术问题的团队，能使组织（甚至跨组织）不同领域员工交换信息，激发出新观点，解决面临问题，协调复杂的项目。

五、工作设计的新趋势

1. 员工授权

质量控制是员工工作的一部分，通常被称为“源头质量”的控制与改进，同“员工授权”这一概念有着密切的联系。当权力被有效地赋予员工时，员工可以在生产线出现质量问题时，自主决定停止生产线；或者当顾客对服务不满意时，员工可以自主决定给顾客当场赔偿。

2. 员工培训

这里的员工培训不同于在人力资源管理中所说的培训，这里的培训是一种多技能的培训。扩大化、丰富化的工作设计使得企业对员工的多技能化需求增加，为员工提供多技能培训，使员工成为“多面手”成为工作设计发展的重要趋势。尽管大家对制造型企业中的“多面手”理解更深也更为重视，但事实上，服务型企业也是非常需要“多面手”的。例如，办公室里有很大工作压力的打字员，银行票据处理中心以及其他工作量大的文员的工作，这些比许多制造工厂更需要“多面手”。

3. 员工信息化

通过通信网络和计算机系统让普通员工“信息化”，从而扩展他们的工作种类和工作能力。在这里，“信息化”并不仅仅是工作的自动化，还包括对工作基本结构的改进。例如，美国东北公用公司的计算机系统能够在客户服务代表（CSR）接通电话之前指出服务方面的问题。CSR 利用计算机系统检修严重的问题，探明同一地点其他顾客受到的影响占多大的概率，并且在还未接到其他电话之前就派遣修理人员进行全面检修。此外，由于信息技术的发展，网络、通信等都成为员工工作的一部分，员工也能够在远离办公室或工厂的地方进行工作，这也成为全球不断增长的趋势。

4. 员工工作自动化

这里尤其特指重体力劳动的自动化，这样的例子在服务业（如单人操作的垃圾收集卡车）和制造业（如自动生产线上的机器人喷漆）中比较多见。这些方面的发展变化是由于安全规则、经济和人身等方面的原因所推动的。

5. 员工薪酬

当然，还有最重要的一点，与工作相关的员工薪酬经过有效的工作设计，员工的工作得到科学的测定，并能根据测定的工作效果获得相应的报酬，这也是激发员工工作动机的重要方式。

第二节 工作测量

一、工作测量的基础

（一）工作测量的概念

【工作测量】是对完成一项工作所需时间的测定，是工作研究的重要内容。

工作测量的目的：确定每一项工作的时间标准。所有的企业都需要一定形式的标准时间进行规划和预算，很多公司已经在工作设计的实践中运用了工作测量方法，因此，采用工作测量的方法建立时间标准是非常必要的。

确定的时间标准就是标准工时。标准工时是衡量一切工作的标准，具有客观性与公平性。在进行时间研究时，首先了解标准工时的含义。

（二）标准工时的含义[①]

1. 标准工时的含义

【标准工时】在某一项工作中，在标准的作业条件下，中等熟练的作业人员以正常的努力，完成一件工作的时间。单位为分·人/件（或秒·人/件、小时·人/件）。

2. 标准工时的作用

（1）预估工厂负荷产量。工厂空间是确定的，当过程上有了标准时间时，即可测算工厂的产能。

（2）制定生产计划的基础。利用标准时间，生产管制部门可以更精确地制定生产计划，如在进度控制上有了问题，也可依标准时间来进行人力调整。

（3）增加机器设备的依据。依据机器产能（换算标准时间）可得知生产量变动时所需要的机器数量。

（4）保证流水线生产的平衡。一条流水线有很多工序，可依各工序的标准时间来配置人力，使生产线平衡、流畅。

（5）效率分析的基础。有了标准时间，就可计算在多少时间内完成多少产品。

3. 测定标准工时的准备

（1）收集信息。包括对象作业的周期、产量、生产方式、产品或零部件加工的连续性、作业的标准化程度、作业内容、达到什么精度、制定时间标准的费用等。

（2）选择测定方法。测定标准时间的方法有时间研究、标准时间要素法、预定动作

---

① 朱昊编著：《如何进行现场管理》，北京大学出版社，2004 年 1 月，第 42~45 页。

时间标准法和工作抽样法等很多种类。每个方法各有其特点，企业可以根据使用目的和测定的对象作业性质选择适当的方法。

4. 标准工时的计算

（1）测算作业时间。新产品小批试制时，工艺人员持秒表在作业现场对每一工序的作业时间进行实际测算。此外，应选择生产较为顺畅时进行测算，并连续测试 20 个以上的周期时间。

【周期时间】是指作业人员从取料开始到下一次取料为止的总时间。

实测时间 = 测试总时间 ÷ 测试周期数　　(9–1)

（2）测算评核系数。工艺人员根据观测的作业人员的劳动熟练程度，给出评核系数。测试实际作业时间时，作为参照的作业人员，其劳动熟练程度与中等熟练人员的比较系数称为评核系数，也称为评比率。系数越大表示其劳动熟练程度越高。

（3）测算宽放率。工艺人员根据作业条件测算宽放率，其中：

管理宽放率 = 管理宽放时间 ÷ 实际时间 × 100%　　(9–2)

生理宽放率 = 生理宽放时间 ÷ 实际时间 × 100%　　(9–3)

疲劳宽放率 = 疲劳宽放时间 ÷ 实际时间 × 100%　　(9–4)

宽放时间 = 管理宽放时间+生理宽放时间+疲劳宽放时间　　(9–5)

宽放率=宽放时间÷实际时间×100%=管理宽放率+生理宽放率+疲劳宽放率　　(9–6)

其中，管理宽放率一般取 3%~10%；

生理宽放率一般取 5%~20%；

疲劳宽放率一般取 2%~5%。

【宽放时间】为了执行所定的作业，必要的、不可避免被耽误的时间，称为宽放时间。宽放时间分为管理宽放时间、生理宽放时间、疲劳宽放时间。

【管理宽放时间】由于执行公司政策所作出的宽放时间。

【生理宽放时间】与作业无关的生理需求时间。

【疲劳宽放时间】因清除工作疲劳所需要的休息和补偿行动而延误的时间。

（4）计算标准时间。

$$\text{标准工时} = \text{实测时间} \times \text{评核系数} \times (1 + \text{宽放率})$$

$$= \frac{\text{测试总时间}}{\text{测试周期}} \times \text{评核系数} \times (1 + \text{管理宽放率} + \text{生理宽放率} + \text{疲劳宽放率}) \quad (9\text{–}7)$$

5. 修改标准工时

标准工时不是固定不变的，企业应根据生产状况及客观实际重新测评。

（1）产品正式投入生产后，生产趋于稳定时（一般为生产一周以上），工艺人员应再次测评标准工时；必要时应予以修改，并发出变更通知。

（2）当生产工艺条件发生变化或技术变更对生产作业有明显影响时，有关部门应重新测评标准工时；必要时应予以修改，并发出变更通知。

（3）其他客观条件导致标准工时不能反映实际工作绩效时，有关部门应重新测评标准工时；必要时应予以修改，并发出变更通知。

(4) 各部门认为标准工时不能真实体现作业状况时，可向有关部门申请重新测评。

总之，标准工时是实施现场管理、进行工作测量的重要基础，准确的标准工时可以平衡生产线，有效分配工作人员。

二、工作测量的方法

工作测量常用的方法有：时间研究、标准时间要素法、预定动作时间标准法和工作抽样法等。这些方法的比较如表 9–4 所示。

表 9–4　不同工作测量方法适用性的比较

工作类型	确定工作时间的主要测量方法
间隔很短、重复性很高的工作	录像带分析法（时间研究）
间隔短、重复性高的工作	秒表时间研究（时间研究）；预定动作时间标准法
在流程时间固定的设备上完成的工作	标准时间要素法
非频繁性或周期很长的工作	工作抽样

（一）时间研究

1. 定义

【时间研究】也叫秒表和微动作分析，既可在工作现场通过观测分析工作的录像带进行，用秒表和其他一些计时工具来实际测量完成一项工作所需的时间。时间研究包括秒表法和录像带法。

2. 步骤

(1) 要研究的工作或任务被分解成可测量的部分或要素，且每一要素被单独测定。

分解工作的一般原则如下：第一，定义的每个工作要素持续的时间要尽可能短，但又要足够长，以便于可以用秒表进行测量并记录下时间；第二，如果操作人员在一些单独运行的设备上工作（即操作人员执行一项任务和机器运行分别独立进行），应把操作人员和设备的工作分别分解成不同的要素；第三，把操作人员和设备的等待定义成单独的要素。

(2) 经过一系列的重复测量，把收集到的时间数据平均化，通过计算工作时间的标准差可以得知工作时间的波动大小。

观测多少次才是足够的？时间研究其实是一个抽样的过程，也即我们通过观测相对较少的数据而代表以后由人员完成的许多次操作。在大量的分析和实验的基础上，足够的观测次数是工作的周期长度和在一年的计划周期中工作重复次数的函数。

(3) 每一要素的平均时间经过累加，得出操作人员的操作时间。

(4) 然而，要使该操作人员的时间对所有的工人都适用，对速度的测定和评比率也必须包括在内，以使工作标准化。利用比率因素可以得出所谓的正常时间。

案例 9–3　厨师工作的时间研究

一位工业工程师对一位快餐店的厨师进行时间研究，若厨师执行一项任务需要5分钟完成，工业工程师经过时间分析估计他比正常时间快20%。公司考虑到个人生理需要、不可避免的延误和疲劳等方面的因素，设定15%的工作时间的宽放率。请计算厨师执行这项任务的标准时间。

解：

正常时间（Normal Time, NT）=每个操作单元的观测时间×评核系数

NT=5×（1+20%）=6（分钟）

在对厨师观测一段时间后，由这段时间中的产出量和评比率可得如下公式：

NT=（工作时间×评核系数）÷产出量

根据公式（9–7），即标准工时=实测时间×评核系数×（1+宽放率）

即标准工时（Standard Time, ST）= NT×（1+宽放率）=6×（1+15%）=6.9（分钟）

一天工作8小时，将产出8×60÷6.9≈70（件）产品；

其中，工作时间为70×6=420（分钟），宽放时间占8×60–420=60（分钟）。

注意：这里的实际测量时间是不包括宽放时间的，即测量时，工人一直处于工作状态，工人的休息时间、生理需求时间（如喝水的时间、去洗手间的时间等）、不可避免的工作延误（如设备故障或物料短缺）等都没有计算在内。

（二）标准时间要素法

1. 含义

数据来源：取自以前的研究或是历史数据，并编入手册或计算机数据库中的表格，是每个公司自己特定的数据。

目的：这些标准时间要素可作为新的工作制定时间标准，或对现有的工作时间做出调整，以反映现有工作的变化。

标准时间要素更准确的名称应称为正常时间数据，因为表中的数据已用平均评比率进行了修正，并且必须计入宽放率以求得标准时间（ST）。

2. 步骤

（1）把新工作分成基本要素。

（2）根据表中查出的相似要素的时间，分别设定各基本要素的时间。

（3）根据新工作的特殊特征调整要素的时间。如“金属切割”，按照金属的种类、切割刀具的尺寸、切割深度等修正所需时间。

（4）将各要素时间加总起来，再加上公司政策中对特定工作所规定的等待和疲劳所致的宽放率。

3. 优点

标准时间要素法的明显好处就是节约成本，这样就不必为每项新工作进行新的时间研究，节约了员工的总时间，避免了员工的分散。

4. 注意事项

这种方法的顺利实施主要要求基本数据的及时更新和易于获取。

（三）预定动作时间标准法

【预定动作时间标准法】（Predetermined Motion-Time Standards，PMTS）与标准时间要素法一样，也利用现存的数据表为一项工作或任务确定时间标准。使用该方法时先将工作内容分解，然后查表得到各基本动作单元相应的时间值，累加起来得到正常作业时间，再考虑人的生理需求、休息等占用的宽放时间比例，即得到标准作业时间。

这种方法与上面介绍的标准时间要素法的区别如表 9-5 所示。

表 9-5 预定动作时间标准法与标准时间要素法的区别

预定动作时间标准法	标准时间要素法
为基本动作设定时间 基本动作举例： 手伸到给定长度 抓住给定重量的物品	为特定的工作要素设定时间 工作要素举例： 打印文件 金属切割
适用于多种人工劳动	适用于特定的企业或行业

注意：预定动作时间标准法是为基本动作设定时间，这些动作的基本要素也就是动素。动素具有一般性，因此该方法适用于多种人工劳动。关于动素的基本知识附后。

附：基本知识——动素（Therbligs）①

【动素】吉尔布雷斯在 1912 年美国管理协会（AMA）发表了 17 个动素（见表 1），将人体动作分解为最基本的 17 个微动作单元，称为动作基本元素，简称动素。为了纪念吉尔布雷斯的这一创造性的贡献，将其名字 Gilbreth 字母逆序写成 Therbligs 并命名为动素。

表 1 动素表

序 号	动 素	通用符号	原 名	说明
1	寻找	Sh	Search	确定目的物的位置
2	选择	St	Select	在同类物件中选取其一
3	运空（伸手）	TE（RE）	Transport Empty（Reach）	手伸出开始，触及目的物瞬间结束 空手移动伸向目标
4	抓住	G	Grasp	利用手指充分控制物体
5	运实（移动）	TL（M）	Transport Loaded（Move）	手持物从一处到另一处
6	拿住	H	Hold	手持物并保持静止状态
7	放手	RL	Release	东西从手中放掉
8	对准	P	Position	物体置于所需的正确位置
9	预对	PP	Preposition	对准前，先将物体安置到预订位置
10	检验	I	Inspect	将产品与预订标准比较

① 刘晓冰主编：《运营管理》，大连理工大学出版社，2005 年 4 月，第 129~130 页。

续表

序　号	动　素	通用符号	原　名	说明
11	装配	A	Assemble	动作旨在将两个以上物件组合
12	拆卸	DA	Disassemble	对两个以上组合的物体作分解动作
13	使用	U	Use	利用器具等完成的动作
14	延迟	UD	Unavoidable Delay	不可避免的停顿
15	故延	AD	Avoidable Delay	可避免的停顿
16	计划	Pn	Plan	在操作进行中，为下一步所作思考
17	休息	R	Rest for overcoming fatigue	因疲劳而停止工作

目前，17 个动素已经在国际上通用，动作研究得到进一步发展。

由于动素对操作效率的影响有所差异，因此把动素分为有效动素和无效动素。根据中国台湾的陈文哲教授的研究，有效动素和无效动素又有如下分类，如图 1 所示。

- 动素
  - 有效动素
    - 实体性（生理性）动素：运空（伸手）、抓住、运实（移动）、放手、预对
    - 目标性动素：使用、装配、拆卸
  - 无效动素
    - 心智性或半心智性动素：寻找、选择、对准、检验、计划
    - 延迟性动素：延迟、故延、休息、拿住

图 1　动素的分类

其中，有效动素直接促进操作正常进行，一般不能消除，但可将时间设法缩短。无效动素延长了操作时间，要尽力设法消除。

此外，美国机械工程师协会在 17 个动素的基础上又提出增加一个新动素“发现”(Find)，但因其发生在“寻找”动素结束的瞬间，事实上不是一个动作，只是一种心理反应，应用较少。

（四）工作抽样

1. 工作抽样的含义

【工作抽样】又称为瞬间观测法，其基本原理是通过间断性、大量地随机观测工作人员在某个瞬间时刻的工作状态，获取一定数量的样本，然后通过样本来反映整体的特性。

（1）特点：这种方法并不直接测定具体动作消耗的时间，得出的是某些行为在一项工作中所占的时间比例。前面所讲的几种方法关心的是完成特定的具体任务或活动所需的时间；而工作抽样主要关心的是人或机器如何在多项任务或活动中分配时间。

（2）原理：工作抽样法是根据数理统计原理，通过子体样本来估计母体的状况。所以观测次数越多，获得的数据就越准确，但是同时需要的费用也越多。

（3）注意事项：由于本方法所获得的数据准确性与所需的费用正相关，所以在应用这个方法时，需要对观测数据的估计精度先确定一个大致的要求，然后根据这个要求来

推测所需的观测次数。

2. 工作抽样研究的步骤

（1）识别特定的活动。这些活动是研究的主要目的，例如，确定设备工作、闲置和维修时间各自所占的百分比。

（2）预估感兴趣的活动占活动总时间的比例（例如，设备运行时间为 80%）。这些估计可根据分析人员的背景知识、以前的数据、其他人可靠的猜测或从一个探索性的工作抽样研究中得到。如果没有作过初始预估，如前面的例子所述，可取 0.5。

（3）给出研究结果所要求的精确度。

（4）确定进行每一次观测的特定时间。

（5）在研究期间，每隔两次或三次，用目前所收集到的数据重新计算所要求的样本容量，如果有必要，就提高观测次数。

3. 估计的准确度

（1）小实践：观测一个消防部门中的营救小组，一天中随机观测 100 次，我们将发现在 100 次观测中，它从事营救工作的次数为 30 次（在途中、在事故地点或者收到电话而返回），因此可以估计，该营救小组 30%的时间直接花在营救任务上。

说明：观测的时间取决于观测的对象。许多时候，只需看一眼就可确定该项活动，大部分研究只需要几秒钟的观测时间，因此，这个小实践中才能有“一天中随机观测 100 次”的情况。

（2）准确度方面的问题。对某一活动即便是观测了 100 次，也未必能够保证估计达到所要求的准确度。为了对这种估计进行改进，必须确定如下三个问题：

1）要求结果中统计的置信度水平是多少？

2）必须作多少次观测？

3）精确地知道应何时做观测？

4. 观测次数

（1）观测次数的分布。工作抽样研究中的观测次数在整个研究期间通常被分成几个部分。因而，如果 10 天内要观测 500 次，观测计划通常定为每天观测 500/10，即每天 50 次。每天的观测通过使用一个随机数表分配特定的观测时间。在服务业中，把所需观测的次数按数据收集期均分尤其重要，因为员工在一定时间可能特别忙而在其他时间比较空闲。

（2）观测次数的计算。工作抽样中需要观测的次数可能相当多，从几百次到几千次不等，这主要取决于活动本身及所需的精度等级。需要观测的次数 N 可以利用下面的公式计算得出：

$$N = \frac{Z^2 p\ (1-p)}{E^2} \tag{9-8}$$

其中，N——随机观测次数（样本容量）；

Z——给出所要求置信度的标准偏差值；

p——观测的活动发生的百分比；

E——绝对误差。

案例 9-4 观测次数的计算

需要确定一家酒店前台职员的空闲时间比例，要求置信度为 95%，绝对误差为 3%，假定初始预估前台职员的空闲时间约占 20%。

解：

本例中，Z=1.96（由 95%的置信度得到）

P=0.20（预计的空闲时间比例）

E=0.03（绝对误差）

将数据带入公式（9-8），得到

$N=[(1.96)^2(0.2)(1-0.2)]\div(0.03^2)=682.95$ 或 683，即需要观测 683 次。

在此，我们总是向上进一位取整，以确保满足工作抽样研究的最低要求。

根据上面的工作抽样研究，有 95%的置信度可以确定前台职员实际空闲比率与工作抽样研究结果相差不到 3%。

第三节 人机工程简介

写字桌的高度一般是 29 英寸，而电脑桌稍矮一些，桌子的最佳高度取决于个人的高度和所要完成的工作；椅子的靠背不是笔直的，它的弧度恰好与人的生理弯曲相一致；鼠标的中部是隆起的，操作者的手能够恰好握住鼠标，而食指和中指分别碰触鼠标的左右键……

人生来就有局限性，工作设计的进行依赖于对人的研究，对工作环境和机器设备的设计与布置能够使工作变得更简单。

一、概况

（一）人机工程学的定义

1. 不同的称谓

英国称其为 Ergonomics，可译为人类工程学；美国称其为 Human Engineering，“人机工程”由此转译而来；日本称其为人间工学；我国也有人根据其目的直称为工效学。

2. 概念

【人机工程学】生产过程是人在一定的环境系统中运用工具创造物质财富的过程，是人、机器和环境交互作用的过程，研究这一交互过程的学科叫做人机工程学。

（二）三要素

人机系统的三要素：人、机器、环境。三者的关系如下：

1. 人与机器

工人为了完成生产任务必须操纵设备、控制机器，而控制的前提是利用人的感官系统从机器上的显示系统中获取机器的运行状态信息，然后再根据人的判断去对机器的控制系统施加影响，机器受到其控制系统作用后产生响应并重新在显示系统中反映出状态信息。

2. 环境的影响

机器与人之间是依靠环境来沟通的，环境既是媒体也是干扰源，有时会阻断人与机器的联系，或使人犯错误，对机器施加错误的影响而使系统失效。

（三）研究内容简介

由于人机系统由三大要素构成，人机工程学也围绕着三要素进行了深入的探讨。

1. 人

人机工程学主要在感官神经系统和人体构造与测量学等方面，对人接受信息、进行判断、作出反应这一过程的机制、素质及极限能力进行了研究，并对人体机体特征、动作的生物力学特性等方面也进行了研究，并形成人因工程（Human Factor Engineering）的专门分支。

2. 机器

人机工程学主要结合人的特性探讨了机器显示、控制、空间布置、作业地设计等方面的专门问题。

3. 环境

人机工程学主要从工作地的物理环境因素着手，分析气候状况、照明状况、色彩状况、噪音状况对员工工作的影响，探讨相关的问题。

关于人和机器两个方面的研究多涉及医学、生理、心理学等方面的内容，属于工业工程师较深的知识层次，因此本节只就人的动作研究、人机关系以及环境研究作简单的介绍。

二、动作研究

吉尔布雷斯夫妇在进行动作研究时重视对微动作的研究，并首先提出“动作经济与效率法则”（Rules for motion Economy and Efficiency），之后在实践中不断充实完善，后又由加州大学巴恩斯（R.M.Barnes）教授提出了完整的 22 条原则并分为三大类：关于人体动作的 9 条、关于工作地布置的 8 条、关于工装设计的 5 条（见表 9-6）。

表 9-6 动作经济原则

序号	说明	分类
1	双手同时并做	人体动作
2	除休息外，两手不应同时闲置	
3	两臂反向对称并做	
4	尽量使手动等级降低	
5	充分利用物体动量，若用体力则尽量小	
6	曲则为美	
7	突发性动作较受制性动作快、准	
8	动作应有节奏	
9	少用眼并靠近做	
10	固定工具、物料地点	工作地布置
11	工具、物料、操作装置于前方近处	
12	利用重力坠送零件物料	
13	坠落尽量利用重力	
14	工具物料有序排列	
15	适宜的照明使视觉舒适	
16	让台、椅高度使坐、立均适宜	
17	椅型及椅高使坐姿良好	
18	尽量脚踏式装置等，使手能够有机会做其他工作	工装设计
19	多用组合工具	
20	工具物料预放	
21	各手指尽其力所能及	
22	工位、机具设计尽可能使操作者少转体、移位	

三、人机关系

（一）程序图符号

人与机器的沟通可以通过手动工具、脚踏、杠杆或按钮来进行。为保证安全而有效地达到质量和数量标准，流程图、工序图和人机程序图等技术都是非常重要的。在认识这几项技术以前，了解一些程序图符号是有益的（见表 9-7）。

表 9-7 程序分析的符号及说明

程序要素	符号	符号使用说明	原文
操作	○	制品发生质变（化学变化）与形变（物理变化）的状态	Operation
运输	⇨	制品发生位移的状态	Transportation
检验	□	对制品数量或质量的检验	Inspection
停留	D	制品在制造过程中的暂时停顿、延迟、等待	Delay
贮存	▽	制品或产品受控制的库存状态	Storage

续表

程序要素	符　号	符号使用说明	原　文
联合动作		数量检验与质量检验同时进行，以质量检验为主 男子搬运 汽车搬运 以加工为主同时进行检验	

除五个基本符号外，在研究实践中，工业工程师还创造性地采用了各种不同的象形符号来表意。为了取得共识，在一般不太复杂的程序描述中尽可能使用五个基本程序图符号。如在文书工作中，打字、上交文件、校对、等待上级批复、文件存档可依次用五个程序符号○、⇨、□、D、▽来表示。在动作状态联立情况下使用联合符号。

（二）流程图（Flow Diagrams）

【流程图】用于调查人或材料图表，它们可以提供一个系统过程来观察一个长周期的重复任务，包括一个工作流程中的全部活动，如操作、搬运、延误、检查等，所用的符号在第一节中有所介绍。

案例 9–5　面条制作的流程图

面条制作的流程如下：面条被从储藏架上取下来带到厨房，开始加工，先在锅台上的一个大锅内煮熟，然后放在一个大碗内，再送到水池边过水，过水后的大碗面条被送到操作台，分成六份，装入六个盘子，上面加上肉末和番茄酱，然后被送到加热器，使之保温，直到有人需要。这样的操作流程如图 1 所示。

流程名称：面条制作
分析员：______
日期：　7 月 24 日

步　骤	符　号	备　注
1. 面条置于储藏架上	▽	
2. 将面条拿到厨房	⇨	
3. 煮熟	○	
4. 放到大碗里	⇨	
5. 送到水池边	⇨	需要搬运重物
6. 过水	○	
7. 送到操作台	⇨	需要搬运重物
8. 分装入盘	⇨	
9. 加肉末和番茄酱	○	6 个重复动作
10. 将盘子送到加热器	⇨	6 个重复动作
11. 保温	▽	
12. 送到出售台	⇨	6 个重复动作

图 1　改善前的面条制作流程图

注：▽——存储　⇨——搬运　○——加工、操作

通过对面条制作的工作流程进行分析，原工作流程有所增减，如增加了一个紧靠锅台的水龙头（已有水管），这样可以在锅台边过水，并直接加肉末和番茄酱，并就地在锅台保温。这样可以节省几次搬运的时间，而且搬运的次数大大降低（从7次减少到了3次），同时无须移动大碗这样的重物。搬运时间改善后的流程图如图2所示。

流程名称：面条制作

分析员：______

日期： 7月26日

步 骤	符 号	备 注
1. 面条置于储藏架上	▽	
2. 将面条拿到厨房	⇨	
3. 煮熟	○	
4. 放到大碗里	⇨	
5. 在锅台过水	○	增加一个紧邻锅台的水龙头
6. 加肉末和番茄酱	○	
7. 保温	▽	
8. 分装入盘	⇨	6个重复动作
9. 送到出售台	⇨	6个重复动作

图2 改善后的面条制作流程图

资料来源：刘丽文著：《生产与运作管理》(第2版)，清华大学出版社，2002年6月，第130~131页。

（三）工序图（Process Charts）

【工序图】是对生产现场一个重点研究对象整个实际制造过程的详细记录。其中，“运输”、“停留”和“储存”这三项都是非生产性活动，是分析、研究的重点，尤其是要对时间与位移进行分析，力图寻找“隐藏成本”的浪费。

案例9-6 轮轴架生产的工序图

通过采纳管理顾问的建议，英国的帕蒂·霍普科克（Paddy Hopkirk）汽车附件厂运用工序图来重新安排工厂的生产，获得了可喜的变化（顾问建议的工序图如图1所示）。一天早晨，该厂乱糟糟的生产线旁堆满了装有半成品的板条箱。两天后，当180名工人来工作时，那些机器已经归置成为整齐的“单元”，成堆的零件已经消失，新清扫的地面上用彩条线标出了材料的流动方向。一夜巨变，在变化后的第一个工作日，一些生产线的产出率提高了30%，一些生产过程所需的场地减少了一半，而且在制品大量减少。改善后的布局使一些工作互相组合，得到“解放”的工人能在工厂的其他地方发挥作用。

工序图

现在的方法：　　建议的方法：×

项目：轮轴架生产　　日期：1/1/96

图号：1

部门：轮轴架生产单元　　第1张共1张

距离（英尺）	时间（分钟）	图形符号	工序描述
50		●⇨□D▽	从压机到工作单元的贮存箱
	3	○⇨□D▼	贮存箱
5		○➡□D▽	移到机器1
	4	●⇨□D▽	在机器1作业
4		○➡□D▽	移到机器2
	2.5	●⇨□D▽	在机器2作业
4		○➡□D▽	移到机器3
	3.5	●⇨□D▽	在机器3作业
4		○➡□D▽	移到机器4
	4	●⇨□D▽	在机器4作业
20		○➡□D▽	移去焊接
	防呆装置	○⇨■D▽	防呆装置检查焊接
	4	●⇨□D▽	焊接
10		○➡□D▽	移去喷漆
	4	●⇨□D▽	喷漆
97	25		总计

图1　帕蒂·霍普科克轮轴架生产线的工序图

注：×表示目前的情况，即该程序图是建议的方法。

资料来源：［美］杰伊·海泽（Jay Heizer）、巴里·雷德（Barry Render）著，潘洁夫等译：《生产与作业管理教程》，（第4版），华夏出版社，1999年1月，第248页。

（四）人机程序图（Man–Machines Process Chart）

【人机程序图】研究一个人在一定的时间内、一定工作地的活动。记录操作者在一个工作周期内的作业情况和机器在一个运转周期内的运转情况，并基于共同的时间坐标描述人、机状态，分析操作者是否可以兼管工序或实行多机床看管，尤其在时间能否充分利用和顺序可否重排方面进行思考，来达到节约时间的目的。人机关联图是按照人的一个工作周期的时间来绘制的。

【工作周期】是一个工作循环需要的时间。

注意事项：一人一机时，人的工作周期等同于机器的运转周期；一人多机时，人的工作周期不一定与机器的运转周期一致。人机关联图中的工作周期是指人的操作周期时间，但不能说明人工的效率。

案例9–7　咖啡店中的员工动作研究——人机程序图

通过观察、测量员工的工作周期，得到了人机程序图（见图1）。

	放入咖啡机				机器	
时间（秒）	顾客	所需时间	服务员	所需时间	咖啡机	所需时间
10	进入并声明	10	接待顾客	10	等待	
20	等待		取咖啡	20		
30						
40			放入咖啡机	10		
50			等待		煮咖啡	40
60						
70						
80						
90			放入杯中	10	等待	
100			放入托盘	10		
110			放入汤勺	10		
120	付钱取货	10	请顾客付钱拿走	10		
130	喝咖啡	20	清洗咖啡机	10	清洗	10
140			等待		等待	
150	离去	10				
总计		50		90		50
占用比率		0.33		0.60		0.33

图 1 咖啡店里的人机程序图（单位：秒）

整个过程涉及顾客、服务员、咖啡机（机器设备）三个方面。通过人机程序图，我们可以发现在每一个工作周期，员工的工作时间是 90 秒，等待时间是 60 秒（包括等待咖啡机煮咖啡的时间、等待顾客喝咖啡的时间），总时间为 150 秒，人的利用效率为 60%。同样也可以得到机器的利用效率为 33%，其他时间闲置。根据这样的人机程序图，我们可以发现人与设备的关系，从而更好地改进工作设计，充分利用工作时间，提高工作效率。

四、环境研究

工作环境是指人操纵机器设备或利用各种工具进行劳动生产时在工作地周围的物理环境因素。它们主要包括气候、照明、色彩、噪声四大类影响因素。

（一）气候状况

工作地和工作用房的气候状况决定于下列因素：空气的温度、空气的流动速度、气压与大气污染等。

1. 温度对员工工作的影响

（1）人体热源。人本身就是一个热源，研究表明一位正常男子在休息或静止状态下平均每小时要产生 293 焦耳的热量，而在劳动和激烈运动中，产生的热量可达到平常值的 20 倍。

（2）温度的影响。室内的温度高会引起瞌睡、疲劳，从而使工作能力降低，增加差错；若室内温度低则会分散注意力。适宜的温度是员工正常发挥工作能力的前提条件。

（3）决定适宜温度的因素。对于冷热的主观感觉不仅依赖于气候条件，而且也与工作人员的体质、年龄、性别、对水土的适应、工作的难易、服装等因素有关。因此，所谓最佳温度不是某一固定的数值，而是指某一区域。一些最佳温度如表 9–8、表 9–9 所示。

表 9–8 美国统计资料中的最佳温度

脑力劳动	轻劳动	体力劳动
60°F~65°F （相对于 15.5°C~18.3°C）	55°F~65°F （相对于 12.7°C~18.3°C）	50°F~62.5°F （相对于 10°C~16.9°C）

资料来源：陈荣秋、马士华编著：《生产运作管理》，机械工业出版社，2004 年 1 月，第 105 页。

表 9–9 我国各种建筑物内的最佳温度范围标准

地　点	最佳温度范围
学校教室	65°F~70°F（18.3°C~21.1°C）
医院病房	70°F~72°F（21.1°C~22.2°C）
剧院电影院	65°F~68°F（18.3°C~20°C）
食堂	65°F（18.3°C）
工厂车间	55°F~65°F（12.8°C~18.3°C）
住宅	65°F（18.3°C）

资料来源：陈荣秋、马士华编著：《生产运作管理》，机械工业出版社，2004 年 1 月，第 105 页。

2. 空气流通对员工工作的影响

保持空气新鲜的工作地要比空气停滞的工作地效率高出约 10%。

在工作人员不多的房间中，空气流动的最佳速度估计约为 0.3m/s；在拥挤的房间中，空气流动的最佳速度约为 0.4m/s；当室内温度、湿度都很高时，空气流动的最佳速度应为 1~2m/s。

3. 空气污染对员工工作的影响

（1）空气污染源——人。在人的呼吸过程中会排出二氧化碳，随着劳动强度的增大，二氧化碳的排放量会随之增加。同时，因工作产生的汗水的蒸发也会使空气受到污染。

（2）空气污染源——生产过程。在加工、运输、贮存等生产过程中产生出的粉尘、烟雾、气体、纤维质、蒸汽等都会造成对人体不同器官的刺激、损害。

（3）影响。一是影响工作效率；二是损害人体健康，甚至影响工作安全。

（二）照明的影响与设计

1. 照明对员工工作的影响

（1）直接影响——工作效率。照明条件与对比度情况越好，工作中的差错率、事故率越低，而且对于效率的提高也有促进作用。如果创造舒适的光线条件，不仅在从事手工劳动时，而且在从事要求紧张的记忆、逻辑思维的脑力劳动时，都会提高工作能力。在照明不好时人会更快地疲劳，工作效果更差。

【对比度】是反映观测物体与其背景的亮度差。

（2）间接影响——情绪动机。照明对人的自我感觉也有影响，照明直接影响工作人员的情绪和动机，进而对工作能力和效果产生影响。一般认为，明亮的房间是令人愉快的，而且许多人都认为光应从左侧投射。人在选择工作地点时都喜欢比较明亮的地方。在供休息的房间里，多数人都喜欢较暗的地区。

2. 设计照明系统

（1）设计目的：①避免作业损失和工伤事故的发生；②防止照明上的浪费。

（2）设计要素：①工作地附近的适当亮度；②工作地附近的固定照明；③工作地与背景之间应有适当的亮度差；④避免光源或作业区域发出炫光。

（3）确定照明条件：①照明要求；②照明方式的选择；③照明方法的确定；④照明设备的安装等。

（4）注意事项：合理的工作地照明应是使工作面照度适宜、均匀、稳定，而且无炫目感。良好的照明不仅要明亮，还需要消除黑角暗道，更要避免闪光反射，并不发生过高热量。在进行工作地照明的组织工作时，不仅要考虑光源，还要考虑距离及分布，也应考虑操作者视网膜对光线的适应性。表 9-10 所提供的数据可供参考。

表 9-10　各种工作环境下的照明水平

工作情况	任务或区域类型	照明水平（FT-C）	照明类型
小细节，极其准确	缝纫，检查暗色材料	100	天花板灯光和台灯
一般细节，较长时间	读书，零件装配，一般办公室工作	20~50	天花板灯光
很好的对比，相当大的物品	娱乐设施	5~10	天花板灯光
大物品	饭店，楼梯，仓库	2~5	天花板灯光

注：FT-C（英尺烛光）是照明单位。

资料来源：C. T. Morgan，J. S. Cook Ⅲ，A. Chapanis and M. W. Lund，eds.，*Human Engineering Guide to Equipment Design*，New York：McGraw-Hill，1963.

（三）色彩的影响与应用

许多国家的工业卫生、环境保护专家和劳动心理学家以及医学家证明，厂房、建筑物及工作地装备的色调，对工人的劳动情绪，生产效率和作业质量有明显的影响。实践证明，色彩已不是可有可无的装饰，而是一种管理手段，可以为改善劳动环境、提高生产效率服务。

1. 色彩的影响

（1）对人的机体的影响。色彩能够影响到内分泌系统、含水量的平衡、血液循环和血压。

红色和红的色调会使人的各种器官的机能兴奋和不稳定；而蓝色和绿色色调则会使

人的各种器官的机能稳定。

（2）对人心理的影响。颜色对心理的影响源于生活中积累起来的人与物交往的经验，以及对物的态度，色彩能引起某种情绪或改变某种情绪。如“明快”的颜色引起愉快感，“阴郁”的颜色可能是心情不佳的起因。

小知识

颜色包括色调（H）、明度（V）和彩度（C）三个要素。

色调包括：

5种基本色调——红（R）、黄（Y）、绿（G）、蓝（B）、紫（P）

5种中间色调——黄红（YR）、绿黄（GY）、蓝绿（BG）、紫蓝（PB）、红紫（RP）

每一色调又分为10个等级。

明度指在一定背景下的明亮感觉，在白黑中间分成由0~10感觉上等距离的等级。

彩度指颜色的浓淡饱和程度。无彩色如黑、白、灰的彩度为0。彩度分为12~14个等级。当某颜色达到饱和时，便为纯色。

色彩的标定方法：HV/C=色调、明度/彩度

例如，7.5YR8/4的颜色，就代表色调是7.5橙，明度8，彩度4。这种颜色对保护眼睛很好。

2. 色彩的应用

生产用房不宜单一颜色或单一色调，容易产生视觉疲劳，而把表面涂成对比色是有效的。此外，具体颜色还要适合于房间的用途，如表9-11所示。

表9-11 不同用途的房间（工作场所）与其色彩搭配

房间（工作场所）	色彩
普通生产用房	明快的色调
高温房间	冷色调
俱乐部、休息室	暖色调
会客室	暗色调

除了工作场所的房间用色以外，设备的色彩、作业时的材料色彩都应该结合在一起考虑。如对于需要卫生管理的食品、饮料工厂的设备，采用白色或近于白色为最佳；对于搬运设备如堆高机、手推车等尽量避免深色，使用较明快的色彩为好。一般来说，设备使用中性色的绿色系列和没有刺激的灰色系列较好，因为这种色彩能给予静感，可使工作人员眼睛不会过度疲劳。

小知识

【暖色】红、橙、黄色给人以温暖感觉，这些颜色叫暖色。

暖色一般起积极的兴奋的心理作用。其中：

红色系列颜色对人在生理上起增加血压及脉搏的作用，在心理上有兴奋作用，并有不安感及紧张神经的副作用，因此一般不广泛使用。

橙色系列颜色可以增加食欲，故适合于食堂。

在暖色中黄色系列颜色的生理反应近于中性，所以可用于一般工作场所，特别是女工作人员为主的场所，用暖色为宜。

【冷色】青、绿、紫色给人以寒冷感觉，这些颜色叫冷色。

冷色一般起消极的镇静的心理作用。其中：

青色系列颜色对人在生理上起降低血压及脉搏的作用，在心理上有镇静作用，有清洁感，但大面积使用会给人荒凉的感觉，所以只能配套使用。

绿色系列颜色的生理反应近于中性，可给人以平静感。

【明色调、暗色调】由反射决定的色彩亮度可能影响人的情绪。

明色调会使人产生轻松、自在、舒畅的感觉。

暗色调会使人产生压抑和不安的感觉。

（四）噪音状况的影响与控制

【噪音】人机工程学中的解释是，对生产者形成干扰，使其感到不快、不安或者有伤害的一切声音信号。噪音主要包括城市交通噪音、工厂噪音、建筑施工噪音以及商业、体育和娱乐场所的人群喧闹声等。

1. 噪音的影响

（1）噪音直接或间接地影响工作效率。在高噪音下工作，使人精力分散、心算速度降低、遗漏和错误增加、反应时间延长、总的效率降低。降低噪音给人带来舒适感、精神轻松、工作失误减少、精确度提高。

实验结果：[①] 通过对打字员做实验，把噪音从60dB降低到40dB，工作效率提高30%。对排字、速记、校对等工种进行的调查发现，随着噪声级增高，错字率迅速上升。对电话交换台调查的结果是，噪声级从50dB降至30dB，差错率可减少12%。

（2）噪音影响人的身体健康。长时间处于85分贝（dB）以上的噪音中会造成永久听力丧失，职业安全和健康协会（OSHA）规定处于这种环境达8小时以上时应戴上耳塞。

（3）噪音容易引起工伤事故。由于噪音的心理作用，分散人们的注意力以及由于高噪声掩饰危险、警报信号等，容易引起工伤事故。噪音较高的工厂如钢铁厂等，噪音是酿成事故不可忽视的原因。

（4）噪音造成巨大的经济损失。据世界卫生组织估计，仅工业噪音，每年由于低效率、缺勤、工伤事故和听力损失赔偿等，就使美国损失近40亿美元。

（5）声音过小也会成为问题。在一个死静无声的房间里工作，心理上会产生一种可

① 陈荣秋、马士华编著：《生产运作管理》，机械工业出版社，2004年1月，第108页。

怕的感觉，使人痛苦，这也必然影响工作。

2. 控制噪音

形成噪音干扰的过程是：声源——传播途径——接收者。因此，噪音控制必须从这三方面研究解决。

(1) 控制声源。工厂中的噪音主要是机械噪音和空气动力性噪音。采取措施的前提是了解各种声源的性质和发声机理。通过研制和选择低噪音的设备和改进生产加工工艺、提高机械设备精度和安装技术、使发声体不发声或降低发声强度，就可以从根本上解决噪音的污染。

(2) 控制传播途径。①工厂总体设计布局要合理。将高噪音区和低噪音区分开设置，以免互相干扰。对特别强烈的噪音源，可设在厂区比较边远偏僻的地区，使噪音级最大限度地随距离自然衰减。②利用天然地形阻断或屏蔽一部分噪音向接收者传播。建筑足够高的围墙或屏障，增加绿化面积等都可以减弱声音的传播。③利用声源的指向性来控制噪声。④在声源周围采用消声、隔声、吸声、隔振、阻尼等局部措施，降低噪音。

(3) 接收者的防护。使用防护用具是一种有效的方法，通常有橡胶或塑料制的耳塞、耳罩、防噪声帽以及耳孔内塞上防声棉等，可以降低噪音 20dB~30dB。在噪音强烈的车间，也可设立小的隔声间，供员工进行仪表操作或休息。

第四节　作业测定与工作报酬设计

一、报酬模式

【作业测定】英文全称是 Work Measurement，是把对生产活动产出价值的测定转化为用生产活动的计划、实施、评价这样一种比较方便的共通尺度来测定的手法。这种共通尺度一般为时间值。很多时候，工作测量和作业测定这样的概念是通用的。工作测量的各种方法如时间研究法、标准资料法、预定时间标准法、工作抽样法等也是作业测定的技术。作业测定是工作报酬设计的基础。

【报酬模式】根据报酬给付的依据不同，报酬模式分为基于时间的报酬、基于数量的报酬、基于激励的报酬、基于知识的报酬等，如图 9–2 所示。

报酬模式
- 基于时间的报酬：计时报酬制
- 基于数量的报酬：计件报酬制、与质量相关的计件报酬制
- 基于激励的报酬：个别激励制度、组织激励制度
- 基于知识的报酬

图 9–2　报酬模式

这里所涉及的工作报酬是在作业测定基础上、与工作标准有关的报酬制度，而不是一般而言的工资制度。

二、基于时间的报酬

以时间为基础的报酬制度主要是计时报酬制，这样的报酬制度基于工作的时间消耗，个人的表现按一种基本的比例提高而获得报酬。

（一）计时报酬制的特点和范围

1. 基本特点

对工作的计量是以时间来表示的，在计时工资形式下，员工所得报酬的数额与工作时间成正比。

2. 适用范围

（1）机械化、自动化水平较高、技术性强、操作复杂，产品需要经过多道工序、多道操作才能完成，不易单独计算个人的劳动成果的行业和工种。

（2）主要为生产第一线服务和从事辅助工作，其劳动量不便于用产品产量准确计量的工人和服务人员。

（3）劳动量不便于统计计量的企业行政管理人员和技术人员等。

（4）产品、经营项目和生产条件多变的企业。

3. 优点

（1）便于检查，从同工同酬的角度出发具有一定的平等性。

（2）这种体系通过建立一种稳定报酬体系以有利于留住人才。

（3）该体系较易管理，劳动力成本易于预测。

（4）该体系不以牺牲质量为前提强调产出数量。

4. 缺点

容易造成平均主义。由于计时工资只能反映员工的技术熟练程度、劳动繁重程度和劳动时间长短的差别，不能全面反映同等级员工在同一工作时间内支付劳动量和劳动成果的差别，所以，企业在实行计时工资时，普遍实行奖励制度，以弥补计时工资制的不足。

（二）计时报酬制的形式

1. 分类

【小时工资制】根据员工的小时工资标准和实际工作小时数计算工资。

【日工资制】根据劳动者的日工资标准和实际工作日数来计算工资。

【月工资制】按照劳动者的等级工资制的工资标准来计发工资。企业职工如果出满勤，则按月工资标准支付工资；缺勤则按实际缺勤天数或小时数减发工资。如果加班加点工作，则发相应的加班日工资或加点小时工资。

2. 各种形式的适用范围

月工资制由于计算方便，适应范围较广，在我国企业得到了普遍运用；日工资制则适用于那些生产任务变动频繁，职工流动性大的企业、工种，特别是适用于企业的临时工；小时工资制目前在我国企业中实行较少，但是随着劳动制度的进一步改革，某些企业实行了弹性时间工作制，一部分职工的劳动时间不稳定，往往一天中变化都很大，即需要采用小时工资制。这三种形式难以截然分开，往往结合使用，互为补充。

（三）采用计时报酬制的注意事项

（1）必须严格业务技术标准，为实行计时工资制的每个员工确定岗位、职务或者评定技术（业务）等级，并完善考核制度。

（2）把计时工资制与一定数量的定额任务紧密结合起来。

（3）在实行计时工资制的同时，辅之以必要的奖励制度，对超额劳动的员工给予必要的补偿和鼓励；或者把计时工资制与浮动工资制或定额工资制结合起来进行报酬发放。

三、基于产量的报酬

（一）计件报酬制

1. 概念

【计件报酬制度】根据一个员工在单位时间（一天、一周或一个月）的生产数量来决定其报酬，产量多的员工多得报酬，反之亦然。

计件报酬制的基础是工作标准，即标准的、公正的工作量，能够代表大多数人正常水平的工作速度。为了确定单件产品的报酬，首先必须确定一天的标准、公正的工作量，然后推出单件标准时间。一般是采取一些技术进行作业测定以确定能代表大多数人正常水平的工作速度，在此基础上确定工作标准和报酬水平。

2. 适用范围

（1）产品的数量能够准确计量并能正确反映员工所付出的劳动量的工种或行业企业。主要依靠体力劳动和手工操作进行生产的企业和工种最适宜采用计件工资制。

（2）产品的数量和质量主要取决于工人主观努力的工种或行业企业。

（3）具有明确的产品质量标准，能够检验产品质量的行业企业或工种。

（4）具有先进合理的劳动定额和比较健全的原始记录统计制度，有严格的计量标准的行业企业或工种。

（5）生产任务饱满，原材料、燃料、动力供应和产品销路比较正常；能够组织均衡生产，并鼓励增加产量的单位，才能实行计件工资制。

上述条件不是孤立的，而是互相结合的，必须基本上具备这些条件，才能实行计件工资。

3. 计件报酬制的形式

（1）全额无限计件工资。就是工人的全部工资都随着完成和超额完成劳动定额的多少，按统一的计件单价来计发，不受限制。实行无限计件工资制的工人，计件期间不再领取本人标准工资。

例：如报酬标准为工人生产一件产品挣 5 美元，那么生产 10 件就能挣 50 美元。

（2）超额无限计件工资。工人完成定额的，发给本人标准工资；未完成定额的，按照本人的等级工资标准和完成的比例计发工资；超过定额的，其超额部分按规定的计件单价发给超额工资，不受限制。

例：某计件报酬制规定，员工的标准工时是生产每件产品用 2 分钟，那么标准工作量是每小时生产 30 件产品，如果一位员工每小时的产量达到标准工作量的 100%，就可以得到每小时 12 美元报酬；若在标准工作量的 100%~105%（含 105%）之间，就可以得到每小时 13.2 美元的报酬。员工甲每小时生产 31 件，获得报酬为每小时 13.2 美元。

（3）超额有限计件工资。就是对实行计件工资的工人规定了超额计件工资不得超过本人标准工资的一定百分比或绝对金额的限制，实行这一计件形式，是为了保证企业维持均衡生产，同时，也便于平衡计件工人与非计件工人的工资关系，防止由于企业管理水平低，定额不够先进合理，而出现超额工资过高的偏向。但在一定程度上，会影响工人积极性的充分发挥。

（4）累进计件工资制。工人生产的合格品产量在劳动定额规定的基数以内，按不变的计件单价计发工资；超过这个基数的部分，则按在原计件单价基础上递增的单价分别计发计件工资。

（5）间接计件工资。工人的工资不是直接由本人的产量或作业量确定的，而是由他所服务的工人的劳动成果来确定。它适用于那些同实行计件工资制的一线工人劳动有密切关联的不直接生产产品的辅助工人。

（6）集体计件工资制。是以一个集体（车间、班组）为计件单位，工人的工资是根据班组集体完成的合格产品数量或工作量来计算，然后按照每个工人的贡献大小进行分配。集体计件，一般是在那些机器设备和工艺要求班组工人同时共同努力才能完成任务，而不能单独计算个人产量和质量的工作中实行。

（二）质量与报酬制度

在鼓励员工提高产量的同时可能易使人产生忽略质量的倾向。如果工人的产量达到了标准产量的 120%，但是合格品只有 80%，那么这样的高产量也失去了应有的意义。质量与产量应同时得到保证。在这种指导思想下可采取以下两种方法：

1. 惩罚式方法

在出现不合格品时减少工人应得的报酬，或要求工人对不合格品进行返修，返修时的工作时间按低于正常水平的工资支付，当然这里的前提是该不合格品还有可能返修。

2. 激励式方法

对于额外的努力付给额外报酬，报酬按两个标准支付：数量标准和质量标准。例如：一天的标准产量是 1000 个，日工资为 50 元（即 0.05 元/个），超额部分每个的激励工资为0.1元。质量标准是95%为合格品，如果质量高于标准，则高于标准的产品每个另给奖金0.08元。如果一个工人一天生产产品1080个，其中1030个是合格品，那么这个工人在这一天获得多少报酬呢？

数量上的额外报酬：（1030–1000）×0.1=3（元）

质量上的额外报酬：（1030–1080×95%）×0.08=0.32（元）

日工资（当天的报酬）：50+3+0.32=53.32（元）

四、基于激励的报酬

激励报酬制可以分为两大类：个别激励制度以及组织激励制度。

（一）个别激励制度

【个别激励制度】对那些有高度工作热情、工作出色，超出一般正常的工作标准以外的那部分工作成绩予以奖励，支付额外的报酬。在这种制度中，通常有一个基本的工作标准，表示正常应达到的工作水准（主要指数量），这个水准也要靠作业测定的方法来决定。

如，工作标准为一天做80个产品，某工人在一天做了100个，则多做的20个可按照个别激励制度另付报酬。这个报酬的比率可有多种，或高于正常收入，或低于正常收入（这里的收入是指平均单价工资）。

有时也通过质量来体现对个人的激励，如果员工生产的产品或提供的服务能维持较高的质量，这也是值得激励并在报酬上有所体现的。此时，质量通常是用一个质量调整系数进行评定的，如返修率，例如，激励报酬=总产出量×（1–返修率）。

案例9–8　AT&T的激励策略

AT&T为其经理人员建立了激励策略——个人激励报酬（Individual Incentive Award，IIA）和管理团队激励报酬（Management Team Incentive Award，MTIA）。IIA为表现突出者提供大量的奖金。这些表现突出者是由其个人工作业绩等级和公司的有关文件确定的。这些巨额的奖金为其基本工资的15%~30%。

MTIA授予那些特定部门或单位中的成员。年初时，这些单位要恰当地制定出部门或单位的组织目标，其目标包括部门的服务对象和部门间的目标。按一个典型的MTIA，员工可以申请其工资的1.5%，再加上基于当年表现的以后三年加班时间应得的奖金。

资料来源：[美]马克·M.戴维斯（Mark M. Davis）、尼古拉斯·J.阿奎拉诺（Nicholas J. Aquilano）、理查德·B.蔡斯（Richard B. Chase）著，汪蓉等译：《运营管理基础》（第1版），机械工业出版社，2004年6月，第307页。

(二) 组织激励制度

利润分配和收益分配是组织激励的主要类型。利润分配是将公司全部利润的一定百分比在劳动力之间进行分配。在美国，至少有1/3的组织进行利润分配。在日本，大部分公司每年两次将基于利润的奖金发放给所有的员工。这样的奖金依据当年公司经营情况的好坏而定，其额度一般为员工工资的0~50%。

收益分配也涉及组织范围内的奖金分配，但它与利润分配存在以下两个方面的主要差异。其一，计算奖金时，收益分配通常是依据可控成本或单位产量而不是依据利润；其二，收益分配总是与选用何种管理方法结合在一起的。

案例 9-9　著名的收益分配策略——SCANLON 策略

20世纪30年代后期，Lapointe机床公司濒临破产，总裁Scanlon提出了一项收益分享计划，后称为Scanlon计划，该计划采取的策略是通过减少人力资源成本来拯救公司，其策略的关键是工人委员会的支持和配合，其目的是使组织的目标和员工的目标同步化，其特征是强调参与性的管理哲学。该测量由员工委员会负责执行激励计划，包括对改进价值的评估，应用奖金计算公式和重新设计奖金计算公式等。

五、基于知识的报酬——信息经济学

最近几年中，企业也开始对技术上的改进进行付酬，有时称为知识报酬，这意味着员工因学习如何完成新任务而获得报酬。这在使用群体技术的工作车间或银行中尤为重要，因为管理者的工作需要许多新的经济手段和销售方法方面的知识。

在本章即将结束时，请记住William Stevenson的忠告：

工艺技术很重要，但仅凭工艺技术是不够的；

工作设计缺乏高科技的魅力，却更接近工作改进中最基础的基础；

工人是创造力和洞察力的宝贵来源；

忽视员工有时是出于无知、有时是出于错误的自豪感；

人们工作首先是为经济所需，其次要为生活注入意义和目的，那就是个人的成长和发展。

● 本章案例

联合包裹服务公司（UPS）的速度之战

1. 场景回放

波利斯是联合包裹服务公司（UPS）的一位司机，他手臂下夹着一个包，从棕色货车中走出来，向办公大楼走去。在他身后几步远的地方，丘萨克——UPS的一位工业工程师，手中拿着一个数字计算器，她紧盯着波利斯先生，对波利斯走了多少步进行记录，并记下他与顾客打交道的时间。丘萨克小姐的书写板上记录了很多内容：交通红绿灯、交通堵塞、弯路、门铃、走道、楼梯、喝咖啡等所消耗的时间，甚至波利斯到卫生间的时间都记录在案。

2. 制度特写

UPS在其工作标准的相关规定中有这样的描述——要求司机以每秒三步的速度快步走到客户门前并马上敲门，以免找不到门铃。监督员跟着“工作得不是最好的司机”直到他们能够达到工作标准。

3. UPS的速度

UPS的创始人詹姆斯·凯西特别重视效率。1920年，他求助于弗兰克·吉尔布雷斯及其他时间研究的先驱者来开发测量每个UPS司机每天所花费时间的技术。后来，UPS的工程师把运输车或公司所谓的“包裹车”都去掉，只研究工作中的司机，从而改进了包裹装载技术，使其效率提高了30秒。

4. UPS的成绩

如果UPS不是利用以前的工作测量方法，是无法做到与美国其他众多公司抗衡的。为了提高生产率，其他公司通常把注意力集中到员工参与的方法上，通过加强咨询沟通而不主张严格地控制员工。UPS的高层管理人员认为，他们把人体工程进行到了极致，同时他们并不是把工作标准强压下去，但这些工作标准确实给了员工责任感，监督员工并对员工负责是UPS成功的法宝。

5. UPS的未来

在长期与美国邮政服务的包裹快递战中，最近UPS又投入与联邦快递公司、加拿大最大的包裹公司Purolator Courier、航空快递（Airborne）、Emery等其他公司的隔夜速递业务的竞争中。此外，UPS的快递业务也受到了铁路服务公司的挑战。行业竞争越来越白热化。UPS曾经的优势在于全天候服务和低廉的价格，在工作测量基础上的高效率工作为UPS带来并维持了这种优势。并不是所有的UPS司机都喜欢这样的快节奏工作，内部的抱怨声和外部的置疑声不断，UPS还能在激烈的竞争中保持优势吗？UPS的工作测量方法能否持续进行呢？

资料来源：Daniel Machalaba，“Up to Speed：United Parcel Service Gets Deliveries Done by Driving Its Workers”，*The Wall Street Journal*，April 22，1986，p.1.

● 思考题

1. 你是喜欢在传统的工作小组还是在自我管理团队中工作？你现在的工作是哪种类型？如果需要重新设计，你将采用哪种工作设计方法？

2. 有人说，工作标准缺乏对人的尊重，是把人当做机器似的制定机械的标准，你认为这种说法有道理吗？为什么？

3. 人机工程可以从哪些方面帮助提高生产率？

4. 比较一个高度自动化生产线上工人的工作和一个办公室秘书的工作，怎样去进行这两种不同工作的报酬设计？

● 参考文献

1. [美] 马克·M. 戴维斯 (Mark M. Davis)、尼古拉斯·J. 阿奎拉诺 (Nicholas J. Aquilano)、理查德·B. 蔡斯 (Richard B. Chase) 著，汪蓉等译：《运营管理基础》(第1版)，机械工业出版社，2004年6月。

2. 刘丽文著：《生产与运作管理》(第2版)，清华大学出版社，2002年6月。

3. 陈荣秋、马士华编著：《生产运作管理》，机械工业出版社，2004年1月。

4. 刘晓冰主编：《运营管理》，大连理工大学出版社，2005年4月。

5. 朱昊编著：《如何进行现场管理》，北京大学出版社，2004年1月。

后 记

日益激烈的竞争氛围，不断变化的经营理念，令人眼花缭乱的全球一体化市场，都使得企业间的商战充满了扑朔迷离。于是企业家希冀变革，企图以变革来舒缓他们紧张与惶恐，应对全新的、竞争的世界，运营管理是企业生存和培育核心竞争力的关键，它对直接的生产制造者和服务提供者都会产生强烈的吸引力。

运营管理是面向生产或服务资源的管理活动，企业的运营不仅要满足客户对功能和质量方面的要求，而且要对客户日趋个性化的要求作出快速而有效的反应。只有通过激进或渐进的变革，才能增强企业的竞争力，缩短企业的反应时间，实现"多快好省"的商业利益。

本教材是应全国专业技术人才知识更新工程现代管理领域教材编写委员会的邀请而编写的，是对国内外目前运营管理的理论和实践的总结和提炼。全书的写作提纲由王关义教授拟订，共分九章，各章编写者为：第一章、第六章和第八章由王关义教授撰写，第五章由李治堂、葛存山编写，第三章和第七章由葛存山编写，第二章和第九章由谢巍编写，第四章由吴玉红编写。在本书的讨论和编写过程中，李治堂副教授参与了研讨和部分资料的收集工作，全书最后由王关义教授统编定稿。

在编写过程中，我们参考了国内外不少先行研究者、专家、教授和同行的研究成果，参阅了大量企业运营管理的案例和相关资料，得到了国家现代管理领域教材编写委员会相关领导和专家的指导，得到了经济管理出版社总编沈志渔教授以及邓本亮、王志成、陈黎琴、李琴、惠建社、王花妮、王瑞利、尚振山、刘成林、马强、洪赟鹏等同志的帮助和支持，得到了北京市教育委员会引进人才基金和拔尖创新人才基金的资助，在此一并致谢。

由于编者水平所限，加之编写时间仓促，书中不足之处在所难免，敬请各位读者批评指正。

编 者